国家社会科学基金项目成果

国家社会科学基金项目“在线非诉讼争议解决机制研究”（项目批准号：09CFX063）最终研究成果之一

在线解决争议研究丛书

在线解决争议：现状、挑战与未来

丁颖　李建蕾　冀燕娜　著

Online Dispute Resolution

WUHAN UNIVERSITY PRESS
武汉大学出版社

图书在版编目(CIP)数据

在线解决争议:现状、挑战与未来/丁颖,李建蕾,冀燕娜著. —武汉:武汉大学出版社,2016.8
在线解决争议研究丛书
ISBN 978-7-307-18558-6

Ⅰ.在… Ⅱ.①丁… ②李… ③冀… Ⅲ.互联网络—应用—民事纠纷—处理—研究—中国 Ⅳ.D925.104-39

中国版本图书馆 CIP 数据核字(2016)第 203484 号

责任编辑:胡 荣　　责任校对:李孟潇　　版式设计:马 佳

出版发行:**武汉大学出版社** (430072 武昌 珞珈山)
(电子邮件:cbs22@ whu. edu. cn 网址:www. wdp. com. cn)
印刷:虎彩印艺股份有限公司
开本:720×1000 1/16 印张:16.5 字数:333 千字 插页:2
版次:2016 年 8 月第 1 版 2016 年 8 月第 1 次印刷
ISBN 978-7-307-18558-6 定价:39.00 元

丁颖，贵州贵阳人。2004年毕业于武汉大学国际法学专业，获法学博士学位。现为北京邮电大学副教授、人文学院法律系主任、互联网治理与法律研究中心副主任，中国国际私法学会理事，中国仲裁法学研究会理事。曾在荷兰海牙国际法学院、美国俄亥俄州立大学学习和研究。

主持国家社会科学基金项目、教育部人文社会科学研究项目等各级项目多项。出版学术专著一部，在《法学评论》、《江苏社会科学》、《暨南学报（哲学社会科学版）》、《知识产权》、《民商法论丛》、《武大国际法评论》等刊物上发表学术论文若干篇。曾获中国国际私法学会2015年优秀学术成果三等奖、中国仲裁法学研究会第八届仲裁与司法论坛“仲裁理论研究优秀论文奖”、“全国第一届青年民事诉讼法学优秀科研成果奖”论文类三等奖、“湖北省优秀博士学位论文”等奖项。

李建蕾，山东临沂人。本科至硕士研究生阶段均就读于北京邮电大学人文学院法学专业，分别获得法学学士和法学硕士学位。硕士研究生阶段师从丁颖副教授，参与了导师主持的国家社科基金项目“在线非诉讼争议解决机制研究”等多项课题研究。在《民商法论丛》、《重庆邮电大学学报（社会科学版）》上与导师合作发表相关学术论文。曾获北京邮电大学一等奖学金、北京邮电大学“优秀研究生”荣誉称号、中国仲裁法学研究会第八届仲裁与司法论坛“仲裁理论研究优秀论文奖”等奖项。现为山东省沂水县沂城街道友兰社区书记助理。

冀燕娜，陕西商洛人。本科至硕士研究生阶段均就读于北京邮电大学人文学院法学专业，分别获得法学学士和法学硕士学位。硕士研究生阶段师从丁颖副教授，参与了导师主持的国家社科基金项目“在线非诉讼争议解决机制研究”等多项课题研究，在《知识产权》上与导师合作发表学术论文两篇，曾获研究生国家奖学金、“身边的榜样”优秀学子荣誉、北京邮电大学一等奖学金等奖项。现就职于九樱天下（北京）信息技术有限公司。

前　　言

本书是国家社会科学基金项目“在线非诉讼争议解决机制研究”(项目批准号：09CFX063)的最终研究成果之一。该项目最终成果由《在线解决争议：现状、挑战与未来》和《专门性域名争议解决机制研究》两本著作组成。

互联网络的迅猛发展导致产生了大量的网络空间争议，当事人利用传统争议解决方式解决前述争议时往往面临诸多困难，其中，作为电子商务交易主体的消费者所受影响尤甚。互联网诞生尤其是获得快速发展并迅速融入人们的日常生活之后，越来越多的普通消费者借助网络在外地市场乃至国际市场购买商品和服务。① 由于此类交易具有数量大、价值低的特点，加之双方之间的物理距离遥远，使用传统诉讼解决由此产生的纠纷往往既不方便，也不实际，并且耗时和昂贵。② 最终，消费者常常因为诉讼在经济上的不合算而不去法院起诉，使得欺诈的一方当事人获得胜利。③ 诉讼之外的传统的替代争议解决方法(Alternative Dispute Resolution，ADR)也常常因为类似的原因不能满足使用者的期望。前述问题极大地影响了消费者进行电子商务的信心，而消费者是全球经济的关键推动因素——特别是在挖掘电子商务的潜力方面。④ 在此情况下，政府机构以及商业社会日益意识到网络资源本身即可用于解决基于网络环境而产生的诸多争议，⑤ 在线解决争议方式(Online Dispute

---

① *See* Gabrielle Kaufmann-Kohler & Thomas Schultz, *Online Dispute Resolution*: *Challenges for Contemporary Justice*, Kluwer Law International, 2004, p. 1; Thomas Schultz, *Online Arbitration*: *Binding or Non-Binding*?, available at http: //www. ombuds. org/center/adr2002-11-schultz. html, visited on August 16, 2013.

② Pablo Cortés, *Online Dispute Resolution for Consumers in the European Union*, Routledge, 2011.

③ Thomas Schultz, *Online Arbitration*: *Binding or Non-Binding*?, available at http: //www. ombuds. org/center/adr2002-11-schultz. html, visited on August 16, 2013.

④ 联合国国际贸易法委员会：《跨境电子商务交易网上争议解决：程序规则草案——欧洲联盟观察员代表团的提案——秘书处的说明》(A/CN. 9/WG. III/WP. 121)，资料来源于：http: //daccess-dds-ny. un. org/doc/UNDOC/LTD/V13/836/38/PDF/V1383638. pdf? OpenElement，访问日期：2014 年 8 月 25 日。

⑤ 李虎著：《网上仲裁法律问题研究》，中国民主法制出版社 2005 年版，第 58~59 页。

Resolution，ODR)应运而生。ODR 所具有的快捷、便利、低成本等诸多优势，不仅使其成为解决网上争议的首选方式，而且也成为解决网下争议的手段之一。当前，各国政府及国际组织对 ODR 高度重视，采取各种措施大力支持其发展。我国作为电子商务的新兴大国，同样迫切需要建立和发展自己的 ODR 机制。但遗憾的是，ODR 在我国的发展还远远不能令人满意，大量网络纠纷在出现后依然缺乏有效的救济措施予以及时迅速的解决。此外，作为新技术的产物，ODR 在给人们带来便利的同时，也产生了一系列新的法律问题，亟待研究解决。基于此，本书在整和国内外现有研究成果并进行相关调研的基础之上，结合规范的研究方法和实证研究方法，对在线解决争议这一新兴领域进行了全面、系统、深入的研究，对一些重要的理论问题和实践问题予以了探讨，并提出了自己的观点。同时，在对各争议解决发达国家相关实践或立法予以引介、探讨的基础上，紧密结合中国实际，针对目前国内 ODR 实践已取得的成绩及存在的问题，为构建和完善相关机制提供了建议和思路，希望最终为促进正常网络秩序的建立，乃至和谐社会的建设作出一定的贡献。

需要指出的是，研究之初，基于对诉讼固有弊端的排斥，也由于当时网上法庭的实践有限，项目负责人与其他一些学者均认为，ODR 仅包括在线非诉讼争议解决方式或在线替代争议解决方法(Online ADR，以下简称“在线 ADR”)，并不包括所谓在线诉讼或网上法庭。事实上，当时一般所称的 ODR 即指在线 ADR。但实践的发展超出了我们的预期。目前，国外若干在线小额索赔法庭的实践已取得成功。就我国的实践而言，虽然仍存在诸多问题，但将诉讼移至网上的努力不断获得推广并取得了初步成功。实践的发展要求研究者予以重视和关注，并及时对研究计划作出调整，为此，项目负责人对网上法庭尤其是在线小额索赔法庭的运作及其产生的问题进行了深入研究，并以在线小额索赔法庭为中心，对我国网上法庭的构建提出了具体而详尽的建议，该部分内容已收入本书。此外，作为 ODR 领域的先驱者，以互联网名称与数字地址分配机构的《统一域名争议解决政策》为代表的专门性域名争议解决机制在实践中取得了令人瞩目的成功，其成功实践亦为其他领域 ODR 的发展提供了有益借鉴，值得予以特别关注。不过，虽然本书相关章节对其会有所涉及，但由于相较其他 ODR 方法，域名争议解决机制已高度制度化和专门化，具有自身的特殊性，本书的作者将在《专门性域名争议解决机制研究》一书中专门对该机制予以全面、系统的研究和探讨。

尽管付出巨大努力，但书中不足之处仍在所难免，恳请各位读者批评指正，我们当在以后的研究中进一步改正完善。

目　　录

第四编　虚拟社区中的纠纷解决

缩　略　语

（英文以字母顺序为序，中文以汉语拼音首字母为序）

缩略语	全　　称
AAA	美国仲裁协会（American Arbitration Association）
ABA	美国律师协会（American Bar Association）
ABA 专门工作组	美国律师协会电子商务和 ADR 专门工作组（American Bar Association's Task Force on E-Commerce and ADR，ABA Task Force）
ABTA	英国旅行社协会（Association of British Travel Agents）
ACR	美国争议解决协会（Association for Conflict Resolution）
ADR	替代争议解决方法（Alternative Dispute Resolution）
B2B	企业对企业（Business to Business）
B2C	企业对消费者（Business to Customer）
BBB	商业改善局（Better Business Bureau）
BBS	电子公告板（Bulletin Boards System）
C2C	消费者对消费者（Consumer to Consumer）
CCP	消费者信任项目（Consumer Confidence Program）
CIETAC	中国国际经济贸易仲裁委员会（China International Economic and Trade Arbitration Commission）
CLI	网络空间法研究所（Cyberspace Law Institute）
CNDRP	《中国互联网络信息中心域名争议解决办法》（CNNIC *Domain Name Dispute Resolution Policy*）
CNNIC	中国互联网络信息中心（China Internet Network Information Center）
DPM	数据隐私管理（Data Privacy Management）
ECODIR	“电子消费者争议解决”项目（Electronic Consumer Dispute Resolution）
ESCP	欧洲小额索赔程序（European Small Claims Procedure）

续表

缩略语	全 称
《ESCP 条例》	《欧洲议会和欧盟理事会建立欧洲小额索赔程序的条例((EC)第 861/2007 号)》
ICANN	互联网名称与数字地址分配机构(The Internet Corporation for Assigned Names and Numbers)
ICC	国际商会(International Chamber of Commerce)
ICT	信息和通信技术(Information and Communications Technology)
IT	信息技术(Information Technology)
MCOL	"在线金钱索赔"项目(Money Claim Online)
NCAIR	国家自动化信息研究中心(National Center for Automated Information Research)
NLP	自然语言处理(Natural Language Processing)
NMB	美国国家调解委员会(National Mediation Board)
ODR	在线解决争议(Online Dispute Resolution)
《ODR 规则草案》	联合国《跨境电子商务交易网上争议解决：程序规则草案》(*Online Dispute Resolution for Cross-border Electronic Commerce Transactions*：*Draft Procedural Rules*)
《ODR 技术指引》	联合国《跨境电子商务交易网上争议解决：关于网上争议解决的技术指引》(*Online Dispute Resolution for Cross-border Electronic Commerce Transactions*：*Technical Notes on Online Dispute Resolution*)
OGIS	美国政府信息服务办公室(Office of Government Information Services)
PCOL	"在线占有请求"项目(Possession Claim Online)
SCP	小额索赔程序(Small Claims Procedure)
SNS	社会性网络服务(Social Networking Services)
UDRP	《统一域名争议解决政策》(*Uniform Domain Name Dispute Resolution Policy*)
UNCITRAL	联合国国际贸易法委员会(United Nations Commission on International Trade Law)
《UNCITRAL 仲裁规则》	《联合国国际贸易法委员会仲裁规则》
VM	虚拟法官(Virtual Magistrate)
WIPO	世界知识产权组织(World Intellectual Property Organization)
WIPO ECAF	世界知识产权组织的电子案件设施(WIPO Electronic Case Facility)

续表

缩略语	全 称
《不公平条款指令》	《关于消费者合同中不公平条款的指令》(*Council Directive on Unfair Terms in Consumer Contracts*)
《电子商务示范法》	《联合国国际贸易法委员会电子商务示范法》(*UNCITRAL Model Law on Electronic Commerce*)
《电子通信公约》	《联合国国际合同使用电子通信公约》(*United Nations Convention on the Use of Electronic Communications in International Contracts*)
《国际商事仲裁示范法》	《联合国国际贸易法委员会国际商事仲裁示范法》(*UNCITRAL Model Law on International Commercial Arbitration*)
《民事诉讼法解释》	《最高人民法院关于适用〈中华人民共和国民事诉讼法〉的解释》
《纽约公约》	《承认及执行外国仲裁裁决公约》(*Convention on the Recognition and Enforcement of Foreign Arbitral Awards*, *New York Convention*)
在线 ADR	在线替代争议解决方法(Online ADR)
《仲裁法解释》	《最高人民法院关于适用〈中华人民共和国仲裁法〉若干问题的解释》

第一编

导　论

在任何环境下，我们都不能期待完全抑制冲突。事实上，而且也许会让一些人惊讶的是，那甚至也不是一个特别值得想望的目标。冲突的存在可以是存在问题的标志，或者，它也可以是有活力的和有竞争性的环境的标志且为此种环境不可避免的后果。冲突可以成为创造力和企业精神的障碍，但它也能提供动力和赋予活力。我们的确需要了解存在于网络空间的某一冲突的具体程度，以及冲突是如何及为什么会发生的，但关于新兴的在线环境，最应引起我们注意的不是存在争议或甚至可能存在很多争议。与遭遇在线冲突相比，更令人忧虑的是，随着我们已将大量的易获取的资源用于在线办公、销售、学习和娱乐，我们却忽视了设计相应制度处理可能发生的争议。幸运的是……此种情形正在改变。①

---

① Ethan Katsh, The *Foreword to Online Dispute Resolution*: *Challenges for Contemporary Justice*, by Gabrielle Kaufmann-Kohler & Thomas Schultz, Kluwer Law International, 2004, p. xvii.

第一章　在线解决争议(ODR)概述

第一节　ODR 的产生背景

随着互联网络的迅猛发展，产生了大量的网络空间争议。对前述争议的有效解决，是维护网络社会安全，促使其健康发展的必要保证。但遗憾的是，现行的离线争议解决机制对网络空间争议的解决显得力不从心。前述问题在发展全球性电子商务中，显得尤为突出，极大地影响了消费者和企业进行全球电子商务的信心。①

必须承认，在此过程中，消费者所受影响尤甚。这是因为：②

首先，传统上，远距离尤其是跨国合同多半是富有经验的商人之间缔结的协议。在互联网出现之前，普通消费者很少参与远距离交易，他们通常从当地市场购买商品或服务。互联网的诞生尤其是获得快速发展并迅速融入人们的日常生活之后，那些物理上位于遥远国度甚至不同大洲因而在离线世界里通常不会遇到的当事人在网络空间相遇了。越来越多的普通消费者借助网络在外地市场乃至国际市场购买商品和服务。③ 不过，相应地，远距离 B2C(Business to Customer，企业对消费者)争议也日益增多。由于此类交易具有数量大、价值低的特点，加之双方之间的物理距离遥远，使用传统诉讼解决由此产生的纠纷往往既不方便，也不实际，并且耗时和昂贵。④ 最终，网络空间中此种中小型争议的当事人常常因为诉讼在经济上

---

① 参见肖永平、谢新胜：《ODR：解决电子商务争议的新模式》，载《中国法学》2003 年第 6 期，第 146~157 页。另见丁颖：《在线解决争议方式的发展及其对策》，载《云南师范大学学报(哲学社会科学版)》2011 年第 6 期，第 122~128 页。

② 参见丁颖：《网上消费者争议的在线解决——以淘宝平台模式为例》，载《武大国际法评论》第 17 卷(第 1 期)，武汉大学出版社 2014 年版，第 209~211 页。

③ *See* Gabrielle Kaufmann-Kohler & Thomas Schultz, *Online Dispute Resolution: Challenges for Contemporary Justice*, Kluwer Law International, 2004, p. 1; Thomas Schultz, *Online Arbitration: Binding or Non-Binding?*, available at http://www.ombuds.org/center/adr2002-11-schultz.html, visited on August 16, 2013.

④ Pablo Cortés, *Online Dispute Resolution for Consumers in the European Union*, Routledge, 2011.

的不合算而不去法院起诉，使得欺诈的一方当事人获得胜利。①

其次，消费者比企业更需要适当的争议解决程序或救济手段。因为在远距离合同中预付款项是一种主要做法，因此，企业可以在陷入其合同伙伴不履行的风险前确保支付，而被要求在先履行的消费者却没有避免风险的同等的方法。所以，在几乎所有 B2C 案件中，原告都是消费者。② 如前所述，对大多数在线消费者而言，发生争议时诉讼绝非令人满意的选择。诉讼费、旅行费和法律顾问费如此昂贵，以致即使消费者经历麻烦最终赢得了判决，可能为这一纸文件也不值得。如果败诉的企业不遵守法院判决，则还会因强制执行程序而引起相关费用。对消费者争议而言，执行程序的成本很可能高于争议中的款项。所以倘若消费者卷入一桩他们不满意的交易，或者甚至是欺诈交易的受害人，其除了接受损失和离开之外几乎别无选择。③

最后，诉讼之外的传统的替代争议解决方法(Alternative Dispute Resolution, ADR)也常常因为类似的原因不能满足使用者的期望。而且，仲裁以外的 ADR 方法产生的结果并不具有法律拘束力，仅具有合同性质，为了使合同能为国家当局所执行，还需要一份判决。这就产生了非常昂贵的费用，以致胜诉方并不情愿再向法院起诉。而因为其不太可能具有强制性，败诉方也无履行该合同的动力。所以其有效性非常有限。至于传统仲裁，虽能产生具有拘束力的仲裁裁决，但仲裁要求当事人放弃权利，因此仲裁目前仍然面临一系列法律障碍。例如，对消费者争议而言，根据若干法域的法律，就存在可仲裁性的问题。④

因为实现其合法权益的救济系统遥不可及，消费者对电子商务的信任受到影响，这又阻止了许多潜在的消费者进行网上购物。因此，由于缺乏一种简单、有效的方式迅速和低成本地解决 B2C 争议，互联网促进及扩大国际贸易的能力可能在一定程度上受到限制。⑤ 在此情况下，政府机构以及商业社会日益意识到网络资源本身即可用于解决基于网络环境而产生的诸多争议，⑥ 在线解决争议方式(Online

---

① Thomas Schultz, *Online Arbitration: Binding or Non-Binding?*, available at http://www.ombuds.org/center/adr2002-11-schultz.html, visited on August 16, 2013.

② Gabrielle Kaufmann-Kohler & Thomas Schultz, *Online Dispute Resolution: Challenges for Contemporary Justice*, Kluwer Law International, 2004, pp. 69-70.

③ Colin Rule, *Online Dispute Resolution for Business: B2B, E-Commerce, Consumer, Employment, Insurance, and Other Commercial Conflicts*, Jossey-Bass, 2002, p. 100.

④ Thomas Schultz, *Online Arbitration: Binding or Non-Binding?*, available at http://www.ombuds.org/center/adr2002-11-schultz.html, visited on August 16, 2013.

⑤ Pablo Cortés, *Online Dispute Resolution for Consumers in the European Union*, Routledge, 2011, p. 51.

⑥ 李虎著:《网上仲裁法律问题研究》，中国民主法制出版社 2005 年版，第 58~59 页。

Dispute Resolution, ODR)应运而生。这种争议解决方法仿效了引起争议的活动本身，使用了与缔结合同及履行合同同样的媒介。①

第二节 ODR 的含义、种类及其优势

一、ODR 的含义

关于何为 ODR，并没有统一的定义。不同的学者、著述、文件对 ODR 的定义并不完全一样。试举几例：

- ODR 是指使用网络技术帮助解决争议的争议解决方式的集合。②
- ODR 从协商、调解和仲裁等替代争议解决方法(ADR)中抽出其主题和概念。……ODR 是一个发展中的领域，将随着新的在线工具和资源的开发而改变。不过，与 ADR 一样，ODR 的核心是提供比传统法庭和诉讼更加灵活和有效的解决争议的方式。③
- 任何使用技术以补充、支持或管理争议解决程序的，都属于 ODR 的范畴。④
- 虽然承认 ODR 是一种解决纠纷并可能预防纠纷的方法，但看来很明显……对"ODR"一词的含义和范围并没有完全一致的认识。一些人将 ODR 描述为技术辅助下的纠纷解决机制，其他人将其视作技术促进下的纠纷解决机制，还有一些人认为它是基于技术的纠纷解决机制。最常用来解释 ODR 的比喻，也是一个可能包含争议解决中对技术的使用的所有这些特性的隐喻是"第四方"，该措辞意在表明，ODR 使得技术成为纠纷解决过程中的一个存在，有时次要，有时主要。⑤
- ODR 是一个广义的术语，包含了各种形式的 ADR 和法院诉讼程序，前述程序应将对互联网、网站、电子邮件交流、流媒体和其他信息技术的运用作

---

① Gabrielle Kaufmann-Kohler & Thomas Schultz, *Online Dispute Resolution: Challenges for Contemporary Justice*, Kluwer Law International, 2004, p. 1.

② Lucille M. Ponte & Thomas D. Cavenagh, *CyberJustice: Online Dispute Resolution (ODR) for E-Commerce*, Pearson/Prentice Hall, 2005, p. 18.

③ Ethan Katsh & Janet Rifkin, *Online Dispute Resolution: Resolving Conflicts in Cyberspace*, Jossey-Bass, 2001, p. 2.

④ Colin Rule, *Online Dispute Resolution for Business: B2B, E-Commerce, Consumer, Employment, Insurance, and Other Commercial Conflicts*, Jossey-Bass, 2002, p. 44.

⑤ Mohamed S. Abdel Wahab, Ethan Katsh & Daniel Rainey ed., *ONLINE DISPUTE RESOLUTION: THEORY AND PRACTICE*, Eleven International Publishing, 2012, p. 3.

为争议解决程序的组成部分。当事各方在参与 ODR 的过程中可以永远不面对面地接触。更确切地说，他们可以完全通过在线方式交流。①

- ODR 指网上争议解决，是借助电子通信以及其他信息和通信技术解决争议的一种机制。②
- ODR 是指争议解决的全部或主要程序都在互联网上进行的争议解决方式。……仅仅利用网络技术实现文件的管理或传递，程序的其余部分仍运用传统方式来完成的，不属于在线解决争议的范围。③

争论的焦点主要集中在两个问题上：一是 ODR 是否包含在线诉讼，二是有多少交流是通过网络进行的才能将某种争议解决程序定性为 ODR?④

关于第一个问题，从逻辑上讲，与传统方式对应，争议的在线解决方式也应包括两大类：(1)在线诉讼或网上法庭；(2)在线非诉讼争议解决方式或在线替代争议解决方法(Online ADR，以下简称“在线 ADR”)。⑤ 但一些学者，尤其是在 ODR 发展的初期，或许基于对诉讼固有弊端的排斥，也由于当时网上法庭的实践有限，认为 ODR 仅包括在线 ADR，并不包括所谓在线诉讼，且认为与传统 ADR 相比，ODR 或 e-ADR 具有如下优势：(1)节省时间和金钱，即节省了旅行和相关费用。(2)灵活性：允许当事人选择世界任何地方的中立人。(3)速度：比传统 ADR 更加迅速地达成解决办法。(4)透明度和可追踪性：大量的 ODR 记录增强了通信的可追踪性，且该记录比在传统 ADR 面对面交流的信息更易保存。(5)情绪控制：ODR 中不存在面对面互动，这在当事人情绪很激烈的争议中是一项优势。(6)第四

---

① Gabrielle Kaufmann-Kohler & Thomas Schultz, *Online Dispute Resolution: Challenges for Contemporary Justice*, Kluwer Law International, 2004, p. 7. 该定义是遵循美国律师协会电子商务和 ADR 专门工作组(American Bar Association's Task Force on E-Commerce and ADR, ABA Task Force，以下简称 ABA 专门工作组)制定的定义，并将其扩展到包括网上法庭。ABA 专门工作组的定义，*See* American Bar Association's Task Force on Electronic Commerce and Alternative Dispute Resolution, *Addressing Disputes in Electronic Commerce: Final Report and Recommendations (2002)*, available at http://www.americanbar.org/content/dam/aba/migrated/dispute/documents/FinalReport102802.authcheckdam.pdf, visited on August 28, 2014.

② 联合国国际贸易法委员会：《跨境电子商务交易网上争议解决：程序规则草案(一轨道)——秘书处的说明》(A/CN.9/WG.III/WP.133)，资料来源于：http://daccess-dds-ny.un.org/doc/UNDOC/LTD/V14/080/64/PDF/V1408064.pdf? OpenElement，访问日期：2015 年 2 月 20 日。

③ 黄进主编：《国际商事争议解决机制研究》，武汉大学出版社 2010 年版，第 278 页。

④ Gabrielle Kaufmann-Kohler & Thomas Schultz, *Online Dispute Resolution: Challenges for Contemporary Justice*, Kluwer Law International, 2004, pp. 5-7.

⑤ 丁颖：《在线解决争议方式的发展及其对策》，载《云南师范大学学报(哲学社会科学版)》2011 年第 6 期，第 122 页。

方和第五方的加入：第四方为技术，第五方为技术提供商。① 还有学者指出，由于诉讼的“上网”并不能从根本上解决其在网络时代面临的困境，在线诉讼的意义可能更多地体现在对某些网下争议（而非网上争议）的解决上。②

然而，从争议当事人的立场来看，将网上法庭摒除在ODR之外，此种观点过于狭隘。ODR的出现并不是因为仅仅影响法院的那些缺陷，而是因为所有离线争议解决方法的缺陷。其基本理念是几乎所有离线争议解决程序都存在对应的在线形式。其中，网上法庭之所以得以发展，是基于与网上调解或仲裁相同的理由——为了让通向解纷程序的路径更容易、费用更低廉并快速解纷。因此，将ODR理解为仅是ADR的扩展，就不能反映其所有可能的适用和目标。③ 此外，解决因全球化而产生的跨境商业纠纷所带来的持续的挑战和需求，要求无论在私人部门还是公共部门都要发展和改进ODR服务。④ “利用技术来实现必要的效率就诉讼而言不仅是非常可取的，而且有时是绝对必要的。”⑤所以，没有理由将网上法庭排除在ODR范围之外。随着若干网上法庭项目的发展及其成功，认为ODR仅指在线ADR的观点目前已有所改变，一般认为广义的ODR应包括在线ADR和网上法庭。⑥

关于第二个问题，恐怕更难回答一些。正如Gabrielle Kaufmann-Kohler和Thomas Schultz所指出的：“如果答案是所有与该程序有关的交流，那么这个定义就缺乏包容性，例如在裁决且只有裁决是通过邮寄送达的情况下，在线仲裁就不再被

① Faye Fangfei Wang, *Online Dispute Resolution*: *Technology*, *Management and Legal Practice from an International Perspective*, Chandos Publishing, 2009, pp. 28-29.

② 黄进主编：《国际商事争议解决机制研究》，武汉大学出版社2010年版，第319页。

③ Gabrielle Kaufmann-Kohler & Thomas Schultz, *Online Dispute Resolution*: *Challenges for Contemporary Justice*, Kluwer Law International, 2004, pp. 6-7, 40.

④ Faye Fangfei Wang, *Online Dispute Resolution*: *Technology*, *Management and Legal Practice from an International Perspective*, Chandos Publishing, 2009, p. 61.

⑤ Justice Clifford Einstein, *Technology in the Court Room—2001—[Friend or Foe?]*, available at http://www.lawlink.nsw.gov.au/lawlink/supreme_court/ll_sc.nsf/vwPrint1/SCO_speech_einstein_201101, visited on March 10, 2014.

⑥ “网上法庭只是完全（或几乎完全）使用电子通信手段的法庭程序。因为两个原因，它们应该且常常被认为是ODR运动的一部分。首先，因为ODR运动的出现是由于互联网的无处不在与传统离线争议解决机制的属地性之间的冲突。因此ODR这个术语是与离线争议解决机制而不是法院相对的。在线ADR只是ODR的一部分。其次，法院不只是提供诉讼。……也有法院主持的调解和仲裁（无约束力的）。”T. Schultz, *An Essay on the Role of Government for ODR*: *Theoretical Considerations about the Future of ODR*, Proceedings of the UNECE Forum on ODR 2003, p. 5: 〈www.odr.info/unece2003〉；转引自 Nicolas W. Vermeys and Karim Benyekhlef, *ODR and the Courts*, *in* ONLINE DISPUTE RESOLUTION: THEORY AND PRACTICE (edit. by Mohamed S. Abdel Wahab, Ethan Katsh and Daniel Rainey), Eleven International Publishing, 2012, p. 296.

视为ODR。如果答案是只需某些交流是在线进行的，那么应该是多少交流？在通常的调解或仲裁程序中，存在大量电子邮件的交换，但它们当然不能因为这一唯一的原因而被视为ODR。这就导致了一种滑动折算制(sliding scale)的方法：ODR系指或多或少使用了在线交流并因此或多或少能被视为ODR的争议解决程序。但这一定义几乎不可操作。"随着各类争议解决方式越来越多地在不同阶段运用或借助信息和通信技术(Information and Communications Technology，ICT)以便利当事人寻求救济、解决纠纷，人们很难再在严格意义上的离线解决争议与在线解决争议之间划一条界线。我们或许只能笼统地概括，当争议解决程序主要在线进行时，这一程序被称为ODR：这可能包括最初的申请、中立者的任命、取证过程、口头审理、讨论，甚至作出有拘束力的裁判。①

二、ODR的种类

基于上述讨论，我们对ODR所包括的方法可以有一个初步的判断：与传统争议解决方式对应，ODR应大致包含在线协商、在线调解、在线仲裁和网上法庭四大类。事实上，这几类方法也的确是ODR实践中最主要的方法。不过，由于环境的不同，其制度建构也不同，程序规则也有变化。② 而且随着新的交流功能的出现，新的争议解决程序也应运而生：在线协商中的自助式协商就是仅存在于网上的一种机制。另一个例证是无拘束力的仲裁，尽管此种仲裁在网下也并非就完全不存在，但它很可能在网上充分发挥其潜力，并作为对某些类型的争议而言最具希望的ODR机制之一而存在。③

此外，与争议有关的在线服务项目范围其实非常广泛。除在线协商、在线调解和在线仲裁这样的争议解决程序外，还包括各种各样的其他服务。这些服务的目的是寻求预防争议的发生或促进或改善对前述争议的解决，而非实际地解决它们。④这样的服务包括建议和评价、争议预防、企业内部的投诉管理、投诉援助、协助起

① Pablo Cortés, *Online Dispute Resolution for Consumers in the European Union*, Routledge, 2011, p. 53.

② Thomas Schultz, Gabrielle Kaufmann-Kohler, Dirk Langer, and Vincent Bonnet, *Online Dispute Resolution: The State of the Art and the Issues*, E-Com Research Project of the University of Geneva, Geneva, 2001, p. 2, available at http://www.online-adr.org, visited on July 19, 2008.

③ Gabrielle Kaufmann-Kohler & Thomas Schultz, *Online Dispute Resolution: Challenges for Contemporary Justice*, Kluwer Law International, 2004, p. 11.

④ Thomas Schultz, Gabrielle Kaufmann-Kohler, Dirk Langer, and Vincent Bonnet, *Online Dispute Resolution: The State of the Art and the Issues*, E-Com Research Project of the University of Geneva, Geneva, 2001, p. 3, available at http://www.online-adr.org, visited on July 19, 2008.

草争议解决条款和法律咨询，等等。①

三、ODR 的优势

实际上，ODR 不仅是将传统的争议解决程序运用于在线环境中，而且强化了离线环境下的程序。② 相较传统争议解决方式，ODR 不受地理位置影响，所以争议者即便是在不同大陆上也可以达成解决方案；ODR 可以在问题升级前促成问题解决，以便争议者迅速解决问题并回到经营上来；ODR 并不依赖特定的法律实体，所以任一方都没有必要保留昂贵的法律顾问以便学习对方国家的法律构造；ODR 的收费可能更加合理，甚至低于一张飞机票的价格；ODR 还可以利用世界范围内中立第三方的专业知识，确保参与者获得来自在争议问题上有知识和经验之人的公平听审；ODR 允许企业、政府和消费者在最短的时间内获得最好的解决方案。③ 正如有学者所言：

> 争议的在线解决方法由于两个主要原因而得以发展。首先，它们促进了司法救济机会的获得。在某些情形下，ODR 甚至是唯一的获得司法救济的机会，因为任何其他争议解决方法都会产生过多的费用。在其他情形下，ODR 真正提供了更方便的获得司法救济的机会(例如，因为人们可以在自己的办公室或家里参与争议解决程序，而且通常是一天 24 小时、一周 7 天都可进行程序)。……ODR 获得发展的第二个原因是它提高了对电子商务的信心。可以通过在线重建能够促进信心的商业环境来实现这一点，ODR 则在其中发挥着作用。④

第三节 ODR 的发展概况

一、ODR 发展简史

举世公认的 ODR 领域创始人、美国马萨诸塞大学的技术与争议解决国家中心

① Gabrielle Kaufmann-Kohler & Thomas Schultz, *Online Dispute Resolution: Challenges for Contemporary Justice*, Kluwer Law International, 2004, pp. 43-45.

② Faye Fangfei Wang, *Online Dispute Resolution: Technology, Management and Legal Practice from an International Perspective*, Chandos Publishing, 2009, p. 25.

③ Colin Rule, *Online Dispute Resolution for Business: B2B, E-Commerce, Consumer, Employment, Insurance, and Other Commercial Conflicts*, Jossey-Bass, 2002, pp. 3-4.

④ Gabrielle Kaufmann-Kohler & Thomas Schultz, *Online Dispute Resolution: Challenges for Contemporary Justice*, Kluwer Law International, 2004, pp. 68-69.

主任 Ethan Katsh 教授所撰写的《ODR：历史一览——关于现在的几点思考和关于未来的一些预测》一文对 ODR 的起源、演变和未来进行了详细分析。① 下文有关 ODR 发展史的主要资料和观点即来自该文。

(一)互联网诞生—20 世纪 90 年代初

互联网诞生于 1969 年，在其存在的第一个 20~25 年只有相对较少的纠纷。其在此期间的用户主要是学术界和军队的人士，由于被非常有限的人群为非常有限的目的而使用，所以并不存在且显然也不需要正式的争议解决制度。当这一相对较小的用户群发生纠纷时，通过非正式的方法解决即可。因此，在互联网存在的第一个 25 年的大部分时间，其并不关注纠纷和纠纷解决的问题。

(二)20 世纪 90 年代

20 世纪 90 年代前半叶是一个网络环境显著变化的时期。万维网发明于 1989 年，互联网服务提供商和第一个图形浏览器出现于几年后。网景是当时最流行的浏览器，它非常人性化。因为获取互联网接入变得更容易，同时发现在线交流和获得大量信息也很方便，上网人数开始增长。由于在任何环境下一定比例的相互作用不可避免地会遇到问题，所以纠纷其实是交易和人际关系的副产品或副作用，因此，可以预见，不断增长的用户人数会引发纠纷，事实上这的确发生了。

20 世纪 90 年代初，许多学生带着个人电脑来到校园，那时最早引起人们注意的一些在线纠纷的当事人往往是大学生。1992 年，互联网服务提供商出现，这样不隶属于某所大学的个人也可能获得一个账户，从而为他提供对互联网的访问。因此，学生在网民中的人口比例开始降低。更大范围的用户基础使得在线互动的范围和纠纷的范围也开始扩大。

就在 1994 年左右，人们开始意识到未来的网络空间不会是一个和谐的地方，需要有用来应对即将发生的纠纷的工具、资源和专业知识。1996 年，来自国家自动化信息研究中心(National Center for Automated Information Research，NCAIR)的资金率先推出了一批具有重要意义的 ODR 项目：虚拟法官(Virtual Magistrate)、马萨诸塞大学的在线督察员办公室(Online Ombuds Office)和马里兰大学的家庭纠纷 ODR 项目。

1995 年 8 月和 9 月，电子商务网站 Amazon 和 eBay 分别诞生。美国网景公司著名的首次股票发行也是在 1995 年的夏天，这是第一个版本的网景浏览器发布后一年。随着电子商务的激增，更多的交易是在线培育的，因此，出现了更多有关纠

① Ethan Katsh, *ODR: A Look at History—A Few Thoughts About the Present and Some Speculation About the Future*, *in* ONLINE DISPUTE RESOLUTION: THEORY AND PRACTICE (edit. by Mohamed S. Abdel Wahab, Ethan Katsh & Daniel Rainey), Eleven International Publishing, 2012, pp. 9-21.

纷的报告。电子商务取决于不仅能够而且愿意进行交易的用户。价格对吸引买家的关注固然重要，但用户还需要确信货物已经存在并将及时交付。对可接受的风险水平的判断受许多变量的影响，用户可能承担较高风险换取较低成本或承担较高成本换取较低风险。所有企业和市场的目标就是既提供低价格也提供低风险。eBay 的成功很大程度上在于认识到了这一点，并实施了一个为买家提供卖方详细信息的反馈系统。该系统是一种增强信任和减少风险的声誉工具：每个 eBay 卖家在每笔交易中由买方用正、负和中性反馈进行等级划分，买家在 eBay 上购买任何东西之前，会先检查卖方的可靠性，考虑卖家以往的交易结果，再决定是否和该卖方做生意。卖方的声誉越好，该卖方就将激发未来的买家越大的信任。这使得具有良好声誉的卖家可以收取比其他竞争对手更高的价格。该系统鼓励可持续发展的市场竞争力，而这在离线世界中是不可能复制的。① 该机制凸显了 ODR 功能的一个重要方面：降低风险与预防和避免纠纷，这在消费者越来越多地参与到电子商务交易中来的背景下尤为值得关注，亦是 ODR 区别于传统争议解决机制的一大优势。

此外，20 世纪 90 年代中期，法院也开始为管辖权问题头疼，例如，如果双方通过网络异地联系，那么应如何判定事件的发生地？在当事人身处异地的绝大多数情况下，以地面为基础的法院和系统对自觉被侵犯的人并非真正有用的选择。而网络的快速通信和信息处理能力确实为法院外创造性解决和应对问题提供了机会。换言之，许多促成纠纷的同样的力量也可以被用来解决纠纷。

（三）20 世纪 90 年代末—2010 年

20 世纪 90 年代末到本世纪初，网络的普及、在线纠纷数量和类型的增加以及对 ODR 市场大发展的憧憬，一度导致涌现大量 ODR 新创公司。其中一些 ODR 服务提供商利用新技术在争议解决方式的创新上取得了令人称道的成功，并向世人展示了 ODR 的巨大潜能。例如，前述 eBay 的反馈系统虽使得用户对避免麻烦感到更有信心，但它不可能彻底消除买家和卖家之间的纠纷。因此，1999 年，eBay 请求马萨诸塞大学阿姆赫斯特分校的信息技术与争议解决中心（1998 年，在 Hewlett 基金会的资助下，马萨诸塞大学的 Ethan Katsh 和 Janet Rifkin 教授创立了信息技术与争议解决中心（后来的技术与争议解决国家中心）②）开展了一个试点项目，对买家和卖家之间的纠纷予以调解。该试点项目在两周内处理了 200 桩纠纷，是彼时在线处理的最多数量的纠纷，并促使 eBay 将争议解决作为交易失败时为买家和卖家提供的一项可选服务包括进来。当时，eBay 的争议解决程序被外包给一家互联网新

① Pablo Cortés, *Online Dispute Resolution for Consumers in the European Union*, Routledge, 2011, pp. 61-62.

② http://odr.info/history/，访问日期：2015 年 4 月 23 日。

建公司 SquareTrade。SquareTrade 成功运作数年，并创建了推动 ODR 发展的模式。① 它曾是拥有最多办案量的 ODR 服务提供商。不过其于 2006 年将注意力从 ODR 转向消费者保证，目前，SquareTrade 提供的 ODR 服务已为 eBay 和 PayPal 的争议解决服务接管。② 除 SquareTrade 外，Smartsettle、Cybersettle 和 The Claim Room 等 ODR 行业领先的服务提供商也是在这一时期陆续诞生的。此外，互联网名称与数字地址分配机构(ICANN)和解决域名纠纷的《统一域名争议解决政策》亦于 1999 年问世。刚开始时，它在很大程度上是一种离线的程序，但随着时间的推移，它已日益成为在线进行的程序。

不过，1999—2000 年也是互联网的“泡沫”时期，在此期间问世的 ODR 新创公司亦有很多不久就销声匿迹。

(四)2010 年至今

进入 2010 年，ODR 新创公司开始重新出现，这是对实际需要的响应抑或仅仅是一个新的“泡沫”？当然，现今对 ODR 无疑有一种持续的和不断增长的需求：确实有大量的纠纷源于在线活动，其数量之大超出任何人的预测。例如，eBay 声称，它们在 2010 年期间处理了超过 6000 万桩纠纷。此外，在应对网上产生的纠纷的同时，ODR 也一直关注各种传统的离线纠纷。更确切地说，随着“数字世界与物理世界的融合”，在线和离线世界之间的界线比以前要模糊得多。因此，相较纠纷的起源，ODR 目前的挑战更多地集中于寻找对任何争议(无论其起源于何处)都有效的工具和资源。所以，虽然我们不能预期前述所有新创公司都能生存下去，但是这很可能不是对 1999—2000 年的重复了，原因在于：

第一，对 ODR 的兴趣正在增长，其焦点也在扩大。政府机构，例如美国国家调解委员会(National Mediation Board，NMB)和政府信息服务办公室(Office of Government Information Services，OGIS)，正在将 ODR 作为解决与公民之间问题的有效方法予以采用和推广。政府对 ODR 的使用有希望成为一个非常大的市场。ODR 的市场现在不但有源自网上的争议，而且有离线纠纷，不但有起源于私营部门的争议，而且有公共部门的纠纷。

第二，对 ODR 的兴趣在地域上已经扩展。在 20 世纪 90 年代后期和 21 世纪的最初几年，国际上已举行了几个有关 ODR 的离线会议，而一直属于该领域核心的是“国际 ODR 论坛”(International ODR Forum)。一年一度的“国际 ODR 论坛”目前已经在各大洲都举办过。如下文所述，联合国国际贸易法委员会(UNCITRAL)也正

---

① Pablo Cortés, *Online Dispute Resolution for Consumers in the European Union*, Routledge, 2011, p. 66.

② Pablo Cortés, *Online Dispute Resolution for Consumers in the European Union*, Routledge, 2011, p. 66.

致力于跨境争议中的 ODR 规则和政策的制定。

第三，今天适于 ODR 的软件更容易获得了。存在更多的软件选型，有的是通用软件，有些是专门开发的软件，如 Modria. com 的社区法院、Juripax. com 和 FairOutcomes. com 的网页应用程序。过去 10 年，计算机科学家对 ODR 也产生了更大的兴趣，并且 ODR 和计算机科学领域之间有了更多的合作。

第四，ADR 团体已开始了解和接受 ODR。部分原因是由于对技术日益广泛的使用。调解员在 1999 年那会儿可能根本没用过网络，也未意识到其潜力，现在则因电子邮件往来、购买商品等经常使用它，并更加理解网络的价值。

第五，ODR 对离线纠纷的价值日益显现。对于网上纠纷，当事人双方可能会寻找一个可以处理全过程的系统，而对于离线纠纷，最常见的目标是找到可以增强程序要素的工具而不是管理全过程。比如，调解由几个流程环环相扣而组成——集体研讨、秘密会议、优选方案、起草协议等，而软件可以针对特定的流程发挥作用。例如，马萨诸塞大学开发的软件 STORM 就可便利远距离的集体研讨。它减少了对面对面会议的需求，并具备额外的益处，即如果调解员愿意，允许以匿名方式进行集体研讨。

第六，"冲突是一个迅速发展的行业"，① 企业越来越不可能忽略纠纷或将其视作一个微不足道的小问题。在目前 Web 2. 0 的模型中，网站的价值来自用户的贡献，该模型不可避免的副作用是会有纠纷。早期 Web1. 0 的一个关键特征是价值来自网站所有者提供的内容。而 Web 2. 0 网站获得的大部分价值来自用户，但只有当用户感到使用该系统风险较低时才能实现前述目标。Web 1. 0 公司可以通过创造一个品牌建立信任，而 Web 2. 0 网站必须解决在不同情况下如何保护那些参与网站并提供了网站价值的用户。最初，许多 Web 2. 0 公司的希望是它们可以只为用户提供一个空间，而不必对用户之间浮出水面的问题负责。随着时间的推移，这一目标变得越来越不可能。特别是对于 Web 2. 0 网站而言，已经显而易见，用户在使用网站时需要感到尽可能少的风险，否则他们将转向一个竞争性网站。正是在这种背景下，ODR 显然可以成为企业的资产，而不是被视为外围的东西。因为人们日益认识到，ODR 具有两个方面的价值：纠纷解决和作为机构信任建设的努力的一部分。在"泡沫"期，价格和便利被假设为消费者所在乎的全部，也是使卖家彼此区别的标志。而现在信任和低风险感亦被认为必不可少，并且 ODR 属于建立信任/降低风险的机制之一，因为用户知道，如果出现问题，将会得到回应。

① R. Fisher and W. Ury, *Getting to Yes*, New York, Penguin Books 1981, p. xvii；转引自 Ethan Katsh, *ODR: A Look at History—A Few Thoughts About the Present and Some Speculation About the Future*, *in* ONLINE DISPUTE RESOLUTION: THEORY AND PRACTICE (edit. by Mohamed S. Abdel Wahab, Ethan Katsh & Daniel Rainey), Eleven International Publishing, 2012, p. 16.

总之，目前起源于网上活动的纠纷的范围、种类和数量正随着网上活动的范围、种类和数量的增加而增加。10 多年前，很多人对 ODR 的必要性和潜能持怀疑态度；今天，它已获得充分的理解。最重要的是，ODR 最初专注于与在线活动有关的纠纷，现正用于离线纠纷。新的挑战不是寻找可以利用 ODR 的纠纷，而是寻找可以为许多不同类型的冲突提供信任、便利和专业知识的工具。

(五)前景展望

一直以来，很多人将 ODR 视为 ADR 的延伸，不过，随着它的进一步演变，ODR 对争议解决机制的革命性创新可能将使其像 ADR 不同于法院诉讼一样不同于 ADR。而且，ODR 的未来之路可能会沿着这样一个方向发展，即更看重信息在如何预防纠纷上可以发挥的作用，而不仅是如何解决纠纷。ODR 对法院也有价值。法院可以适应这种新的替代方法，这种方法与其说是替代诉讼，不如说是替代法院所处的物理结构，并替代哪怕是小额索赔法院也要使用的低效和昂贵的人类劳动。“对技术史的分析表明，与常识性的‘直观的线性’的观点相反，技术变化是呈几何级数增长的。因此，我们在 21 世纪不会去经历 100 年的进步——它将更像 20 000 年的进步(以今天的速度)。”①争议解决领域可能也需要“一个数量级”的改变，而这一切只有 ODR 能够提供。

正如研究互联网治理与监管的专家 Arno Lodder 教授所言：“现在几乎世界上每个人都有智能手机，ODR 的真正突破可能会出现在移动互联网上。在接下来的 10 年，当法庭搬到了网上，ADR 也经常在线使用时，或许在某一个瞬间，我们将很难记得没有 ODR 的日子是怎样的。”②

二、各国政府及国际组织对 ODR 的支持

一段时间以来，诸多电子商务企业、商业组织、政府机构和国际组织都积极提倡并推广 ODR，将其视作保障电子商务交易安全，增进消费者和电子商务企业间的信任和信心，为电子商务的发展建立良好环境的重要方面。许多国家及政府组织也将建立完善的 ODR 机制作为促进电子商务发展的法律政策框架的重要组成

① R. Kurzweil, “The Singularity”, *The Reality Club*, 〈www.edge.org/discourse/singularity.html〉；转引自 Ethan Katsh, *ODR: A Look at History—A Few Thoughts About the Present and Some Speculation About the Future*, *in* ONLINE DISPUTE RESOLUTION: THEORY AND PRACTICE (edit. by Mohamed S. Abdel Wahab, Ethan Katsh & Daniel Rainey), Eleven International Publishing, 2012, p. 21.

② AR Lodder, *Yeah, I think Cybersettle is out of the ODR game*, available at http://jurel.nl/2013/05/22/yeah-i-think-cybersettle-is-out-of-the-odr-game/, visited on April 22, 2015.

部分。①

（一）美国和欧盟有关推动 ODR 发展的举措

ODR 发展最快的是美国。不仅目前互联网上绝大部分 ODR 服务提供商来自美国，而且美国政府也积极参与推动 ODR 的发展。美国联邦贸易委员会和美国商务部早在 2000 年 6 月就举行了一次公开的研讨会，就 ODR 的全球方案、新技术的采用、发展不同类型的 ODR 方法、保证 ODR 的公平与效率以及对消费者和企业的 ODR 教育等方面的问题，提出了大量的方案和建议。②

欧盟也是 ODR 的积极倡导者和推动者。欧盟在其 2000 年的《电子商务指令》第 17 条中要求成员国的法律不应妨碍消费者通过各种法院外途径包括电子方式解决纠纷。③ 2000 年 12 月 18 日，欧盟和美国共同发表了"美国与欧盟关于建立电子商务环境下消费者的信心和 ADR 地位的声明"的文件，充分肯定了促进和发展在线 ADR 的重要性，并主张政府、企业、消费者组织以及学术机构应共同合作推动 ODR 的发展。④ 此外，欧盟 2008 年《关于民商事调解若干问题的指令》的引语部分也强调，该指令不应以任何方式阻止在调解程序中运用现代通信技术。⑤

欧盟有关消费者网上纠纷解决立法的最新发展是 2013 年 5 月 21 日《欧洲议会和欧盟理事会关于在线解决消费者争议并修正第 2006/2004 号（欧共体）条例及第

① 徐继强：《在线纠纷解决机制（ODR）的兴起与我国的应对》，载《甘肃政法学院学报》2001 年第 4 期，第 34 页。

② 徐继强：《在线纠纷解决机制（ODR）的兴起与我国的应对》，载《甘肃政法学院学报》2001 年第 4 期，第 34 页。*See* Federal Trade Commission and Department of Commerce, *Summary of Public Workshop: Alternative Dispute Resolution for Consumer Transactions in the Borderless Online Marketplace* (*June 6-7, 2000*), available at http://www.ftc.gov/bcp/altdisresolution/summary.pdf, visited on October 1, 2010.

③ 徐继强：《在线纠纷解决机制（ODR）的兴起与我国的应对》，载《甘肃政法学院学报》2001 年第 4 期，第 34 页。Directive 2000/31/EC of the European Parliament and of the Council of 8 June 2000 on certain legal aspects of information society services, in particular electronic commerce, in the Internal Market (Directive on electronic commerce), available at http://eur-lex.europa.eu/LexUriServ/LexUriServ.do?uri=OJ:L:2000:178:0001:0016:EN:PDF, visited on October 5, 2010.

④ 徐继强：《在线纠纷解决机制（ODR）的兴起与我国的应对》，载《甘肃政法学院学报》2001 年第 4 期，第 35 页。

⑤ Directive 2008/52/EC of the European Parliament and of the Council of 21 May 2008 on certain aspects of mediation in civil and commercial matters, available at http://eur-lex.europa.eu/LexUriServ/LexUriServ.do?uri=OJ:L:2008:136:0003:0008:EN:PDF, visited on October 4, 2010.

2009/22号(欧共体)指令的第524/2013号(欧盟)条例》(《消费者ODR条例》)①和《欧洲议会和欧盟理事会关于替代性解决消费者争议并修正第2006/2004号(欧共体)条例及第2009/22号(欧共体)指令的第2013/11号(欧盟)指令》(《消费者ADR指令》)②。《消费者ODR条例》称，越来越多的消费者和贸易商进行在线交易，应令消费者和贸易商对进行网上交易有信心，因此必须拆除现有障碍，提振消费者信心，而使用可靠、高效的ODR将大大有助于实现这一目标。③《消费者ODR条例》的目的是借欧洲ODR平台(“ODR平台”)推进消费者和贸易商之间的纠纷于法庭外获独立、公正、透明、高效、快捷及公平的网上解决，从而通过实现消费者保护的高水平，促成内部市场特别是其数字维度的正常运作。④

《消费者ADR指令》则表示，鉴于电子商务尤其是跨境贸易作为欧盟经济活动支柱的重要性日益增加，为提高公民对内部市场的信心，用以解决消费者纠纷的正常运转的ADR基础建设和用以解决因在线交易引起的消费者纠纷的适当整合的ODR框架很有必要。《消费者ADR指令》和《消费者ODR条例》是两个相互联系、相辅相成的立法文件。《消费者ODR条例》规定设立一个ODR平台，通过链接到该平台并以优质ADR程序提供服务的ADR实体，为消费者和贸易商提供一个进入法庭外解决在线争议的单一的入口点。因此在整个欧盟可获得优质的ADR实体是ODR平台正常运作的一个先决条件。⑤《消费者ADR指令》的目的是，通过确保消费者可以在自愿的基础上向提供独立、公正、透明、高效、快捷及公平的替代性纠纷解决程序的实体提交针对贸易商的投诉，从而通过实现消费者保护的高水平，促成内部市场的正常运作。《消费者ADR指令》不影响规定参与此种程序为强制性的国内立法，只要这种立法不妨碍当事人行使诉诸司法系统的权利。⑥

除通过适当规制以促进ODR的发展之外，欧盟还从几个方面积极促进其发展，特别是在电子商务领域的发展。其采取的主要形式是为有关ODR的试点项目(即

① Regulation (EU) No 524/2013 of the European Parliament and of the Council of 21 May 2013 on online dispute resolution for consumer disputes and amending Regulation (EC) No 2006/2004 and Directive 2009/22/EC (Regulation on consumer ODR), available at http://eur-lex.europa.eu/legal-content/EN/TXT/HTML/?uri=CELEX:32013R0524&rid=1, visited on January 26, 2015.

② Directive 2013/11/EU of the European Parliament and of the Council of 21 May 2013 on alternative dispute resolution for consumer disputes and amending Regulation (EC) No 2006/2004 and Directive 2009/22/EC (Directive on consumer ADR), available at http://eur-lex.europa.eu/legal-content/EN/TXT/HTML/?uri=CELEX:32013L0011&rid=2, visited on January 29, 2015.

③ 《消费者ODR条例》序言。

④ 《消费者ODR条例》第1条。

⑤ 《消费者ADR指令》序言。

⑥ 《消费者ADR指令》第1条。

ODR 服务提供商 Electronic Consumer Dispute Resolution，ECODIR）、商业网站的信任标记（trustmark）项目以及研究项目提供财政支援。①

（二）联合国有关 ODR 的工作

国际组织也是 ODR 的积极推动者。例如，经济合作与发展组织、海牙国际私法会议和国际商会于 2000 年 12 月联合举行了一个名为“建立在线环境中的信任：B2C 争议的解决”的研讨会，研讨会致力于推进国际社会有关在线 ADR 机制的讨论，探求是否能够以及如何通过在线 ADR 建立全球电子商务环境下的信任机制。亚太经合组织电子商务指导小组也于 2000 年 7 月 20 日在曼谷召集了一个消费者保护的论坛会议，其中一个很重要的议题就是通过有效的消费者保护立法和建立自律规范，为消费者提供处理争议的救济手段，包括在线 ADR 手段，以建立电子商务环境下消费者信心。②

最令人关注的是联合国国际贸易法委员会（United Nations Commission on International Trade Law，UNCITRAL）近年来对 ODR 研究及立法工作的重视。2010 年 3 月，UNCITRAL 联合佩斯大学法学院国际商法研究所和宾夕法尼亚州立大学迪金森法学院在联合国维也纳国际中心举行了一个有关 ODR 的讨论会，名为“对在线解决争议方式（ODR）和全球电子商务的重新探讨：为 21 世纪交易者（消费者和商人）建立实用而公平的救济体系”。来自政府、私营部门、学术界和非营利部门的主要专家分析了目前有关电子商务的跨国法律体制和现有的 ODR 机制，并探讨了未来为 B2B（Business to Business，企业对企业）和 B2C（Business to Customer，企业对消费者）争议建立一套全球 ODR 体制的可行性。③ 本次讨论会上，发言者确认，因低值电子商务交易引起的纠纷数量每年多达数百万。除了信用卡退单（这在大多数国家还不可得），目前几乎没有任何可用的法律救济机制，由此留给在线市场一个巨大的法律空白。不止一个专家敦促系统设计者和立法者跳出条条框框，不一定诉诸传统的 ADR 模式。他们认为，迅速发展的网上交易市场和新兴支付结构需要一个相应的逐步发展的 ADR 系统。发言者还建议，任何一套规则均应适应通过移动电话设备进行的、可能使用移动支付方案的交易，以及通过其他电子商务平台进行的交易。最后，鉴于在线市场的性质，发言者断言，基于为低值交易制定示范性 ODR 规则和程序的目的，没有理由对 B2B 和 B2C 交易进行区分。关于最后一点，自这个项目开始之初，参与的大多数代表就一致认为，ODR 特别适合于低价

① Gabrielle Kaufmann-Kohler & Thomas Schultz, *Online Dispute Resolution: Challenges for Contemporary Justice*, Kluwer Law International, 2004, pp. 87-88.

② 徐继强：《在线纠纷解决机制（ODR）的兴起与我国的应对》，载《甘肃政法学院学报》2001 年第 4 期，第 35 页。

③ http://law.pace.edu/conference-agenda, visited on August 16, 2013.

值的“简单”网上交易，如 Amazon 或 eBay 购物。在这种情况下，卖方让买方了解货物和合同条款的技术参数，买方则进行支付——完全不需要买方和卖方之间的直接互动。这与更加传统的 B2B 在线销售形成对照，在那里网络的存在是买方进入的第一个点，用以查看卖家的商品，但它通常还涉及买家和卖家之间有关定价、支付、数量、交货及其他条款的进一步直接谈判。①

上述专题研讨会之后，UNCITRAL 第 43 届会议(2010 年 6 月 21 日至 7 月 9 日，纽约)同意设立一个工作组，在与跨境电子商务交易(包括 B2B 和 B2C 交易)有关的 ODR 领域开展工作。② 自 2010 年起，UNCITRAL 第三工作组即以网上解决争议这一主题作为其工作重点。迄今，第三工作组已先后召开第 22—33 届会议，讨论制定跨国界电子商务交易(主要是额小量大的 B2B 和 B2C 交易)网上争议解决的法律标准的问题。③

直到 2015 年 2 月 9 日至 13 日工作组第 31 届会议，工作组一直致力于《跨境电子商务交易网上争议解决：程序规则草案》(《ODR 规则草案》)的起草工作。《ODR 规则草案》作为一套无约束力的建议，是供 ODR 服务提供商作为范本使用的，以实现建立统一的 ODR 国际标准的目的。最初，工作组设想该《规则》所涵盖的程序包括谈判(协商)、调解和裁决三个阶段。其中，第三个阶段实为有拘束力的仲裁。④ 随着讨论的深入，工作组第 26 届会议确认《规则》可能需采用双轨办法以顾及下述情形：有些法域认为争议前订立的仲裁协议(“争议前仲裁协议”)对消费者

① Vikki Rogers, *Managing Disputes in the Online Global Marketplace: Reviewing the Progress of UNCITRAL's Working Group III on ODR*, available at http://conferences.law.stanford.edu/codr2013/wp-content/uploads/sites/14/2013/03/Dispute-Resolution-Magazine-Final-Draft.pdf, visited on January 25, 2015.

② 联合国国际贸易法委员会:《跨境电子商务交易网上争议解决：程序规则草案(二轨道)——秘书处的说明》(A/CN.9/WG.III/WP.130)，资料来源于：http://daccess-dds-ny.un.org/doc/UNDOC/LTD/V14/051/35/PDF/V1405135.pdf?OpenElement，访问日期：2015 年 1 月 15 日。

③ 关于历次会议的情况及工作文件，见 http://www.uncitral.org/uncitral/zh/commission/working_groups/3Online_Dispute_Resolution.html，访问日期：2016 年 6 月 27 日。

④ 参见联合国国际贸易法委员会第三工作组 23-26 届会议审议的《ODR 规则草案》，载《跨境电子商务交易网上争议解决：程序规则草案——秘书处的说明》(A/CN.9/WG.III/WP.107、A/CN.9/WG.III/WP.109、A/CN.9/WG.III/WP.112、A/CN.9/WG.III/WP.112/Add.1、A/CN.9/WG.III/WP.117、A/CN.9/WG.III/WP.117/Add.1 号文件)，资料来源于：http://www.uncitral.org/uncitral/commission/working_groups/3Online_Dispute_Resolution.html。

有约束力，有些法域则认为争议前仲裁协议对消费者无约束力(A/CN.9/762)。① 因此，工作组第27届会议审议的《ODR规则草案》开始体现双轨安排，其中一轨道以有约束力的仲裁结束，二轨道以调解或中立人不具有约束力的决定结束。② 自工作组第28届会议始，提交其审议的《ODR规则草案》发展为两套单独的案文，分别对一轨道和二轨道程序予以规定，并且达成的共识是，二轨道以中立人不具约束力的建议结束(即调解不成的，将启动程序的最后阶段——中立人就争议的解决作出建议)。当然，两套案文依然包含大量共同条款，不同之处仅在于与程序最后阶段有关的规定。③

令人遗憾的是，尽管工作组为促成达成共识作出了艰巨努力，但各国就消费者订立的有约束力的争议前仲裁协议在《规则》下是否有效这个问题仍存在根本分歧。为此，UNCITRAL第48届会议指示第三工作组拟订一部无约束力的说明性文件，在其中反映工作组早先已达成共识的网上解决程序的各项要素，而将网上解决程序最后阶段的性质问题排除在外。④ 此后，工作组第32—33届会议将工作重点转为拟订名为《跨境电子商务交易网上争议解决：关于网上争议解决的技术指引》(《ODR技术指引》)的案文草案，现已完成对案文的审议工作，该草案将提交UNCITRAL于2016年6月27日至7月15日在纽约召开的第49届会议审定通过。《ODR技术指引》将网上争议解决程序的流程分为三个阶段：谈判、调解、最后阶段。但对于最后阶段仅简单规定：中立人调解未成功的，网上解决管理人或中立人

① 联合国国际贸易法委员会：《跨境电子商务交易网上争议解决：程序规则草案(二轨道)——秘书处的说明》(A/CN.9/WG.III/WP.130)，资料来源于：http://daccess-dds-ny.un.org/doc/UNDOC/LTD/V14/051/35/PDF/V1405135.pdf? OpenElement，访问日期：2015年1月15日。

② 联合国国际贸易法委员会：《跨境电子商务交易网上争议解决：程序规则草案——秘书处的说明》(A/CN.9/WG.III/WP.119、A/CN.9/WG.III/WP.119/Add.1)，资料来源于：http://www.uncitral.org/uncitral/commission/working_groups/3Online_Dispute_Resolution.html，访问日期：2015年2月22日。

③ 联合国国际贸易法委员会：《跨境电子商务交易网上争议解决：程序规则草案——秘书处的说明》(A/CN.9/WG.III/WP.123、A/CN.9/WG.III/WP.123/Add.1、A/CN.9/WG.III/WP.127、A/CN.9/WG.III/WP.127/Add.1、A/CN.9/WG.III/WP.130、A/CN.9/WG.III/WP.130/Add.1、A/CN.9/WG.III/WP.131、A/CN.9/WG.III/WP.133、A/CN.9/WG.III/WP.133/Add.1)，资料来源于：http://www.uncitral.org/uncitral/zh/commission/working _ groups/3Online _ Dispute _ Resolution.html，访问日期：2015年2月25日。

④ 联合国国际贸易法委员会：《联合国国际贸易法委员会报告，第四十八届会议(2015年6月29日至7月16日)》(A/70/17)，资料来源于：https://documents-dds-ny.un.org/doc/UNDOC/GEN/V15/054/51/PDF/V1505451.pdf? OpenElement，访问日期：2016年6月29日。

向当事人告知最后阶段的性质以及这一阶段可能采取的形式。①

UNCITRAL 有关网上争议解决的法律标准"从雄心勃勃的程序规则演变为简单的技术指引"②倒也不奇怪。由于各方在法律立场、观点上的差异，国际文件的拟定从来就不是一件容易的事，最终达成的文件往往很难如预期那般事无巨细、面面俱到。因此，简化内容，搁置分歧，就已达成共识的部分尽快形成文件并予通过，无疑比错失良机要好。正如《ODR 技术指引》第 3 段所称的："《技术指引》的目的是促进 ODR 的发展，并协助网上争议解决管理人、网上争议解决平台、中立人以及网上争议解决程序各方当事人。"因此，无论最终通过的文件以何种形式出现，重要的是 UNCITRAL 通过在 ODR 领域开展的工作充分承认了 ODR 的价值，而 UNCITRAL 对 ODR 的认可无疑将有助于促进其发展。③

需要指出的是，虽然由于各方在争议前消费者仲裁协议效力问题上的分歧导致《ODR 规则草案》流产，但《ODR 技术指引》本身已体现了之前谈判《ODR 规则草案》时各方达成共识的部分。同时，作为一套曾历经 4 年讨论而形成的内容详尽的程序规则，《ODR 规则草案》自身的价值是不容否认的。对国内 ODR 服务提供商而言，《ODR 规则草案》比内容简化的《ODR 技术指引》更具示范和借鉴意义。基于此，本书仍以《ODR 规则草案》作为主要研究对象，目的是为国内 ODR 服务提供商构建更加完善的 ODR 程序框架提供切实有益的参考。

需要说明的是，第三工作工作组之前审议的最后一版《ODR 规则草案》分别载列于《跨境电子商务交易网上争议解决：程序规则草案(一轨道)——秘书处的说明》(A/CN. 9/WG. III/WP. 133)④和《跨境电子商务交易网上争议解决：程序规则草案(二轨道)——秘书处的说明》(A/CN. 9/WG. III/WP. 130⑤、A/CN. 9/WG. III/

---

① 联合国国际贸易法委员会：《跨境电子商务交易网上争议解决：关于网上争议解决的技术指引——秘书处的说明》(A/CN. 9/888)，资料来源于：https：//documents-dds-ny. un. org/doc/UNDOC/GEN/V16/021/28/PDF/V1602128. pdf? OpenElement，访问日期：2016 年 6 月 29 日。

② Karim Benyekhlef and Nicolas Vermeys，*UNCITRAL Adopts Technical Notes on ODR*，available at http：//www. slaw. ca/2016/04/18/uncitral-adopts-technical-notes-on-odr/， visited on June 29，2016.

③ Karim Benyekhlef and Nicolas Vermeys，*UNCITRAL Adopts Technical Notes on ODR*，available at http：//www. slaw. ca/2016/04/18/uncitral-adopts-technical-notes-on-odr/， visited on June 29，2016.

④ http：//daccess-dds-ny. un. org/doc/UNDOC/LTD/V14/080/64/PDF/V1408064. pdf? OpenElement，访问日期：2015 年 2 月 20 日。

⑤ http：//daccess-dds-ny. un. org/doc/UNDOC/LTD/V14/051/35/PDF/V1405135. pdf? OpenElement，访问日期：2015 年 1 月 15 日。

WP. 130/Add. 1①)。下文论及《ODR 规则草案》时主要是结合上述文件对其予以介绍和分析。其中，没有特别说明的，系两套案文的通用条款。此外，还有一点需要说明的是，《ODR 规则草案》中有一些规定是作为备选案文被置于方括号内的，也就是说，方括号意味着其内的规定尚需进一步审议以决定去留。

这里先对《ODR 规则草案》的主要内容作一简要介绍。根据《ODR 规则草案》的规定，《规则》适用于借助电子通信进行跨境、低价值交易所引起的争议，其目的是：(1)为价值低、数量大的电子商务交易提供方便快捷、有成本效益的争议解决程序；(2)为交易营造安全、可预测的法律环境，以确保交易者对在线市场的信心；(3)推动中小微企业通过电子商务和移动电子商务进入国际市场。《规则》拟结合[作为《规则》附录的]下列文件加以使用：网上争议解决平台/管理人准则和最低要求、中立人准则和最低要求、争议解决的实质性法律原则、跨境执行机制等。就《规则》的适用范围而言，使用电子通信订立销售或服务合同的当事人如果在交易时明确约定，与该交易有关且在《规则》范围内的争议应根据《规则》解决的，则适用该《规则》。《规则》仅适用于下列赔偿请求：(a)所出售的货物或所提供的服务未交付、未及时交付、未适当记账或借记，并且/或者未按照前述销售或服务合同提供；或者(b)未收到所提供货物或服务的全额付款。② 不过，因规则一轨道涉及有拘束力的仲裁，而如前所述，有的法域认为争议前仲裁协议对消费者无约束力，因此，关于规则一轨道的适用范围，需予限定，备选案文之一是："交易一方是附件 X 所列国家的消费者的，本《规则》不适用，除非在争议产生后约定使用本《规则》。"③

在对"网上争议解决"(ODR)、"网上争议解决管理人"、"网上争议解决平台"、"申请人"、"被申请人"、"中立人"等重要概念进行定义后(规则一轨道还对"消费者"这一概念进行了界定)，《ODR 规则草案》就如何使用和处理电子通信做了规定，强调"在网上解决程序中进行的所有通信均应经由网上解决平台发送给网上解决管理人"。④

当事人应以电子形式向网上解决管理人发送他们的通知、答复或反请求以及其他任何相关信息，包括可支持其请求或答复的信息以及与寻求其他法律救济有关的信息。《ODR 规则草案》为通知和答复规定了固定的格式，其必须包含所要求的基

---

① http://daccess-dds-ny.un.org/doc/UNDOC/LTD/V14/051/41/PDF/V1405141.pdf?OpenElement，访问日期：2015 年 1 月 15 日。

② A/CN.9/WG.III/WP.133 号文件所载一轨道《ODR 规则草案》序言、第 1 条，A/CN.9/WG.III/WP.130 号文件所载二轨道《ODR 规则草案》序言、第 1 条。

③ A/CN.9/WG.III/WP.133 号文件所载一轨道《ODR 规则草案》第 1 条第 1 款(b)项。

④ A/CN.9/WG.III/WP.133 号文件所载一轨道《ODR 规则草案》第 2、3 条，A/CN.9/WG.III/WP.130 号文件所载二轨道《ODR 规则草案》第 2、3 条。

本内容。①

《ODR 规则草案》假定 ODR 程序启动之前当事人之间已经进行了某些直接谈判。然后,《ODR 规则草案》规定了 3 个阶段:通过 ODR 平台进行谈判、协助下和解(与调解类似)、仲裁(一轨道)或中立人的建议(二轨道)。此外,在网上解决程序的任何阶段达成和解的,网上解决程序即自动终止。②

《ODR 规则草案》接着对如何指定中立人、中立人的辞职或替换、中立人的权力进行了规定。③ 最后,《ODR 规则草案》的通则性条款就最后期限、争议解决示范条款、程序使用的语言、代理、网上解决程序的费用等作出了规定。④

第四节 我国 ODR 的发展现状⑤

一、我国发展 ODR 的必要性

根据中国互联网络信息中心(China Internet Network Information Center,CNNIC)于 2016 年 1 月 22 日发布的第 37 次《中国互联网络发展状况统计报告》,截至 2015 年 12 月,我国网民规模达 6.88 亿。网络购物用户规模达到 4.13 亿,网民使用网络购物的比例提升至 60%。手机网络购物用户规模增长迅速,达到 3.40 亿。团购用户规模达到 1.80 亿。相比整体团购市场,手机团购继续保持快速增长,用户规模达到 1.58 亿。网上外卖用户规模达到 1.14 亿,占整体网民的 16.5%,其中手机网上外卖用户规模为 1.04 亿。在网上预订过机票、酒店、火车票或旅游度假产品的网民规模达到 2.60 亿。手机预订机票、酒店、火车票或旅游度假产品的网民规模达到 2.10 亿。购买过互联网理财产品的网民规模达到 9026 万。使用网上支付的

① A/CN.9/WG.III/WP.133 号文件所载一轨道《ODR 规则草案》第 4A、4B、4C 条,A/CN.9/WG.III/WP.130 号文件所载二轨道《ODR 规则草案》第 4A、4B、4C 条。

② A/CN.9/WG.III/WP.133 号文件所载一轨道《ODR 规则草案》第 5、6 条、第 6 条之二、第 7 条之二、第 7 条之三、第 8 条,A/CN.9/WG.III/WP.130 号文件所载二轨道《ODR 规则草案》第 5、6、7、8 条。

③ A/CN.9/WG.III/WP.133 号文件所载一轨道《ODR 规则草案》第 9、10、11 条,A/CN.9/WG.III/WP.130/Add.1 号文件所载二轨道《ODR 规则草案》第 9、10、11 条。

④ A/CN.9/WG.III/WP.133 号文件所载一轨道《ODR 规则草案》第 12~19 条,A/CN.9/WG.III/WP.130/Add.1 号文件所载二轨道《ODR 规则草案》第 12~17 条。

⑤ 参见丁颖:《在线解决争议方式的发展及其对策》,载《云南师范大学学报(哲学社会科学版)》2011 年第 6 期,第 122~128 页。

用户规模达到 4. 16 亿。手机网上支付增长尤为迅速，用户规模达到 3. 58 亿。① 换言之，我国电子商务发展势头强劲。在这方面还有一些令人惊叹的数据。例如，被英国《经济学人》杂志称为“世界上最伟大的集市”的阿里巴巴集团，其旗下的淘宝网和天猫在 2012 年交易额达到 1. 1 万亿元人民币，超过亚马逊和 eBay 之和。② 2013 年“11. 11 购物狂欢节”期间，天猫创造了当天交易额 350. 19 亿元的神话。而我国 2013 年 10 月份日均的社会消费品零售额为 693 亿元，因此，阿里的 350 亿元超过了该数字的 50%。这一交易额也是 2012 年美国“网购星期一”121 亿元交易额的近 3 倍。③ 弗雷斯特研究公司（Forrester Research）2013 年发布的《弗雷斯特准备指数：电子商务，2013》显示，中国已成为未来 3~5 年电子商务市场潜力第二大国，仅次于美国。④

但无须否认的是，目前我国发展电子商务的环境依然不十分理想。网络安全隐患、消费者利益保护不力以及大量涌现的网络纠纷不能及时获得有效解决等问题已成为影响我国电子商务进一步发展的关键。互联网向商务交易型应用的发展，急需建立更加可信、可靠的网络环境。⑤ 而 ODR 正是建立这种信任机制的重要方面。同时，我国已有为数众多的企业通过发展电子商务而走向世界，可以预见，未来还会有更多的企业加入其中，面对全球统一市场和消费者，这些企业要想站稳脚跟，必须建立自身的信任资源，包括为全球消费者提供便宜、公正、方便的争议解决途径，保护消费者的利益。事实上，一旦发生争议，无论是国外的消费者到中国法院打官司，还是我们的企业到外国法院进行诉讼，都非常不经济、不方便，反之也是一样。因此我们必须与世界接轨，建立和发展自己的 ODR 机制，不然，在国际电子商务竞争中，我国企业会陷于不利的境地。⑥

① 中国互联网络信息中心：《中国互联网络发展状况统计报告（2016 年 1 月）》，资料来源于：http：//cnnic. cn/gywm/xwzx/rdxw/2015/201601/W020160122639198410766. pdf，访问日期：2016 年 4 月 17 日。

② *Alibaba*：*The World's Greatest Bazaar*，The Economist，Mar. 23，2013，available at http：//www. economist. com/news/briefing/21573980-alibaba-trailblazing-chinese-internet-giant-will-soon-go-public-worlds-greatest-bazaar，visited on April 10，2014.

③ 李云：《阿里“双十一”全天交易额 350 亿 交易 1.7 亿笔》，资料来源于：http：//tech. sina. com. cn/i/2013-11-12/00058903857. shtml，访问日期：2014 年 4 月 10 日。

④ 《Forrester：中国成电子商务市场潜力第二大国》，资料来源于：http：//cio. zdnet. com. cn/cio/2013/1008/2991623. shtml，访问日期：2014 年 4 月 11 日。

⑤ 中国互联网络信息中心：《中国互联网络发展状况统计报告（2010 年 7 月）》，资料来源于：http：//www. cnnic. cn/uploadfiles/pdf/2010/7/15/100708. pdf，访问日期：2010 年 10 月 29 日。

⑥ 参见徐继强：《在线纠纷解决机制（ODR）的兴起与我国的应对》，载《甘肃政法学院学报》2001 年第 4 期，第 36~37 页。

二、存在的问题

令人遗憾的是，ODR 在我国的发展还远远不能令人满意，大量网络纠纷在出现后依然缺乏有效的救济措施予以及时迅速的解决。我国内地目前专门从事在线解决纠纷业务的主要是中国国际经济贸易仲裁委员会(China International Economic and Trade Arbitration Commission，CIETAC)域名争议解决中心暨网上争议解决中心。但其目前根据相关机构的授权，通过在线解决争议的方式所解决的域名等争议属于特定范围的争议，网络空间存在的其他大量纠纷并不包括其中。2009 年 5 月 1 日开始施行的 CIETAC 网上仲裁规则①虽规定 CIETAC 将以在线方式解决更广泛的电子商务争议，但该规则的颁布显然仍不能满足目前有效解决网络纠纷的巨大需求：首先，其所提供的争议解决方式非常有限，仅限于网上约束性仲裁和网上调解；其次，由于缺乏配套措施如信任标记等机制的保障，前述程序将发挥多大的作用以及效果究竟如何尚难预料；最后，也是最重要的，正如有专家指出的，规则目前主要还是更适合于那些交易额较大的、实名的 B2B 电子商务纠纷，对于小额的 B2C、C2C(Consumer to Consumer，消费者对消费者)电子商务，恐怕暂时还不能产生较大的影响。②

除 CIETAC 外，中国电子商务法律网和北京德法智诚咨询公司曾于 2004 年 6 月发起成立了一个“中国在线争议解决中心”(ChinaODR)，并开通了网站 http：//www.odr.com.cn，主要提供与电子商务相关争议的在线调解和在线和解服务。ChinaODR 的成立本是我国私人性机构提供专业 ODR 服务的有益尝试，但它所存在的费用等问题与 CIETAC 类似，并且其知名度还远不及 CIETAC。从网站开通后的情况看，其基本处于搁置状态，直至后来完全销声匿迹。

此外，也有部分仲裁机构开始在线仲裁方面的尝试，如广州仲裁委员会、上海

① 中国国际经济贸易仲裁委员会：《网上仲裁规则》，资料来源于：http：//cn.cietac.org/eArbitration/index.asp，访问日期：2013 年 8 月 17 日。CIETAC 最新版的网上仲裁规则于 2014 年 11 月 4 日由中国国际贸易促进委员会/中国国际商会修订并批准，自 2015 年 1 月 1 日起施行，见 http：//www.cietac.org/index.php？m=Article&a=show&id=2744，访问日期：2016 年 6 月 30 日。

② CIETAC 网上仲裁规则施行之初，中国电子商务协会政策法律委员会副主任、中国电子商务法律网总裁阿拉木斯在接受《法人》记者采访时表达了此种观点。此外，阿拉木斯还指出，电子商务纠纷仲裁面临五大难点：当事人非实名，如何确认当事人和执行；网上交易的证据如何认定其真实可靠性；面对跨区域的交易者如何实现有效执行；小额的网上交易能否承受仲裁的不菲的费用；我国在网上交易、网上支付领域没有专门的法律规定，仅仅依靠合同法等能否成为足够的法律依据？马丽：《网上仲裁，企业准备好了吗》，载《法人》2009 年第 6 期，第 58、59 页。

仲裁委员会、西安仲裁委员会等，但总体而言，仍处于初步探索阶段。

联合国贸易和发展委员会曾在 2003 年的《电子商务与发展报告》中将 ODR 视为“注重扩大新兴电子商务活动的国家应当特别重视的一个程序”，认为人们在介入电子商务并评估进入这种新市场或新环境可能面临的风险时会考虑这一机制。除应用于与电子商务有关的争议外，随着电子政务的发展，ODR 已经引起各国政府的更多注意，其在公领域的利用价值也开始浮现。而我国 ODR 的发展现状与我国当前大力发展电子商务和推广电子政务的需要是不相适应的。①

第五节　本书研究目的及范围

本书的研究思路和结构是根据不同的 ODR 类型依次展开讨论，每一类 ODR 与对应的传统争议解决方式之间的区别及由此导致的法律问题及其解决是研究的重点。作为新技术的产物，ODR 在给人们带来便利的同时，也带来了一系列技术和法律问题，亟待研究解决。这些问题包括司法质量、保密性与结果的公布、电子通讯和数据的保护、争议解决条款的内容和执行、争议解决程序的管理(包括争议解决者的独立性、费用、期间、结果的拘束力和执行)、对 ODR 服务提供商的监管，等等。② 对此，本书在各部分将分别予以讨论，并将就各类争议解决方式的进一步完善或未来的发展趋势予以探讨。

同时，如前所述，我国 ODR 的发展与目前国内互联网应用状况及对建立包括 ODR 在内的信任机制的要求是不相适应的。这个拥有 6.32 亿网民的网络大国正在向着建设网络强国的目标全速前进。构建合理的机制及时化解起因于互联网上的各类纠纷，从而增强包括消费者、企业在内的各类主体对参与电子商务等各类网上活动的信心，最终推动建设一个和谐健康的网络世界，对实现从网络大国到网络强国的突破，无疑是极为重要的一环。因此，本书每一部分的研究都将结合我国目前的立法及实践进行探讨，包括对成功经验的总结及尚存问题和障碍的分析，最终针对各类 ODR 发展的趋势和我国的现实需要，对我国相关机制的建设和完善提出一些建议和设想。鉴于网络的全球性以及国外相关实践的相对先进性，在研究过中，有必要采用比较法的研究方法，通过对各争议解决发达国家相关实践或立法的引介、探讨，为我国未来 ODR 机制的构建提供合理的借鉴。

---

① 参见周群：《电子商务纠纷解决新方法：在线争议解决机制 ODR》，资料来源于：http：//www.lusin.cn/ebjichu/law/2006-5-25/k10514.htm，访问日期：2010 年 7 月 6 日。

② Thomas Schultz，Gabrielle Kaufmann-Kohler，Dirk Langer，and Vincent Bonnet，*Online Dispute Resolution：The State of the Art and the Issues*，E-Com Research Project of the University of Geneva，Geneva，2001，pp. ix-x，available at http：//www.online-adr.org，visited on July 19，2008.

就具体研究对象而言，基于上文所述，本书将特别关注对额小量大的网上消费者争议的解决。ODR 不但特别适合解决前述纠纷，而且事实上，在很多情况下，ODR 服务常常是可用于解决电子商务纠纷的唯一程序。不过，ODR 所具有的开放性、经济性、公平性、相对较弱的对抗性、灵活性①等优势不仅使其在电子商务领域获得大量运用，而且也成为解决其他类型网上争议的首选方式，其不仅为网上纠纷当事人提供了救济渠道(有时是唯一有效的救济渠道)，而且也成为解决网下争议的手段之一。因此，本书亦包含对其他类型争议的在线解决的探讨。

就研究所包含的 ODR 方法而言，在线 ADR 和网上法庭都属于检视的范围。其中，在线 ADR 包括在线协商、在线调解和在线仲裁。前两者属于非裁决性 ODR 方法，仲裁则系裁决性程序。

相关学者曾对主要的在线 ADR 方法进行比较，如下表：②

主要的在线 ADR 形式	**协商**	**调解**	**仲裁**	**调解—仲裁**
程序类型	和解	和解	裁决	和解和裁决
主要的在线技术	电子邮件；软件；公告板和聊天室	电子邮件；列表服务；公告板和聊天室	电子邮件；视频会议；网络流媒体	电子邮件；列表服务；公告板；聊天室；视频会议和网络流媒体
中立第三方的角色	无	调解员	仲裁员	调解员和仲裁员
当事人参与的性质	自愿	自愿	自愿	自愿
证人和书面证据的使用	一般不使用	一般不使用	允许但可能限制使用	允许但可能限制使用
程序的私密性	保密	保密，但当事人同意公开的除外	保密，但当事人同意公开的除外	保密，当事人同意公开的除外

① 参见肖永平、谢新胜：《ODR：解决电子商务争议的新模式》，载《中国法学》2003 年第 6 期，第 151~152 页。

② Lucille M. Ponte & Thomas D. Cavenagh, *CyberJustice*: *Online Dispute Resolution* (*ODR*) *for E-Commerce*, Pearson/Prentice Hall, 2005, p. 23.

续表

主要的在线ADR形式	协商	调解	仲裁	调解—仲裁
结果的性质	非约束力的，除非当事人达成和解合同	非约束力的，除非当事人达成和解合同	可能是非约束力的，也可能是限制上诉的有约束力的结果，取决于当事人协议	可能是非约束力的，也可能是限制上诉的有约束力的结果，取决于当事人协议
结果的执行	通过合同	通过合同	法院可执行的仲裁裁决	调解通过合同；仲裁通过法院可执行的仲裁裁决

需要指出的是，作为ODR领域的先驱者，以互联网名称与数字地址分配机构(The Internet Corporation for Assigned Names and Numbers，ICANN)的《统一域名争议解决政策》(*Uniform Domain Name Dispute Resolution Policy*，UDRP)为代表的专门性域名争议解决机制在实践中取得了令人瞩目的成功，其成功实践亦为其他领域ODR的发展提供了有益借鉴，值得予以特别关注。不过，虽然本书相关章节对其会有所涉及，但由于相较其他ODR方法，域名争议解决机制已高度制度化和专门化，具有自身的特殊性，本书的作者将在《专门性域名争议解决机制研究》一书中专门对该机制予以全面、系统的研究和探讨。

此外，发展中的虚拟社区的纠纷解决机制似乎正在成为上述常见的ODR机制之外的另外一个系统。这是一套特定共同体(虚拟社区)内通过自我调节发展出来的“圈内”通用且有效运行的规则。其模仿了物理空间的各类纠纷解决方法，并对其加以改造，形成争议解决方式的诸多创新。虚拟社区此种自成一体的纠纷解决机制对维系虚拟社区的正常运转，规范社区居民的相关行为，构建和谐的社区人际关系具有不可忽视的作用，且凸显了互联网自治性和自律性的特征。同时，其所带来的纠纷解决方式的创新亦可能对离线世界的纠纷解决提供启发和借鉴。因此，本书将对其予以专门研究。

最后，本书主要针对旨在直接解决争议的程序，虽也涉及避免争议的机制，但将声誉系统、信任标记等预防争议的机制作为争议解决机制的补充予以讨论，目的是通过综合手段的运用最终实现在线环境下争议解决系统促进建立电子商务领域信心方面的重要作用。

第二编

在线ADR

第二章　非裁决性在线解决争议机制

在我国，作为诉讼外非裁决性(合意性)纠纷解决机制的协商和调解制度一直未能引起研究者足够的重视。就协商(谈判)而言，其发生在争议当事人之间，一般不存在第三方介入，在我国法学理论的教学研究中很少涉及。但在西方，美国自20世纪60年代初期就成立了专门的谈判研究机构及全国性的谈判学会，其宗旨是将谈判的一系列问题理论化，培养同经济发展相适应的谈判人才。此后，美、英、德、法、日等发达国家和地区，以及部分发展中国家的高等学校、企业和科研机构相继将谈判学作为培养现代政治、经济、管理、外交、法律、教育等方面人才的重要课程。目前，谈判、问题解决和法律分析等实践技巧已经成为所有美国法学院的必修课程。① 至于调解，一些法学家，如吴经雄曾基于西方法治理念对中国的调解文化进行激烈抨击，这种倾向甚至对今天的法学界影响犹存。② 现实似乎也难令人满意，一方面，人民调解在实践中往往流于形式，尽管2012年《民事诉讼法》第194~195条规定了法院对调解协议的确认程序，但在实践中运用极少。③ 另一方面，各地在实践中出现一些违反纠纷解决规律的做法，如调解的法庭化、公开化、市场化，司法程序的过度简化等。④ 不过，上述问题的存在并不能否定大部分商业纠纷在实践中其实是通过非诉讼方式解决的。其中，协商和调解因有利于维护商事主体的长期伙伴关系，有助于迅速定纷止争而被频繁地使用着。这两类合意性ADR无疑是是多元化纠纷解决体系的重要组成部分，有着其他争议解决方法所不可替代的优势。

当协商和调解与ICT结合，其为争议的解决既带来了机遇，也带来了挑战。无可否认，适当设计和运用的在线协商和在线调解总体上已被证明是成功的。自动化

---

① 蒋冬梅：《高等学校的法律教育应重视谈判能力的培养》，载《广东教育学院学报》2007年第1期，第74、75页。

② 范愉：《纠纷解决研究的反思与展望》，载《司法》第3辑，厦门大学出版社2008年版，第13页。

③ 参见张显伟、杜承秀：《制度与实践的悖离——司法确认人民调解协议制度的反思》，载《广西民族大学学报(哲学社会科学版)》2013年第2期，第138页。

④ 范愉：《纠纷解决研究的反思与展望》，载《司法》第3辑，厦门大学出版社2008年版，第18页。

的协商流程、文本化的异步通信方式、世界范围内可选择的中立人、强大的记录追踪和保存功能、可获得的外部专家支持等，使得传统非裁决性争议解决方式发生了根本性的变化。虽然机器永远无法取代人的价值，但它却可以成为人的工具，成为争议解决的良好助力。在线争议解决领域早期开创者 Ethan Katsh 和 Janet Rifkin 将信息和通信技术(ICT)称为"第四方"，指出其将在争议解决领域发挥更为重要的作用。① UNCITRAL 第三工作组讨论制定的与跨境电子商务交易(包括 B2B 和 B2C 交易)有关的网上争议解决规则，也包含了网上解决的谈判阶段和调解阶段，并指出应重视这两个阶段。

本章将主要研究非裁决性 ODR(主要是在线协商和在线调解)机制在数量大、价值低的电子商务领域的运用现状和发展前景，探讨其获得更为广泛使用的障碍及其克服。在解决可能存在的后顾之忧的基础上，我们认为，非裁决性在线解决争议机制不仅非常适于低值电子商务争议的解决，而且随着纠纷解决理论的完善和实践的发展，其也将成为有效便捷解决离线纠纷包括大额纠纷的的重要选择。事实上，非裁决性 ODR 在解决离线和大值纠纷方面已证明是成功的，例如 CyberSettle。② 本章最后将聚焦我国国内实践，并结合 UNCITRAL 第三工作组有关讨论制定网上争议解决规则的工作，为发展我国非裁决性 ODR 提供制度设计方面的初步思路。

第一节 概 述

一、ODR 与协商——在线协商

协商(谈判)是指由两个或更多争议者通过讨论以相互认可的方式解决纠纷的程序。该程序通常只包含双方当事人，而不涉及第三方。和解的愿望是协商程序成功的关键。③ 协商是最为常见和简单的争议解决方法，我们有时甚至没有意识到自己在进行协商。协商是一切不具有约束力的争议解决程序的根源。协商理论为争议解决理论提供了基础。④ 可以说，协商是所有争议解决程序中最为私人化的程序，它能比那些正式的程序更快更廉价地解决争议。但是，传统协商也存在许多问题，

---

① Ethan Katsh & Janet Rifkin, *Online Dispute Resolution: Resolving Conflicts in Cyberspace*, Jossey-Bass, 2001.

② Pablo Cortés, *Online Dispute Resolution for Consumers in the European Union*, Routledge, 2011, p. 2.

③ Lucille M. Ponte & Thomas D. Cavenagh, *CyberJustice: Online Dispute Resolution (ODR) for E-Commerce*, Pearson/Prentice Hall, 2005, p. 21.

④ Colin Rule, *Online Dispute Resolution for Business: B2B, E-Commerce, Consumer, Employment, Insurance, and Other Commercial Conflicts*, Jossey-Bass, 2002, p. 38.

诸如协商程序通常是面对面进行的，而很多情况下当事人并不愿意当面与对方沟通；或者由于协商没有固定的程序性规则，当事人出于规避风险的考虑而放弃协商；或者持续性协商可能花费较高的时间和资源成本，且需要协调会见时间和地点，当事人为躲避麻烦而不使用协商；或者面对复杂的多主体争议时，当事人可能疲于应对，更容易作出情绪化决策。

在线协商可以使上述协商障碍最小化，是极具吸引力的诉讼替代机制。它排除了讨价还价程序中的许多方面，这些方面是当事人不经常选择协商的重要原因。在线协商是电子化的，争议者之间无须亲自联系；计算机作为中介，是通信发生的渠道。当事人无须担心与另一方进行现场互动，或担心需要即时回复新的事实性、法律性问题或和解建议。而且，在线协商有时是自动的，所以当事人无须学习一系列复杂的技巧以成功解决争议。最后，在线协商不局限于一般协商中的时间和空间界线。简单地说，在线协商为大量"协商恐惧症"患者，特别是为那些技术不适的人们提供了更加舒适地解决广泛争议的程序。① 在线协商包含当事人之间结构性和持续性的信息交换。在在线协商中，主要的当事人还可以方便地联系次要的利益相关者并迅速沟通相关案情。诸如技术人员、会计人员、工程师、律师等专家的存在保证了结果被完整告知并可以付诸实施。除了联系次要利益相关者，当事人可以引入服务商或调解人（或者作为双方的无差别观察员，或者作为一方的特权观察员）。这有助于在线协商在无法实现和解之目的时向在线调解转变。②

二、ODR 与调解——在线调解

调解是"一位获得双方当事人接受的第三方对协商或冲突的介入，该第三方拥有有限的或没有权威的决策权，但他会协助有关当事人就争议问题自愿达成相互接受的和解"。③ 其本质上是由第三方调解员组织和影响的协商。调解员在协商中的作用是通过一系列的联席会议和与每一方当事人单独进行的私密会议，促使当事人达成和解。④ 调解通常发生在人们不能通过协商达成解决方案的情况下，尤其是在

① Lucille M. Ponte & Thomas D. Cavenagh, *CyberJustice: Online Dispute Resolution (ODR) for E-Commerce*, Pearson/Prentice Hall, 2005, p. 39.

② Ernest Thiessen, Paul Miniato & Bruce Hiebert, *ODR and eNegotiation*, *in* ONLINE DISPUTE RESOLUTION: THEORY AND PRACTICE (edit. by Mohamed S. Abdel Wahab, Ethan Katsh & Daniel Rainey), Eleven International Publishing, 2012, p. 331.

③ C. W. Moore, *The Mediation Process: Practical Strategies for Resolving Conflict*, Jossey-Bass, 1996, p. 15；转引自 Gabrielle Kaufmann-Kohler & Thomas Schultz, *Online Dispute Resolution: Challenges for Contemporary Justice*, Kluwer Law International, 2004, p. 21.

④ Julia Hörnle, *Cross-border Internet Dispute Resolution*, Cambridge University Press, 2009, p. 50.

较为复杂的案件中。调解员只有经当事人一致同意才能参与程序，且其去留均由当事人决定。调解员的作用是维持谈判的有效和高效进行，进而推动解决方案的达成。他们通常不参与决策的制定，或者其建议或决策不具有拘束力。因而其角色通常是程序的控制和推进者，当事人才是作出最终决策的人。

调解中存在两种典型风格。第一种是促进型调解(facilitative mediation)：调解人既不表达其意见也不会建议某种解决办法；他或她是交流的催化剂，是使当事人的利益协调地结合在一起的指挥。第二种风格是评价型调解(evaluative mediation)：作为第三方的调解人就法律、事实和证据发表意见，他或她试图"做交易"，试图找到一个令双方当事人满意的解决办法并使他们接受该办法。① James Melamed 形容调解员是一个教育家、交际促进者、会议召集人、翻译家、提问者和干扰消除者、程序顾问、唱反调的人、催化剂和细节派。②

在线调解是在网上进行的调解。其使用电子邮件或 ODR 在线平台(当事各方可通过在线平台进行联系)等电子通信进行程序，或两者兼用。一些程序可通过移动电话进行。如果使用在线平台，当事人一般凭账号和密码进入平台的调解页面，参与调解，并可跟踪调解进展。在线平台通过技术手段可提供两个沟通渠道，一个用于当事人一方与调解人之间的私下对话，另一个用于与所有参与者包括调解人的公开对话。③

在线调解是与离线调解有着本质不同的纠纷解决方式。这并不是说调解的目标发生了变化。事实上，无论是离线调解，还是在线调解都能够很好地适用于解决当事人希望维持重要的、潜在的持续性商业关系，而直接协商不能解决的案件，以及从经济角度需要快速解决以避免损害进一步扩大的案件。也就是说，在线调解中当事人的目的、调解员的职责并未发生改变，其与离线调解本质的区别在于"第四方"的介入对当事人和调解员提出了不同的要求。这主要体现在信息交流的方式上，因为交流主要是文字和异步的。相对于面对面交流，在线调解的中立人需要综合考虑各种通信选项以设计一个最有利于表达当事人真实意愿和讨论进展的通信环境。在线调解不再是面对面的交流，肢体语言和视觉元素的缺乏使得传统调解技术在网上不那么有效，这对在线调解员提出了新的要求。但从另一个角度看，当事人之间的时间和空间距离可以帮助冷却激动的情绪，并防止争议升级，这被称为冷却

① Gabrielle Kaufmann-Kohler & Thomas Schultz, *Online Dispute Resolution: Challenges for Contemporary Justice*, Kluwer Law International, 2004, p. 22.

② Ethan Katsh & Janet Rifkin, *Online Dispute Resolution: Resolving Conflicts in Cyberspace*, Jossey-Bass, 2001, p. 91.

③ 联合国国际贸易法委员会:《网上解决跨国界电子商务交易的争议——秘书处的说明》(A/CN. 9/WG. III/WP. 105), 资料来源于: http://daccess-dds-ny. un. org/doc/UNDOC/LTD/V10/574/09/PDF/V1057409. pdf? OpenElement, 访问日期: 2014 年 11 月 3 日。

距离(cooling distance)。①

在处理的争议类型上，在线调解更适于当事人之间实力差距不大的争议，诸如B2B、C2C以及B2C(B为中小企业)争议。② 那些涉及当事人不愿意或不能直接与另一方当事人会见，以及涉及高度机密信息或专有信息，且金钱价值很低以致不便诉诸诉讼或仲裁的案件，在在线调解中运用良好。③

目前在线调解是使用频率最高的ODR方式。实际上，几乎没有任何领域被排除在在线调解之外。法律上对适用调解的限制非常少；大多数案件都可在法庭之外和解。但是，在线调解的成功很难评估：调解在很大程度上取决于秘密性，其后果是有关办案数量的统计数字很少得到报道。④ 因此，在研究在线调解时应当理性评估其价值，充分看到其发展的优势和劣势。

第二节 在线协商

一、在线协商的构成要素

Ernest Thiessen博士(知名在线协商系统Smartsettle的创立人)等ODR专家指出，在线协商系统由以下要素构成：⑤

(一)通信

需要指出的是，一切利用信息技术(Information Technology，IT)支持当事人达成谈判协议的过程均可称为在线协商，但本书所着重讨论的是使用相对复杂的IT工具解决争议的"在线"协商。虽然争议当事人仅通过电子邮件相互沟通并解决争议也是一种在线协商，但不是本书所研究的重点。本书所指的在线协商，其工具通

---

① Colin Rule, *Online Dispute Resolution for Business: B2B, E-Commerce, Consumer, Employment, Insurance, and Other Commercial Conflicts*, Jossey-Bass, 2002, p. 66.

② Pablo Cortés, *Online Dispute Resolution for Consumers—Online Dispute Resolution Methods for Settling Business to Consumer Conflicts*, *in* ONLINE DISPUTE RESOLUTION: THEORY AND PRACTICE (edit. by Mohamed S. Abdel Wahab, Ethan Katsh & Daniel Rainey), Eleven International Publishing, 2012, p. 151.

③ Lucille M. Ponte & Thomas D. Cavenagh, *CyberJustice: Online Dispute Resolution (ODR) for E-Commerce*, Pearson/Prentice Hall, 2005, pp. 79-80.

④ Gabrielle Kaufmann-Kohler & Thomas Schultz, *Online Dispute Resolution: Challenges for Contemporary Justice*, Kluwer Law International, 2004, p. 26.

⑤ Ernest Thiessen, Paul Miniato & Bruce Hiebert, *ODR and eNegotiation*, *in* ONLINE DISPUTE RESOLUTION: THEORY AND PRACTICE (edit. by Mohamed S. Abdel Wahab, Ethan Katsh & Daniel Rainey), Eleven International Publishing, 2012, pp. 332-333.

常是更为强大的平台系统，为当事人提供了注册和登录、提交争议、分析利益需求和建议解决方案等"一揽子"争议解决功能。与电子邮件或其他单一的交流方式相比，这是一套功能强大得多的争议解决系统。

此种在线协商支持系统为当事人提供了可实现信息交换、关系建立、头脑风暴、合作文件的生成及其他程序要求的交流机制。尽管电子通信有时会妨碍关系建立所需的情绪内容，但一些情绪化表达的去除却可能有助于减少冲突，特别是一方当事人处于弱势地位时。通信支持类型包括电子邮件、论坛、聊天室和传真。使用正式程序的电子协商还可包含翻译功能。

（二）结构

传统协商程序中的人际交流包括了从高度结构化的交流到不那么正式的交流。结构化的交流更适于高效率的协商程序，且很容易通过在线协商得到促进。结构化交流允许生成和使用协议框架、交换一揽子建议、双盲报价（double blind-bidding）或可视的不公开报价（visual blind-bidding）。如在线协商系统使用自然语言处理（Natural Language Processing，NLP），那么对交流的管理和组织可能更加人性化，但是目前提出了相当大的技术挑战。

（三）决策支持

用以增强在线协商的计算机软件可能提供了模拟复杂问题的能力。这些模型中包含的因素可能包括协商中当事人的个人偏好以及关系问题。特定的软件也可以帮助当事人弄清其协商环境和目标，评估建议，产生新的想法，以及引导他们达成合意。

（四）最优化

计算机可以使用优化算法充当智能代理，寻求最好的解决方法。这样的算法可以显示当事人的偏好，以推动程序的进展。这些解决建议是基于对中立的在线协商系统可见的私人信息，而这些信息对其他当事人仍是保密的。计算机产生的信息包可以促进程序、打破僵局并完善协商达成的协议——这些都不会降低当事人对程序的控制。优化算法所利用的来自当事各方的详细而高精确度的信息，是当事人永远不会向对方提供的，在一些案件中甚至不愿为人工调解员知晓。除了最简单的案件，这种优化是任何未获协助的人的能力所远不及的。

二、在线协商的分类及运作模式

（一）自助式协商（Automated Negotiation）

自助式协商或不公开报价处理模式的协商（automated or blind-bidding negotiation）是仅存在于网上的一种机制。① 它是在线协商区别于传统协商的重要创

① Gabrielle Kaufmann-Kohler & Thomas Schultz, *Online Dispute Resolution: Challenges for Contemporary Justice*, Kluwer Law International, 2004, p. 11.

新。自助式协商机制仅仅由 ODR 平台执行，没有中立第三方的介入，其旨在为那些对责任不存异议的索赔确定金钱上的和解数额。①

自助式协商背后的原理是律师 Charles Brofman 和 James Burchetta 于 1995 年最先想到的，当时他们正试图就一桩保险索赔达成一项协议。在庭外协商中，双方的预期存在太大差距，以致无法达成和解。尽管当事人双方都知道这只是一个金额的问题，但没有人想改变自己的策略定位并提出新的报价。因此，只能提起诉讼。在法庭上，双方律师尝试了一种不同的方法。他们同意在纸上写下各自的“痛阈”（真正能够接受的数字），然后将其交给法官。法官查看双方的报价，如果报价只有几千美元的差异，他就应表明有可能达成一项协议。如果这样的协议不能确认，他就不应该泄露报价金额。而事实上，双方报价只有 1000 美元左右的差距。为此，对立的双方取它们之间的平均值作为折中并因此在几分钟内解决了案件。从这个现场试验开始，双方律师继续发展这一套技巧。② 有一天，他们意识到法官可以被电脑取代，而那张纸可以被电子邮件取代——并且此种做法是可以进行交易的——他们创建了 Cybersettle，第一家在线自助式协商服务提供商。③ Cybersettle（http://www.cybersettle.com）自 1998 年起一直从事在线解决争议。开始其只解决保险纠纷，之后将其服务扩大到其他索赔。例如，Cybersettle 与纽约市签订合同，协助该市及其市民解决涉及人行道、城市财产、交通设备、机动车辆、人身伤害等的索赔。④ 2001 年，Cybersettle 因为此种“电脑化的争议解决系统和方法”而被授予专利。⑤ 不过，目前 Cybersettle 已不再提供自助式协商。⑥ 现阶段仍在运行的、提供自助式协商服务的网站主要有：美国的 BBBOnline⑦、Web Assured⑧、

① Pablo Cortés, *Online Dispute Resolution for Consumers in the European Union*, Routledge, 2011, p. 64.

② Axel Hellinger, *Cybersettle, the "Automatic" Arbitration Court*, available at http://hellinger.eu/en/cybersettle-automatic-arbitration/, visited on April 25, 2015.

③ Gabrielle Kaufmann-Kohler & Thomas Schultz, *Online Dispute Resolution: Challenges for Contemporary Justice*, Kluwer Law International, 2004, p. 17.

④ Pablo Cortés, *Online Dispute Resolution for Consumers in the European Union*, Routledge, 2011, p. 65.

⑤ Gabrielle Kaufmann-Kohler & Thomas Schultz, *Online Dispute Resolution: Challenges for Contemporary Justice*, Kluwer Law International, 2004, p. 18.

⑥ 现在输入 www.cybersettle.com 这一域名，页面显示“Cybersettle is Down for Maintenance”（Cybersettle 停机维护），访问日期：2015 年 4 月 21 日。

⑦ www.bbb.org/consumer-complaints/file-a-complaint/get-started，访问日期：2015 年 1 月 8 日。

⑧ www.webassured.com/，访问日期：2015 年 1 月 8 日。

NetNeutrals① 等。

自助式协商运用了经济学上的博弈理论。学者指出，博弈论技术可适用于发生在自利机构之间的互动。博弈论适合自助式协商的研究，因为自助式协商的参与者也是自利的。②自助式协商的运行模式如下：针对争议中当事人一方究竟“应赔付多少金额”这一问题，当事各方通过一个安全的、密码保护的、基于网络的交流平台，分别提交一定的金钱数额作为各自的报价(offer)和请求(demand)，从而依次向电脑提出有关和解方面的要约。他们所提议的数字是保密的，不会向对方当事人公开。当报价和请求的金额足够接近时，电脑就以两个数字的算术平均值作为案件和解的结果。如果报价高于请求，最终的和解数目就是请求的数字。一般认为，对达成和解而言，双方提议的金额差异在30%以内，就足够接近了，但也有机制要求10%，甚至5%。允许各方当事人提出各自要约的次数在3次(这是通常情况)到次数不限之间不等。当事人达成协议的期限从15日到90日甚至12个月不等。为确保他们协商的诚意，有时会要求他们按某一百分比提高每一轮新的报价或降低每一轮新的请求。③

当然，自助式协商的适用范围通常仅限于一方“应赔付多少金额”这一问题，该方“是否负有赔付义务”这个前提问题由于该方法本身的性质而被排除在外。④不过，在当事人双方均认同一方负有赔付义务，仅就赔付金额存在异议的情况下，此种争议解决方式的优势就凸显了。当事人在有关电脑软件的协助下，可以快捷、方便地进行协商程序；因为不需要面对面直接进行谈判，也就无所谓面子、尴尬之类的问题，也更容易提出符合实际的报价和请求；即使最终无法达成和解，由于之前并未公开各自所提议的数字，因此在接下来的程序中也不会因为自己的底线曝光

① www. netneutrals. com，访问日期：2014年11月15日。

② N. R. Jennings, P. Faratin, A. R. Lomuscio, S. Parsons, M. Wooldridge & C. Sierra, *Automated Negotiation: Prospects, Methods and Challenges*, 10 Group Decision and Negotiation 199, 205 (2001).

③ Gabrielle Kaufmann-Kohler & Thomas Schultz, *Online Dispute Resolution: Challenges for Contemporary Justice*, Kluwer Law International, 2004, pp. 17-19; Thomas Schultz, Gabrielle Kaufmann-Kohler, Dirk Langer, and Vincent Bonnet, *Online Dispute Resolution: The State of the Art and the Issues*, E-Com Research Project of the University of Geneva, Geneva, 2001, pp. 4-5, available at http://www. online-adr. org, visited on July 19, 2008. 参见丁颖：《在线解决争议方式的发展及其对策》，载《云南师范大学学报(哲学社会科学版)》2011年第6期，第124页。

④ Thomas Schultz, Gabrielle Kaufmann-Kohler, Dirk Langer, and Vincent Bonnet, *Online Dispute Resolution: The State of the Art and the Issues*, E-Com Research Project of the University of Geneva, Geneva, 2001, pp. 4-5, available at http://www. online-adr. org, visited on July 19, 2008.

而受到损害。①

自助式协商对彼此预期相对接近(即此种预期接近到属于确定好的出价范围内)的理性的当事人而言确有助益。保险争议提供了一个很好的例证。保险公司的责任通常很明确，其理赔经理常常没有时间去认真地调查事实。因此实际情况时常是理赔理算人迅速开始就承保范围、赔偿责任和损害赔偿额进行协商——所有一切都是站在金钱数额的角度。此外，庞大数量的先例使得保险公司和保险客户的预期在很多情况下都是相当接近的。因此，不难理解，保险争议是运用自助式协商的主要领域。② 自然，像 Cybersettle 这样的技术不会取代所有的保险理算，它只是理算人工具箱里的一项工具。没人认为用人工智能装备的先进电脑就可以取代保险理赔人。③ 事实上，自助式协商的局限性也是显而易见的。首先，如前所述，不公开报价模式在可适用的纠纷范围上确实存在局限，其仅能用来处理金钱数额为主要争点的争议，而在一些存在事实或法律问题的争议中，该程序显然将不再适用。其次，若当事人对于和解金额的预期差异较大，该机制也难发挥作用。④ 最后，多次使用该程序的用户可以利用其经验获得优势地位，而首次使用的用户则不能获得这一优势。

鉴于自助式协商的主要优点是具有为双方节省金钱和诉讼时间的潜力，主要缺点是仅处理对责任无异议的金钱纠纷。因此，为充分发挥其潜力，自助式协商必须用作其他 ODR 程序的一种补充。⑤

但值得研究者关注的是自助式协商所带来的争议解决的革新，其突破了传统面对面协商解决争议的模式，双方当事人无须直接交流，而是通过计算机这一中介促成问题的格式化解决。由于不存在第三方，其性质仍然是一种协商。在这一过程中，当事人只需要遵循相应的指示填入几个数字，而无须掌握更多的技巧。这大大简化了协商的流程，让不那么擅长谈判的人也能得到相对满意的结果。其向我们展示了计算机和互联网所提供的新工具以及前述新的信息技术工具为争议解决带来的好处。我们获得的启示是：计算机已给社会、法律和争议解决带来了如此之多的新

---

① 丁颖：《在线解决争议方式的发展及其对策》，载《云南师范大学学报(哲学社会科学版)》2011 年第 6 期，第 124 页。

② Gabrielle Kaufmann-Kohler & Thomas Schultz, *Online Dispute Resolution: Challenges for Contemporary Justice*, Kluwer Law International, 2004, p. 20.

③ Colin Rule, *Online Dispute Resolution for Business: B2B, E-Commerce, Consumer, Employment, Insurance, and Other Commercial Conflicts*, Jossey-Bass, 2002, p. 145.

④ *See* Colin Rule, *Online Dispute Resolution for Business: B2B, E-Commerce, Consumer, Employment, Insurance, and Other Commercial Conflicts*, Jossey-Bass, 2002, p. 145.

⑤ Pablo Cortés, *Online Dispute Resolution for Consumers in the European Union*, Routledge, 2011, p. 66.

工具和变化，必须有解决争议的新方法。计算机促进了交流并发展了人工智能。因此，必须有一种更好、更快和更便宜的解决争议的方法。①

(二)协助协商(Assisted Negotiation)

自助式协商程序只能处理和解数额的问题，当遇到更为复杂的事实、法律问题时，在线协商是否就失去作用了呢？答案是否定的。因为协助协商(又称为“增强协商”、“居间促成的协商”、“直接协商”或“技术促进的协商”②)这一更为强大的在线协商工具可以帮助当事人通过谈判解决更多问题。其典型特点是通过软件或工具改善当事人之间的沟通，帮助当事人分析其复杂的利益诉求，并给出对其最有利的妥协方法。所以，协助协商就是计算机协助下的协商。它不仅仅是利用电子邮件或其他单一通信工具促进协商，而是为当事人提供更为系统化的 ICT 及工具，这些基于互联网的人工智能工具通过提出问题、分析建议、提出方案等步骤促成和解。协助协商是由于新的交流功能的出现而产生的一种新的争议解决程序，是对传统的协商解决争议方式的一种变革。

提供协助协商服务的典型代表是 Smartsettle(http://www.smartsettle.com)。其处理的争议涵盖了家事、保险、办公、社区、不动产、电子商务、劳资关系、企业并购等领域。③ 它使用各种不同的数学算法帮助当事人找到对双方利益最大化的争议解决方案。一旦当事人弄清楚争议中的关键问题并将它们按照优先度排列好，算法就会罗列出不同的建议以便当事人达成最有效的解决方案。④ Smartsettle 系统基于称为“偏好分析”的协商方法即 Smartsettle 软件评估如何满足各方需求。该软件在协商陷入僵局时可以提供同时满足所有当事人的和解建议。由于各方的 Smartsettle 软件都是本地安装的，和解偏好可以在本地秘密抽取和分析，只有在本地分析完成后，当事人才能与授权的 Smartsettle 中立网站联系。⑤ 具体而言，Smartsettle 的协商程序为：协商准备——规划替代性方案——建立协议框架——建立评估信息包模

① Gabrielle Kaufmann-Kohler & Thomas Schultz, *Online Dispute Resolution: Challenges for Contemporary Justice*, Kluwer Law International, 2004, pp. 5 & 8.

② Gabrielle Kaufmann-Kohler & Thomas Schultz, *Online Dispute Resolution: Challenges for Contemporary Justice*, Kluwer Law International, 2004, p. 12.

③ http://www.smartsettle.com/home/products/smartsettle-infinity/smartsettle-applications/，访问日期：2014 年 11 月 14 日。

④ Colin Rule, *Online Dispute Resolution for Business: B2B, E-Commerce, Consumer, Employment, Insurance, and Other Commercial Conflicts*, Jossey-Bass, 2002, p. 23.

⑤ Lucille M. Ponte & Thomas D. Cavenagh, *CyberJustice: Online Dispute Resolution (ODR) for E-Commerce*, Pearson/Prentice Hall, 2005, p. 50.

型——交换建议——达成临时协议——披露隐藏的价值——协议执行。① 当事人可以在任何时间改变其保密信息，若达成和解，最后的协议条款只有当事人自己知道，这就确保了保密性。Smartsettle 的用户界面是图形化的，这就提升了用户使用的舒适度。像 Smartsettle 这样的软件增强型协商服务提供商还有 OnlineResolution（2003 年停止运行）和 GroupMind Express 等。②

由上可见，协助协商不是简单的协商，因为对其起到“增强”作用的工具履行了调解人的部分职能。其会对当事人一方的要求、当事人另一方的报价、采取上述立场的原因以及上述建议的状况进行概括，而所有这些工作通常都是调解人承担的。但协助协商不同于调解，因为并不存在真人的第三方。③ 可以说，信息技术这个第四方使协商产生了翻天覆地的变化。在协助协商中，当事人不再仅仅使用电子邮件作为通信工具，而是使用具有人工智能的更为复杂的 IT 工具。那么此种形式还是协商吗？我们认为，答案是肯定的。毕竟人工智能工具并非真人，也永远代替不了人的智慧，它并不能成为真正的“调解员”，因此协助协商仍是在双方当事人之间进行的，只是信息交换方式发生了前所未有的变化。

协助协商不仅可以作为独立的程序，还可以是其他程序的补充。事实上，正如自助式协商，协助式协商也已经成为调解员工具箱里的一个好用的工具。以 SmartSettle 的前身 One Accord 为例，协助协商工具在在线调解中的适用模式是：一位协助者引导每一位当事人对软件程序进行使用，该软件程序可以帮助当事人调整其利益、满意度，以及获得高效的、公平的决定……争议各方在协助者的帮助下，完成一份单一协商表格（Single Negotiation Form），他们通过这份表格接受现有的争点和利益关系。然后协助者将前述信息登记到 One Accord 的服务器……这样一来，当事人的前述让步和偏向就被登记到 One Accord 的软件系统，该软件系统会产生和解程序包供当事人认真考虑。协助者再协助当事各方对所提供的每一个新的和解程序包进行评估并进一步修正其利害关系。如果当事各方通过选择同样的和解程序包而达成了暂时性的和解，那么 One Accord 软件系统就会通过完善被选中的程序

---

① Ernest Thiessen, Paul Miniato & Bruce Hiebert, *ODR and eNegotiation*, *in* ONLINE DISPUTE RESOLUTION: THEORY AND PRACTICE (edit. by Mohamed S. Abdel Wahab, Ethan Katsh & Daniel Rainey), Eleven International Publishing, 2012, pp. 341-343.

② Lucille M. Ponte & Thomas D. Cavenagh, *CyberJustice: Online Dispute Resolution (ODR) for E-Commerce*, Pearson/Prentice Hall, 2005, pp. 51-52.

③ Gabrielle Kaufmann-Kohler & Thomas Schultz, *Online Dispute Resolution: Challenges for Contemporary Justice*, Kluwer Law International, 2004, p. 14.

包来对其进行优化，从而最大化双方当事人的利益。①

三、在线协商的优势与挑战

（一）优势

1. 解决复杂问题和避免非理性决策

一方面，许多争议涉及复杂的因素，若没有设计足够精密的工具来处理内在的复杂性问题，人们在作出决策时就不得不逐一解决这些问题。碎片化的协商方式只会加剧利己主义而不利于作出双赢的决策。设计良好的在线协商系统允许当事人解决全部问题。它允许当事人以程序包的形式交换信息，并思考系统生成的信息包，而不用致力于解决碎片化的问题。② 另一方面，当事人在面临复杂问题时，从心理学角度而言极易作出情绪化的决策，他们可能基于逻辑错误或谈判压力而作出非理性的决策。而设计良好的在线协商系统拥有直观的用户图形界面，允许当事人模拟问题并表达偏好。谈判者可以更好地了解其处境，并作出更为理性的决定。③

在解决复杂问题或多主体争议方面，在线协商具有极大的优势。以协助式协商为例，它使用整体分析的方法代替逐一问题解决，当事人只需将其利益取向由高到低排列起来，算法就会自动分析何种解决方案是对其最有利的。系统关注整体利益的最大化，而不再追究细枝末节。一方面，该机制为当事人节省了大量时间，使当事人作出理性的决策，而不至于因情绪化问题而舍本逐末；另一方面，该机制也有助于双赢局面的达成，使当事人看清自己真实的利益需求，并实现利益最大化。

2. 便利性

便利性是在线协商最大的优势，用户可以在任何时间、任何地点使用它。除了时间和空间的便利性，在线协商还可以节省大量成本，因为程序非常简单且用户友好。事实上，当事人可能甚至不需要咨询专业法律意见，即便是聘请律师，花在程

① Lucille M. Ponte, *Throwing Bad Money After Bad: Can Online Dispute Resolution (ODR) Really Deliver the Goods for the Unhappy Internet Shopper?*, 2001 Tulane Journal of Technology & Intellectual Property 73-74；转引自 Gabrielle Kaufmann-Kohler & Thomas Schultz, *Online Dispute Resolution: Challenges for Contemporary Justice*, Kluwer Law International, 2004, p. 15, n. 31.

② Ernest Thiessen, Paul Miniato & Bruce Hiebert, *ODR and eNegotiation*, *in* ONLINE DISPUTE RESOLUTION: THEORY AND PRACTICE (edit. by Mohamed S. Abdel Wahab, Ethan Katsh & Daniel Rainey), Eleven International Publishing, 2012, p. 334.

③ Ernest Thiessen, Paul Miniato & Bruce Hiebert, *ODR and eNegotiation*, *in* ONLINE DISPUTE RESOLUTION: THEORY AND PRACTICE (edit. by Mohamed S. Abdel Wahab, Ethan Katsh & Daniel Rainey), Eleven International Publishing, 2012, p. 335.

序上的时间也非常少。① 在商事交易中，时间几乎就是一切。离线环境下，许多人可能不会发起投诉，因为他们对于获取和填写表格不胜其烦，现在他们只需点击几下鼠标就能获取表格，甚至还能获得填写表格的在线帮助。② 在线协商最具特色之处在于当事人之间几乎不存在直接的交流，这就大大降低了谈判难度，在一定程度上避免了语言、文化背景差异等带来的沟通障碍。在线协商的便利性还体现在其是简单易行的，在自助式协商程序中，当事人甚至只需要填写几个数字就可以坐享其成。

3. 引导性

在线协商通常是具有引导性的，在系统的引导下，当事人只需要填写若干数量有限且关键的信息。面对面协商中，当事人需要在一次会面时交流大量信息，他们需要记住全部要点，以免遗漏关键性信息。即便是使用电子邮件交流信息，当事人可能也会把时间耗费在与谈判目标无关的细枝末节上。而在线协商中，当事人所填写的表格通常会指引当事人提供案件所需的关键信息。此种在线智能表格(动态表格)利用基于特定类型的纠纷积累的经验，允许当事人在线提交案情陈述和答辩。这种在线表格通常比线下表格更容易完成，因为它们随输入的信息而变化。例如，如果索赔人选择争议类型为"未交付货物"，表格提出的问题都会针对这种特定类型的纠纷。③ 除此之外，在线协商通信的文本性也有助于交流记录的保存。

(二)挑战

1. 用户接受度

技术不适是困扰 ODR 发展的一大问题。普遍认为，只有受过计算机教育的个体才能很舒适地使用复杂程序的技术。针对这一问题，有学者提出图形用户界面的发展将使得建立直观的在线协商系统界面成为可能，即便是对于那些不是很精通电脑的用户而言也是如此。数据收集的自动化工具以及特定的协商模板为实现用户需求界面的便利化提供了更多的可能。④ 另外，我们认为，参与在线协商的人通常是掌握了一定计算机技术的，因为 ODR 处理的争议有很大部分是电子商务争议。因此，我们可以假定当事人拥有基本的计算机操作技能。即便这一假定不成立，当事

---

① Lucille M. Ponte & Thomas D. Cavenagh, *CyberJustice: Online Dispute Resolution (ODR) for E-Commerce*, Pearson/Prentice Hall, 2005, p. 56.

② Ethan Katsh & Janet Rifkin, *Online Dispute Resolution: Resolving Conflicts in Cyberspace*, Jossey-Bass, 2001, p. 97.

③ Julia Hörnle, *Cross-border Internet Dispute Resolution*, Cambridge University Press, 2009, p. 79.

④ Ernest Thiessen, Paul Miniato & Bruce Hiebert, *ODR and eNegotiation*, *in* ONLINE DISPUTE RESOLUTION: THEORY AND PRACTICE (edit. by Mohamed S. Abdel Wahab, Ethan Katsh & Daniel Rainey), Eleven International Publishing, 2012, p. 337.

人也可以通过简单的学习，使用设计界面日益友好的在线协商系统。

2. 系统安全问题

人们对于在线系统能够提供可靠、安全的通信的能力仍然存在担忧。针对这一问题，学者也提出了解决方案：在线协商系统可以利用第三方中立服务商提供的高级数据加密。这允许当事人进行安全可靠的数据交换，并降低隐私权受到侵犯以及通信能力丧失的风险。在对安全性要求较高的特定高价值案件中，专门的中立服务商可以在彼此信任的权威下运行，诸如法院、第三方托管，甚至是联合国。① 此外，在线协商系统目前开发还很昂贵等问题也构成在线协商发展的障碍。不过，一旦开发获得成功，其裨益将是巨大的，若市场认为 ODR 技术有益，它也会为其提供资金支持。

四、UNCITRAL 第三工作组《ODR 规则草案》有关在线协商的规定

(一)自助式协商和协助协商

早在 UNCITAL 第三工作组有关 ODR 的第 1 次会议(即第三工作组第 22 届会议)上，秘书处提交的说明就指出，工作组似宜审议有关 ODR 的定义是否应当涵盖非正式私人协商、(使用协商软件或在线服务的)自助式协商或协助协商，并在脚注中对自助式协商和协助协商进行了介绍："在自助式协商中，当事各方通过一个争议解决机构进行协商，该机构为协商管理提供便利，例如联系另一方当事人并为协商和/或不公开报价提供软件或应用程序。典型的协商协助软件通过评估和优化用户的协商目标及计算对所有当事方最高效的结果，从而允许用户分析自己的谈判地位。不公开报价程序是一种自动化的算法，其对当事各方的出价进行评估，如果出价均在规定的范围之内，便可结案。在协助协商中，当事各方在 ODR 在线平台的协助下进行协商，该平台通过提供有效的技术和特定的谈判场所，促进协商进程。"②不过，之后工作组第 23~25 届会议审议的《ODR 规则草案》文本并未提及经由网上解决平台进行协商或网上解决机构在在线协商中可以提供的协助，所以其所规定的在线协商似乎仅指当事人之间通过诸如电子邮件等简单的协商软件私下进行的直接协商，因此并未反映 ODR 服务提供商通过提供功能强大得多的 IT 工具为当事人带来的便利以及由此导致的对协商这种争议解决方式的真正变革。

---

① Ernest Thiessen, Paul Miniato & Bruce Hiebert, *ODR and eNegotiation*, *in* ONLINE DISPUTE RESOLUTION: THEORY AND PRACTICE (edit. by Mohamed S. Abdel Wahab, Ethan Katsh & Daniel Rainey), Eleven International Publishing, 2012, p. 338.

② 联合国国际贸易法委员会：《网上解决跨国界电子商务交易的争议——秘书处的说明》(A/CN.9/WG.III/WP.105)，资料来源于：http://daccess-dds-ny.un.org/doc/UNDOC/LTD/V10/574/09/PDF/V1057409.pdf? OpenElement，访问日期：2014 年 11 月 3 日。

直至第三工作组第25届会议才在其工作报告中指出，ODR服务提供商应向当事人提供技术手段，便利他们之间的谈判，即使是在中立人介入之前也应这样做，并建议对《ODR规则草案》有关协商的条款进行修改。① 工作组第26届会议审议的《ODR规则草案》据此增加了如下规定：“双方当事人应尝试通过直接协商解决争议，适当情况下包括使用网上解决平台所提供的通信手段。”秘书处在评注中指出：“协商阶段可涉及协助协商、自助式协商或两者皆有。在协助协商中，当事人借助网上解决机构提供的电子手段进行通信以求达成和解。在自助式协商中，每一方当事人为解决争议提出一种方案，通常以货币表示，该解决方案不发送给对方当事人。然后，软件比较双方的提议，如果两种提议都在某一既定范围之内，便试图使双方当事人达成和解。”②

工作组第29届会议审议的《规则草案（二轨道）》则进一步修改相关表述为：“程序的协商阶段应包括当事人之间经由网上解决平台进行的协商。”秘书处在评注中指出：“二轨道程序范围内的所有协商都应当经由网上解决平台进行。虽然从政策角度看只要通信能够实现和解则当事人在平台之外通信并非不可取，但是，在平台之外进行的任何通信都将不在相关的二轨道网上解决程序的范围之内。”③该届会议还商定，规则的评注或准则应就协商阶段规定，网上解决管理人须向当事人说明网上解决管理人使用的各类技术方案以及将用何种方式进行协商，例如，是否采用算法。④ 之后无论是二轨道还是一轨道的《ODR规则草案》都沿用了前述规定。

《ODR规则草案》相关条文的变迁本身反映了在线协商尤其是自助式协商和协助协商在实践中所取得的成功，案文的修改就是对前述实践的及时回应和肯定。

（二）在线协商程序的进行

最新版本的《ODR规则草案》（一轨道和二轨道）对在线协商程序的启动、程序

---

① 联合国国际贸易法委员会：《第三工作组（网上争议解决）第二十五届会议（2012年5月21日至25日，纽约）工作报告》（A/CN.9/744），资料来源于：http：//daccess-dds-ny.un.org/doc/UNDOC/GEN/V12/540/18/PDF/V1254018.pdf? OpenElement，访问日期：2015年4月16日。

② 联合国国际贸易法委员会：《跨境电子商务交易网上争议解决：程序规则草案——秘书处的说明（增编）》（A/CN.9/WG.III/WP.117/Add.1），资料来源于：http：//daccess-dds-ny.un.org/doc/UNDOC/LTD/V12/556/99/PDF/V1255699.pdf? OpenElement，访问日期：2015年4月16日。

③ 联合国国际贸易法委员会：《跨境电子商务交易网上争议解决：程序规则草案——秘书处的说明》（A/CN.9/WG.III/WP.127），资料来源于：http：//daccess-dds-ny.un.org/doc/UNDOC/LTD/V14/002/76/PDF/V1400276.pdf? OpenElement，访问日期：2014年5月16日。

④ 联合国国际贸易法委员会：《第三工作组（网上争议解决）第二十九届会议（2014年3月24日至28日，纽约）工作报告》（A/CN.9/801），资料来源于：http：//daccess-dds-ny.un.org/doc/UNDOC/GEN/V14/021/91/PDF/V1402191.pdf? OpenElement，访问日期：2014年8月28日。

进行的期限、程序的结束及下一阶段程序的开始规定如下：①

如果被申请人的答复不包括反请求，协商程序应自该答复发送给网上解决管理人并且关于该答复的通知发送给申请人之时启动。如果答复包括反请求，协商程序应自申请人对该反请求的答复以及关于此答复的通知发送给被申请人之时启动，或者应在《规则》所规定的对反请求的答复期限期满时启动，两者以较早者为准。程序的协商阶段应包括当事人之间经由网上解决平台进行的协商。

被申请人未在《规则》规定的期限内按照《规则》要求的内容向网上解决管理人发送对通知的答复的，或者一方或双方当事人请求进入程序的协助下和解（即调解）阶段的，或者一方当事人选择不进行程序的协商阶段的，网上解决程序的协助下和解阶段应立即启动。当事人未在程序的协商阶段启动后十（10）个日历日内通过协商解决其争议的，网上解决程序的协助下和解阶段应立即启动。

当事人可约定一次性展延达成和解的最后期限。但任何此种延期不得超过十（10）个日历日。

《ODR 规则草案》同时规定，在网上解决程序的任何阶段达成和解的，应在网上解决平台上记录此种和解的条款，此时，网上解决程序即自动终止。

第三节 在线调解

一、在线调解的国际实践

早期的在线调解服务提供商主要有美国的 Internet Neutral，Online Mediators，Online Ombuds Office，ResolutionForm，Square-trade，the National Arbitration Forum，WebMediate，德国的 Cybercout 和 Fsm，法国的 IrisMediation，比利时的 EuropeanMagistrate 等，② 其中大部分机构已经停止运行。目前仍在运行的在线调解

① 《ODR 规则草案》第 5 条、第 8 条，见联合国国际贸易法委员会：《跨境电子商务交易网上争议解决：程序规则草案（二轨道）——秘书处的说明》（A/CN. 9/WG. III/WP. 130），资料来源于：http://daccess-dds-ny. un. org/doc/UNDOC/LTD/V14/051/35/PDF/V1405135. pdf? Open Element，访问日期：2015 年 1 月 15 日；联合国国际贸易法委员会：《跨境电子商务交易网上争议解决：程序规则草案（一轨道）——秘书处的说明》（A/CN. 9/WG. III/WP. 133），资料来源于：http://daccess-dds-ny. un. org/doc/UNDOC/LTD/V14/080/64/PDF/V1408064. pdf? Open Element，访问日期：2015 年 2 月 20 日。

② 叶祖亮、朱智伟、丁恒：《在线调解与传统调解制度之比较》，载《江汉大学学报（人文科学版）》2004 年第 5 期，第 84 页。

服务提供商主要有：美国的 Modria①、Mediate. com②、Federal Mediation and Conciliation Service（FMCS）③、NetNeutrals④、Resolute Systems，LLC⑤、National Mediation Board（NMB）⑥，英国的 Financial Ombudsman Service（FOS）⑦、The Claim Room⑧、The Mediation Room⑨，加拿大的 Family Mediation Canada（FMC）⑩，澳大利亚的 Telecommunications Industry Ombudsman（TIO）⑪，墨西哥的 Concilianet⑫，西班牙的 Mediar Online⑬ 等。上述服务提供商有些专门提供在线调解服务，但大多是提供一揽子的 ODR 服务。本节主要以 SquareTrade 和 Online Mediators. com 为例说明在线调解的运行原理并对目前在线调解服务提供商的服务模式作一总结。

（一）SquareTrade

基于 eBay 的 SquareTrade 曾成功解决了大量在线争议（尤其是在 eBay 上发生的争议），仅 2000 年 2 月到 2004 年 6 月就处理了大约 1 500 000 件争议——其业务量到 2004 年大约为一年 700 000 件争议。⑭ 它目前虽已停止提供 ODR 服务，但其运作模式有诸多可取之处，因此至今仍是 ODR 领域的研究范本。

SquareTrade 并不处理用户和 eBay 之间的纠纷，其仅处理 eBay 上的卖家和买家之间的争议。⑮ 其所提供的争议解决服务有两种："直接协商"和调解。前者实际上是协助式协商，因为它主要是通过由 SquareTrade 设计的屏幕、提供的信息、安排的程序进行的。在这个阶段，SquareTrade 不会直接介入，也不会查看当事人的

---

① www. modria. com/，访问日期：2014 年 11 月 15 日。

② www. mediate. com/，访问日期：2014 年 11 月 15 日。

③ www. fmcs. gov/，访问日期：2014 年 11 月 15 日。

④ www. netneutrals. com，访问日期：2014 年 11 月 15 日。

⑤ www. resolutesystems. com/，访问日期：2014 年 11 月 15 日。

⑥ www. nmb. gov/，访问日期：2014 年 11 月 15 日。

⑦ www. financial-ombudsman. org. uk/，访问日期：2014 年 11 月 15 日。

⑧ www. theclaimroom. com/，访问日期：2015 年 1 月 7 日。

⑨ www. themediationroom. com/，访问日期：2014 年 11 月 15 日。

⑩ www. fmc. ca/，访问日期：2014 年 11 月 15 日。

⑪ www. tio. com. au/，访问日期：2014 年 11 月 15 日。

⑫ www. concilianet. profeco. gob. mx/，访问日期：2014 年 11 月 15 日。

⑬ www. acuerdojusto. com/，访问日期：2014 年 11 月 15 日。

⑭ Gabrielle Kaufmann-Kohler & Thomas Schultz，*Online Dispute Resolution：Challenges for Contemporary Justice*，Kluwer Law International，2004，p. 16.

⑮ Pablo Cortés，*Online Dispute Resolution for Consumers in the European Union*，Routledge，2011，p. 66.

交流记录。SquareTrade 发现将近 80%的争议通过“直接协商”程序获得了解决。①若当事人未能在“直接协商”程序中达成和解，SquareTrade 将为其提供在线调解选项。在 SquareTrade 解决小值纠纷使用的程序中，调解人通过与各方的异步的电子邮件和网络通信协助争议双方。SquareTrade 雇用了大约 200 名来自 15 个以上不同国家的调解员。② SquareTrade 复杂的案件管理技术使得调解人能够以一种有效的成本效益的方式处理低值到中值的消费者纠纷。如果当事人要求，被委任的调解员就提出解决方案。协议总是为 SquareTrade 所保密，并作为合同具有约束力。③

SquareTrade 的在线调解程序为：(1)当平台收到一方当事人的调解请求后，调解员使用电子邮件向另一方当事人通知调解程序和相关事宜，调查有关争议的基本信息，并询问另一方当事人是否参加调解。(2)各方当事人都有机会提交陈述，并表达自己的主张、请求和期望。(3)调解员尝试提炼争议的基本争点问题。调解员为了弄清楚特定的事实和情况，有时必须与争议当事人反复进行交流。(4)就大多数争议而言，经过调解员与当事人间反复交流，当一方当事人不得不让步或者双方不得不妥协时，就可以对争议作出决定了。这有时需要多次交换意见，有时一开始就可以作出决定了。调解员通过提供缓冲、促进讨论和回复来促进信息交流，不仅重塑争议，而且根据各方说法寻找可能达成协议之处。(5)如果期限届满仍无法达成协议，争议的解决就陷入了僵局而不得不搁置下来。④

(二)Online Mediators. com⑤

Online Mediators. com 是 Mediate. com 网站下设的子网站，后者号称全球领先的调解信息网站，提供世界范围的优秀调解员。⑥ 该网站为用户提供全世界范围内可供选择的在线调解员，用户通过争议类型、地理位置、调解员个人信息等选项在网站中搜索合适的调解员，经过搜索可以看到每个在线调解员的详细执业信息。发起调解的当事人可据此选择 10 个或更多可接受的调解员作为候选在线调解员，平台将该名单及调解请求发送给对方当事人，若对方同意调解并从名单中选定了调解人，在线调解程序就开始了。相关页面如图 2-1 和图 2-2 所示。

---

① Ethan Katsh & Janet Rifkin, *Online Dispute Resolution: Resolving Conflicts in Cyberspace*, Jossey-Bass, 2001, p. 142.

② Orna Rabinovich-Einy, *Technology's Impact: The Quest for a New Paradigm for Accountability in Mediation*, 11 Harv. Negotiation L. Rev. 253, 258 (2006).

③ Pablo Cortés, *Online Dispute Resolution for Consumers in the European Union*, Routledge, 2011, pp. 67-68.

④ Ethan Katsh, Janet Rifkin and Alan Gaitenby, *E-Commerce, E-Disputes, and E-Dispute Resolution: In the Shadow of "eBay Law"*, 15 Ohio St. J. on Disp. Resol. 705, 710 (2000).

⑤ www. onlinemediators. com/，访问日期：2014 年 11 月 15 日。

⑥ www. mediate. com/aboutris/aboutus. cfm，访问日期：2014 年 11 月 15 日。

图 2-1 Online Mediators. com 的在线调解员查找页面①

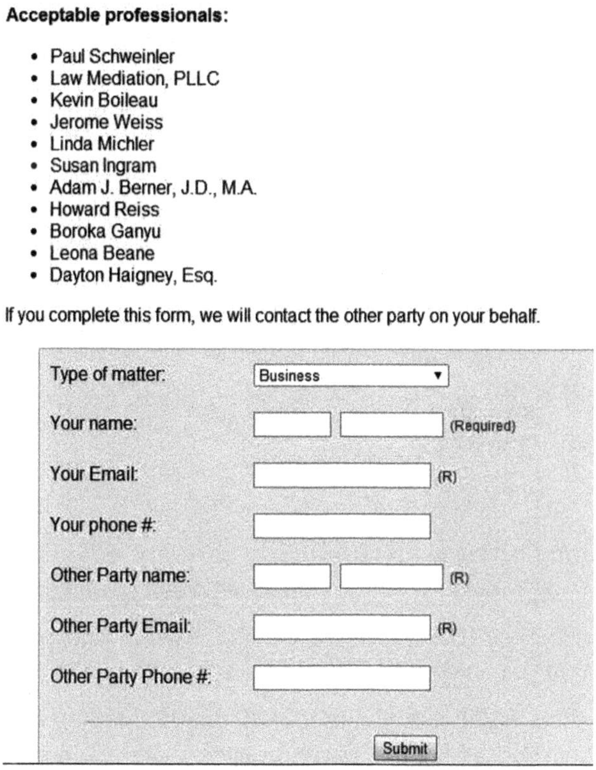

图 2-2 Online Mediators. com 的表格填写页面②

① www. onlinemediators. com/index. cfm，访问日期：2014 年 11 月 15 日。
② www. modria. com/，访问日期：2014 年 11 月 15 日。

在线调解程序开始后，Online Mediators. com 的运行模式与 SquareTrade 基本一致，在线调解员通常选择文本、异步的通信方式与当事人双方沟通并进一步达成和解方案，这也是在线调解的一般程序。

(三)在线调解服务提供商的服务模式

1. 传统调解基础上的在线服务模式

这主要是指在传统调解网站上提供在线调解服务，从而实现线下与在线资源的整合。笔者认为，在传统调解网站上加入在线调解的元素是很好的制度设计，像 Online Mediators. com 这样实力雄厚的传统调解服务提供商，可以充分利用其在离线调解中的知名度积累用户群，将技术融入调解，从而实现离线调解到在线调解的衔接和过渡。如此一来，只需对已经具备专业知识和技能的调解员进行 ODR 技能培训即可获得适格的在线调解员。这是在线调解普及的重要途径，也是我国在线调解可供参考的发展路径。

2. 一揽子 ODR 服务模式

例如，由争议解决领域专家 Colin Rule 等人创建的 Modria 这一网站为企业、政府机构和 ADR 组织提供一揽子的 ODR 服务，包括诊断——协商——调解——仲裁这一完整的在线争议解决程序链。① 该网站宣称，在解决争议时单一的手段是不够的。“诊断”是在当出现投诉或争议时收集和组织与争议相关的全部信息并建议可能的解决方案。“协商”允许当事人直接讨论争议并保存讨论记录。网站在这一阶段为当事人提供先进的算法工具，帮助当事人总结争议焦点并快速达成协议。若当事人无法通过协商解决争议，“调解”将提供公正的第三方帮助当事人澄清问题并提供争议解决选项。若“调解”也失败了，就将进入“仲裁阶段”，当事人可以选择一个裁判人作出裁决。②

二、在线调解的优势和挑战

(一)优势

1. 异步交互(Asynchronous Interaction)

传统调解中，交流是即时发生的，当事人和调解员都需要立即对新进展作出回应。调解员可以在谈判陷入僵局时叫停，通过“背对背”秘密会议单独与一方或双方交流。大多数情况下，交流是同步的，需要当事人及中立人现场进行。而在线环境下，借助异步工具，当事人可以进行有时间间隔的交流。他们不需要即时回复其他程序参与者，可以在深思熟虑后对问题作出回复，而不是对新进展作出情绪化的

---

① 笔者以争议类型为“business”作为搜索条件选定了纽约的 11 位调解员，网站随即出现确认选定的调解员和当事人双方信息及联系方式页面。

② www. modria. com/resolution-center/，访问日期：2014 年 11 月 15 日。

回应。他们可能仍然作出情绪化的回复，但却拥有了在回复前进行反思的选择。① 而调解员也有更多时间思考如何运用调解技巧重塑对话，从而保持其中立性。由于在线调解在交流上的异步性可以使对立双方更理智的交流，并有助于调解员更好地协助当事人，因此可令纠纷解决更富成效。

基于此，ODR 专家一般不赞成使用实时或“聊天”会议来解决争议，因为一方面，这些主要是文本工具，对弥补面对面接触的缺乏并无多大帮助；另一方面，当调解员尝试使用此种会议时，他们发现，自己被迫作出快速反应，且很难控制争议者之间的信息流。在这样的会议上，他们虽然可以向参与者施加压力以达成和解，但他们普遍都认为，这样的会议通常仅仅是对传统面对面会议的拙劣复制。在这样的实时会议上，屏幕的作用消失了。② 虽然实时视频会议有时的确可以复制面对面的会议，但也因为必须立即回复而失却了异步交流带来的好处。事实上，异步交互技术的使用看来的确成为了在线调解的一个优势。

2. 前期沟通重塑③

重塑是任何调解员的一项重要技能。帮助当事人以另一方易于倾听和理解的方式构建通信是推动争议解决的关键组成部分。然而，面对面交互中，重塑必须发生在双方当事人面前。许多调解员都有这样的经历，即在当事人参与程序且趋势良好时，一方突然发表不适当的言论而使讨论脱轨，而双方又被扯回互相辱骂的阶段。

调解员在线上有多种选择。若一方当事人发表了非难的或违背关于侮辱言论基本原则的言论，调解员可以与该方当事人针对情绪化言论先行讨论，并帮助他在另一方看到前重新组织语言。调解员甚至可以从动态网站上将该评论截取下来，与其发表者先行讨论并重塑这一表达。在极个别案件中，调解员甚至可以将系统设置为各方发表言论需经调解员事先同意，允许调解员将各方通信控制在特定轨道上。这些选择使调解员重塑通信而不被目标接收人看到，以便能在幕后解决最初的无意义抱怨，并处理对重塑言论的不情愿态度。然后，只有被重塑后的评论才会发给接收者。

3. 并行秘密会议

秘密会议是调解员与一方当事人单独进行的会谈。面对面调解程序中，调解员通常在谈判陷入僵局时叫停联席会议，然后与一方当事人私下进行秘密会议。此

---

① Colin Rule, *Online Dispute Resolution for Business: B2B, E-Commerce, Consumer, Employment, Insurance, and Other Commercial Conflicts*, Jossey-Bass, 2002, p. 64.

② Ethan Katsh & Janet Rifkin, *Online Dispute Resolution: Resolving Conflicts in Cyberspace*, Jossey-Bass, 2001, p. 141.

③ Colin Rule, *Online Dispute Resolution for Business: B2B, E-Commerce, Consumer, Employment, Insurance, and Other Commercial Conflicts*, Jossey-Bass, 2002, pp. 71-72.

时，另一方当事人可能需要被带到其他房间等候。他们在等待过程中可能对正在进行的秘密会议作出不好的猜测，甚至怀疑调解员与另一方当事人进行了某种交易。这对于后续程序的塑造是不利的。

秘密会议本身的价值值得肯定，尤其是在当事人之间存在实力差距时。当事人在联席会议中永远不会表达的利益倾向都可能在秘密会议上提出。① 然而，面对面调解时的秘密会议可能是低效的。在线上，秘密会议可以灵活许多，因为它可以与联席会议并行存在。交流是通过发给全体当事人或单个当事人的电子邮件来进行的，或通过可以提供联合和单独讨论室的在线平台进行。在这里，调解人甚至可以与一方当事人召开秘密会议，而此时另一个网站上正在进行联席会议。② 这样，调解员就可以在整个调解程序中使用秘密会议，可以同时与双方当事人进行私下对话，而各方当事人不必等待，更不存在怀疑正在进行的秘密会议传递了什么秘密的困扰。应当注意到，同时进行多个并发的讨论对于调解员提出了挑战，他们需要有效管理不同的对话线路。

4. 记录保存

由于在线调解大部分是基于文本的，准确的交互记录就可以被存档。完整的通信过程可以保存下来。基于文本的通信可以缩小谈话者的表达差异。情绪也可以得到较好的控制。③ 若当事人选择保存会议记录，他们可以在本地保存对话记录或者直接登录相关网站查询；若他们选择在会议后不保存其讨论，其交互记录也可以方便地被删除。在使用文本语言时，当事人通常比在面对面交流中更为冷静，因为书面被认为是比口头更加正式的表达方式。对于调解员来说，他们可以根据存档的记录理清问题，帮助当事人回忆起其在先前讨论中的陈述。这在面对面调解中几乎是不可能的，即便是记忆力最好的调解员，也不可能精确复制当事人说过的每句话。被记录下来的通信允许调解员真实地截取当事人发表的言论，并提醒他们表达的观点和偏好。这就好像是调解员把调解会议上的所有事项作了实时记录以便随时回放，而不用磁带录音。④

与记录保存相关的一个方面是，当事人或调解员可以重复使用之前的表述。例如，当在线调解员认为其与当事人讨论中的特定段落对于推动当事人达成协议或理

---

① *See* Colin Rule, *Online Dispute Resolution for Business: B2B, E-Commerce, Consumer, Employment, Insurance, and Other Commercial Conflicts*, Jossey-Bass, 2002, p. 72.

② Gabrielle Kaufmann-Kohler & Thomas Schultz, *Online Dispute Resolution: Challenges for Contemporary Justice*, Kluwer Law International, 2004, p. 24.

③ Lucille M. Ponte & Thomas D. Cavenagh, *CyberJustice: Online Dispute Resolution (ODR) for E-Commerce*, Pearson/Prentice Hall, 2005, p. 78.

④ Colin Rule, *Online Dispute Resolution for Business: B2B, E-Commerce, Consumer, Employment, Insurance, and Other Commercial Conflicts*, Jossey-Bass, 2002, pp. 74-75.

清关键问题有好处时，他们可以复制这些语句表达，这些表达在未来的调解中可以重复使用。他们甚至可以与其他调解员分享这些语句，以得到建设性的批评，或者允许其他人在合适的场合使用这些语句。① ODR 平台也可以向调解员提供这样的资源，调解员可以在在线调解进行中查阅这些被存档的文本资料，对案件进程作出准确的表述。面对面调解中，若调解员现场查阅这些资料，则可能被质疑是不专业的或缺乏经验的。而在线上访问这些资料，则不存在这一疑虑。

5. 持续性商业关系

支持使用调解解决争议的最为显著的因素是存在重要和潜在的持续性商业关系。调解是向当事人提供在不破坏关系甚至是未来增加关系的基础上解决争议之机会的唯一程序。② 对于企业而言，维持和发展其忠实客户至关重要。在 B2C 语境下，通常那些发生争议后获得较好解决的消费者比那些从未与该企业发生争议的客户对该企业更加忠诚。③ 使消费者获得良好争议解决体验的最佳方式当属协商和调解。而在 B2B 语境下，若协商未能达成一致，选择相对更不具对抗性的在线调解更有利于维护已建立的商业关系，特别是在双方仍有继续合作意愿时。

对于企业而言，ODR 的相关机制介入越早，就能够更早地发现潜在的争议，并将正式的冲突控制在相对可预测的范围内。企业可以在冲突升级为需要外部解决之前通过内部程序解决，如内部投诉表格。此外，在线争议解决系统在收集客户和合作伙伴反馈方面非常有效。ODR 系统常常被设计成学习型系统，可以探测用户体验模式和趋势，并向企业反馈聚合信息。若置入在线争议解决系统的反馈回路是有效的，随着时间的推移，发生争议的交易比率将会下降。构建有效的反馈机制允许企业更好地定位其客户，并在这些客户中培养忠诚。④

6. 可挑选的调解员

一般的在线调解服务都允许当事人从人员登记表或专家组中选择合适的中立人。这些专家通常都是全球范围内极具权威性的。美国争议解决协会（Association for Conflict Resolution，ACR）⑤就为用户提供了搜索界面，调解员可以加入该协会，当事人也可以通过该网站查看该专家的从业领域。网络世界的调解员是看不见的，

---

① Colin Rule, *Online Dispute Resolution for Business: B2B, E-Commerce, Consumer, Employment, Insurance, and Other Commercial Conflicts*, Jossey-Bass, 2002, p. 75.

② Lucille M. Ponte & Thomas D. Cavenagh, *CyberJustice: Online Dispute Resolution (ODR) for E-Commerce*, Pearson/Prentice Hall, 2005, pp. 69-70.

③ *See* Colin Rule, *Online Dispute Resolution for Business: B2B, E-Commerce, Consumer, Employment, Insurance, and Other Commercial Conflicts*, Jossey-Bass, 2002, p. 78.

④ Colin Rule, *Online Dispute Resolution for Business: B2B, E-Commerce, Consumer, Employment, Insurance, and Other Commercial Conflicts*, Jossey-Bass, 2002, p. 79.

⑤ http://www.acrnet.org，访问日期：2014 年 7 月 10 日。

因此当事人可以不带偏见地与调解员进行交流。但不得不指出，当事人对调解员的信任往往依赖于对调解服务商的信任。

调解员无权强迫当事人解决案件。为维护自身权益，当事人可以选择能有效引导双方交流、确认争议点、清晰而中立地陈述观点，并能够架构出解决争议程序的调解员。调解员对于当事人而言是一项宝贵的资源，其为当事人提供和解选项、评估当事人提供的选项，还可能让当事人联系外部专家协助评估和解决争议。最有能力的调解员擅长制定和解选项，包括根据当事人和调解员的观点形成增大当事人利益的和解方案。除了程序性专业知识，当事人还寻求拥有争议实体知识的调解员。他们帮助当事人迅速抓住案件事实，有效且准确地理解需要解决的关键点，为当事人提供有效的和解选项，这些都需要运用其个人经验。此外，当事人应当选择提供清晰道德指引的调解员或调解供应商。调解是不受规范的领域，所以关于道德和行为的私人协议通常是对当事人的最好保护。① 另外，在线调解程序进行中，当事人还可以咨询外部专家，甚至让其参与到程序中，而不论该专家身在何处。②

（二）挑战

尽管在线调解带来了新的机遇，但也面临着诸多挑战，如使用人员限制、网络安全问题、语言沟通限制等。③ 具体而言，包括以下几个方面：

1. 部分调解技巧的失效

在线调解的参与者可能面临与在线协商当事人类似的问题。一个好的谈判者在在线的异步交流环境中，其原来熟悉的技巧可能无法有效地发挥作用。调解也是一样。在面对面调解中，调解员往往能够通过观察当事人的手势、动作来判断当事人的情绪，并使用肢体语言表达对当事人意见的关注。可以预见，当事人在在线环境中无法像在面对面交流中那样灵活运用肢体语言、面部表情等表达情绪、传达信息。因此，调解员在传统调解中使用的技巧可能会部分失效。因此，在线环境对调解员的调解技巧提出了新的挑战。但必须看到的是，非身体语言线索的缺乏并不完全是在线调解的劣势。当事人不直接面对面交流，可以有效避免冲突升级为暴力行为或作出情绪化的决策，并防止歧视。

此外，有学者提出新的技术可以改善这种状况。例如，使用非文本因素可以在一定程度上克服缺乏面对面交流带来的弊端。可视化因素的插入已展现出若干机

① Lucille M. Ponte & Thomas D. Cavenagh, *CyberJustice: Online Dispute Resolution (ODR) for E-Commerce*, Pearson/Prentice Hall, 2005, pp. 75-76.

② Noam Ebner, *e-Mediation*, *in* ONLINE DISPUTE RESOLUTION: THEORY AND PRACTICE (edit. by Mohamed S. Abdel Wahab, Ethan Katsh & Daniel Rainey), Eleven International Publishing, 2012, p. 366.

③ 安文婧、刘涛：《在线国际商事调解制度研究》，载《商业会计》2011 年第 10 期，第 80 页。

遇：一是抓住用户注意力，即在屏幕上放置图标或图形(如红旗、停止符号和动态灯光信号等)以提醒用户注意某些活动，告知用户采取某些行动；二是提供想象空间；三是时间功能，如时钟、时间线和曲线图等适用于澄清对于时间的预期；四是使当事人形成参与共享环境的共识。①

2. 信任建立和维系

在线环境的信任缺失是在线调解发展的一大阻碍。当事人在线发起投诉时，通常由当事人自己选择调解员或者委托服务提供商指定调解员组织调解。对于当事人而言，他们通常对该调解员并不熟悉，甚至不能依赖调解员在当地的信誉来评估其调解能力。面对面调解对于当事人而言是透明的，他们知道自己在跟谁对话。异步通信中，由于调解员与各方私下建立对话的能力不同，对调解员的操作和中立性的担忧也增加了。这一不确定性，特别是在没有向当事人作出说明的情况下可能会导致疑虑和信任的缺失。② 除了因为对在线调解员不熟悉而引发的担忧，当事人还可能因调解员不能很好地管理对话进程而对其能力产生怀疑。除了对调解员的不信任，由于人们在在线交流中更容易说谎，当事人更加怀疑网上交流的真实性。即便一方当事人作出了书面陈述或道歉，另一方也很可能怀疑其真实性。此外，ODR服务提供商的中立性也可能成为诱发不信任的一个因素。

3. 保密性和透明度问题

保密性和隐私问题是文本通信的另一面。文本通信中包含的机密信息可能存在泄露的风险，尤其是在不能确保该文本会在何处终结时。在调解中，当事人被鼓励完整参与保密性程序，若违背当事人的意愿破坏保密性，就可能间接对调解造成破坏。但在电子商务语境下，当事人可能更少考虑保密性问题。在当事人存在实力不平衡的消费者调解中，保密原则必须与透明度原则保持平衡，以防止可能来自争议中更强势一方——企业的滥用。此时，公示尤为重要。在B2C调解中应当约束保密性至符合透明度的要求。协议的公示，必要时隐去当事人的个人信息也可以帮助未来的参与者理解调解的功能。③

4. 技术不适

对于那些不习惯网络科技或者是根本没有接触过网络科技的人们，这种利用在

① Ethan Katsh & Janet Rifkin, *Online Dispute Resolution: Resolving Conflicts in Cyberspace*, Jossey-Bass, 2001, p. 144.

② Noam Ebner, *e-Mediation*, *in* ONLINE DISPUTE RESOLUTION: THEORY AND PRACTICE (edit. by Mohamed S. Abdel Wahab, Ethan Katsh & Daniel Rainey), Eleven International Publishing, 2012, p. 367.

③ Pablo Cortés, *Online Dispute Resolution for Consumers in the European Union*, Routledge, 2011, pp. 155-156.

线环境解决纷争的方法显得十分困难。① 这是存在于 ODR 服务领域的普遍问题。有一些人可能无法使用文字准确地表达想法或需求。但我们认为，能够从事电子商务交易的人应当被推定为掌握一定的互联网使用技术，因此一般能够使用设计良好、易于使用的 ODR 服务。随着互联网的普及，ODR 服务界面的用户友好化将成为趋势，技术不适问题将不能成为在线调解发展的主要阻碍。

三、在线调解注意事项

(一)程序要点②

1. 前期准备

在线调解的前期准备阶段比面对面干预的对应阶段需要调解员给予更多的关注和投入。在线调解员不能忽略特定的与通信媒介相关的预备行为。调解员可以很好地利用这一阶段与当事人建立密切关系，这将转换为程序中的信任。他们需要评估当事人对在线环境的适应度和经验值，以及他们对特定平台或通信方式的熟悉程度。他们还需要准备候补通信方式以备主要通信渠道失败时之需。

2. 调解协议

面对面调解中，签署调解协议之前通常要简单解释该协议的内容。而在基于文本的在线调解中，重复书写本质上一样的事项看来是多余的。调解员必须找到一个适当的方法确保调解协议被当事人理解并接受。因此在调解协议中应当使用简明易懂的语句，或者是提前将该协议发送给当事人，以便他们在程序开始前有充足的时间提出任何问题。

3. 引介

在线调解的当事人不仅需要知晓调解的概念和性质，而且需要了解调解程序将要发生的在线环境的性质和规则。当事人对其调解员能够操作技术平台并对程序有清晰思路的判断会影响其对调解员的信任度。这就需要向当事人引介调解程序所使用的在线平台，带领他们进行一遍程序(单独或一起)。向当事人引介在线平台的内容可能包括：网站指南、通信基本原则、参与程序指导、语言、时区、同步/异步通信以及当事人可获得的技术支持等。

(二)对调解员技能要求

调解员除了需要掌握在线谈判者都需要掌握的基于文本通信的协商技巧，书面

---

① 骆东平：《在线纠纷解决机制十年发展回顾及展望》，载《三峡大学学报(人文社会科学版)》2008 年第 2 期，第 73 页。

② Noam Ebner, *e-Mediation*, *in* ONLINE DISPUTE RESOLUTION: THEORY AND PRACTICE (edit. by Mohamed S. Abdel Wahab, Ethan Katsh & Daniel Rainey), Eleven International Publishing, 2012, pp. 375-376.

表达能力，消息管理、关系管理和内容管理能力外，还需掌握管理程序的以下技能：①

(1)技术性专门知识：调解员必须能够熟练运用其所选择的通信技术。若依赖文本通信，打字或录入技术都是核心的能力。

(2)社会规范：在线调解员必须能够遵守网络礼节，理解和处理违背网络礼节的后果。

(3)媒介心理学：调解员需要了解远距离通信的心理学效应。

(4)信任建立：调解员需要认识到在线媒介对当事人之间以及当事人与调解员之间信任度的影响和挑战。这包括建立和维护信任，关键在于细节的把握。例如，若调解员的回复时间超过当事人的预期，其先前建立的信任就会大打折扣。

(5)应对升级的愤怒：争论和升级的怒火可能波及调解员，因此在线调解员有时候需要有点"厚脸皮"。在线通信中社会规范的作用减弱了，愤怒的表达以及人身攻击有时会直接指向调解员。此时调解员应当正确应对当事人的怒火，引导他们冷静下来解决问题。

(6)维持计划和参与：调解员应当设置并坚守定期的签到和参与制度。调解员发起的定期的通信为异步互动增添了一些同步性，并显示其在场和倾听。

(7)异步通信：等待另一方回应时的焦虑和怀疑是滋生不信任和愤怒的摇篮。调解员应充分了解这一情况并在这一点影响到程序时向当事人解释清楚。随着时间的推移，人们还会忘事儿。调解员应多使用汇总表以克服异步通信的时间推移效应。

(8)提供指引：调解员对于平台的熟悉程度总是高于当事人的，因此具备向当事人解释平台规则的能力。当事人可能一时无法适应平台的运行方式，因此调解员需要理清可能会对当事人造成困惑的程序要点，并为当事人提供清晰的指引。

四、在线调解与传统调解的比较和衔接

在线调解与传统调解从表面看是进行调解的空间发生了变化，前者进行调解的空间是虚拟的，而后者则是现实存在的。实际上，物理空间的变化导致的通信方式的改变才是两者的本质区别。在线调解往往通过书面交流来实现，缺乏离线调解的主要因素，即面对面交流。② 这就导致在线调解的通信动力学(dynamics)发生了改

① Noam Ebner, *e-Mediation*, *in* ONLINE DISPUTE RESOLUTION: THEORY AND PRACTICE (edit. by Mohamed S. Abdel Wahab, Ethan Katsh & Daniel Rainey), Eleven International Publishing, 2012, pp. 377-379.

② Pablo Cortés, *Online Dispute Resolution for Consumers in the European Union*, Routledge, 2011, p. 146.

变。研究表明，使用异步的基于文本的媒介会比面对面交互导致更多以任务为导向的、非个性化的通信类型。① 在线调解主要通过电子邮件、聊天室、即时通信工具、视频会议等进行通信。这些通信方式中的大部分通常具有异步性(视频会议除外)，参与者无须立即作出回应。因此，当事人有更多时间冷静下来，思考其真正的利益诉求。对调解员而言，异步通信模式中较低程度的交互将注意力由当前谈话转移到待解决的问题上。这是 Anne-Marie Hammond 描述的通信理论：调解员百分之百地认同在线通信的异步性质帮助他们将注意力集中在争议的广阔蓝图上，而非实时的互动。例如，他们不用将注意力分散到争议者的干扰上。百分之百(的调解员)也认为，有充足的时间思考对当事人的回复有助于其有效地阐述问题和发表评论。所有这些优势帮助他们进行更为有效的干预。②

有观点认为，我国在线调解达成的和解协议比传统调解协议更难得到履行。这种观点是基于我国离线调解可能由司法或准司法机构主持或存在司法确认程序的判断。③ 当然，法院调解确实能够保证和解协议的执行力，但这也是司法调解备受诟病之处。调解作为当事人的合意性程序，一旦受到司法强制干预，似乎就有面目全非之虞。但是，司法调解仅仅是调解制度中的一小部分，事实上同属调解的人民调解制度在我国的实施情况并不乐观。我们认为，在线调解的优势之一在于其可以通过设计相关机制解决执行难的问题。例如 eBay 就是通过制定规则解决这一问题的。这里的规则主要是通过评估反馈机制(feedback rating system)和“逐出”网站机制实现，如果商家拒绝参加在线调解或拒绝履行调解协议，则该商家的商誉以及在网站上的地位会受到影响，商家出于对长远利益的考虑，会自觉地参与并执行调解。④ 关于执行机制，下文还将详述。执行问题不能成为在线调解的阻碍。

除了上述区别，在线调解与传统调解在更多方面仍是一致的。诸如调解的基本原则、调解的效力、调解员的从业标准和行为规范、调解员的调解技巧等。因此，在线调解是建立在传统调解基础上的，它并非空中楼阁。事实上，在线调解不仅可

---

① Noam Ebner, *e-Mediation*, *in* ONLINE DISPUTE RESOLUTION: THEORY AND PRACTICE (edit. by Mohamed S. Abdel Wahab, Ethan Katsh & Daniel Rainey), Eleven International Publishing, 2012, p. 372.

② A. M. G. Hammond, *How Do You Write “Yes”?: A Study on the Effectiveness of Online Dispute Resolution*, 20 Conflict Resolution Quarterly 261, 275 (2003); 转引自 Noam Ebner, *e-Mediation*, *in* ONLINE DISPUTE RESOLUTION: THEORY AND PRACTICE (edit. by Mohamed S. Abdel Wahab, Ethan Katsh & Daniel Rainey), Eleven International Publishing, 2012, pp. 373-374.

③ 参见叶祖亮、朱智伟、丁恒:《在线调解与传统调解制度之比较》，载《江汉大学学报(人文科学版)》2004 年第 5 期，第 86 页。

④ 叶祖亮、朱智伟、丁恒:《在线调解与传统调解制度之比较》，载《江汉大学学报(人文科学版)》2004 年第 5 期，第 86 页。

以解决线上争议，还可应用于离线争议的解决。例如，在线调解可用于解决个人争议，诸如离婚案件等涉及情感的问题。① 有观点将在线调解与法院调解、民间调解和行政调解结合起来，探讨法院、民间机构及行政机关能否使用在线调解的问题。最终认定：法院调解模式不宜放在网上进行；在线进行民间调解可以引导民间调解建立规范而合理的程序；在线行政调解在新加坡取得了成功。② 我们认为，此种思路当然是可行的，但是在线调解所探讨的领域不应局限于传统调解形式。我们应当以更加开放的眼光看待在线调解的适用范围，在传统调解的基础上鼓励创新模式，而不仅仅是移花接木。

五、UNCITRAL 第三工作组《ODR 规则草案》有关在线调解的规定

最后一版的《ODR 规则草案》(一轨道和二轨道)对在线调解程序的启动、程序进行的期限、程序的结束及下一阶段程序的开始规定如下：③

被申请人未在《规则》规定的期限内按照《规则》要求的内容向网上解决管理人发送对通知的答复的，或者一方或双方当事人请求进入程序的协助下和解(即调解)阶段的，或者一方当事人选择不进行程序的协商阶段的，网上解决程序的协助下和解阶段应立即启动。当事人未在程序的协商阶段启动后十(10)个日历日内通过协商解决其争议的，网上解决程序的协助下和解阶段应立即启动。

网上解决程序的协助下和解阶段启动之时，网上解决管理人即应根据《规则》规定迅速指定一名中立人，并应(1)根据《规则》相关规定将指定事宜通知当事人，[并且(2)将《规则》所规定的协助下和解阶段期满的最后期限通知当事人]。中立人应在被指定后与当事人通信，争取达成和解协议。当事人在被通知有关中立人指定事宜后十(10)个日历日内，未通过协助下和解解决其争议的(“协助下和解阶段期满”)，应根据《规则》相关条款启动程序的最后阶段。程序的最后阶段，在一轨道，是指仲裁，在二轨道，是指中立人的建议。

---

① Ofir Turel, Yufei Yuan & Joe Rose, *Antecedents of attitude towards online mediation*, 16 Group Decision and Negotiation 539, 545 (2007).

② 参见叶祖亮、朱智伟、丁恒：《在线调解与传统调解制度之比较》，载《江汉大学学报(人文科学版)》2004 年第 5 期，第 86~88 页。

③ 《ODR 规则草案》第 5 条、第 6 条、第 8 条，见联合国国际贸易法委员会：《跨境电子商务交易网上争议解决：程序规则草案(二轨道)——秘书处的说明》(A/CN. 9/WG. III/WP. 130)，资料来源于：http://daccess-dds-ny. un. org/doc/UNDOC/LTD/V14/051/35/PDF/V1405135. pdf? OpenElement，访问日期：2015 年 1 月 15 日；联合国国际贸易法委员会：《跨境电子商务交易网上争议解决：程序规则草案(一轨道)——秘书处的说明》(A/CN. 9/WG. III/WP. 133)，资料来源于：http://daccess-dds-ny. un. org/doc/UNDOC/LTD/V14/080/64/PDF/V1408064. pdf? Open Element，访问日期：2015 年 2 月 20 日。

《ODR 规则草案》同时规定，在网上解决程序的任何阶段达成和解的，应在网上解决平台上记录此种和解的条款，此时，网上解决程序即自动终止。

第四节　我国的非裁决性 ODR

一、我国非裁决性 ODR 的发展概况

（一）中国国际经济贸易仲裁委员会

2009 年 5 月 1 日开始施行的 CIETAC 网上仲裁规则①表明，CIETAC 网上争议解决中心将进一步开展电子商务网上调解和网上仲裁等网上争议解决工作。前述规则适用于解决电子商务争议，也可适用于解决当事人约定适用本规则的其他经济贸易争议。规则第 2 条对“网上调解”的解释是：“网上调解：指利用互联网以网络视频会议及其他电子或者计算机通信形式所进行的调解活动。”规则第 37 条规定：“仲裁庭可以应双方当事人的请求或者经征得双方当事人的同意，在仲裁程序进行过程中采用网络视频会议及其他电子或者计算机通信方式对其审理的案件进行网上调解。仲裁庭也可以根据案件的具体情况决定采用常规现场方式进行调解。调解可以单独进行，也可以与案件开庭审理合并进行。”不过，迄今尚难见到关于该规则适用情况的报道。CIETAC 在网上争议解决方面的成就和名气主要还是来自域名等专门性争议解决实践。

（二）淘宝的实践

为协助当事人特别是消费者使用争议解决服务，淘宝平台提供了类似投诉表格这样的管理工具。其服务实际上是协助协商的一种形式并已取得较好效果，值得其他 ODR 服务提供商借鉴。本书第四章还将对此予以详细介绍。

二、我国非裁决性 ODR 的发展模式设计

（一）基本原则

1. 自愿原则

在调解和协商这样不具约束力的程序中，当事人参与的唯一理由是其想要参与并认为这可以实现其最大利益。一旦当事人认为该程序并非他所预期的样子，或者没有按其预期的那样发展，他就有权退出。争议解决的自愿性本质对于当事人参与

① 中国国际经济贸易仲裁委员会：《网上仲裁规则》，资料来源于：http：//cn. cietac. org/eArbitration/index. asp，访问日期：2013 年 8 月 17 日。

程序和获得解决方案是至关重要的。① 关键问题在于自愿的标准。当事人参与 eBay 或淘宝的在线协商、调解程序，从一定程度上讲是强制的。因此我们认为，参与非裁决性在线解决争议程序可以是强制的，但参与者可以对最终结果有否决权。因此，即使当事人提出使用非裁决性 ODR 解决争议的要求，也不意味着他放弃了诉诸司法的权利，而且双方在先前程序中交换的信息不能构成其将来在仲裁或诉讼中的不利证据。

2. 合法原则

在现代法治社会，合法性是非诉讼程序不言自明的前提。协商调解也会将法律和判例作为客观依据，即所谓在法律阴影下的交易，这样最符合正当性与效益原则。然而，非诉讼程序不同于诉讼与判决，其更大的价值和优势在于满足当事人的特殊需要，在合法的基础上，通过当事人自身的努力创造性地发现融合“情、理、法”的、比判决更“符合实际的解决”。因此，“合法”并非意味只能严格适用法律规范，而是指不违法，即不违背法律的基本原则和强制性、禁止性规范。② 在合法性原则上，非裁决性 ODR 与非裁决性离线解决争议机制是一致的。

3. 公平原则

公平原则是指保证当事人公平参与纠纷解决并获得公正结果。这一原则主要包括两方面：一是当事人合理获得争议解决救济的权利，二是当事人享有平等参与程序的权利。也就是说，一方面，当事人的法律地位是平等的，在存在实力差异时，通常需要选择实力较低的一方感到适宜的方式，以保证全部当事人都能获得救济。另一方面，争议解决由事实认定、问题解决和法律适用组成。这些过程必须由逻辑和推论控制，以便没有无关的考虑。以合理的方式适用法律意味着相似的案件应该相同对待。适用和解释法律的逻辑应该决定何时事实情况相同并应该同等对待；何时事实情况不同且应该不同对待。③

公平性包括为当事人提供程序性信息以及给当事人平等推进案件的机会。④ 公平原则要求通过公平程序保证双方当事人地位权利与义务的平等、第三方的中立性、举证责任的合理分配、当事人对程序的平等选择权和决定权，以及协商调解中的信息获得途径及机会对等。在程序的启动、运作和达成和解的过程中，应保证当

① Colin Rule, *Online Dispute Resolution for Business: B2B, E-Commerce, Consumer, Employment, Insurance, and Other Commercial Conflicts*, Jossey-Bass, 2002, p. 280.

② 范愉：《中国非诉讼程序法的理念、特点和发展前景》，载《河北学刊》2013 年第 5 期，第 143 页。

③ Julia Hörnle, *Cross-border Internet Dispute Resolution*, Cambridge University Press, 2009, p. 6.

④ Pablo Cortés, *Online Dispute Resolution for Consumers in the European Union*, Routledge, 2011, p. 156.

事人诚实参加、平等陈述和交换证据，防止因当事人在实力技术、信息占有和金钱等方面的差距造成不公平的结果。在注重以激励机制调动当事人的积极性、鼓励和解的同时，应对滥用非诉讼程序的当事人有所制约和惩戒。① 公平性在不同语境下有不同解释，比如仲裁程序中仲裁员不能私下会见当事人，而在调解中则恰恰相反。在非裁决性程序中——包含多种多样的程序——公平可被限制为公正，是一种普遍认可的底线要求。②

4. 效率原则

如果争议解决程序过于麻烦、冗长和昂贵，裁决或解决方案难以得出，或者只有在过多的成本和延迟之后才得出，这就意味着该程序不公正。法谚云："迟来的正义即非正义。"③ODR 的速度潜力是其基本优势。若失去这一优势，其对当事人的吸引力将会大大减弱。若制度设计者过分关注程序的繁文缛节，程序就可能过于缓慢。因此一般需要通过设置解决争议的时间来克服这一困难，推动程序高效进行。

在国际实践中，关于非裁决性 ODR 的期限要求有迹可循。在自助式协商中，程序期间或者被出价的最大次数所限，或者被最长期限所限，有时被两者所限制。期限通常是 1 个月或 2 个月，出价的最大次数通常是 3 或 4。令人遗憾的是，没有任何争议解决机构表明解决争议所必需的平均期间或出价次数。在协助协商中，大部分争议解决机构都没有对争议解决规定期限。不过，少数机构规定，如果经过一定期限(在 2 周到 1 个月之间)未达成和解，则协商就视为失败了。在在线调解中，存在两种类型的期限：与答复和文件提交有关的期限(这类期限很常见但仅部分影响程序的全部期间)和与和解的订立有关的期限(这类期限比较少见)。后者在几小时到 60 日之间，通常的期间在几小时到大约两周之间。④ 这些实践可为我国 ODR 服务提供商制定相关规则时所借鉴。

5. 透明度和保密性原则

根据保密性要求，在 ODR 程序中，未经许可，争议者的信息和程序中收集到的信息均不会被披露，案件的结果也不会被公开。一方面，保密性为争议者创建了安全港湾，允许他们提起或许本不愿通过正式、公开途径追究的争议；但另一方

---

① 范愉：《中国非诉讼程序法的理念、特点和发展前景》，载《河北学刊》2013 年第 5 期，第 143 页。

② Gabrielle Kaufmann-Kohler & Thomas Schultz, *Online Dispute Resolution: Challenges for Contemporary Justice*, Kluwer Law International, 2004, p. 119.

③ Julia Hörnle, *Cross-border Internet Dispute Resolution*, Cambridge University Press, 2009, p. 7.

④ Gabrielle Kaufmann-Kohler & Thomas Schultz, *Online Dispute Resolution: Challenges for Contemporary Justice*, Kluwer Law International, 2004, pp. 58-59.

面，ODR 程序的机密性保护会降低普通公众对程序的信任，阻止未来的争议者使用程序。所以 ODR 提供商必须在以下两者之间取得平衡：使用前述技术的当事人所希望的隐私与通过公布 ODR 提供商的决定而产生的透明度、可说明性与信任建立。① 事实上，在 B2B 争议中，保密性或许通常是正当的关切，但在 B2C 争议中立场则有所不同，这里涉及强大的公众利益，诸如需要发展统一规则和实践及创建透明的 B2C 电子商务市场。这些利益需要系统化地公布案件结果，除非中立机构因特殊情况而不公布。②

无论如何，为加强对 ODR 服务提供商的信任，提供商必须遵守强制性信息披露要求，让当事人了解以下相关信息：ODR 程序的类型及其主要特点，例如语言；程序的限制，例如货币门槛等；消费者必须满足的要求，例如以前曾尝试通过企业内部申诉制度获得救济；治理结构；成为中立第三方的标准；费用，包括酬金和需要执行裁决时可能的额外费用；作为机构决定的基础的规则，例如法律规定、公平的考虑，行为准则等；为私人数据保密的安全措施；裁决和协议的强制性；评估服务提供商运作的一份年度报告。③

UNCITRAL 第三工作组 2014 年第 29 届会议工作报告也指出，透明度这一概念对于涉及消费者的争议至为关键，其在以下几个方面非常重要：(1)在争议初起时明确确定如何解决该争议以及由谁来解决该争议；(2)争议结果是何性质(例如，是否具有约束力)。④

6. 程序便利原则

程序便利原则要求在不违反自愿和公平的前提下，以灵活的方式积极促进和解，迅速经济合理简便地解决纠纷，尽量避免模仿诉讼或过度强调程序的正式化，以降低成本、对抗性和拖延。⑤ 同离线协商和调解类似的是，在线协商和在线调解没有严格的法律程序，灵活性和合意性正是其生命力所在。当然，在线协商可能采用表格化的形式要求当事人填写一些基本信息，而大多数表格包含允许当事人自由

---

① Faye Fangfei Wang, *Online Dispute Resolution: Technology, Management and Legal Practice from an International Perspective*, Chandos Publishing, 2009, p. 74.

② Gabrielle Kaufmann-Kohler & Thomas Schultz, *Online Dispute Resolution: Challenges for Contemporary Justice*, Kluwer Law International, 2004, p. 111.

③ Pablo Cortés, *Online Dispute Resolution for Consumers in the European Union*, Routledge, 2011, p. 78.

④ 联合国国际贸易法委员会：《第三工作组(网上争议解决)第二十九届会议(2014 年 3 月 24 日至 28 日，纽约)工作报告》(A/CN. 9/801)，资料来源于：http://daccess-dds-ny. un. org/doc/UNDOC/GEN/V14/021/91/PDF/V1402191. pdf? OpenElement，访问日期：2014 年 8 月 28 日。

⑤ 范愉：《中国非诉讼程序法的理念、特点和发展前景》，载《河北学刊》2013 年第 5 期，第 143 页。

发表意见的选项，这就保证了其便利性。在线调解中，调解员无须像法官一样遵循特定的程序规则，从而拥有灵活的程序处置权。他们更加关注当事人的意愿，只要达成的协议不违反法律规定即可。程序便利原则还要求提供用户友好的界面，即争议解决程序应当便于理解且方便当事人使用。

7. 正当程序原则

对企业与消费者之间的权力不平衡是有担心的。消费者可能一年使用一次或两次 ODR，而企业作为重复的参与者可能在任何特定时间因几十个案例而使用它。企业很可能比消费者作出更明智的选择，这又加剧了不平衡。出于这个原因，重要的是外部的机构应设置确保 B2C 程序公正的标准。正当程序的权利需要得到尊重，而且消费者还需要感觉到他们的权利受到尊重。① ODR 提供者应该为双方提供表述、应答的机会，必要时提供翻译和外部专家服务，应该对某些程序进行适当的时间控制。② 不过，需要指出的是，实践表明，“尽管正当程序在文献中是一个突出的问题，事实上它既没有特别阻止也没有激励电子商务消费者诉诸 ODR”。③

(二)制度设计的几个要点

1. 资金来源及收费问题

(1)资金来源

非裁决性 ODR 服务提供商的资金来源主要考虑两种渠道：公共资金和私人资金。关于公共资金，大多数 B2C 的 ODR 项目已获得来自公共机构的一些拨款。商业改善局(Better Business Bureau，BBB)建议，有效系统的费用将需要各国政府、非营利性的基金会、学术机构和私营部门之间的合作关系，以至少确保技术基础设施的创建。ABA 专门工作组亦支持政府补贴的想法。④ 有学者指出，政府还可以以更有效的方式资助 ODR 服务机构，以确保市场的实施。可以采取不同的策略，例如，给予那些获得了市场实施的 ODR 方案以资金，补贴电子商务企业以建立有效的内部客户服务，为那些拥护 ODR 服务提供商的企业提供某种类型的税收优

---

① Pablo Cortés, *Online Dispute Resolution for Consumers in the European Union*, Routledge, 2011, p. 79.

② 范筱静：《电子商务中在线纠纷解决机制初探——以信息技术应用和消费者保护为视角》，载《科技与法律》2012 年第 4 期，第 9 页。

③ Lilian Edwards & Caroline Wilson, *Redress & Alternative Dispute Resolution in Cross-Border E-commerce Transactions*, available at http://www.europarl.europa.eu/RegData/etudes/note/join/2007/382179/IPOL-IMCO_NT(2007)382179_EN.pdf, visited on April 28, 2015.

④ Pablo Cortés, *Online Dispute Resolution for Consumers in the European Union*, Routledge, 2011, pp. 75-76.

惠等。①

关于私人资金，唯一可获得的有关 ODR 的资金来源的调查发现，使用费已成为 ODR 服务提供商的主要筹资机制。这采取了许多形式，包括申请费、给中立第三方的每小时收费、标准费用或达成和解的百分比。② 例如，Cybersettle 收取初始申请费，这一费用取决于案件大小和客户提交至网站的案件数额；若案件没有得到解决就不收取额外的费用。然而，若案件解决了，会增加一项"成功费用"；该费用的数额取决于和解的规模，但不能超过给律师的 200 美元或索赔专家的 250 美元。③

我们未来亦可考虑由公共资金推出一些非裁决性 ODR 试点项目，这对保持 ODR 服务的中立性和为业界提供 ODR 范本均具有积极意义。同时，前述项目也可采取公共资金与私人资金共同支持的方式。至于作为私人资金主要来源的使用费，Cybersettle 的做法给我们提供了很好的借鉴。

（2）收费模式

相关学者对目前实践的调查显示，在自助式协商中，酬金通常基于和解数额来确定并由当事人均摊。此外，少数争议解决机构收取申请费，由申请人承担。协助协商的酬金通常已被年度会员资格或信任标记费用（trustmark fees）所覆盖。这样的费用由附属企业承担。有时费用也按小时收取。此种按小时计算的费用原则上是由当事人分担的。有时协助协商是免费提供的，或是作为分级计划的第一步，或是作为一个研究项目。在在线调解中，费用通常是按小时收取的。当事人通常分担前述费用。有时，调解酬金已被信任标记年度费用所涵盖或按和解数额的百分比来收取。信任标记费用由附属企业承担；基于和解价格的百分比而收取的费用由当事人分担。④

在非裁决性 ODR 收费问题上，一方面应当让当事人尤其是消费者一方可以尽可能低门槛地使用争议解决程序，以鼓励他们参与；另一方面，从当事人那里收费可能会使他们感觉自己与程序结果利益攸关，从而更加认真地对待程序。此外，若争议的全部成本由一方承担（如商家），虽可免除另一方（消费者）在费用方面的后

① Pablo Cortés, *Online Dispute Resolution for Consumers in the European Union*, Routledge, 2011, p. 77.

② Pablo Cortés, *Online Dispute Resolution for Consumers in the European Union*, Routledge, 2011, p. 76.

③ Lucille M. Ponte & Thomas D. Cavenagh, *CyberJustice: Online Dispute Resolution (ODR) for E-Commerce*, Pearson/Prentice Hall, 2005, p. 41.

④ Gabrielle Kaufmann-Kohler & Thomas Schultz, *Online Dispute Resolution: Challenges for Contemporary Justice*, Kluwer Law International, 2004, pp. 56-57.

顾之忧，但也意味着程序可能存在偏袒。① 因此，我们认为，收费模式应视情况而定。大中型案件(主要是 B2B 争议)宜采用双边用户收费模式。该模式不会产生偏袒的风险。同时，在此类案件中，争议金额有理由使得收费足够包含程序中发生的实际费用。小额争议(主要是 B2C 争议)目前常常使用单边用户收费模式，即争议中作为当事人一方的商事企业负担全部费用。由于争议解决程序仅取决于由一方当事人提供的资金，就产生了发生偏袒的风险。但完全采用双边用户收费模式对小额争议并不可行：与争议金额相比，案件收费可能令消费者望而却步，因此，还需结合其他经费来源。除公共资金对 B2C 纠纷解决的参与外，其他理想的方案是一家 ODR 争议解决机构同时处理 B2B 和 B2C 案件，通过 B2B 案件产生的收入弥补因处理 B2C 案件时采用较低的双边收费而导致的亏损。作为回报，B2C 案件可以获得相应的声望和宣传。②

2. 公信力

公信力的获得在很大程度上与 ODR 的性质有关。与 ADR 一样，ODR 的性质取决于服务提供商的来源——公共或私人部门。③ 理论上讲，政府等公共机构资助设立的 ODR 服务通常更容易赢得当事人信任。

公信力也可能与 ODR 服务的独立性与否有关。一般而言，相较企业内部投诉处理机制，外部机构所提供的 ODR 服务因独立于争议双方，在公信力方面可能更具优势。不过，值得一提的是，实践中客户满意度要获得最好满足，方法还是首先求助内部投诉处理程序，如果失败再诉诸外部 ODR 方案。因为对简单投诉而言，外部 ODR 将是不相称的，在许多案件中，这样的投诉用一个电话或几封电子邮件便可以解决。④ 但如上所述，消费者也可能担心企业内部的投诉处理机制偏向企业自身，特别是在复杂或有争议的案件中，将用尽内部投诉程序设为启动外部“真正的”纠纷解决的先决条件是在浪费时间和金钱，此时将具有最高成功机会的争议解决机制摆在首位运用，更有意义。因此，即使存在内部投诉服务，诉诸外部 ODR 也应从一开始就被允许。⑤

---

① Colin Rule, *Online Dispute Resolution for Business: B2B, E-Commerce, Consumer, Employment, Insurance, and Other Commercial Conflicts*, Jossey-Bass, 2002, p. 276.

② Gabrielle Kaufmann-Kohler & Thomas Schultz, *Online Dispute Resolution: Challenges for Contemporary Justice*, Kluwer Law International, 2004, pp. 65-66.

③ Pablo Cortés, *Online Dispute Resolution for Consumers in the European Union*, Routledge, 2011, p. 54.

④ Gabrielle Kaufmann-Kohler & Thomas Schultz, *Online Dispute Resolution: Challenges for Contemporary Justice*, Kluwer Law International, 2004, pp. 133-134.

⑤ Gabrielle Kaufmann-Kohler & Thomas Schultz, *Online Dispute Resolution: Challenges for Contemporary Justice*, Kluwer Law International, 2004, p. 134.

我们认为，结合我国的具体情况，非裁决性 ODR 的发展应当遵循政府引导——市场竞争的演进路径。在非裁决性 ODR 制度发展前期，应当由公权力加以引导。理由如下：首先，这与上文探讨的 ODR 项目资金来源有关。若 ODR 服务提供商资金主要来源于企业，恐怕很难保证其公正性和中立性。其次，ODR 的模型可作为公共政策问题由政府推广，因为有效的 ODR 可以促进电子商务的可持续增长，① 这与政府所追求经济发展效果相一致。最后，私人网上计划可能受到资金限制，或因知名度不高而无法获得有效实施。

这并非不鼓励商人的积极性和创造力，相反，企业的一些创造性举措恰恰可以成为公权力实施相关举措的借鉴。也就是说，公权力的引导是有限度的，应当限定在不影响市场创新的范围内。具体而言，有以下路径可以选择：

第一，由政府出资构建权威性的非裁决性在线争议解决机构。但要注意的是，当事人可以自由选择是否使用该机构的服务，即充分尊重当事人的自由意志，避免出现离线调解中存在的一些问题。我们认为，这一机构的建立在制度初期是有益的，有助于提升公众对于非裁决性在线解决争议机制的认识和了解，以公共权威鼓励制度发展。

第二，充分利用已有资源，提供在线争议解决服务。例如在如 CIETAC 这样知名的争议解决机构设置专门的在线协商和在线调解部门，作为调解服务的一个分支。当事人可以访问贸仲网站并使用相应的在线服务，如填写在线调解申请表、选择仲裁员作为调解员等。这一方案以贸仲的公信力及其丰富的争议解决经验保证了其所提供的协商和调解服务的可信度，将传统协商和调解与在线协商和调解结合起来，实现制度的衔接，也有利于充分利用 CIETAC 已有资源，如调解员培训等；还可以实现争议解决服务的一体化，如在线调解不成功的，当事人可以直接转为在线仲裁，而之前选择的调解员在当事人一致同意的情况下可以直接成为仲裁员。

第三，政府以政策支持现有的争议解决服务发展，鼓励市场创新。我们看到，像淘宝平台这样大型的面向消费者的电子商务网站已经发展出了协助协商这一争议解决程序，其争议处理机制目前看来取得了巨大的成功。在这种情况下，政府只需加强政策引导，即对非裁决性在线解决争议机制等市场创新机制持鼓励发展态度，而无须过多干预。公共政策鼓励电子商务企业建立相关 ODR 机制，并支持提供独立的 ODR 服务。这实际上是尊重市场价值规律的实用主义做法。

3. 信任的建立和维系

电子商务的主要问题之一是消费者缺乏对网上交易的信心。由于缺乏身份的约束以及面对面的压力，一些网民在网络中所表现的“无赖性”、“放纵性”暴露无遗。

① Pablo Cortés, *Online Dispute Resolution for Consumers in the European Union*, Routledge, 2011, p. 75.

对网络整体的不信任势必会导致对网络个体 ODR 的不信任。潜在当事人对于虚拟世界的 ODR 能否解决纠纷，以及 ODR 裁决执行情况等纠纷解决的效果均存在疑虑。而对于纠纷当事人来说，其最大疑虑应该是 ODR 管理人和中立人是否公正。① 如果特定的争议解决服务提供商或中立人被认定是偏私的，其信誉度就会遭受毁灭性的打击，且一旦遭到破坏就很难修复。② 此时，争议者对 ODR 的信任危机将雪上加霜。在提升当事人对 ODR 服务提供商的信心方面，对私人 ODR 服务提供商所提供的产品实施适当的质量控制是非常重要的一环。通过设立信息交流中心和向 ODR 服务提供商本身授予信任标记从而实现对其的监管是我们可以考虑采取的方式，对此本书第三章将予以论述。

此外，在整个争议解决过程中，环境的改变也引发了有关人际信任的危机，进而演变为对 ODR 程序本身的信任的挑战。换言之，即使当事人求助一家声誉良好的 ODR 服务提供商，在争议解决过程中也一样可能遭遇信任缺失带来的挫败。此种信任对任何成功的协商和调解程序都是至关重要的。研究表明，在协商程序中，信任对于促进合作、问题解决、信息交换、谈判效率和达成综合解决方案起到重要作用。这些研究结果也适用于调解。③ 有学者对非裁决性 ODR 中与建立信任有关的挑战及其应对作出了如下阐述：④

(1)语境线索的缺失。在线协商不再依赖面对面人际交流中使用的非语言线索，而这些是我们评估对方当事人可信度的重要因素。针对这一问题，协商者应当学会认真阅读文本通信中的线索，关注特定措辞的细节。此外还需注意玩笑性措辞的使用。调解人应当提醒当事人注意表达的清晰度及关注点，通过询问当事人的真实意图进而重塑其表达，并在联席会议和秘密会议中发挥积极作用。调解人应当扮演“解说员”的角色，即在信息接收方对对方的表述产生误解时及时作出正确解释，推动通信发展。

(2)更多定性，更多误解。语境线索的匮乏导致谈判者将注意力放在交流信息的实际内容上，而往往忽视了正确解读信息这一点。解读信息的不确定性增加了基本定性错误这一倾向：当事人抓住对方的消极行为或陈述并将其解读为不良意图和

---

① 郑世保著：《在线解决纠纷机制(ODR)研究》，法律出版社 2012 年版，第 208~209 页。

② Colin Rule, *Online Dispute Resolution for Business: B2B, E-Commerce, Consumer, Employment, Insurance, and Other Commercial Conflicts*, Jossey-Bass, 2002, p. 36.

③ Noam Ebner, *ODR and Interpersonal Trust*, *in* ONLINE DISPUTE RESOLUTION: THEORY AND PRACTICE (edit. by Mohamed S. Abdel Wahab, Ethan Katsh & Daniel Rainey), Eleven International Publishing, 2012, pp. 206-207.

④ Noam Ebner, *ODR and Interpersonal Trust*, *in* ONLINE DISPUTE RESOLUTION: THEORY AND PRACTICE (edit. by Mohamed S. Abdel Wahab, Ethan Katsh & Daniel Rainey), Eleven International Publishing, 2012, pp. 217-236.

品质。针对这一点，谈判者应当放慢异步文本通信的速度，有意识地使用“主题”向对方介绍己方主要意图，在清晰措辞的同时注意特别澄清主要观点，基本信息、报价或陈述均应详细列明并使用总结性段落，及时与对方通过电话保持联系。而调解人则要注意表达的清晰性，注意区别当事人使用的玩笑性语句对谈判进行是否必要，并提请当事人注意在线交流的注意事项。

(3)更多争论的恶性循环。我们往往更容易在网上攻击他人，并假定对方具有恶意，造成谈判方彼此无法相互信任。针对这一点，谈判者应当有意识地使用合作性的语言，如“协作”、“赞成”等，利用冷却距离跳出当前讨论，保持冷静思考，而不仅仅是被动地回复对方。调解人应当时刻关注收件箱，及时回复当事人，并要求当事人保持克制。若当事人无法达成互信，调解人可以尝试分别与之交流。调解人应当时刻保持中立和冷静，避免受到当事人怒火的感染。

(4)对信任的低预期。在线谈判者在参与争议解决程序时对他人的可信度抱持着较低的预期，当事人很可能先入为主。针对这一点，谈判者应当在对方产生偏见之前尝试建立信任，不断作出努力以维持双方之间建立的信任。调解人应当在当事人首次使用 ODR 时向他们介绍主要的工作机制及使用须知，提升当事人对调解人的信任度。通过对程序的介绍使当事人认识到其最初使用在线调解的担忧是正常的，而对方也处于平等地位。

(5)匿名性。在线谈判内在的匿名性加剧了当事人的放纵性，特别是在匿名和物理距离的掩护下，更容易对看不见的另一方造成损害。谈判者应当融洽地合作，必要时可以为建立互信而亲自见面，与对方闲谈，通过向对方介绍自己的基本信息等方式披露自己，并积极请求对方披露他自己。调解人应当发起闲谈，与当事人保持轻松的对话，通过披露自己的一些个人信息为当事人建立信任作出表率。

(6)物理距离和个体差异。在线谈判内在的距离感降低了对对方的认同感，这对基于认同的信任是一项挑战。谈判者不仅要披露自己，还要互相保持积极的合作态度。收集对方传达的全部信息并从中获取有效内容，避免刻板印象。调解人应当在当事人间建立团队观念，注意秘密会议的使用，并提醒当事人以构建长远关系的眼光看待当前的纠纷。

(7)互联网上存在同情吗？即便是在多元化通信渠道中，对谈判相对人表示同情都是一项挑战，而在在线谈判中，表达同情这一点往往会被忽略。谈判者可以通过积极倾听、反馈和总结以及询问相关问题来表达关注，通过描述性回复、澄清和强调对方的表达表达同情。调解人应当积极使用上述方法为当事人作出表率，指导当事人积极运用上述工具进行交流，引导当事人产生共鸣。

(8)隐私问题。ODR 程序中，保持谈判程序的隐秘性绝非易事。例如，电子邮件信息可以很容易地转发给外部各方。即使 ODR 平台要求每一方通过密码保护进入，谁能说就没有其他人坐在对方当事人旁边观看？所有这一切都很容易导致与低信任度相关的降低信息共享和减少冒险。谈判者在发邮件前应当仔细检查收件人，记录并保存双方的互动文本，注意电子邮件中所包含的隐私性信息，尤其是信任建立之前。调解人要避免作出无法兑现的承诺，当事人提出隐私顾虑时是调解人建立信任的良机。

(9)人的预期和异步通信。互联网融合了相互碰撞的两个特征：即刻访问一切和异步通信。这一二元性使得谈判者存在无限的预期，滋生了不信任。谈判者应当保持迅速、频繁的回复，保证回复的同步性。在线调解中，调解人负有更多控制互动节奏和维持互动势头之责。及时回复并更新双方意见是必要的。调解人还应准确判断程序应在何时减速、何时加速。

(10)当事人承诺、投入和关注的减少。当事人通过电子邮件谈判时往往没有在面对面谈判中那么积极，持续性积极参与的缺乏可能会被对方解读为不可信。谈判者应当保持积极、持续性的参与，使用文字技巧缩小时间差，保持注意力集中。调解人应当擅长发现低关注度当事人，适应其节奏，努力保持良好的互动节奏。

(11)新的争议解决环境。互联网作为新兴事物，对于很多人而言仍是不可信的。即便是富有经验的谈判者也缺乏在线谈判和通过在线媒介建立信任的经验。谈判者应当谨慎选择谈判渠道，并获得必要的培训。调解人应当掌握必要的技术并引导当事人。

4. 调解员资格

尽管第三方从业者适用的技术有一些不同，但仍有某些技巧是全部争议解决实践的基础。这些技巧包括建立和维持信任的能力、促进语言和非语言交流、管理情绪、积极倾听、询问问题和重塑。在线争议解决中，第三方也会想要利用传统实践中的技巧，但是在线争议环境对其适用和掌握提出了不同的挑战。① 在线调解员需要理解在线机制的通信动力学。在线交流常常是基于文本的，文字表达显然是在线调解的重要组成部分，因此调解员在面对面交谈中使用的许多技巧在此可能无法得到适用。除专业及法律知识外，在线调解员需要掌握以下技能：如何发起和管理并发的在线会议、选择正确的交流工具、通过当事人的文字表达发现其偏好、引导当事人专注于争议问题等。

比如，在线谈判环境下，参与协商的人们在经由信息技术进行沟通时，容易发出威胁。考虑到在线交流的模式，在线调解员不但需要察觉这些倾向，还应建立和遵循清晰的基本行为规则。在线调解员需要在一方或双方当事人发出侮辱性言论时积极迅速地介入。再如，在线情形下，人们无法使用肢体语言表达关注，因此在线调解员需要使用不同的方法表达关注。可以及时发送一行简短的信息以示理解和关

① Ethan Katsh & Janet Rifkin, *Online Dispute Resolution: Resolving Conflicts in Cyberspace*, Jossey-Bass, 2001, p. 147.

心。在线调解员还应对当事人的书面表达保持敏感，以准确分辨其真实意思，并向对方作出适当的解释。他们还应在需要时重塑当事人的谈话，并引导当事人围绕争议问题进行讨论。①

UNCITRAL 第三工作组第 22 届会议工作报告②在谈到调解人的任命问题时，提出建立中立人资格审查制度。建议分为两个阶段：首先是初步资格审查阶段，重点审查技术经验和解决争议的经验；其次是定期审查，需要由网上解决使用者提供反馈意见，以确保中立者继续有资格履行相应职责并公平履行这些职责。ODR 服务提供商为保证其权威性和公信力，应当聘任符合相应条件的调解员作为其专家。

ODR 领域普遍存在一个问题，即大多数服务提供商并未披露其主要股东是谁。③ 因此，为了避免利益冲突，建立在线调解员的道德和行为规范是必要的。上述工作报告指出，中立者行为守则非常重要，提到一些现行标准，认为这些标准可以作为这方面的有益参考，其中包括 ABA 专门工作组的“网上解决推荐最佳做法”，以及 2004 年《欧洲调解人行为守则》。以《欧洲调解人行为守则》为例，其对调解员的行为提出以下方面的标准：(1)能力、任命、费用和服务提升；(2)独立性和公正性；(3)调解协议、程序和和解；(4)保密性要求。在线调解员也应当遵守这些标准。④

作为 UNCITRAL 第三工作组《ODR 规则草案》附件的《中立人准则和最低限要求》并未拟定。但《ODR 规则草案》本身对中立人的指定、中立人的辞职或替换、中立人的权力作了详细规定，由此亦可见其对确定合格中立人的重视。⑤

---

① Ethan Katsh & Janet Rifkin, *Online Dispute Resolution: Resolving Conflicts in Cyberspace*, Jossey-Bass, 2001, pp. 151-155.

② 联合国国际贸易法委员会：《第三工作组(网上争议解决)第二十二届会议(2010 年 12 月 13 日至 17 日，维也纳)工作报告》(A/CN. 9/716)，资料来源于：http://daccess-dds-ny. un. org/doc/UNDOC/GEN/V11/801/47/PDF/V1180147. pdf? OpenElement，访问日期：2014 年 8 月 25 日。

③ Pablo Cortés, *Online Dispute Resolution for Consumers in the European Union*, Routledge, 2011, p. 80.

④ *European Code of Conduct for Mediators*, available at http://ec. europa. eu/civiljustice/adr/adr_ec_code_conduct_en. pdf, visited on August 27, 2014.

⑤ 《ODR 规则草案》第 9~11 条，见联合国国际贸易法委员会：《跨境电子商务交易网上争议解决：程序规则草案(二轨道)——秘书处的说明(增编)》(A/CN. 9/WG. III/WP. 130/Add. 1)，资料来源于：http://daccess-dds-ny. un. org/doc/UNDOC/LTD/V14/051/41/PDF/V1405141. pdf? OpenElement，访问日期：2015 年 1 月 15 日；联合国国际贸易法委员会：《跨境电子商务交易网上争议解决：程序规则草案(一轨道)——秘书处的说明》(A/CN. 9/WG. III/WP. 133)，资料来源于：http://daccess-dds-ny. un. org/doc/UNDOC/LTD/V14/080/64/PDF/V1408064. pdf? Open Element，访问日期：2015 年 2 月 20 日。

5. 执行问题

在线协商和在线调解产生的和解结果仅具有合同的性质，和解协议作为双方当事人的共同意思表示，一般都能得到当事人的自觉履行。但是，一旦一方违约，另一方只能向法院重新提起诉讼。如此一来，之前的程序等于作废，对远距离的小额争议而言，向法院起诉费时费力，最终当事人只有放弃其权利请求。这就需要建立一套有效的自动执行机制。本书第三章将对此予以详细探讨。

结　　语

ODR 具有巨大的潜力，尽管迄今它主要适用于起因于在线活动和交易的争议，但它在离线背景下的运用也会越来越多。① 目前，ODR 处理纠纷的范围已经涵盖域名争议、知识产权争议、家庭事务纠纷、公共事务争议等产生于信息网络或者借助于信息网络的应用而产生的各类纠纷，电子商务方面的纠纷解决是 ODR 发展的最大受益者。②

在大力提倡构建多元化纠纷机制的今天，非裁决性争议解决机制作为纠纷解决的重要部分，如何充分发挥其应有的作用应引起理论和实务界的高度重视。从纠纷解决角度来看，它不仅关注司法和诉讼程序，也关注其他各种纠纷解决机制及其与司法的关系；不仅关注法的适用，也关注法的遵守和法的实现及其效果；不仅关注国家权力机关和正式制度的运作，也关注民间的自治及其他自发秩序的作用。③ 在法院诉讼负累过重，司法公信力备受质疑的当今社会，定纷止争的效果已不仅仅是个案问题，而成为牵一发而动全身的主要症结。在纠纷解决领域注重协商和调解，可以缓解由于法律规范缺失滞后或简单导致的处理结果的不足，达到更圆满的解决结果和社会效果。④

正如日本学者棚濑孝雄所说："不把诉讼外的纠纷纳入视野而仅仅研究审判，即使对以审判作为主要研究对象的法解释学来说，也未必是有成效的方法。如果把视野扩展到社会整体层次上，考察纠纷全体的正确解决，就更有必要将诉讼外的纠纷解决与通过审判的纠纷解决同等地作为研究对象。但是，随着研究视野从狭义的

---

① Ethan Katsh, The *Foreword* to *Online Dispute Resolution*: *Challenges for Contemporary Justice* by Gabrielle Kaufmann-Kohler & Thomas Schultz, Kluwer Law International, 2004, p. xv.

② 范筱静：《电子商务中在线纠纷解决机制初探——以信息技术应用和消费者保护为视角》，载《科技与法律》2012 年第 4 期，第 7 页。

③ 范愉：《纠纷解决研究的反思与展望》，载《司法》第 3 辑，厦门大学出版社 2008 年版，第 22 页。

④ 范愉：《中国非诉讼程序法的理念、特点和发展前景》，载《河北学刊》2013 年第 5 期，第 142 页。

审判制度扩展到纠纷解决的一般过程，研究角度的转换也成为必要。"①因此，我们应当做的是转变视角，以开放的心态将各种具有自身独特价值的纠纷解决方式纳入多元化纠纷解决体系，重视协商、调解在纠纷解决中的重要作用。纠纷解决研究中包含的事先纠纷预防、早期干预等理念也将更加深入地对立法和社会治理产生影响。

对争议解决常常存在误解，即它仅仅是为了使当事人达成妥协。实际上，在线争议解决实践的一个核心原则是通过综合解决问题(而不是将问题分散解决)，当事人可以共同"把饼做大"或对双方产生新的价值。争议解决程序和争议解决从业者尝试理清当事人的潜在需求，以确保各方在合意方案中表达了其核心诉求，这常常能够促成超过零和的解决方案。② 这在非裁决性在线争议解决机制中得到了充分的体现。

合意性程序避免了法律冲突，当事人可以将注意力放在各自的利益上，而不是他们在某种法律制度下有何权利。合意性程序的主要局限在于要求全部当事人积极投入到其争议解决中。合意性程序看起来适宜解决那些高语境文化的争议，即争议当事人之间存在长期的密切联系，如家庭纠纷。此外，在线调解可能也适于解决低语境文化争议，如发生在消费者与中小企业之间的电子商务争议。但若当事人之间存在显著的实力差距，或者当事人没有意识到其法律权利以及存在对法律作出权威解释的社会需求时，裁决性程序可能对矫正权力的滥用更加有效。③ 因此，在解决争议时，应当综合运用非裁决性在线解决争议机制和裁决性在线解决争议机制，判断何时为采用非裁决性 ODR 解决争议的最佳时机也是 ODR 服务提供商的重要任务。

---

① ［日］棚濑孝雄著：《纠纷的解决与审判制度》，王亚新译，中国政法大学出版社 1994 年版，第 3 页。

② Colin Rule, *Online Dispute Resolution for Business: B2B, E-Commerce, Consumer, Employment, Insurance, and Other Commercial Conflicts*, Jossey-Bass, 2002, p. 37.

③ Pablo Cortés, *Online Dispute Resolution for Consumers—Online Dispute Resolution Methods for Settling Business to Consumer Conflicts*, *in* ONLINE DISPUTE RESOLUTION: THEORY AND PRACTICE(edit. by Mohamed S. Abdel Wahab, Ethan Katsh & Daniel Rainey), Eleven International Publishing, 2012, p. 157.

第三章 在线仲裁

第一节 在线仲裁概述

一、在线仲裁的概念

(一)“在线仲裁”的定义

在离线环境下，仲裁被视做最成功的替代争议解决方式。在仲裁程序中，争议当事人同意将其决策权交给中立第三方，由他们决定争议的结果。中立第三方倾听争议各方的论证，询问一些问题或调查一些证据，然后作出解决争议的有约束力的裁决。由于争议当事人对仲裁程序拥有控制权，他们可以对程序作出选择以确保仲裁比法院程序更加高效、有效和符合当事人的个体需求。有时仲裁员也会同意作出一份对当事人不具拘束力的裁决。在这种情形下，仲裁员更像是一个专家评估者，倾听双方争议并作出一份当事人可选择执行的裁决。① 在线环境下，网上仲裁仍处在不断变化和发展中，尚未达到一个成熟和定型的状态，在世界范围内没有一个统一的定义，因此要给出全面而精准的定义是很困难的。② 综合当前具体实践和网上仲裁的发展趋势，我们认同对“在线仲裁”的如下定义，即“在线仲裁(亦称‘网上仲裁’——本书作者注)是指将 ICT 与仲裁程序相结合，使仲裁程序全部或者大部分在线完成的争议解决程序，包括提出申请、递交文件、听审及裁决作出均在线进行。尽管如此，这种网上仲裁的理想化概念尚未在全球范围内实现，许多机构和 ODR 服务提供商努力将 ICT 在不同程度上融入仲裁程序中，以提供迅速、划算且有效的网上仲裁服务”③。

---

① Colin Rule, *Online Dispute Resolution for Business*: *B2B*, *E-Commerce*, *Consumer*, *Employment*, *Insurance*, *and Other Commercial Conflicts*, Jossey-Bass, 2002, pp. 42-43.

② 邓瑞平、唐海涛:《电子商务时代网上仲裁：困境与出路》，载《河北法学》2013 年第 12 期，第 20 页。

③ Mohamed S. Abdel Wahab, *ODR and E-Arbitration*: *Trends and Challenges*, *in* ONLINE DISPUTE RESOLUTION: THEORY AND PRACTICE(edit. by Mohamed S. Abdel Wahab, Ethan Katsh & Daniel Rainey), Eleven International Publishing, 2012, p. 390.

(二)有拘束力的在线仲裁和无拘束力的在线仲裁

依据裁决能否直接得到国家机关的强制执行，在线仲裁可以分为具有拘束力的在线仲裁和无拘束力的在线仲裁。具有拘束力的在线仲裁符合传统仲裁理论，仲裁结果的强制性、终局性是其区别于其他 ADR 机制的重要特征之一，它实际上是传统仲裁在互联网环境中的延伸。① 本章第 2~4 节将主要分析和探讨具有拘束力的在线仲裁的法律问题。无拘束力仲裁虽在离线世界少量存在，但其所拥有的潜力主要在网络世界得以发挥，也是 ODR 对争议解决的创新之一。无拘束力仲裁同样是中立第三方通过审查双方当事人提交的案件陈述及相关证据，依据可适用的法律原则，对争议问题作出裁决。其不同之处在于其不排除当事人在仲裁程序之前、之中或之后启动司法程序，实际上是为争议者在诉讼之外提供额外的服务；此外，其结果不能申请国家法院承认与执行，但与之配套的自动执行机制同样能够保障其结果的有效执行。本章第 5 节将更详细地讨论无拘束力仲裁。

二、在线仲裁的价值

虽然电子商务争议者可以选择协助协商、自助式协商及在线调解等非裁决性 ODR 机制解决其争议，但不是所有的当事人在争议发生后都愿意坐下来进行协商或接受调解，何况这些非裁决性 ODR 产生的结果不具有法律拘束力，仅具有合同性质。如果一方当事人违约，另一方当事人为了使合同能被执行还需要向法院重新提起诉讼以获得一份判决，这会产生过多的成本，以至于该方当事人并不愿意再向法院起诉。而因为该合同不太可能具有强制性，败诉方也缺乏履行合同的动力。② 至于网上法庭，其仍无法摆脱传统法院的一些固有局限，如法院管辖的属地原则与网络空间的全球性之间的冲突等。因此，网上仲裁就成为一种有效的、非领土化的第三条路线，可能拥有网络空间争议解决的最大希望。③

一方面，具有拘束力的网上仲裁不仅具备所有 ODR 机制共有的优势——速度快、成本低、专业性强等，还以其可执行的结果成为 ODR 系统最具潜力者。另一方面，无拘束力的网上仲裁在克服有拘束力仲裁所面临的法律障碍的同时，亦凭借自动执行机制将结果的执行问题予以化解，因此正成为对某些类型的争议而言最具

---

① 高薇：《非约束性网上仲裁解决电子商务争端的法律分析》，载《中州学刊》2012 年第 2 期，第 76 页。

② *See* Thomas Schultz, *Online Arbitration: Binding or Non-Binding?*, available at http://www.ombuds.org/center/adr2002-11-schultz.html, visited on June 26, 2014.

③ Gabrielle Kaufmann-Kohler & Thomas Schultz, *Online Dispute Resolution: Challenges for Contemporary Justice*, Kluwer Law International, 2004, p. 27.

希望的ODR机制之一。① UNCITRAL 第三工作组《ODR 规则草案》亦将网上仲裁(在一轨道，系有拘束力的仲裁；在二轨道，系不具拘束力的中立人的建议，即无拘束力的仲裁)设置为诉讼外网上争议解决的"终结点"，不能通过网上协商或网上调解解决，或者经协商或调解尚未解决的争议最终将求助于这一最后阶段。

尽管被寄予厚望，我们仍不得不承认，网上仲裁的发展还远未达到成熟阶段，尚存在诸多法律问题需要解决。同时，我国网上仲裁的实践现状还远远不能令人满意，一直没有取得令人期待的突破。因此，我们有必要对网上仲裁的法律问题和发展方向进行研究分析，在解决相关理论和实践问题的同时，为推动我国网上仲裁的进一步发展提供一些思路。

需指出的是，UNCITRAL 第三工作组有关网上解决争议的各届会议的工作报告及秘书处说明因反映了各国网上仲裁发展的实践及其对网上仲裁的态度，也为我们有关网上仲裁法律问题的深入研究提供了有益借鉴。

三、主要的在线仲裁项目②

(一)虚拟法官

既然仲裁是最重要的 ADR 程序，那么世界上首个 ODR 计划——虚拟法官(Virtual Magistrate，VM)即为网上仲裁项目也就不足为奇了。③ 怀着创建一个快速、便宜、世界范围内的网上仲裁项目的雄心壮志，国家自动化信息研究中心(National Center for Automated Information Research，NCAIR)、网络空间法研究所(Cyberspace Law Institute，CLI)与美国仲裁协会(American Arbitration Association，AAA)、维拉诺瓦大学法学院(Villanova Law School)于 1995 年合作建立了 VM。④ 1999 年，项目责任转移至芝加哥肯特法学院。VM 主要解决互联网服务提供商与用户之间的争议，争议解决的范围限制在有关涉及侵犯版权或商标权的信息、帖子、文件，滥用商业秘密，诽谤，欺诈，欺诈性交易行为，不适当的(淫秽、猥亵或者其他违反系统规则的)材料，侵犯隐私，及其他不合法内容的投诉。投诉的提交和当事人与 VM 之间的通信是通过电子邮件。VM 会通知所有当事人和相关利益者。

---

① Gabrielle Kaufmann-Kohler & Thomas Schultz, *Online Dispute Resolution: Challenges for Contemporary Justice*, Kluwer Law International, 2004, p. 11.

② 这里主要介绍具有拘束力的网上仲裁的实践，无拘束力网上仲裁的实践将在第五节讨论。

③ Mohamed S. Abdel Wahab, *ODR and E-Arbitration: Trends and Challenges*, *in* ONLINE DISPUTE RESOLUTION: THEORY AND PRACTICE(edit. by Mohamed S. Abdel Wahab, Ethan Katsh & Daniel Rainey), Eleven International Publishing, 2012, p. 388.

④ Lucille M. Ponte & Thomas D. Cavenagh, *CyberJustice: Online Dispute Resolution (ODR) for E-Commerce*, Pearson/Prentice Hall, 2005, pp. 88-89.

每一个仲裁员尽力在收到投诉时起 72 小时内作出裁决。在解决争议时，VM 不会系统地适用特定法域的法律，而会考虑每一个投诉的实际情况，当事人关于可适用的法律原则和救济的观点，及在任何诉讼或争议解决中可能的结果。①

VM 只作出了一个裁决，即 *Tierney v. Email America*，这不是一个很受欢迎的裁决。该裁决下令美国在线(AOL)删除张贴在其网站上的一个商业广告，该广告称可获得用于批量电子邮件发送的数百万个 e-mail 地址。② 该服务所受到的冷遇使得网上仲裁曾被认为可能不是一种非常成功的 ODR 机制。但正如有学者所指出的，VM 的失败并不是因为程序本身的性质，而是因为其有限的范围、相当原始的技术、缺乏使用服务的协议及宣传的不充分。③ 从中我们清楚地看到，如果事先没有协议，要说服被投诉人参加仲裁是很困难的，互联网服务提供商或其他被投诉人通常没有理由预先同意仲裁员的裁决。然而，不可否认，VM 最具有启发意义的一点在于其对使用网上仲裁的预示。④

(二)ZipCourt⑤

ZipCourt 是 2011 年 2 月在美国创建的网上仲裁提供商，其毗邻斯坦福大学。ZipCourt 于 2011 年 10 月 12 日建立在线法庭服务，使客户能够在两种不同的网上仲裁之间作出选择："仲裁员的自由裁量权"(Arbitrator's Discretion)和"棒球仲裁"(Baseball Arbitration)。如果当事人选择前者，仲裁员会公正地审查争议，依据当地的法律确定最终的解决办法，这很可能反映当地法院能够作出的判决。最终的解决办法独立于但会考虑当事人自己的建议。如果当事人选择后者，每一方当事人需提交建议的解决办法，仲裁员从中选择最公正和正确的解决办法。"黑夜棒球仲裁"(Night Baseball Arbitration)是"棒球仲裁"的衍生物，被用来解决复杂争议。具体而言，每一方当事人都要提交事实背景、证明文件，以及建议的解决方案。在不

---

① Sami Kallel, *Online Arbitration*, 25 Journal of International Arbitration 345, 350 (2008).

② Pablo Cortés, *Online Dispute Resolution for Consumers in the European Union*, Routledge, 2011, pp. 54-55.

③ Mohamed S. Abdel Wahab, *ODR and E-Arbitration: Trends and Challenges*, *in* ONLINE DISPUTE RESOLUTION: THEORY AND PRACTICE (edit. by Mohamed S. Abdel Wahab, Ethan Katsh & Daniel Rainey), Eleven International Publishing, 2012, pp. 388-389.

④ Ethan Katsh & Janet Rifkin, *Online Dispute Resolution: Resolving Conflicts in Cyberspace*, Jossey-Bass, 2001, p. 56.

⑤ http://www.zipcourt.com/Home, http://www.zipcourt.com/Global-FAQs, http://www.zipcourt.com/Services，访问日期：2014 年 6 月 27 日。Mohamed S. Abdel Wahab, *ODR and E-Arbitration: Trends and Challenges*, *in* ONLINE DISPUTE RESOLUTION: THEORY AND PRACTICE(edit. by Mohamed S. Abdel Wahab, Ethan Katsh & Daniel Rainey), Eleven International Publishing, 2012, pp. 423-424.

查看建议方案的情况下，仲裁员评估事实背景和证明文件，并对最终裁决应该是什么准备他/她自己的分析。在这一初步分析之后，仲裁员将审查各方建议的方案，选择最接近其分析的方案作为仲裁裁决。

ZipCourt 解决几乎所有类型的争议，并根据争议的复杂程度，将其分为简单的分歧(disagreements)、争议(disputes)及复杂争议(complex disputes)。程序的费用依争议的复杂程度确定。某些类型的争议，因其过于复杂或性质敏感，ZipCourt 不予解决。例如儿童监护、就业歧视或房屋止赎等纠纷。ZipCourt 没有管理程序的网上仲裁规则，仲裁员依据可适用的当地法律作出最终裁决。大多数案件在一个月内结案，但时长也取决于争议的复杂程度。

ZipCourt 明确表示，其网上仲裁作出的"仲裁裁决"能够依据《承认及执行外国仲裁裁决公约》(《纽约公约》)在美国之外的国家被执行。但是可以理解，ZipCourt 并不保证其裁决的可执行性，不过看来其是唯一一个明确参考 UNCITRAL 第三工作组的报告，声明其程序遵循国际标准的网上仲裁提供商。

(三)Internet Arbitration(net-ARB)①

创建于 2005 年的 net-ARB，是位于美国乔治亚州的一家网上仲裁提供商，其通过电子邮件为当事人提供方便、低成本的仲裁服务。投诉人可以免费向 net-ARB 提出申请，一旦另一方当事人同意仲裁，net-ARB 会以电子邮件通知投诉人。此时，当事人需要支付费用。听审过程中，所有证词及证据都通过电子邮件提交。根据争议案件的复杂程度及当事人回复仲裁员的速度，听审程序一般持续数天至一周多。仲裁员基于所提交的证据，依据衡平法和普通法的基本原则、对案情的常识性分析及个人经验和专业知识，作出最终裁决。当事人可以在听审结束前，协议约定裁决不具有拘束力或者仅对一方当事人具有拘束力。对双方当事人均不具有拘束力的裁决有时被用于协商程序，类似于咨询意见。如果当事人事先没有上述约定，那么 net-ARB 的裁决对双方均具有拘束力，有拘束力的 net-ARB 裁决能够向法院申请承认与执行。胜诉方申请承认与执行 net-ARB 裁决时，需向 net-ARB 交付费用，以获得声明仲裁协议条款及裁决金额的仲裁宣誓书。

"net-ARB"针对小额索赔争议，主要包括两类，即服务合同争议及其他争议。其他争议包括商品及其他动产的买卖、除家庭纠纷以外的可提起法院诉讼的民事争议。net-ARB 还提供"消费者信任项目"(Consumer Confidence Program，CCP)。成为 CCP 成员的商家可获得 CCP 的信用图章，但其必须遵守互联网诚实、公平原

① http：//www.net-arb.com/online_arbitration_firm.php，http：//www.net-arb.com/how_arbitration_works.php，http：//www.net-arb.com/what_will_arbitration_cost.php，http：//www.net-arb.com/FAQ.php#Rules，https：//www.net-arb.com/consumer_confidence，访问日期：2015 年 5 月 1 日。

则，且需同意争议前 net-ARB 仲裁条款。换言之，如果投诉人向 net-ARB 提出投诉 CCP 成员的申请，则该成员就必须接受 net-ARB 仲裁，且必须遵守 net-ARB 裁决。

(四)传统仲裁机构的在线仲裁服务

为了满足互联网社会的需求，并在 ODR 市场竞争中占据一席之地，一些以往只提供离线仲裁服务的传统仲裁机构也开始提供网上仲裁服务。例如，世界知识产权组织(World Intellectual Property Organization，WIPO)仲裁与调解中心制定并实施了《快速仲裁规则》(Expedited Arbitration Rules)①，以适用于网上仲裁。其还提供"电子案件设施"(Electronic Case Facility，ECAF)②，允许 WIPO 调解、仲裁、快速仲裁和专家裁决规则下的案件当事人和其他相关者以电子方式向在线记事表提交文件。当事人会收到提醒其文件已被提交的电子邮件，且可以随时查看和查询记事表。除了便于网上交流和存储，ECAF 还可以提供案件信息的摘要、时间表概述、所有当事人的联系信息及案件的财务状况。又如 AAA 所提供的电子文档管理服务，即 WebFile。③ WebFile 服务不仅可以用于提交投诉，还可以用于支付费用、在线案件管理、获得规则和程序、电子化传送文件、选择中立第三方等。此外，中国国际经济贸易委员会(CIETAC)于 2009 年颁布实施《网上仲裁规则》④，据此以在线方式仲裁契约性或非契约性的经济贸易等争议。相较新兴的网上仲裁提供商，传统仲裁机构凭借其已有的经验与名气，理论上应该能够提供更高质量的网上仲裁服务，虽然实践中未必总是如此。

第二节 在线仲裁协议

一、在线仲裁协议的书面形式要求⑤

(一)对仲裁协议的书面形式要求

仲裁协议是商事仲裁的基石，其表明了双方当事人放弃诉诸法院的权利，而将争议交由仲裁处理的合意，可以说仲裁协议是仲裁员权力的来源。鉴于仲裁协议的

---

① 《快速仲裁规则》于 2002 年 10 月 1 日生效，见 http：//www. wipo. int/amc/en/arbitration/expedited-rules/。新修订的《快速仲裁规则》于 2014 年 6 月 1 日生效，见 http：//www. wipo. int/amc/en/arbitration/expedited-rules/newrules. html。以上资料访问日期：2014 年 6 月 27 日。

② http：//www. wipo. int/amc/en/ecaf/，访问日期：2014 年 6 月 27 日。

③ http：//adr. org，访问日期：2014 年 6 月 27 日。

④ http：//cn. cietac. org/eArbitration/index. asp，访问日期：2014 年 6 月 27 日。

⑤ 丁颖：《仲裁协议的书面形式要求——网络时代的再思考》，载《河北法学》2011 年第 3 期，第 139~146 页。

重要性，大多数国内法和国际公约都规定仲裁协议必须采用书面形式或至少有书面证据证实。① 就国内法而言，《德国民事诉讼法典》(1998)第 1031 条、英国《1996 年仲裁法》第 5 条、《瑞士国际私法法案》第 178 条、美国《联邦仲裁法》第 2 条、法国《新民事诉讼法典》针对国内仲裁协议的第 1443 条和第 1449 条以及荷兰《民事诉讼法典》(1986)第 1021 条等都对书面形式要求作了规定。此外，1985 年《联合国国际贸易法委员会国际商事仲裁示范法》(UNCITRAL Model Law on International Commercial Arbitration，以下简称《国际商事仲裁示范法》)第 7 条也明确要求"仲裁协议应是书面的"，2006 年通过的有关该条的修正案有两个备选案文，其中之一仍然坚持"仲裁协议应为书面形式"。至于国际公约，以最有影响的 1958 年《纽约公约》为例，其第 2 条亦将其适用范围限定在书面仲裁协议上。

ICT 的发展为交易当事人在线达成仲裁协议提供了可能，电子邮件的往来或者点击网站上"我同意"的按钮都可以实现将争议提交仲裁的合意。但是，以电子方式达成的仲裁协议是否符合"书面形式"的要求呢？在回答这一问题之前，让我们先来了解一下仲裁协议书面形式认定的总体趋势。

(二)仲裁协议书面形式认定的总体趋势

需要指出的是，各国之所以规定仲裁协议必须采取书面形式，主要是为了保证仲裁的效率、便于证明仲裁协议的存在。换言之，书面、签字是手段，合意是目的，书面、签字除了作为证明手段之外，没有任何法律意义。②

既然书面形式的目的或功能就在于确保当事人真正同意仲裁并证明仲裁协议的存在和内容③，那么符合逻辑的结论就是只要满足前述要求，达到前述目的，任何形式都应该得到认可，或可将该种形式认定为书面形式。事实上，各国对仲裁协议书面形式的认定正体现了这样一种趋势：逐渐放宽对"书面形式"的解释，将足以证明仲裁协议存在的各种形式最大限度地纳入"书面"范畴。在某种意义上可以说已将"书面形式"等同于"仲裁合意"的存在，只要证明"仲裁合意"的存在，即可认为满足了"书面形式"的要求，二者混为一体，体现了内容与形式的逻辑关系。④

例如，1958 年《纽约公约》第 2 条第(2)款对"书面"的定义是比较狭窄的："'书面协议'一词系指当事人所签署的或者在互换书信、电报中所含的合同中的仲裁条款或仲裁协议。"之所以采取了这样一种在今天看来非常狭义的解释，是因为

---

① Julian D M Lew, Loukas A Mistelis & Stefan M Kröll, *Comparative International Commercial Arbitration*, Kluwer Law International, 2003, p. 131.

② 参见张斌生主编：《仲裁法新论》，厦门大学出版社 2002 年版，第 108~125 页。

③ Julian D M Lew, Loukas A Mistelis & Stefan M Kröll, *Comparative International Commercial Arbitration*, Kluwer Law International, 2003, p. 131.

④ 张斌生主编：《仲裁法新论》，厦门大学出版社 2002 年版，第 122 页。

签署公约时已知的通信手段也就是“互换书信、电报”。但后来法院在适用该规定时不断扩大“书信、电报”的内容，将电传和传真都包括了进来。①

之后，1985年《国际商事仲裁示范法》第7条第2款则对“书面形式”作了一个宽泛得多的定义：“仲裁协议应是书面的。协议如载于当事各方签字的文件中，或载于往来的书信、电传、电报或提供协议记录的其他电讯手段中，或在申诉书和答辩书的交换中当事一方声称有协议而当事他方不否认，即为书面协议。在合同中提出参照载有仲裁条款的一项文件即构成仲裁协议，如果该合同是书面的而且这种参照足以使该仲裁条款构成该合同的一部分的话。”②该款规定承认了现代电信手段并能容纳未来的发展。③

自《国际商事仲裁示范法》通过以来，越来越多的国家和地区以其为蓝本制定了本国或本地区的仲裁法。其中一些国家甚至对“书面形式”作了更宽泛的定义。例如，1998年《德国民事诉讼法典》第1031条在《国际商事仲裁示范法》的基础上进一步规定，如仲裁协议已包括在一方传递给另一方或第三方传递给双方的文件中，并且(如果在有效期内并没有被提出异议)其内容根据惯例被视为合同的一部分，则应认为已经符合书面形式要求；在仲裁程序中对争议实体进行讨论即可弥补任何形式要件上的缺陷。④

至于那些并未以示范法为范本制定本国仲裁法的国家，其关于“书面形式”的解释常常也是非常宽松的。例如，1986年荷兰《民事诉讼法典》第1021条规定：“仲裁协议应由书面文件加以证明。为此目的，如果一份书面文件规定了仲裁或援引规定了仲裁的标准条件，且该文件被另一方当事人……明示或默示地接受，则足以满足要求。”此处“应由……加以证明”表明真正重要的还是仲裁协议存在的证据。这也可能导致对口头协议的认可。⑤ 英国《1996年仲裁法》第5条也规定，“协议有书面证据证实”、“当事人非以书面形式同意援引某书面条款”以及“非以书面达成之协议由协议当事人授权的一方当事人或第三方予以记录”，均可视为书面协议，

---

① Gabrielle Kaufmann-Kohler & Thomas Schultz, *Online Dispute Resolution: Challenges for Contemporary Justice*, Kluwer Law International, 2004, p. 140.

② 参见联合国国际贸易法委员会网站：http://www.uncitral.org/pdf/chinese/texts/arbitration/ml-arb/ml-arb-c.pdf，访问日期：2014年8月22日。

③ Julian D M Lew, Loukas A Mistelis & Stefan M Kröll, *Comparative International Commercial Arbitration*, Kluwer Law International, 2003, p. 134.

④ 中译文见宋连斌、林一飞译编：《国际商事仲裁资料精选》，知识产权出版社2004年版，第392~393页。

⑤ Pieter Sanders, *Quo Vadis Arbitration? —Sixty Years of Arbitration Practice—A Comparative Study*, Kluwer Law International, 1999, p. 157.

此外，“书面或书写形式包括其得以记录之任何方式”。①

特别需要指出的是，联合国国际贸易法委员会 2006 年第 39 届会议通过了对《国际商事仲裁示范法》第 7 条的修改案文，从而进一步放宽甚至取消了对仲裁协议书面形式的限制。② 修正后的第 7 条有两个备选案文。备选案文一在坚持“仲裁协议应为书面形式”的同时对书面形式作了扩大解释。其第(3)~(6)款规定如下：

> (3)仲裁协议的内容以任何形式记录下来的，即为书面形式，无论该仲裁协议或合同是以口头方式、行为方式还是其他方式订立的。
>
> (4)电子通信所含信息可以调取以备日后查用的，即满足了仲裁协议的书面形式要求；“电子通信”是指当事人以数据电文方式发出的任何通信；“数据电文”是指经由电子手段、磁化手段、光学手段或类似手段生成、发送、接收或储存的信息，这些手段包括但不限于电子数据交换、电子邮件、电报、电传或传真。
>
> (5)另外，仲裁协议如载于相互往来的索赔声明和抗辩声明中，且一方当事人声称有协议而另一方当事人不予否认的，即为书面协议。
>
> (6)在合同中提及载有仲裁条款的任何文件的，只要此种提及可使该仲裁条款成为该合同一部分，即构成书面形式的仲裁协议。③

其中，第(5)款和第(6)款基本沿袭了以前的规定。第(3)款承认对仲裁协议“内容”的“任何形式”的记录等同于传统的“书面形式”。只要协议的内容得到记录，仲裁协议的订立可采取任何形式(例如包括口头订立)。这项新规则的重要意义在于其不再要求当事人的签名或当事人之间的电文往来。第(4)款通过采用受 1996 年《联合国国际贸易法委员会电子商务示范法》(UNCITRAL Model Law on Electronic Commerce，以下简称《电子商务示范法》)和 2005 年《联合国国际合同使用电子通信公约》(United Nations Convention on the Use of Electronic Communications in International Contracts，以下简称《电子通信公约》)的启发而来的措辞，实现了在

① 中译文见宋连斌、林一飞译编：《国际商事仲裁资料精选》，知识产权出版社 2004 年版，第 342~343 页。

② 赵健：《联合国〈国际商事仲裁示范法〉2006 年修订条款评述——兼论对我国仲裁立法与实践的影响》，载《中国国际私法与比较法年刊》第 10 卷，北京大学出版社 2007 年版，第 71 页。

③ 参见联合国国际贸易法委员会网站：http://www.uncitral.org/pdf/chinese/texts/arbitration/ml-arb/07-86997_Ebook.pdf，访问日期：2010 年 6 月 3 日。

提及对电子商务的利用时用语上的更新。①

备选案文二则只是对仲裁协议作了一个简短的定义："'仲裁协议'是指当事人同意将其之间一项确定的契约性或非契约性的法律关系中已经发生或可能发生的一切争议或某些争议交付仲裁的协议"，② 该案文并未提及任何形式要求，实质是取消了对仲裁协议的书面形式限制，也就是说，只要当事人的仲裁意愿毫无疑问，就应当承认仲裁协议的有效性。③

在完成对1985年《国际商事仲裁示范法》第7条的修订后，为了与其保持协调，联合国国际贸易法委员会2006年第39届会议还通过了一项关于《纽约公约》第二条第(2)款和第七条第(1)款的解释的建议，建议各缔约国：1. 在适用公约第2条第(2)款时，认识到其对仲裁协议书面形式的规定并非详尽无遗；2. 在适用公约第7条第(1)款时，如果有关国家或其参加的条约对仲裁协议有效性规定的条件比公约更宽松，应当允许当事人依据对其更为有利的规定寻求确认仲裁协议的效力。④

(三)在线仲裁协议形式的认定

进入互联网时代，在电子商务蓬勃发展的今天，越来越多的仲裁协议借助网络这一媒介达成，从而提出了"在线仲裁协议"的形式如何认定的问题。此处的"在线仲裁协议"系指借助电子传送的方式如电子数据交换、电子邮件等订立的仲裁协议。⑤ 按传统的书面等于纸面的观点，电子数据交换、电子邮件传输的仲裁协议本不具备书面形式，⑥ 但如根据上文对仲裁协议书面形式的法律意义及其目的的认

① 《贸易法委员会秘书处关于2006年修正的1985年〈国际商事仲裁示范法〉的解释说明》，见联合国国际贸易法委员会网站：http://www.uncitral.org/pdf/chinese/texts/arbitration/ml-arb/07-86997_Ebook.pdf，访问日期：2010年6月3日。

② 参见联合国国际贸易法委员会网站：http://www.uncitral.org/pdf/chinese/texts/arbitration/ml-arb/07-86997_Ebook.pdf，访问日期：2010年6月3日。

③ 《贸易法委员会秘书处关于2006年修正的1985年〈国际商事仲裁示范法〉的解释说明》，见联合国国际贸易法委员会网站：http://www.uncitral.org/pdf/chinese/texts/arbitration/ml-arb/07-86997_Ebook.pdf，访问日期：2010年6月3日。

④ 赵健：《联合国〈国际商事仲裁示范法〉2006年修订条款评述——兼论对我国仲裁立法与实践的影响》，载《中国国际私法与比较法年刊》第10卷，北京大学出版社2007年版，第76页，注释①。《2006年7月7日联合国国际贸易法委员会第三十九届会议通过的关于1958年6月10日在纽约订立的〈承认及执行外国仲裁裁决公约〉第二条第二款和第七条第一款的解释的建议》，见联合国国际贸易法委员会网站：http://www.uncitral.org/pdf/chinese/texts/arbitration/ml-arb/07-86997_Ebook.pdf，访问日期：2010年6月3日。

⑤ Hong-lin Yu & Motassem Nasir, *Can Online Arbitration Exist within the Traditional Arbitration Framework?*, 20 J. Int'l Arb. 455, 458 (2003).

⑥ 黄进、宋连斌、徐前权著：《仲裁法学》，中国政法大学出版社2008年版，第79页。

识，在现代通信技术飞速发展的今天，对仲裁协议书面形式的理解必然要与时俱进，尤其应根据现代通信手段对其进行动态解释。① 也就是说，如果在线仲裁协议这一特殊形式能够证明当事人之间的仲裁合意，则该种形式即可获得确认。

事实上，如前所述，修订后的《国际商事仲裁示范法》第 7 条的“备选案文一”已明确规定，电子通信所含信息可以调取以备日后查用的，即满足了仲裁协议的书面形式要求，电子通信是指当事人以数据电文方式发出的任何通信，而数据电文是指经由包括电子数据交换、电子邮件等手段而生成、发送、接收或储存的信息。前述规定则又受 1996 年《电子商务示范法》和 2005 年《电子通信公约》的启发而来。《电子商务示范法》第 6 条第(1)款规定：“如法律要求信息须采用书面形式，则假若一项数据电文所含信息可以调取以备日后查用，即满足了该项要求。”②《电子通信公约》第 9 条第(2)款规定：“凡法律要求一项通信或一项合同应当采用书面形式的，或规定了不采用书面形式的后果的，如果一项电子通信所含信息可以调取以备日后查用，即满足了该项要求。”③以上规则是基于所谓“功能等同原则”确定的，即如果电子通信能够实现纸面文件的相同功能，就应将其视作纸面文件的相等物。④ 事实上，“在纸面文件的……所有功能方面，电子记录可以提供与纸面文件同样的安全度，而且，在大多数情况下，其可靠性更强，速度更快，特别是在确定数据的来源和内容方面——如果能够满足若干技术和法律要求的话”⑤。因此，按照前述规则，在线仲裁协议的书面形式是可以获得认可的，只要“所含信息可以调取以备日后查用”。⑥

① Julian D M Lew, Loukas A Mistelis & Stefan M Kröll, *Comparative International Commercial Arbitration*, Kluwer Law International, 2003, p. 132.

② 见联合国国际贸易法委员会网站：http://www.uncitral.org/pdf/chinese/texts/electcom/MLEC_C_V05-89449_Ebook.pdf，访问日期：2010 年 6 月 4 日。

③ 见联合国国际贸易法委员会网站：http://www.uncitral.org/pdf/chinese/texts/electcom/06-57451_Ebook.pdf，访问日期：2010 年 6 月 4 日。

④ Gabrielle Kaufmann-Kohler & Thomas Schultz, *Online Dispute Resolution: Challenges for Contemporary Justice*, Kluwer Law International, 2004, p. 141.

⑤ 《贸易法委员会秘书处关于〈联合国国际合同使用电子通信公约〉的解释性说明》，见联合国国际贸易法委员会网站：http://www.uncitral.org/pdf/chinese/texts/electcom/06-57451_Ebook.pdf，访问日期：2010 年 6 月 4 日。

⑥ 实际上，电子签名同样适用功能等同原则，只要电子签名具备传统签名的主要功能，即能够确认文件完整性、确认相对人及确认信息内容，则完全可以替代传统签名。相关国际文件和一些国家的电子商务法及电子签名法均赋予电子签名具有与传统签名一样的法律效力，如《电子商务示范法》第 7 条、《UNCITRAL 电子签名示范法》、美国 1999 年《统一电子交易法案》第 7 条第 4 款、英国 2000 年《电子通讯法》第 7 条等。李虎著：《网上仲裁法律问题研究》，中国民主法制出版社 2005 年版，第 125~126 页。

至于那些未采用修订后的《国际商事仲裁示范法》的国家，或在定义“书面形式”时未明确提及电子文件的国家，如其措辞足够宽泛，则往往可将其表述认定为已包含了符合条件的电子文件。例如，英国《1996 年仲裁法》规定，“书面或书写形式包括其得以记录之任何方式”，这显然涵盖了电子仲裁协议。

当然，仍然有一些比较早的仲裁立法，由于起草时“书面形式”还只意味着所谓的“白纸黑字”，不可能包括硬盘上的字节，所以其对“书面”的定义往往较为狭义。① 又由于按照相关程序修改现行立法难度较大，尚不可行，因此就存在一个问题：在目前情况下，根据这类立法，数据电文中的仲裁协议是否具备法律所要求的书面形式？应该说，明确书面形式要求的法律意义或根本目的之后，这个问题不难解决，按照功能等同原则，完全可以在实践中对立法所规定的“书面形式”作广义解释，从而将符合条件的电子文件纳入进来，以真正实现立法主旨。例如，如前所述，1958 年《纽约公约》第 2 条第(2)款对“书面”的定义就非常狭窄，但适应国际商业实践发展和现代通信技术发展的需要，各国法院在解释该规定时不断扩大“书信、电报”的内容，将电传和传真都包括了进来。按照这种发展式的解释，法院也完全可以将电子邮件和其他电子通信手段包括进来。② 事实上，前述联合国国际贸易法委员会关于《纽约公约》第 2 条第(2)款和第 7 条第(1)款的解释的建议就是为解决该问题而作出的，一是建议各缔约国在适用公约时，认识到其对仲裁协议书面形式的规定并非详尽无遗，二是如果有关国家或其参加的条约对仲裁协议有效性规定的条件比公约更宽松，应当允许当事人依据对其更为有利的规定寻求确认仲裁协议的效力。此前，《贸易法委员会电子商务示范法颁布指南》也指出：“……《示范法》在某些情况下也可用来解释现行的国际公约和其他国际文书，这些公约或文书因规定某些文件或合同条款应以书面作成等而给电子商业的使用设置了障碍。对这类国际文书的缔约国而言，采用《示范法》作为解释规则能为承认电子商业的使用提供一种手段，避免为所涉国际文书谈判一项议定书的必要性。”③这样的“国际文书”当然包括了《纽约公约》，这样的“合同条款”自然也包括仲裁协议。同样，《电子通信公约》第 20 条也规定：“1. 本公约的规定适用于与订立或履行本公约缔约国已加入或可能加入的下列任何国际公约所适用的合同有关的电子通信的使用：《承

---

① Gabrielle Kaufmann-Kohler & Thomas Schultz, *Online Dispute Resolution: Challenges for Contemporary Justice*, Kluwer Law International, 2004, p. 141.

② Gabrielle Kaufmann-Kohler & Thomas Schultz, *Online Dispute Resolution: Challenges for Contemporary Justice*, Kluwer Law International, 2004, p. 140.

③ 参见联合国国际贸易法委员会网站：http://www.uncitral.org/pdf/chinese/texts/electcom/MLEC_C_V05-89449_Ebook.pdf，访问日期：2010 年 6 月 4 日。

认及执行外国仲裁裁决公约》(1958 年 6 月 10 日，纽约)；……"①这样，通过运用新法有关书面形式的规定来解释《纽约公约》的"书面协议"，或规定新法将适用于《纽约公约》，就可在避免彻底修改《纽约公约》(风险大，成本高)的同时，在实践中扩大对《纽约公约》所要求的"书面"的解释，从而将数据电文中的仲裁协议包括进来。对那些由于各种原因修改现行立法尚不可行的国家而言，同样可通过法律解释的方法，使数据电文中的仲裁协议为现有法律所接纳。②

与在线仲裁协议的形式有关的另一个问题是，在电子商务实践中，仲裁条款常常包含在实际合同之外的一份文件中，在这种情况下，必须通过一定的援引条文将仲裁条款并入合同，才能满足存在一份书面仲裁协议的要求。目前，商业网站的通常做法是，将包括仲裁条款在内的一般交易条件公布在交易网页之外另一单独的网页上，并在交易网页提供该一般交易条件的超链接。在此情况下，包含在前述一般条款中的仲裁条款是否构成合同的一部分？其怎样才能被有效并入？正如有学者指出的，必须区分两种不同的并入方式：通过特别提及包含在一般条款中的仲裁条款而将其并入，以及通过一般提及包含仲裁条款的一般条款而将其并入。在离线环境下，特别关联通常可作为仲裁条款有效并入的方式，而一般关联只在某些法律体制下以及有时取决于特定的情况才被接受。在在线环境下，解决办法应该是相同的。③ 值得注意的是，《电子商务示范法》第 5 条之二专门就此作了规定："不得仅仅由于信息未载入据称产生法律效力的数据电文而只是在该数据电文中提及，因而否定其所具的法律效力、有效性和可执行性。"④可见，现有关于通过援引并入仲裁条款的规则也应适用于在线商务活动。

总之，电子仲裁协议符合传统仲裁中仲裁协议书面形式的要求，只要满足特定的条件。一般来说，这些条件包括：电子信息能够被调取，且存在合意的支持性记录；能够确认合意的当事人；有足够的技术确保合意的完整性。⑤ 而且为了仲裁的合意被持久、完整的保存，且不受恶意篡改的威胁，需要采用一定的技术措施，如加密技术、数字签名、防火墙等，对合意予以确认和保护。

---

① 参见联合国国际贸易法委员会网站：http：//www.uncitral.org/pdf/chinese/texts/electcom/06-57451_Ebook.pdf，访问日期：2010 年 6 月 4 日。

② 黄进、宋连斌、徐前权著：《仲裁法学》，中国政法大学出版社 2008 年版，第 80 页。

③ Gabrielle Kaufmann-Kohler & Thomas Schultz, *Online Dispute Resolution: Challenges for Contemporary Justice*, Kluwer Law International, 2004, pp. 138, 143-144.

④ 见联合国国际贸易法委员会网站：http：//www.uncitral.org/pdf/chinese/texts/electcom/MLEC_C_V05-89449_Ebook.pdf，访问日期：2010 年 6 月 4 日。

⑤ Mohamed S. Abdel Wahab, *ODR and E-Arbitration: Trends and Challenges*, *in* ONLINE DISPUTE RESOLUTION: THEORY AND PRACTICE(edit. by Mohamed S. Abdel Wahab, Ethan Katsh & Daniel Rainey), Eleven International Publishing, 2012, p. 395.

二、B2C 仲裁条款

(一)消费者与商家之间的不对等

B2C 交易是电子商务的主要类型，具有价值低、数量大的特点，针对由此产生的纠纷急需建立一套有成本效益的纠纷解决机制。实践中商家通常会在网站的格式合同中提供仲裁条款，但由于合同基于“要么接受要么放弃”的不可协商性而提供，从而使消费者处于一种无从选择的不利地位。此外，消费者还可能因压根儿未曾阅读格式条款及条件(即使在订购网页有明显的链接)而不知道合同中仲裁条款的存在。消费者不知晓仲裁条款的另一个可能的原因是，他们不是根据合同中是否存在仲裁条款而作出选择的。在合同订立阶段，消费者大多不会考虑到之后的争议问题。即使他们看到仲裁条款，其也可能未认识到该条款的重要意义。① 而这一点很重要，因为在某些情形下，诉讼可能判定的损害数额可以远远超过仲裁协议下可能的数额。② 可见，消费者对于仲裁条款的“同意”往往并不是自愿且知情的，这种被动或者不知情的“同意”剥夺了消费者向法院寻求救济的权利，而商家凭借自己强势的商业地位，能够对仲裁条款的内容作出知情的选择，这显然不符合公平自愿原则。

再者，实践中往往由商家选择仲裁员或者至少由商家选择仲裁机构这一现实，使得消费者和商家之间产生了第二个不对等。商家很可能是仲裁机构的“常客”，每年进行很多的仲裁，已经非常熟悉仲裁机构、仲裁程序、仲裁规则甚至某些特定的仲裁员。相反，消费者是一次性的顾客，在大多数情况下，只会与该商家仲裁一次。这对消费者实质上是不利的。在极个别情况下，仲裁机构可能(有意或无意地)将商家看做回头客，因此可能有某些程度的体制偏见(无意地)。③

正是基于这些理由，有必要单独讨论涉及消费者的电子仲裁条款的有效性，不少国家对此种仲裁条款有特殊规定，以保护处于劣势地位的消费者，增强其对电子商务的信心。

(二)消费者争议的可仲裁性

争议的可仲裁性，是指依据仲裁所适用的法律，可以通过仲裁解决的争议范

---

① Julia Hörnle, *Cross-border Internet Dispute Resolution*, Cambridge University Press, 2009, p. 171. 卢云华、沈四宝、Naill Lawless、Julia Hörnle 主编:《在线仲裁研究》，法律出版社 2008 年版，第 84 页。

② Ethan Katsh & Janet Rifkin, *Online Dispute Resolution: Resolving Conflicts in Cyberspace*, Jossey-Bass, 2001, p. 108.

③ 卢云华、沈四宝、Naill Lawless、Julia Hörnle 主编:《在线仲裁研究》，法律出版社 2008 年版，第 85 页。Julia Hörnle, *Cross-border Internet Dispute Resolution*, Cambridge University Press, 2009, p. 172.

围。任何一个国家在设立仲裁制度时都会毫无例外地对争议的可仲裁性作出确定，即强制性规定哪些争议事项可以提交仲裁，哪些争议事项不能提交仲裁。① 例如，我国《仲裁法》第 2 条规定："平等主体的公民、法人和其他组织之间发生的合同纠纷和其他财产权益纠纷，可以仲裁。"第 3 条则规定："下列纠纷不能仲裁：（一）婚姻、收养、监护、扶养、继承纠纷；（二）依法应当由行政机关处理的行政争议。"上述规定就是对仲裁范围或争议事项可仲裁性的限定。可仲裁性在可以通过仲裁解决的那些争议和只属于法院管辖的那些争议之间划了一个界限，通常是为了公共政策或保护一般利益之故。仲裁协议只有在争议系可通过仲裁解决的情况下才是有效的，即可仲裁性是协议有效性的条件之一。②

原则上消费者争议似乎都可以提交仲裁，但这亦取决于某些条件。也就是说，绝大多数国家的法律要求对同意的作出规定一定的限制条件，但总的来说并没有排除消费者仲裁协议的可仲裁性。③ 例如在欧盟，依据欧洲议会关于推动仲裁解决法律争议的第 25/07/94 号决议、委员会有关适用于负责消费者争议庭外和解的机构的原则的第 98/257/EC 号建议及理事会关于消费者合同中不公平条款的第 93/13/EEC 号指令，消费者仲裁是被允许的。④

（三）争议前仲裁协议的有效性

由于商家与消费者之间存在不平衡，消费者组织特别批评在消费者合同中使用"要么接受要么放弃"的争议前仲裁协议，认为这种条款阻止了消费者对于争议解决方式作出有意义的选择，还限制了只有在法院才能被很好地审查和解释的消费者保护法带来的益处。⑤ 关于争议前仲裁协议对消费者的效力，各国的法律标准截然不同，主要有两种不同的标准：在一部分国家，争议前仲裁协议被认为对所有当事方有约束力，不管当事一方是否是消费者，这类法域包括美国和其他一些国家；在另一些国家，争议前仲裁协议被认为对消费者没有约束力，或者消费者可以使之无效。不过，消费者仲裁协议若是在争议发生之后订立的，则被视为对当事双方（即

① 乔欣、李莉：《争议可仲裁性研究（上）》，载《北京仲裁》第 52 辑，法律出版社 2004 年版，第 35 页。

② Gabrielle Kaufmann-Kohler & Thomas Schultz, *Online Dispute Resolution: Challenges for Contemporary Justice*, Kluwer Law International, 2004, pp. 170-171.

③ 卢云华、沈四宝、Naill Lawless、Julia Hörnle 主编：《在线仲裁研究》，法律出版社 2008 年版，第 87 页。

④ Mohamed S. Abdel Wahab, *ODR and E-Arbitration: Trends and Challenges*, *in* ONLINE DISPUTE RESOLUTION: THEORY AND PRACTICE (edit. by Mohamed S. Abdel Wahab, Ethan Katsh & Daniel Rainey), Eleven International Publishing, 2012, pp. 397-398.

⑤ Lucille M. Ponte & Thomas D. Cavenagh, *CyberJustice: Online Dispute Resolution (ODR) for E-Commerce*, Pearson/Prentice Hall, 2005, p. 95.

包括对消费者)均有约束力，这类法域包括日本、欧盟成员国、加拿大各法域、几个拉丁美洲国家和一些非洲国家。①

在美国，消费者仲裁条款是作为避免法律冲突的一种通常的解决方法来使用的。其结果是，美国许多电子合同中的标准条款通常包括仲裁条款。《联邦仲裁法》认为仲裁条款，即使是争议前具有拘束力的协议，也是“有效的、不可撤销的和有强制性的”，没有区分商业合同和消费者合同。② 关于美国法院的态度，正如一位学者所总结的，“要确认在消费者交易中存在有拘束力的争议前强制性仲裁条款，只需要证明存在这样一份协议，它是书面的，以及消费者看来同意了该协议即可。该协议将被推定为有效的和具有强制性的，除非消费者证明由于传统的合同抗辩该协议无效”。③ 传统的合同抗辩一般包括欺诈、胁迫、显失公平或行为能力缺陷等。美国法院通常引用显失公平来使争议前仲裁条款无效。例如，法官曾认定，Paypal 的仲裁条款对消费者显失公平，因为加利福尼亚州的圣克拉拉县不是一个中立的法庭。显失公平的另一个原因涉及合同的单方面的性质及其苛刻性，例如一个条款将消费者的救济限于仲裁，却允许企业起诉。显失公平的原因也可能是其诉讼地所确认的消费者权利被压制以及施加过度的仲裁费用。此外，在对损害赔偿、律师费或时效期施加限制的情况下，在仲裁条款令消费者感到惊讶，因为它被隐藏在合同中的情况下，当消费者看不懂英文时等，美国法律认定条款显失公平。④

但是，一些法域，尤其是欧盟，为了给处于劣势地位的消费者提供更强有力的保护，并不承认争议前仲裁条款。欧盟理事会《关于消费者合同中不公平条款的指令》(Council Directive on Unfair Terms in Consumer Contracts，以下简称《不公平条款指令》)⑤规定，消费者合同中的不公平条款对消费者没有约束力。第 3 条对消费者合同中的

---

① 联合国国际贸易法委员会：《跨境电子商务交易网上争议解决：程序规则草案——欧洲联盟观察员代表团的提案——秘书处的说明》(A/CN. 9/WG. III/WP. 121)，资料来源于：http：//daccess-dds-ny. un. org/doc/UNDOC/LTD/V13/836/38/PDF/V1383638. pdf? OpenElement，访问日期：2014 年 6 月 15 日。

② Pablo Cortés, *Online Dispute Resolution for Consumers in the European Union*, Routledge, 2011, p. 109.

③ R. M. Alderman, *Consumer Arbitration in the United States*: *A System in Need of Reform*, 3 Revista Latinoamericana de Mediación y Arbitraje 118, 124 (2002)，转引自 Gabrielle Kaufmann-Kohler & Thomas Schultz, *Online Dispute Resolution*: *Challenges for Contemporary Justice*, Kluwer Law International, 2004, p. 178.

④ Pablo Cortés, *Online Dispute Resolution for Consumers in the European Union*, Routledge, 2011, p. 110.

⑤ http：//eur-lex. europa. eu/legal-content/EN/ALL/；ELX _ SESSIONID = DKs7TpdDjn3nY3v9twL5y3P6DwfqSx1D8LJRJpxrlySKpkstrPJb！2134420862? uri = CELEX：31993L0013，访问日期：2014 年 6 月 16 日。

“不公平条款”作出了说明：如果未能被个别谈判的合同条款违反善意的要求，导致双方权利义务显著失衡，对消费者不利，那么该条款就被认为不公平。如果条款是事先起草的，消费者因此不能对条款的实质产生任何影响，尤其是在事先创制的标准合同的情形下，那么该条款被认定为未能进行个别谈判。之后附件又不穷尽列举了不公平条款的情况，其中例子(q)规定：排除或阻碍消费者起诉的权利或其获得其他任何救济的权利，特别是通过要求消费者将争议提交给不受法律条款保护的仲裁。何为“不受法律条款保护的仲裁”并不明确，存在多种可能的解释，但似乎法院接受的解释是其区分了私人仲裁与公共形式的“仲裁”，比如小额索赔程序或法定意见调查官项目。① 欧盟委员会《有关适用于负责消费者争议庭外和解的机构的原则的建议》(Commission Recommendation on the Principles Applicable to the Bodies Responsible for Out-of-Court Settlement of Consumer Disputes)②第4条规定，消费者不应受争议前仲裁条款的约束。

《不公平条款指令》被欧盟成员国以不同的方式实施。在法国的国内仲裁中，毫无疑问，争议前消费者仲裁条款是无效的。不过，在国际仲裁中，有效性是有争议的。法国最高法院在两个场合认为，在国际合同中争议前消费者仲裁协议是有效的，因为法国的消费者保护法在管辖权问题上(《法国民法典》第2061条和《法国消费者法典》第L. 132(2)条)并不适用于国际情形。前述判决已被法国学者一再批评，认为在国际和国内情形下消费者都应获得同等的保护。③ 在英国，英国《1996年仲裁法》和《1999年有关消费者合同中的不公平条款条例》规定，只有争议金额在5000英镑以上时才承认争议前消费者仲裁条款。然而，即使索赔金额在5000英镑以上，消费者仍然可能会通过运用指令和条例中规定的标准，证明仲裁条款是不公平的。在小额索赔法院的限度以下(英格兰与威尔士是5000英镑，苏格兰是750英镑，北爱尔兰是1000英镑)的消费者纠纷中，这样的条款将自动对消费者不具拘束力。④

正是因为各国法律对争议前仲裁条款的有效性规定不一，导致B2C仲裁的效力存在不确定因素。但是B2C交易价值小、数量大，大量争议急需寻找合适的解决方式。在这一背景下，无拘束力仲裁的产生和发展较好地回应了前述现实需求和

---

① 卢云华、沈四宝、Naill Lawless、Julia Hörnle 主编：《在线仲裁研究》，法律出版社2008年版，第88页。

② http：//eur-lex. europa. eu/legal-content/EN/ALL/？uri=CELEX：31998H0257，访问日期：2014年6月16日。

③ Gabrielle Kaufmann-Kohler & Thomas Schultz, *Online Dispute Resolution: Challenges for Contemporary Justice*, Kluwer Law International, 2004, pp. 177-178.

④ Pablo Cortés, *Online Dispute Resolution for Consumers in the European Union*, Routledge, 2011, p. 109.

矛盾。

第三节 在线仲裁程序

一、在线仲裁与正当程序

(一) 正当程序的基本要求

正当程序(due process)是英美法系诉讼和仲裁程序的基本理论和原则。正当程序所关注的是当事人的程序权利和程序利益，正当程序原则就是要求仲裁程序要满足公正审理等最基本的程序原则和要求，以实现程序正义。① 如果仲裁程序违反正当程序，裁决作出地法院可以此为由撤销裁决，裁决申请执行地法院可以拒绝承认和执行裁决。

正当程序的基本要求已经被国际公约及国内立法所确认。《纽约公约》第 5 条第 1 款第 2 项规定，作为裁决执行对象的当事人，没有被给予指定仲裁员或者进行仲裁程序的适当通知，或者由于其他缘故未能提出申辩，可以申请拒绝承认和执行仲裁裁决。《国际商事仲裁示范法》第 36 条中也有类似规定，此外第 18 条规定应对当事各方平等对待，应给予当事人充分的机会陈述案情。英国《1996 年仲裁法》第 33 条规定，仲裁庭应公平及公正地对待当事人，给予各方当事人合理的机会陈述案件并抗辩对方当事人的陈述。第 68 条规定，如果仲裁庭违反第 33 条，则构成严重不规范行为，当事人可以向法院就仲裁裁决提出异议，法院可以将裁决发回重审、撤销裁决或宣布裁决无效。综上可见，正当程序应包含两个基本要求：一是仲裁庭应给予当事人参加仲裁程序的适当通知，以确保当事人能够参加仲裁程序；二是当事人在仲裁程序中应得到公平的对待，享有充分的机会来提出主张和陈述案件。② 需要注意的是，网上仲裁的速度是其吸引争议者的主要因素之一，因此实践中会对仲裁程序有一定程度的简化，以保证快速有效地解决争议。但是仍需要保证最低限度的正当程序，对效率的追求不能以公正为代价。而且在双方当事人能力不平衡时，如在 B2C 争议中，更应该保障正当程序的实现，否则当事人之间的能力不平衡会被进一步放大。

(二) 仲裁程序的通知

在网上仲裁中，仲裁庭通过电子邮箱、在线平台、网上聊天室、网络视频系统等网络通信工具向当事人发送有关任命仲裁员和进行仲裁程序的通知，此种仲裁文

---

① 李虎著：《网上仲裁法律问题研究》，中国民主法制出版社 2005 年版，第 159 页。

② 黄良友：《网上仲裁程序与正当程序》，载《河北法学》2011 年第 10 期，第 157 页。

书送达方式被称之为“网上送达”。① 与传统仲裁中专人直接送达、邮寄送达方式相比，网上送达能快速及时地送达仲裁文书，能有效节省送达所需耗费的费用和时间，更好地体现了仲裁方便、快捷和经济的优势。但是这种网上送达是否属于适当的通知，是否满足正当程序的基本要求呢？答案是肯定的。理由如下②：首先，数据形态的仲裁通知具有与传统书面仲裁通知相同的功能和作用；其次，在当事人未就发送仲裁通知的方式作出明确约定的情况下，仲裁庭拥有决定发送仲裁通知方式的权利③；再次，网上送达的法律效力已得到国际文件和仲裁规则的认可④；最后，现有信息技术能够确保当事人及时接收仲裁通知并获得相应的投递记录。

在实践中，投诉人可以填写网上仲裁提供商提供的投诉表格，然后发送至网上仲裁提供商的网上平台。网上仲裁提供商可以将该投诉发送给被投诉人，或者通知被投诉人在网上平台检索该投诉。如果网上仲裁提供商是通过电子邮件发送投诉书及相关证据，那么提供商应该确保其向所有能够知晓的被投诉人的电子邮件地址发送文件，被投诉人的电子邮件地址可以是投诉人在投诉书中所提供的，也可以来自被投诉人的官方网站，还可以是被投诉人向机构提供的地址。换言之，仲裁提供商应该尽可能地确保实际通知到被投诉人，必要时可以在以电子形式发送投诉文件的同时，以传统送达方式向被投诉人发送简要书面通知。网上仲裁提供商不仅必须及时通知当事人仲裁听审，还应该适当通知当事人有关仲裁员的任命。为了避免有关当事人否认收到网上仲裁通知，仲裁提供商可以采取一定的技术措施使被送达人不能否认，如设置回执确认功能。

UNCITRAL 第三工作组《ODR 规则草案》(一轨道)对程序的通知问题进行了详细的规定。⑤ 首先，《ODR 规则草案》第 2 条规定，本《规则》中的“通信”是指以借助电子手段、电磁手段、光学手段或类似手段生成、发送、接收或存储信息的方式

---

① 黄良友：《网上仲裁程序与正当程序》，载《河北法学》2011 年第 10 期，第 158 页。

② 黄良友：《网上仲裁程序与正当程序》，载《河北法学》2011 年第 10 期，第 158~160 页。

③ 《国际商事仲裁示范法》第 19 条规定，当事各方可以自由地就仲裁庭进行仲裁所应遵循的程序达成协议。如未达成这种协议，仲裁庭可以在本法规定的限制下，按照其认为适当的方式进行仲裁。

④ 1996 年《联合国国际贸易法委员会关于组织仲裁程序的说明》指出，文件可以通过电子方式(如电子邮件或者磁盘、光盘)进行交换，资料来源于：http://www.uncitral.org/pdf/chinese/texts/arbitration/arb-notes/arb-notes-c.pdf，访问日期：2014 年 8 月 23 日。2009 年 CIETAC《网上仲裁规则》第 12 条规定，当当事人没有确定文件发送方式时，仲裁委员会秘书局可以通过能获得传送记录的网络电子方式发送。

⑤ 联合国国际贸易法委员会：《跨境电子商务交易网上争议解决：程序规则草案(一轨道)——秘书处的说明》(A/CN.9/WG.III/WP.133)，资料来源于：http://daccess-dds-ny.un.org/doc/UNDOC/LTD/V14/080/64/PDF/V1408064.pdf?OpenElement，访问日期：2015 年 2 月 20 日。

进行的任何通信（包括陈述、声明、要求、通知、答复、提交书、通知书或请求）。其次，《ODR 规则草案》第 3 条规定，在网上解决程序中进行的所有通信均应经由网上解决平台发送给网上解决管理人；发给当事人或中立人的任何通信可在网上解决平台检索时，网上解决管理人应迅速通知该当事人或中立人；程序的谈判阶段结束时和程序的协助下和解阶段开始时、程序的协助下和解阶段期满时，以及相关情况下程序的仲裁阶段开始时，网上解决管理人应迅速通知各方当事人和中立人。再次，《ODR 规则草案》第 7 条规定，协助下和解阶段期满时，中立人应进而将进行任何最后通信的日期告知当事人。最后，《ODR 规则草案》第 12 条规定："网上解决管理人，或相关情况下的中立人，应在程序进行过程中通知当事人注意所有相关的最后期限。"

（三）保密性与透明度

保密性原则的目的在于通过限制特定信息的传播培养当事人对仲裁程序的信任，这是商事仲裁中广为认可的原则。保密性通常作为国际商事仲裁的策略性优势受到欢迎，尽管一些学者主张在国际仲裁中没有保密的一般义务。但是实践表明，保密对当事人至关重要，许多仲裁机构规则规定了保密的一般义务。① 保密性为争议者创建了安全港湾，允许他们提起不愿通过正式、公开途径控告的争议。② 仲裁程序中的保密性意味着文件、证据或者裁决的内容都不应该对外公开，所有的听审和会议都应该私下进行，甚至连当事人进行仲裁的事实都应该保密。仲裁内固有的保密义务不仅适用于所有的当事人，还适用于仲裁中涉及的所有人，包括证人。这意味着如果一个证人知晓其他证人的陈述，或者仲裁中的文件，那么其对这些文件

① Mohamed S. Abdel Wahab, *ODR and E-Arbitration: Trends and Challenges*, *in* ONLINE DISPUTE RESOLUTION: THEORY AND PRACTICE (edit. by Mohamed S. Abdel Wahab, Ethan Katsh & Daniel Rainey), Eleven International Publishing, 2012, pp. 400-401. 关于保密性最全面的规定是《WIPO 仲裁规则》。这可能是因为 WIPO 主要涉及技术和知识产权争议，通常包含商业秘密、专利和版权资料，需要高水平的保密。《WIPO 仲裁规则》第 75～78 条规定，仲裁的存在，仲裁中产生的文件和材料，包括证人证言和裁决应该保密。一般且全面的保密义务约束当事人、证人、仲裁员和 WIPO 仲裁与调解中心。例外情况是，当有法院命令、法律要求、当事人同意或者信息属于公共领域时，一方会解除保密的义务，只有必要的限制。Mohamed S. Abdel Wahab, *ODR and E-Arbitration: Trends and Challenges*, *in* ONLINE DISPUTE RESOLUTION: THEORY AND PRACTICE (edit. by Mohamed S. Abdel Wahab, Ethan Katsh & Daniel Rainey), Eleven International Publishing, 2012, p. 401, n. 46. WIPO Arbitration Rules (Effective from June 1, 2014), available at http://www.wipo.int/amc/en/arbitration/rules/newrules.html, visited on August 25, 2014.

② Faye Fangfei Wang, *Online Dispute Resolution: Technology, Management and Legal Practice from an International Perspective*, Chandos Publishing, 2009, p. 74.

有保密的义务。① 在电子媒介中，通信和数据可能被拦截、监测、改变、接入、下载甚至破坏。因此有必要采用加密技术、数字签名、防火墙、密码及隐私加强技术，以确保机密信息保持安全。②

保密性要求固然是仲裁程序的一个重要原则，但这并不意味着案件信息在任何情况下都不能公开。在某些情形下，有关当事人身份或案件程序的信息则可以公开或者被要求予以公开。最常见的便是法院可基于社会公共利益的考虑裁定公开案件信息。③ 更重要的是，网上仲裁主要解决的是电子商务中的争议，不能完全照搬传统仲裁的保密原则，网上仲裁因争议类型不同而对保密性原则适用的程度不同，可能会要求更高水平的透明性。因此网上仲裁需要更好地处理保密性与透明度之间的关系。

一般来说，保密性在 B2B 争议中比在 B2C 争议中更敏感，因为前者涉及更高的经济利益、一定水平的技术和商业策略。因此，B2B 争议的案件程序与结果的披露会影响商家的名声和商业秘密。④ 而且 B2B 争议当事人是实力相当的企业，双方拥有很强的意思自治，不需要通过信息披露，便能够对仲裁程序相关问题作出准确的判断。然而 B2C 争议则截然不同，B2C 争议往往涉及较多的公共利益因素。如上所述，消费者与商家之间存在严重的不平衡，商家作为仲裁机构的“常客”，已经非常熟悉仲裁机构、仲裁程序、仲裁规则甚至某些特定的仲裁员。但消费者可能只参与一两次仲裁，对仲裁相关信息一无所知，只有通过仲裁机构对相关信息披露，才能作出合理预测，从而加强争议者对网上仲裁提供商的信任。

网上仲裁提供商需要披露的事项主要包括：治理结构、仲裁员及仲裁程序本身。首先，治理结构应该被披露，尤其是服务机构的所有权和位置。此外，ABA 专门工作组还建议公开机构的资金来源，因为资金的来源可能影响机构的独立性。其次，披露仲裁员信息是被普遍认可的要求，也是程序公正和独立性的典型条件。一般来说，要求披露仲裁员的相关资历以及是否存在利益冲突。最后，需要公开仲裁程序费用、裁决的约束力、评判争议所依据的规则等。⑤ 实际上，更进一步，也是

---

① Julia Hörnle, *Cross-border Internet Dispute Resolution*, Cambridge University Press, 2009, pp. 149-150.

② Mohamed S. Abdel Wahab, *ODR and E-Arbitration: Trends and Challenges*, *in* ONLINE DISPUTE RESOLUTION: THEORY AND PRACTICE(edit. by Mohamed S. Abdel Wahab, Ethan Katsh & Daniel Rainey), Eleven International Publishing, 2012, p. 401.

③ 李虎著：《网上仲裁法律问题研究》，中国民主法制出版社 2005 年版，第 174 页。

④ Faye Fangfei Wang, *Online Dispute Resolution: Technology, Management and Legal Practice from an International Perspective*, Chandos Publishing, 2009, p. 74.

⑤ Gabrielle Kaufmann-Kohler & Thomas Schultz, *Online Dispute Resolution: Challenges for Contemporary Justice*, Kluwer Law International, 2004, p. 110.

最关键的是对裁决结果的公布。网上仲裁机构可以将裁决全文公布，也可以在不提及当事人姓名的前提下，公布案件摘要，或者至少定期公布有关裁决统计数据的报告，以确保仲裁程序的可预见性。公布裁决不仅可以弥补消费者与商家之间对网上仲裁认识的不平等，而且能够加强对裁决的公共监督，以确保裁决质量和公正性。① 从长远来看，裁决结果的公布还会增强对网上争议解决的认识和信任，促进对跨国性、原则、惯例和法律规则的认同，推动先例的创建及学者对网上争议解决的科学研究。②

UNCITRAL 第三工作组《ODR 规则草案》(一轨道)第 7 条明确规定，裁决可经各方当事人同意之后予以公布，为了保护或实施一项法定权利，或者涉及法院或其他主管机关法律程序的，也可在法定义务要求一方当事人披露的情况下和限度内，予以公布。③ 一些代表团支持《规则》应在对包括当事人身份在内的敏感信息进行编辑处理的前提下尽量要求公布裁决，理由如下：(1)这将使 ODR 制度具有透明度，并在司法审查可能缺位的情况下提供一种监督手段；(2)向公众(包括消费者)提供此类信息可起到教育作用；(3)仲裁方面当下的趋势是促进透明度，如 UNCITRAL 第二工作组所作的工作以及与体育有关的仲裁。④

(四)公正的听审

公正听审意味着给予每一方当事人陈述其案情以及对对方的辩论和证据发表意见的平等机会。公正听审要求仲裁程序平等对待当事人，不仅仲裁程序不能不公正地限制一方当事人陈述案件的机会(如听审时间的安排和最后期限的限制)，而且仲裁员不能进行单方面的交流，必须使双方当事人有获得所有文件及证据的平等机会。⑤ 为了节省成本和避免延迟，网上仲裁会对程序进行一定程度的简化，如限制当事人提交文件的字数，放弃口头听审，仅审查书面文件等。实际上，正当程序是

① Julia Hörnle, *Cross-border Internet Dispute Resolution*, Cambridge University Press, 2009, pp. 146-147.

② Antonis Patrikios, *The Role of Transnational Online Arbitration in Regulating Cross-border E-business—Part II*, 24 Computer Law & Security Report 129, 135 (2008).

③ 联合国国际贸易法委员会:《跨境电子商务交易网上争议解决：程序规则草案(一轨道)——秘书处的说明》(A/CN. 9/WG. III/WP. 133)，资料来源于：http://daccess-dds-ny. un. org/doc/UNDOC/LTD/V14/080/64/PDF/V1408064. pdf? OpenElement，访问日期：2015 年 2 月 20 日。

④ 联合国国际贸易法委员会:《第三工作组(网上争议解决)第二十六届会议(2012 年 11 月 5 日至 9 日，维也纳)工作报告》(A/CN. 9/762)，资料来源于：http://daccess-dds-ny. un. org/doc/UNDOC/GEN/V12/575/03/PDF/V1257503. pdf? OpenElement，访问日期：2014 年 8 月 25 日。

⑤ Julia Hörnle, *Cross-border Internet Dispute Resolution*, Cambridge University Press, 2009, pp. 137-138.

一个可变的概念。所要求的正当程序的程度取决于特定案件的具体情况或案件的类型，而法院也会相应地调整其审查标准。如果时间是至关重要的，则仲裁员必须行动迅速，当事人也必须配合以获得一份及时的裁决。①

仲裁规则及仲裁程序法可以规定，当事人也可以约定不进行开庭审理，仲裁庭仅依据当事人提交的书面材料进行书面审理。这仍然符合公正听审的要求，只要当事人被给予充分陈述案件，并对对方的主张和证据予以反驳的机会。这与传统仲裁的书面审理并无差异，只是书面材料的形式不同，网络技术强大的信息处理功能确保了当事人充分陈述案件的权利获得实现。但是，值得注意的是，双方当事人对技术和案件程序系统的熟悉程度可能会对案件事实和证据审理认定程序的公平性产生影响。因此，网上仲裁提供商必须确保其网上仲裁程序要具备技术上的方便性。②

如果进行网上开庭审理，仲裁庭可通过网络聊天室、网络视频会议系统等网络通信工具来审理案件，从而用“屏对屏”开庭审理替代了传统仲裁中的“面对面”开庭审理。③ 对此，当事人有选择电子程序的自由，如果当事人未就仲裁审理方式进行明确约定，仲裁庭有权决定听审方式，只要这不会使一方当事人不能够获得相关信息。因此，电子仲裁程序不应该被拒绝，除非在线程序通过妨碍一方当事人有效的通信和参与，实质上、不利地影响正当程序要求，导致“虚拟不平等”。④

(五)独立与公正

独立与公正是程序正义的核心，主要包括网上仲裁提供商的独立公正和仲裁员的独立公正。

对于仲裁员而言，首先网上仲裁提供商应在能力、独立性和公正性基础上挑选列入仲裁员名册的人员，公布并维护最新的仲裁员名单，该名单应包括有关仲裁员的经验和专门知识的信息。需要注意的是，仲裁员应该从不同的利益相关群体中选出，否则就会存在系统偏见的可能。其次，双方当事人都应该对仲裁员的选定享有话语权。被选定的仲裁员有义务披露可能被合理地视为影响其独立性的任何合同关系或其他关系，当事人也应该享有对仲裁员的公正独立提出质疑的权利。一旦发现

---

① Gabrielle Kaufmann-Kohler & Thomas Schultz, *Online Dispute Resolution: Challenges for Contemporary Justice*, Kluwer Law International, 2004, p. 32.

② 李虎著：《网上仲裁法律问题研究》，中国民主法制出版社 2005 年版，第 168~169 页。

③ 黄良友：《网上仲裁程序与正当程序》，载《河北法学》2011 年第 10 期，第 160 页。

④ Mohamed S. Abdel Wahab, *ODR and E-Arbitration: Trends and Challenges*, *in* ONLINE DISPUTE RESOLUTION: THEORY AND PRACTICE(edit. by Mohamed S. Abdel Wahab, Ethan Katsh & Daniel Rainey), Eleven International Publishing, 2012, p. 403.

仲裁员存在影响其公正独立性的因素，应该立即替换。①

在涉及小额争议时，网上仲裁提供商的独立性与获得资金以为争议解决服务提供经费支持的需要之间存在内在的紧张状态。与仲裁员一样，网上仲裁提供商也必须是独立的，并且必须看起来是这样的。如果网上仲裁提供商和企业或消费者协会之间存在密切联系，就这方面而言，就会产生担忧。② 由于对小额争议而言，消费者一方承担费用的能力有限，因此在 B2C 交易中，仅向企业收费的单边收费模式似乎是鼓励消费者参与的最常见的方式。但这容易引发对网上仲裁服务提供商存在偏见的担忧。为了避免产生存在偏袒的感觉，网上仲裁提供商应公布是否有任何来自企业的资金。③ 当然，理想状态还是依靠公共资金支持，并结合双边当事人收费制度，例如奥地利的互联网监察专员(Internet Ombudsman)项目主要依靠来自奥地利应用电信研究所等提供的公共资金。④ 这避免了由单边收费模式引发的潜在偏见，增强了消费者对网上仲裁提供商乃至电子商务的信心。此外网上仲裁提供商的结构治理还应该遵循特定的监管建议。如果提供商是由利益相关者的代表组成(如消费者和商家)，那么所有的利益相关者必须被平等地代表。⑤

UNCITRAL 第三工作组《ODR 规则草案》在序言中规定：“《规则》意在结合网上争议解决框架加以使用，该框架由[作为本《规则》附录的]下列文件组成：[(a) 网上争议解决平台/管理人准则和最低限要求；][(b) 中立人准则和最低限要求；] ……”⑥虽然最后《ODR 规则草案》流产，上述文件也并未出台，但将其列入

① 联合国国际贸易法委员会：《关于网上争议解决机构和中立人适用原则的建议——加拿大代表团的建议——秘书处的说明》(A/CN. 9/WG. III/WP. 114)，资料来源于：http://daccess-dds-ny. un. org/doc/UNDOC/LTD/V12/516/21/PDF/V1251621. pdf? OpenElement，访问日期：2014 年 6 月 18 日。

② Gabrielle Kaufmann-Kohler & Thomas Schultz, *Online Dispute Resolution: Challenges for Contemporary Justice*, Kluwer Law International, 2004, p. 65.

③ Pablo Cortés, *Online Dispute Resolution for Consumers in the European Union*, Routledge, 2011, p. 109.

④ Julia Hörnle, *Cross-border Internet Dispute Resolution*, Cambridge University Press, 2009, pp. 76-78.

⑤ Gabrielle Kaufmann-Kohler & Thomas Schultz, *Online Dispute Resolution: Challenges for Contemporary Justice*, Kluwer Law International, 2004, p. 112.

⑥ 联合国国际贸易法委员会：《跨境电子商务交易网上争议解决：程序规则草案(二轨道)——秘书处的说明》(A/CN. 9/WG. III/WP. 130)，资料来源于：http://daccess-dds-ny. un. org/doc/UNDOC/LTD/V14/051/35/PDF/V1405135. pdf? OpenElement，访问日期：2015 年 1 月 15 日；联合国国际贸易法委员会：《跨境电子商务交易网上争议解决：程序规则草案(一轨道)——秘书处的说明》(A/CN. 9/WG. III/WP. 133)，资料来源于：http://daccess-dds-ny. un. org/doc/UNDOC/LTD/V14/080/64/PDF/V1408064. pdf? OpenElement，访问日期：2015 年 2 月 20 日。

网上争议解决框架，足可见工作组对 ODR 服务提供商和中立人(含调解员和仲裁员)资格认定和质量控制的重视。事实上，《ODR 规则草案》本身已用较大的篇幅对与中立人有关的问题进行了规定，其中一轨道规则草案相关规定如下：①

第 9 条草案(指定中立人)

1. 网上解决管理人应在程序的协助下和解阶段启动后迅速指定中立人。中立人一经指定，网上解决管理人即应迅速将中立人的姓名以及与该中立人有关的其他任何相关信息或身份识别信息通知当事人。

2. 中立人接受指定，即为确认其能够投入必要时间，按照《规则》确定的时限，勤勉、高效地进行网上解决程序。

3. 中立人应在接受指定时声明其公正性和独立性。中立人应自被指定之时起并在整个网上解决程序期间，毫无延迟地向网上解决管理人披露任何可能对其公正性或独立性产生有正当理由怀疑的情况。网上解决管理人应迅速将此种信息发给当事人。

对指定中立人提出异议

4. 任何一方当事人均可在下述事件发生后[两(2)]个日历日内对中立人的指定提出异议：(1)收到了指定通知——当事人无须提供任何理由；或者(2)在网上解决程序期间的任何时候，某一可能对中立人的公正性或独立性产生有正当理由怀疑的事实或事项引起当事人注意——当事人需指明造成此种怀疑的事实或事项。

5. 一方当事人根据第 4 款第(1)项对中立人的指定提出异议的，该中立人自动丧失资格，并应由网上解决管理人指定另一中立人取代之。在每次指定通知之后，每一方当事人最多对中立人的指定提出[三(3)次]质疑，在此之后，网上解决管理人对中立人的指定即成终局，惟须遵守第 4 款第(2)项。反之，如果未在任何指定通知之后两(2)日内提出质疑，该指定即成终局，惟须遵守第 4 款第(2)项。

6. 一方当事人根据前述第 4 款第(2)项对中立人的指定提出异议的，网上解决管理人应在[三(3)]个日历日内就是否替换该中立人作出裁定。

[7. 如果双方当事人均根据第 4 款第(1)项或第 4 款第(2)项对中立人的指定提出异议，该中立人自动丧失资格，并应由网上解决管理人指定另一中立人取代之，而不考虑任何一方当事人提出质疑的次数。]

---

① 联合国国际贸易法委员会：《跨境电子商务交易网上争议解决：程序规则草案(一轨道)——秘书处的说明》(A/CN. 9/WG. III/WP. 133)，资料来源于：http：//daccess-dds-ny. un. org/doc/UNDOC/LTD/V14/080/64/PDF/V1408064. pdf? OpenElement，访问日期：2015 年 2 月 20 日。

对提供信息提出异议

8. 任何一方当事人均可在最终指定中立人后三(3)个日历日内对网上解决管理人向中立人提供在谈判阶段产生的信息提出异议。三日期满后，若无任何异议，网上解决管理人应将网上解决平台上全套现有信息转发给中立人。

中立人人数

9. 中立人人数应为一名。

第 10 条草案(中立人的辞职或替换)

中立人在网上解决程序进行过程中辞职或者必须被替换的，网上解决管理人应根据第 9 条指定一名中立人取代之。应从被替换中立人停止履行职责时所处阶段继续进行网上解决程序。

第 11 条草案(中立人的权力)

1. 在不违反《规则》的情况下，中立人可以其认为适当的方式进行网上解决程序。

1 之二．中立人行使《规则》对其规定的职责时，应使网上解决程序的进行避免不必要的延迟和费用，并为解决争议提供公平、高效的程序。为此，中立人应在任何时候都保持完全独立和公正，并应平等对待双方当事人。

2. 在没有根据第 9 条第 8 款提出任何异议的情况下，中立人应根据网上解决程序期间进行的所有通信进行网上解决程序[，此种通信的相关性应由中立人确定。网上解决程序只应根据这些材料进行，除非中立人另有决定]。

3. 在程序进行期间的任何时候，中立人可[要求][请求]或允许当事人(按照中立人确定的关于费用和其他方面的条件)在中立人确定的期限内提供补充信息，出具文件、证物或其他证据。

4. 中立人应有权力就其自身管辖权作出裁定，包括裁定就是否存在将争议诉诸网上解决的约定或此种约定的效力提出的任何异议。为此目的，构成合同一部分的争议解决条款，应视作一项独立于合同其他条款的协议。中立人裁定合同无效，不应自动导致争议解决条款无效。

5. 中立人可在作出其视为必要的调查之后裁量展延本《规则》中的任何最后期限。

此外，UNCITRAL 秘书处在第三工作组第 29 届会议上提交了一份《网上解决机构/平台/管理人准则内容草案》①供工作组审议。在这份文件中，秘书处建议，网

① 联合国国际贸易法委员会：《跨境电子商务交易网上争议解决：准则草案——秘书处的说明》(A/CN. 9/WG. III/WP. 128)，资料来源于：http：//daccess-dds-ny. un. org/doc/UNDOC/LTD/V14/003/95/PDF/V1400395. pdf? OpenElement，访问日期：2015 年 5 月 23 日。

上解决平台、网上解决机构和网上解决管理人的准则草案可以述及下列问题：

第一，公平过程和独立性。

第二，透明度/公布/披露。

网上解决管理人应公布以下信息：

1. 与操作事项有关的信息

之前加拿大代表团在《关于网上争议解决机构和中立人适用原则的建议》中提议："网上解决机构应在其网站上公布[明确、可理解和准确的信息，其中包括]其收费、网上解决程序、可能对决定提出的追索、针对网上解决机构或中立人的投诉处理程序和有关信息处理的做法。在用户接受网上解决程序之前，明确提请其注意这种信息。"①秘书处建议，除此之外，网上解决管理人还应当公布并便利提供：(1)中立人名单和与其中立人有关的信息；(2)对当事人的收费和费用明细；(3)管理人(或具体的网上解决机构或平台)与商家的任何财务关系；(4)网上解决管理人的数据保护和隐私政策；(5)该网上解决管理人进行程序所使用的一种或数种语言；(6)网上解决管理人所使用的规则的内容，可以是《UNCITRAL 在线解决争议规则》，也可以是该规则的修订本；(7)程序每一阶段的时间期限。

2. 关于裁决的统计数字和(或)其他信息

此种统计数字可能涉及方面的例子包括：支持卖方/买方的争议解决数目；解决争议的平均时间；在程序的第一、第二和第三阶段解决的争议各占多大比例。

3. 与程序中其他实体的联系和关系

准则中一个可能需要网上解决管理人考虑的方面是，如果网上解决管理人与商家保持着任何联系或财务关系，是否应将这种关系的存在以及可能的话这种关系的内容公布于众。

4. 与中立人的关系

可以就网上解决管理人与中立人的关系提供指导，包括选择办法、确保中立人中立性的方法、中立人的必备资格，以及在这方面确保其标准透明度的必要性。

第三，保密性、信息处理和转移、数据安全、归档。

第四，技术问题。准则可以阐明对平台的最佳做法要求，规定除定期维护之外每年 365 天、每周 7 天、每天 24 小时随时可进入平台。

第五，费用。准则可以阐明网上解决程序收费和费用必须合理、透明的原则。

此外，准则还可述及网上解决机构对当事人的指导、守规或"私人执行"机制、

---

① 联合国国际贸易法委员会：《关于网上争议解决机构和中立人适用原则的建议——加拿大代表团的建议——秘书处的说明》(A/CN. 9/WG. III/WP. 114)，资料来源于：http://daccess-dds-ny. un. org/doc/UNDOC/LTD/V12/516/21/PDF/V1251621. pdf? OpenElement，访问日期：2014 年 8 月 25 日。

争议解决管理方面产生的法律问题，等等。

二、仲裁地的确定

在国际商事仲裁中，仲裁地对许多事项产生法律影响，如可适用的国内程序法、撤销程序、确定哪一法院有权准予采取临时措施或在某些事项上协助并监督仲裁庭，以及承认和执行仲裁裁决。① 从地理上看，在线仲裁程序的发生并不位于任何地方，或发生于网络空间，或发生于参与者使用互联网的不同地方。然而，为了创建与某一法律制度的联系这一唯一目的，必须选定一个地方。②

鉴于网上仲裁的虚拟化，有学者提出了一种比较理想的解决方法——非内国化理论(the delocalization theory)。③ 该理论的支持者认为，因为不同国家法院强加于仲裁程序的限制，国际商事仲裁的发展受到阻碍。国内法不适于国际商事仲裁的快速发展与实践。仲裁员不但必须知晓不止一国的法律，而且还要应对不同法律造成的各种矛盾的限制。消除这些潜在障碍的最好办法是将仲裁程序从国内法院的控制中解放出来。而且，与代表国家权力的法官不同，仲裁员的裁判权来源于当事人的意思自治，具有私人性质，仲裁地国法律应该对此予以尊重。因此，非内国化理论主张国际仲裁程序应该不受地域限制，完全从仲裁地的强制规则和公共政策中解放出来，排除仲裁地国法院的司法监督，仅受仲裁裁决申请执行地国法院管辖。④

非内国化理论固然非常适合于网上仲裁，但非内国化理论本身尚不完善，且在国际范围内并未得到广泛的认可与接受，世界各主权国家完全放弃对在其本国进行的仲裁活动的司法监督权在短期内很难达到。因此欲使各国将非内国化理论普遍应用于网上仲裁至少从目前看来不现实。⑤

事实上，目前离线仲裁实践中的仲裁地已经虚拟化了，一般是以当事人的约定为准。即使仲裁程序的实际进行地并非当事人约定地点，仍将当事人约定的仲裁地视为仲裁地。⑥ 因此，在网上仲裁中，完全可由当事人依据意思自治原则自行选择

---

① 联合国国际贸易法委员会：《网上解决跨国界电子商务交易的争议——秘书处的说明》(A/CN. 9/WG. III/WP. 105)，资料来源于：http：//daccess-dds-ny. un. org/doc/UNDOC/LTD/V10/574/09/PDF/V1057409. pdf? OpenElement，访问日期：2014年6月19日。

② Gabrielle Kaufmann-Kohler & Thomas Schultz, *Online Dispute Resolution: Challenges for Contemporary Justice*, Kluwer Law International, 2004, p. 167.

③ Faye Fangfei Wang, *Online Dispute Resolution: Technology, Management and Legal Practice from an International Perspective*, Chandos Publishing, 2009, p. 43.

④ Hong-lin Yu & Motassem Nasir, *Can Online Arbitration Exist within the Traditional Arbitration Framework?*, 20 J. Int'l Arb. 455, 463-464 (2003).

⑤ 李虎著：《网上仲裁法律问题研究》，中国民主法制出版社2005年版，第146~154页。

⑥ 李虎著：《网上仲裁法律问题研究》，中国民主法制出版社2005年版，第135~137页。

仲裁地。如果当事人未能选定仲裁地，那么可采取以下几种方式确定仲裁地：(1)仲裁庭确定仲裁地，如《国际商事仲裁示范法》第20条第(1)款的规定和《联合国国际贸易法委员会仲裁规则》(《UNCITRAL仲裁规则》)第18条第(1)款的规定；(2)仲裁机构/网上仲裁提供商确定仲裁地，如国际商会(International Chamber of Commerce, ICC)仲裁院的《仲裁规则》第18条第(1)款的规定；(3)仲裁机构/网上仲裁提供商初步确定仲裁地，并服从于仲裁庭的最终决定，如AAA《商事仲裁规则》的规则11第(a)项的规定和《国际仲裁规则》第17条第1款的规定；(4)仲裁地可以是用来进行网上仲裁程序的电子平台所在地。关于前三种方式，为了避免武断或主观的决定，需要考虑下列联系因素：(1)如果当事人有共同的住所或者营业地，则确定为该住所或营业地；(2)如果当事人拥有可能执行地的共同国籍，则为他们的国籍；(3)网上仲裁提供商所在地。最后一种标准即电子平台所在地标准同样有吸引力，尤其因为是当事人自愿选择某提供商，可视其为对仲裁地暗含或间接的合意。但是，当网上仲裁提供商所在地不同于用于程序的电子平台所在地时，这类标准应该被仔细考虑。在这种情况下，似乎选择网上仲裁提供商所在地更现实一些，因为当事人使用该机构的服务。① 这种首先由当事人合意选定仲裁地，若未选定则由仲裁庭或仲裁机构确定仲裁地的方式，即为“仲裁本座论”。所谓仲裁本座，其实是一个法律概念而非地理概念，是指法律意义上的仲裁地，而非实际的仲裁地或地理意义上的仲裁地。仲裁本座论的提出，使得一个仲裁中只有一个法律意义上的仲裁地，即使仲裁程序分别在不同国家境内进行而存在几个不同的实际仲裁地。仲裁本座论赋予了双方当事人自由约定仲裁地的权利，为仲裁的开展构筑了一个更加宽松、自由的法律平台。通过这个平台，仲裁虽仍依附于特定的国内法律体系，但自由化、国际化的程度已大为提升。②

UNCITRAL第三工作组《ODR规则草案》(一轨道)亦对仲裁地的确定予以规定：“[网上解决管理人应选择程序地，程序地应从本《规则》[一轨道]附录所载清单中选出。]”③此处的程序地即为仲裁地，这是因为程序地仅与仲裁阶段有关。关于本条草案的背景，秘书处在此前的说明中指出，为了确定管辖仲裁的程序法律，避免

---

① Mohamed S. Abdel Wahab, *ODR and E-Arbitration: Trends and Challenges*, *in* ONLINE DISPUTE RESOLUTION: THEORY AND PRACTICE (edit. by Mohamed S. Abdel Wahab, Ethan Katsh & Daniel Rainey), Eleven International Publishing, 2012, pp. 410-411.

② 邓杰：《论在线仲裁裁决的执行机制》，载《武汉大学学报(哲学社会科学版)》2008年第6期，第842页。

③ 《ODR规则草案》(一轨道)第14条，见联合国国际贸易法委员会：《跨境电子商务交易网上争议解决：程序规则草案(一轨道)——秘书处的说明》(A/CN.9/WG.III/WP.133)，资料来源于：http://daccess-dds-ny.un.org/doc/UNDOC/LTD/V14/080/64/PDF/V1408064.pdf?OpenElement，访问日期：2015年2月20日。

在裁决的法律效力上产生不确定性和争议，仲裁必须有仲裁地，即使是网上仲裁也必须如此。仲裁地还应当是1958年《纽约公约》的签署国，以增加公约适用于裁决的机会。秘书处建议，根据《纽约公约》和《电子通信公约》的签署国状况，以及一国是否已根据《国际商事仲裁示范法》颁布了法规，列出一个拟放入一轨道附录中的国家初选名单或最后名单。关于确定仲裁地的具体方式，秘书处进一步提请工作组审议，是否应按目前草案的规定允许网上解决管理人从预先确定的清单中选择仲裁地，从而促进灵活性并允许区域性机构选择本区域的仲裁地，还是其他办法更可取，例如，为所有网上解决程序确定单一个仲裁地，这类似于体育仲裁法院，该仲裁院规定，其规则下的所有仲裁的仲裁地应为瑞士。假如工作组认为像这样的单一"全球仲裁地"可取，不妨在相关条款草案以及当事人之间的争议解决条款中具体指明该仲裁地，这样一来或有助于增加确定性。① 无论采取哪一种方案，显然，在网上仲裁地的确定上，《ODR规则草案》是以有利于仲裁程序的进行及获得当地法院、法律支持并有利于仲裁裁决的域外执行为目的的。

三、法律的适用

法律适用是国际商事仲裁程序中复杂且重要的部分，其包括程序法和实体法的适用两个方面。由于仲裁遵循当事人自治原则，因此相比于诉讼，当事人对仲裁法律的适用享有更大的选择权。

就仲裁程序的法律适用而言，涉及对仲裁法和仲裁规则的确定。仲裁法，或称仲裁程序法(lex arbitration)，是各国通过国内立法或国际立法的方式，单独或者集体制定的调整仲裁的法律规范的总称。仲裁法既规制仲裁的内部程序，同时也确定进行仲裁的外部标准，如争议事项的可仲裁性、仲裁协议及其效力、仲裁裁决及其承认与执行、仲裁裁决的撤销，等等。仲裁规则，是指规范仲裁进行的具体程序及此程序中相应的仲裁法律关系的规则，是仲裁机构、仲裁员和仲裁参与人在进行具体仲裁活动时所必须遵守的准则。仲裁规则用于调整仲裁的内部程序，是仲裁参与者的"内部法"。关于仲裁程序法的确定，原则上当事人可以选择确定。但实践中，当事人选择仲裁程序法的并不多见。在当事人未作选择的情况下，一般应由仲裁庭来决定仲裁应适用的程序法，通常适用仲裁地的冲裁法。而且，仲裁程序无论适用哪个国家的法律，不能违背仲裁地的强制规范。② 这便回到上述仲裁地确定的问

① 联合国国际贸易法委员会：《跨境电子商务交易网上争议解决：程序规则草案——秘书处的说明(增编)》(A/CN. 9/WG. III/WP. 119/Add. 1)，资料来源于：http://daccess-dds-ny. un. org/doc/UNDOC/LTD/V13/817/36/PDF/V1381736. pdf? OpenElement，访问日期：2015年5月3日。

② 宋连斌主编：《仲裁法》，武汉大学出版社2010年版，第45~48、309页。

题。至于仲裁所适用的仲裁规则，当事人也可以自主选择。当事人既可以在仲裁协议中直接约定一套进行仲裁的程序规则，也可以援引一套现成的仲裁规则，还可以通过选定仲裁机构或者授权仲裁庭来间接确定应该适用的仲裁规则。当事人即使是援引现成的仲裁规则，也可以根据个案情况作出若干变更。① 这表明当事人对仲裁程序有很强的"塑造权利"，以迎合自身的需要。值得指出的是，在网上仲裁中，由于一些特殊情况和专门设备的使用，确定仲裁程序法非常重要。例如，如果某仲裁法规定，在仲裁中需要当事人作出物理签名或不认可数字签名，网上仲裁将面临很多困难。② 因此为有利于网上仲裁的进行，应该强化当事人选择程序法的意识，比如可以通过将"选择程序法"作为"必填信息"等方式保证当事人不会忽略这一步骤。③

对于仲裁中处理争议实质问题的实体法律，当事人同样有选择权。当事人可以选择特定法域的法律、国际公约、普遍的法律原则、商事习惯法等。当事人在选择法律时需要考虑相关国家的公共政策，尤其是消费者保护方面的法律规定。如果当事人没有选择实体法，那么有两种可能处理该问题：一是根据冲突法来确定准据法，例如确定与争议联系最紧密的法域；二是由仲裁庭自行确定裁决争议应依据的规则和标准。具体采用哪种方式确定可适用的法律取决于仲裁地的仲裁法或者仲裁机构的规则。④

UNCITRAL 第三工作组《ODR 规则草案》对 ODR（包括网上仲裁）的法律适用亦有涉及。首先需要指出的是，根据《ODR 规则草案》的规定，《规则》本身获得适用的前提是当事人的选择。⑤ 那么，适用《规则》在线解决纠纷时，《ODR 规则草案》对程序和实体的法律适用又有何规定呢？关于程序方面的法律适用，《ODR 规则草案》（一轨道）第 1 条第 3 款提供了两个备选案文："本《规则》应管辖 ODR 程序，但本《规则》中的任何规则与当事人不能偏离的可适用的法律某一规定有冲突的，以

---

① 宋连斌主编：《仲裁法》，武汉大学出版社 2010 年版，第 45~46 页。

② 邓瑞平、唐海涛：《电子商务时代网上仲裁：困境与出路》，载《河北法学》2013 年第 12 期，第 22 页。

③ 吴清昊：《在线仲裁法律问题初探》（中国政法大学 2006 年硕士学位论文），第 31 页。

④ Julia Hörnle, *Cross-border Internet Dispute Resolution*, Cambridge University Press, 2009, pp. 62-64.

⑤ 《ODR 规则草案》（一轨道）第 1 条第 1（a）款规定："使用电子通信订立销售或服务合同的当事人，如果在交易时明确约定，与该交易有关且在《规则》范围内的争议应根据《规则》解决的，应适用本《规则》。"联合国国际贸易法委员会：《跨境电子商务交易网上争议解决：程序规则草案（一轨道）——秘书处的说明》（A/CN. 9/WG. III/WP. 133），资料来源于：http：//daccess-dds-ny. un. org/doc/UNDOC/LTD/V14/080/64/PDF/V1408064. pdf? OpenElement，访问日期：2015 年 2 月 20 日。

该规定为准。”以及“本《规则》应管辖 ODR 程序，但本《规则》中的任何规则与任何一方当事人不能偏离的可适用的法律某一规定有冲突的除外。”①该案文是受《UNCITRAL 仲裁规则》第 1 条第(3)款的启发而提出的。②《UNCITRAL 仲裁规则》第 1 条第(3)款规定：“仲裁应按照本《规则》进行，但本《规则》任一条款与仲裁所适用的某项法律规定相抵触，且各方当事人又不得背离该法律规定的，以该法律规定为准。”③就仲裁规则与仲裁法的关系而言，公认的一条原则就是，仲裁规则与应适用的仲裁法的强制性规定冲突时，仲裁法的效力优先。④ 不过，与《UNCITRAL 仲裁规则》一样，前述《ODR 规则草案》并未表明何为“可适用的法律”。

至于 ODR(包括网上仲裁)实体问题的法律适用，早在 UNCITAL 第三工作组有关 ODR 的首届会议(即第三工作组第 22 届会议)上，许多代表团就支持在考虑到需要高度保护消费者的内容的情况下，采用公平原则、行为守则、统一通用规则或系列实质性条款的办法，以此作为裁决案件的基础，从而避免在解释有关准据法规则时可能出现的复杂问题。会上指出，无论如何，ODR 处理的绝大多数案件都是可以在合同条款基础上裁决的，诉诸复杂的法律原则的必要性很小，因此，为 ODR 设计的任何规则应当简单、快捷和灵活。一些代表团称，所需要的只是一套适用于基于事实的有限系统的一般法律原则，这样就可以避免不得不处理准据法和管辖权问题。⑤ 工作组第 23 届会议请秘书处在资源允许的情况下，编写解决争议的实质性法律原则。⑥《ODR 规则草案》序言亦已规定，《规则》意在结合网上争议

① 联合国国际贸易法委员会：《跨境电子商务交易网上争议解决：程序规则草案(一轨道)——秘书处的说明》(A/CN. 9/WG. III/WP. 133)，资料来源于：http：//daccess-dds-ny. un. org/doc/UNDOC/LTD/V14/080/64/PDF/V1408064. pdf? OpenElement，访问日期：2015 年 2 月 20 日。

② 联合国国际贸易法委员会：《第三工作组(网上争议解决)第二十五届会议(2012 年 5 月 21 日至 25 日，纽约)工作报告》(A/CN. 9/744)，资料来源于：http：//daccess-dds-ny. un. org/doc/UNDOC/GEN/V12/540/18/PDF/V1254018. pdf? OpenElement，访问日期：2015 年 4 月 16 日。

③ 《联合国国际贸易法委员会仲裁规则(2010 年修订)》，资料来源于：http：//www. uncitral. org/pdf/chinese/texts/arbitration/arb-rules-revised/arb-rules-revised-c. pdf，访问日期：2014 年 8 月 25 日。

④ 宋连斌主编：《仲裁理论与实务》，湖南大学出版社 2005 年版，第 59 页。

⑤ 联合国国际贸易法委员会：《第三工作组(网上争议解决)第二十二届会议(2010 年 12 月 13 日至 17 日，维也纳)工作报告》(A/CN. 9/716)，资料来源于：http：//daccess-dds-ny. un. org/doc/UNDOC/GEN/V11/801/47/PDF/V1180147. pdf? OpenElement，访问日期：2014 年 11 月 12 日。

⑥ 联合国国际贸易法委员会：《第三工作组(网上争议解决)第二十三届会议(2011 年 5 月 23 日至 27 日，纽约)工作报告》(A/CN. 9/721)，资料来源于：http：//daccess-dds-ny. un. org/doc/UNDOC/GEN/V11/834/60/PDF/V1183460. pdf? OpenElement，访问日期：2015 年 5 月 20 日。

解决框架加以使用，该框架由[作为本《规则》附录的]相关文件组成，其中包括解决争议的实质性法律原则。① 换言之，第三工作组力图为适用 UNCITRAL 统一 ODR 程序规则的争议提供一套相应的统一实体法规范。可以预见，与统一程序规则配套的统一实体规范将有利于更加方便快捷、有成本效益的解决价值低、数量大的电子商务交易争议。

目前来看，拟定这样一套统一实体法规则难度并不大。因为工作组很早就意识到，在解决价值低、货量大案件的全球跨境环境中，可能有必要将案件类型限于基于事实的简单申请和基本救济，以避免复杂案件使系统不堪重负因而效率低下、费用昂贵的风险。事实上，在全球 ODR 框架所欲解决的价值低、货量大的电子交易所产生的争议中，大量申请系基于数目有限的问题，如未订购、未交付/未提供货物、货物与描述不符等。② 因此，《ODR 规则草案》最终确定，《规则》仅适用于下列赔偿请求：(a)所出售的货物或所提供的服务未交付、未及时交付、未适当记账或借记，并且/或者未按照相关销售或服务合同提供；或者(b)未收到所提供货物或服务的全额付款。③ 前述规定在界定《规则》所处理的有限争议类型的同时，亦将不适合通过《规则》所规定的网上解决程序解决的申请排除在外，例如，间接损失或人身伤害。④ 对适用《规则》的申请类型所作的上述限制大大降低了制定统一实体规范可能面临的难度，简化了工作任务。

同时，为了简化程序并确保网上解决对用户而言简单、高效，《ODR 规则草案》第 4A 条和第 4B 条分别规定了申请人提交的通知和被申请人提交的答复所应包括的内容，具体限定了申请人可以提出的申请的类型和被申请人可以使用的答复的

---

① 联合国国际贸易法委员会：《跨境电子商务交易网上争议解决：程序规则草案(一轨道)——秘书处的说明》(A/CN. 9/WG. III/WP. 133)，资料来源于：http：//daccess-dds-ny. un. org/doc/UNDOC/LTD/V14/080/64/PDF/V1408064. pdf? OpenElement，访问日期：2015 年 2 月 20 日。

② 联合国国际贸易法委员会：《跨境电子商务交易网上争议解决：在构思全球网上解决框架时需要审议的进一步问题——秘书处的说明》(A/CN. 9/WG. III/WP. 113)，资料来源于：http：//daccess-dds-ny. un. org/doc/UNDOC/LTD/V12/515/36/PDF/V1251536. pdf? OpenElement，访问日期：2015 年 5 月 20 日。

③ 参见 A/CN. 9/WG. III/WP. 133 号文件所载一轨道《ODR 规则草案》第 1 条，A/CN. 9/WG. III/WP. 130 号文件所载二轨道《ODR 规则草案》第 1 条。

④ 联合国国际贸易法委员会：《跨境电子商务交易网上争议解决：程序规则草案——秘书处的说明》(A/CN. 9/WG. III/WP. 119)，资料来源于：http：//daccess-dds-ny. un. org/doc/UNDOC/LTD/V13/816/51/PDF/V1381651. pdf? OpenElement，访问日期：2015 年 5 月 20 日。

类型。这样又有助于确定在有限数目的可用救济中，哪一种适合用于处理特定案件。①对可以提出的申请和可以得到的救济的罗列事实上已隐含了相关实质性规则，因此可能不再需要参照其他实体性规则。②

此外，《ODR 规则草案》(一轨道)第 7 条针对仲裁特别规定："所有案件中，中立人应根据合同条款，在考虑到任何相关事实和情形的情况下，[公平善意地]作出决定[，并应考虑到交易所适用的任何商业惯例]。"③该规定亦涉及解决争议的实质性法律原则。秘书处在相关说明中指出，公平善意的决定体现了对网上解决程序至关重要的快捷、常理和公平原则。在此种仲裁中，中立人可以根据其认为公正的原则裁决争议，而不参照任何特定的法律体系。同时，在所有案件中，凡是争议涉及合同的(包括公平善意的仲裁)，仲裁庭都必须根据合同条款作出决定，并应考虑到交易所适用的商业惯例。④ 即使商业惯例是否适用于消费者争议尚有疑问，但无论如何，作出裁决都必须考虑到合同条款。⑤

综上，通过将《规则》的适用范围限定于重点突出、种类有限的基于事实的申请和重点突出、种类有限的救济，以及将可以提出的每类申请和可以得到的每类救济纳入《规则》第 4 条从而实际落实每类申请和救济所表明的实质性规则，并要求仲裁庭遵循公平善意原则、根据合同条款并考虑到适用于该项交易的商业惯例作出决定，就可以较容易的实现制定一套统一实体规则的目标，从而使得网上解决系统

① 联合国国际贸易法委员会：《跨境电子商务交易网上争议解决：在构思全球网上解决框架时需要审议的进一步问题——秘书处的说明》(A/CN. 9/WG. III/WP. 113)，资料来源于：http：//daccess-dds-ny. un. org/doc/UNDOC/LTD/V12/515/36/PDF/V1251536. pdf? OpenElement，访问日期：2015 年 5 月 20 日。

② 联合国国际贸易法委员会：《将关于网上解决中申请和救济的实质性原则纳入程序规则草案第 4 条的分析和建议：国际法律教育中心(法律教育中心)提交的说明——秘书处的说明》(A/CN. 9/WG. III/WP. 115)，资料来源于：http：//daccess-dds-ny. un. org/doc/UNDOC/LTD/V12/516/01/PDF/V1251601. pdf? OpenElement，访问日期：2015 年 5 月 21 日。

③ 联合国国际贸易法委员会：《跨境电子商务交易网上争议解决：程序规则草案(一轨道)——秘书处的说明》(A/CN. 9/WG. III/WP. 133)，资料来源于：http：//daccess-dds-ny. un. org/doc/UNDOC/LTD/V14/080/64/PDF/V1408064. pdf? OpenElement，访问日期：2015 年 2 月 20 日。

④ 联合国国际贸易法委员会：《跨境电子商务交易网上争议解决：程序规则草案——秘书处的说明(增编)》(A/CN. 9/WG. III/WP. 119/Add. 1)，资料来源于：http：//daccess-dds-ny. un. org/doc/UNDOC/LTD/V13/817/36/PDF/V1381736. pdf? OpenElement，访问日期：2015 年 5 月 3 日。

⑤ 联合国国际贸易法委员会：《第三工作组(网上争议解决)第二十六届会议(2012 年 11 月 5 日至 9 日，维也纳)工作报告》(A/CN. 9/762)，资料来源于：http：//daccess-dds-ny. un. org/doc/UNDOC/GEN/V12/575/03/PDF/V1257503. pdf? OpenElement，访问日期：2014 年 8 月 25 日。

真正自成一体，无须参照关于国际私法的国内规则，最终真正建立简单、高效、有效的网上解决系统。①

第四节 在线仲裁裁决

一、概说

使仲裁程序成为最受欢迎的争议解决方式的特质之一便是仲裁裁决的终局性和可执行性。哪怕在国际商事仲裁中，因为有《纽约公约》强大的执行网络充当后盾，仲裁裁决的跨境执行也并非难事。就传统仲裁而言，只要《纽约公约》成员国作出的仲裁裁决满足其第5条的程序要求，胜诉方便几乎可以确定其裁决会在国外获得承认与执行。在网上仲裁中，败诉方自愿履行裁决是最有可能的结果。因为互联网通过利益将其居民联系起来，虚拟世界的居民不是被强迫参与活动，而是受到通过新通信技术盈利的强烈欲望激发，因此其很有可能自愿遵守仲裁裁决。② 但这并不代表网上仲裁裁决不需要执行机制，在仲裁裁决不被自愿遵守的情形下，仲裁裁决的不能执行会造成对被侵犯的权利无法救济，侵蚀法律规则的规范价值。③ 那么意欲具有拘束力的网上仲裁裁决能否依据《纽约公约》获得承认与执行呢？

《纽约公约》第1条第(1)款规定，可依据其申请承认与执行的仲裁裁决有两类：一是在申请承认与执行地所在国以外的国家境内作出的外国裁决；二是申请承认与执行地所在国认为是非内国裁决的裁决。据此，我们需要判定网上仲裁裁决的国籍，而裁决的国籍由仲裁地确定。如上所述，目前仲裁法律和实践已经广泛采用“仲裁本座论”确定仲裁地，即当事人共同选定或者由仲裁庭或仲裁机构确定仲裁地。一旦网上仲裁的仲裁地确定，网上仲裁裁决也就因此拥有了国籍。如果裁决属于国内裁决，那么该裁决可依照裁决作出地国的执行程序予以执行；如果裁决属于外国裁决或非内国裁决(且满足《纽约公约》的适用条件)，那么该裁决将依据《纽约公约》在国际范围内申请承认与执行。然而，《纽约公约》原本是针对传统仲裁裁决的承认与执行，网上仲裁裁决的特殊性是否会影响《纽约公约》的有效适用呢？下

---

① 联合国国际贸易法委员会：《将关于网上解决中申请和救济的实质性原则纳入程序规则草案第4条的分析和建议：国际法律教育中心(法律教育中心)提交的说明——秘书处的说明》(A/CN.9/WG.III/WP.115)，资料来源于：http://daccess-dds-ny.un.org/doc/UNDOC/LTD/V12/516/01/PDF/V1251601.pdf?OpenElement，访问日期：2015年5月21日。

② Hong-lin Yu & Motassem Nasir, *Can Online Arbitration Exist within the Traditional Arbitration Framework?*, 20 J. Int'l Arb. 455, 471 (2003).

③ Antonis Patrikios, *The Role of Transnational Online Arbitration in Regulating Cross-border E-business—Part II*, 24 Computer Law & Security Report 129, 135 (2008).

文将结合《纽约公约》的相关内容对网上仲裁裁决依据《纽约公约》在外国承认与执行的主要问题进行探讨。

二、在线仲裁裁决的形式与认证

从现有的仲裁立法和实践来看，各国出于维护内国公共政策及仲裁裁决严肃性和权威性等因素的考虑，一般都要求仲裁裁决采用书面形式，并由仲裁员签字。① 《纽约公约》第 4 条第(1)款规定，为了获得对仲裁裁决的承认和执行，申请承认和执行裁决的当事人应该在申请的时候提供：(1)经正式认证的裁决正本或经正式证明的副本；(2)属公约范围的仲裁协议正本或经正式证明的副本。而网上仲裁的裁决书通常是电子形式的，这是否满足裁决的书面形式要求？电子裁决的正本或副本应如何认定？

关于裁决的书面形式要求，应该与上文对仲裁协议书面形式的讨论一致，即只要电子裁决与纸质裁决的功能等同，且执行地国法律承认功能等同原则，那么以电子形式作出，且由仲裁员进行电子签名的电子裁决便符合书面形式的要求。例如在美国，2000 年《统一仲裁法》(Uniform Arbitration Act)②第 19 条第(a)款规定："仲裁员应记录裁决。该记录必须由同意裁决的仲裁员签署或者采用其他方式证明。""采用其他方式证明"表明仲裁员可以通过电子签名作出裁决。③ 又如英国《1996 年仲裁法》第 52 条第(1)款规定，当事人可以自由约定裁决的形式。那么当事人自然可以约定以电子形式作出裁决。但是，我们需要看到，鉴于裁决是对当事人间权利义务关系所做的终局性判断，具有等同于法院判决的执行效力，如不慎重对待则可能会对当事人的权利义务造成实质性伤害，进而损害社会公共利益。④ 因此还是有不少国家的仲裁法规定裁决须为书面形式，且由仲裁庭签字。对此，完全可以将电子裁决打印为纸质裁决，并由仲裁员进行传统签字。

对于直接依据纸质裁决申请承认与执行的情况，经认证的正本或经证明的副本的提供都不存在问题。但如果申请人所依据的是电子裁决和电子仲裁协议，那么鉴于电子文件的特殊性质，二者的正本应如何认定？《电子通信公约》第 9 条第 4 款

---

① 相关国际文件亦如此要求，如《国际商事仲裁示范法》第 31 条第(1)款和《UNCITRAL 仲裁规则》第 34 条。邓杰：《论在线仲裁裁决的执行机制》，载《武汉大学学报(哲学社会科学版)》2008 年第 6 期，第 842 页。

② http：//www. uniformlaws. org/shared/docs/arbitration/arbitration_final_00. pdf，访问日期：2014 年 6 月 20 日。

③ Mohamed S. Abdel Wahab, *ODR and E-Arbitration*: *Trends and Challenges*, *in* ONLINE DISPUTE RESOLUTION: THEORY AND PRACTICE(edit. by Mohamed S. Abdel Wahab, Ethan Katsh & Daniel Rainey), Eleven International Publishing, 2012, pp. 413-414.

④ 李虎著：《网上仲裁法律问题研究》，中国民主法制出版社 2005 年版，第 91 页。

规定，凡法律要求一项通信或一项合同应当以原件形式提供或保留的，或规定了缺少原件的后果的，对于一项电子通信而言，在下列情况下，即满足了该项要求：(a)该电子通信所含信息的完整性自其初次以最终形式——电子通信或其他形式——生成之时起即有可靠保障；而且(b)要求提供电子通信所含信息的，该信息能够被显示给要求提供该信息的人。可见，只要裁决执行地国承认功能等同原则，电子裁决和电子仲裁协议能够确保完整性和可靠性，且能够被提供给执行裁决的法院，那么电子签名的电子裁决和电子仲裁协议便满足正本的要求。因此，当电子证明被添加至“正本”电子裁决的末尾，以认证裁决的“原始性”时，或者数据被电脑系统自动添加至数据信息的首尾以传送信息时，这些添加可以被认为好像是为了证明电子裁决的原件性质而加盖的印章。在不远的将来，很有可能会发展并实施相互连接的电子线路，电子裁决为了被执行可以通过这些电子线路从一个国家传送到另一个国家，这也标志着完全转变为无纸社会。这种应用也会确保一个原始、真实的电子裁决在全球内保持其原件电子形式，这会促进电子裁决的执行。①

关于网上仲裁裁决的形式和签名认定，UNCITRAL 第三工作组《ODR 规则草案》(一轨道)第 7 条亦规定②：

> 4. 裁决应以书面形式作出，并由中立人签名，还应载明作出裁决的日期和仲裁地。
>
> 4 之二. 为满足第 4 款中：
>
> (a)关于裁决应以书面作出的要求，裁决所包含的信息应能够调取供日后查用；并且
>
> (b)关于裁决应予签名的要求，所使用的数据应可识别中立人并表明其认可裁决所包含的信息。

三、在线仲裁裁决的通知

《纽约公约》第 5 条第(1)款第(e)项规定，如果裁决对双方没有约束力，那么执行申请可被拒绝。不论是依据《纽约公约》的自治观念，还是依据国内相关法律，

---

① Mohamed S. Abdel Wahab, *ODR and E-Arbitration: Trends and Challenges*, *in* ONLINE DISPUTE RESOLUTION: THEORY AND PRACTICE(edit. by Mohamed S. Abdel Wahab, Ethan Katsh & Daniel Rainey), Eleven International Publishing, 2012, p. 414.

② 联合国国际贸易法委员会：《跨境电子商务交易网上争议解决：程序规则草案(一轨道)——秘书处的说明》(A/CN. 9/WG. III/WP. 133)，资料来源于：http://daccess-dds-ny.un.org/doc/UNDOC/LTD/V14/080/64/PDF/V1408064.pdf?OpenElement，访问日期：2015 年 2 月 20 日。

裁决均需要通知当事人以获得对其的约束力。然而，网上仲裁一般通过电子方式通知当事人，当前大多数电子邮件协议没有考虑电子邮件的不可否认，因此存在败诉方否认收到通知的风险。对此，有3个解决办法：一是仲裁程序规则规定，当事人必须下载并安装具有不可否认性功能的电子邮件软件，用于与仲裁庭的所有通信；二是仲裁庭只需向当事人发送邮件，告知其在仲裁网站上查阅其案件状态，之后裁决也会公布在仲裁网站上，当事人登录该网站需要输入密码，其登录查阅的行为会被网站记录下来；三是除过电子裁决，再向当事人发送一份纸质附件。① UNCITRAL第三工作组《ODR规则草案》(一轨道)第7条规定："网上解决管理人应将该裁决发给当事人，该裁决应在网上解决平台上加以记录。"同时，第3条规定："发给当事人或中立人的任何通信可在网上解决平台检索时，网上解决管理人应迅速通知该当事人或中立人。" ②

值得注意的是，虽然许多国家的法律都承认电子通知的效力，但还有一些国家法律认为电子通知不充分或无效。例如一些法律要求法院法警或其他官员通知，以触发当事人相对于裁决的权利和义务。如埃及法律规定，在离线仲裁中，为了避免对机构或非正式通知的质疑，法院更倾向于正式的法院法警通知。③ 因此，有必要明确裁决作出地或裁决执行地的相关法律规定，以避免出现法律行为的无效。

四、在线仲裁裁决的执行

为了实现网上仲裁裁决的承认与执行，除满足上述"拘束力问题"、"形式问题"、"电子通知"等相关要求，裁决还需符合《纽约公约》第5条规定的其他条件。例如据以作出裁决的仲裁程序必须符合正当程序要求，如上所述，仲裁庭必须给予当事人参加仲裁程序的适当通知，以确保当事人能够参加仲裁程序，每一方当事人必须享有提出主张陈述案件的平等机会。特别是不能够通过使用妨碍或限制一方当事人陈述案件的技术，而造成"虚拟不平等"。此外，当仲裁裁决违反国家的公共政策时，法院也可以拒绝执行该裁决。如上所述，有些国家不承认商家与消费者的争议前仲裁协议的有效性，以保护处于弱势的消费者。这也是网上"无拘束力仲

---

① Gabrielle Kaufmann-Kohler & Thomas Schultz, *Online Dispute Resolution: Challenges for Contemporary Justice*, Kluwer Law International, 2004, pp. 218-219.

② 联合国国际贸易法委员会：《跨境电子商务交易网上争议解决：程序规则草案(一轨道)——秘书处的说明》(A/CN. 9/WG. III/WP. 133)，资料来源于：http://daccess-dds-ny. un. org/doc/UNDOC/LTD/V14/080/64/PDF/V1408064. pdf? OpenElement，访问日期：2015年2月20日。

③ Mohamed S. Abdel Wahab, *ODR and E-Arbitration: Trends and Challenges*, *in* ONLINE DISPUTE RESOLUTION: THEORY AND PRACTICE(edit. by Mohamed S. Abdel Wahab, Ethan Katsh & Daniel Rainey), Eleven International Publishing, 2012, p. 415.

裁”获得发展的原因之一。

UNCITRAL 第三工作组《ODR 规则草案》(一轨道)第 7 条规定：“裁决应是终局的，对各方当事人均具有约束力。各方当事人应毫不迟延地履行裁决。”同时，草案序言规定，《规则》意在结合网上争议解决框架加以使用，该框架由[作为本《规则》附录的]相关文件组成，其中包括跨境执行机制。① 正如秘书处所指出的，在争议解决程序中有内置的执行机制不仅对系统的用户而且对 ODR 服务提供商都具有明显的价值，由此该提供商的争议解决系统可为寻求解决争议的当事各方提供一套“一站式服务”。②

五、裁决的更正和内部复审机制

UNCITRAL 第三工作组《ODR 规则草案》(一轨道)还对有拘束力的网上仲裁规定了裁决的更正和内部复审机制，不过，相关规定当时是作为备选案文被置于方括号内的，也就是说，需进一步审议以决定去留。

(一)裁决的更正

{第 7 条(之二)草案　裁决的更正

一方当事人可[在收到裁决书后][五(5)]个日历日内，在通知另一方当事人后，请求中立人更正裁决书中的任何计算错误、任何笔误或排印错误[，或任何类似性质的错误或遗漏]。中立人认为此项请求有正当理由的，应在收到请求后[两(2)]个日历日内作出更正[，包括作此更正的简要理由说明]。此种更正[应在网上解决平台上加以记录，并]应构成裁决的一部分。[中立人可在发送裁决书后[五(5)]个日历日内主动作出此种更正。]}③

① 联合国国际贸易法委员会：《跨境电子商务交易网上争议解决：程序规则草案(一轨道)——秘书处的说明》(A/CN. 9/WG. III/WP. 133)，资料来源于：http：//daccess-dds-ny. un. org/doc/UNDOC/LTD/V14/080/64/PDF/V1408064. pdf? OpenElement，访问日期：2015 年 2 月 20 日。

② 联合国国际贸易法委员会：《跨境电子商务交易网上争议解决：现有私人执行机制概览——秘书处的说明》(A/CN. 9/WG. III/WP. 124)，资料来源于：http：//daccess-dds-ny. un. org/doc/UNDOC/LTD/V13/863/43/PDF/V1386343. pdf? OpenElement，访问日期：2014 年 8 月 25 日。

③ 联合国国际贸易法委员会：《跨境电子商务交易网上争议解决：程序规则草案(一轨道)——秘书处的说明》(A/CN. 9/WG. III/WP. 133)，资料来源于：http：//daccess-dds-ny. un. org/doc/UNDOC/LTD/V14/080/64/PDF/V1408064. pdf? OpenElement，访问日期：2015 年 2 月 20 日。

(二)内部复审机制

[第7条(之三)草案 内部复审机制

1. 任何一方当事人均可基于下述理由，通过向网上解决管理人提出申请，在发送裁决书后十(10)个日历日内请求取消裁决：(a)仲裁地对该当事人不利因而不公平；或者(b)严重偏离程序基本规则，因而损害了该当事人的正当程序权利。

2. 网上解决管理人应在五(5)个日历日内指定一名与该请求所涉网上解决程序无关联的中立人评价该请求。中立人一经指定，网上解决管理人即应将此项指定通知各方当事人。

3. 该中立人应在被指定后七(7)个日历日内就取消裁决的请求作出最后决定。裁决被取消的，经任何一方当事人请求，网上解决程序应交由根据第6条指定的新的中立人进行。]①

秘书处的说明指出，这是一种仅限于程序、不基于实体的复审机制，将打造更加自足的ODR程序，并允许在裁决之后对任何程序不公正进行网上复审。如果当事人认为所获得的程序保护的程度低于自己所在法域，这种复审机制能够起到让当事人在裁决作出后向机制提出上诉以取消裁决的作用。内部复审不是对案件是非曲直的审查。不过，尽管此种机制可以降低程序地的重要性，因而减少对诉诸仲裁地法院的需要(而这可能是不现实的)，但对于每年需解决大量争议的网上解决管理人来说，此种机制可能并不可行。② 最终，工作组同意删除第7条之三草案。③

---

① 联合国国际贸易法委员会：《跨境电子商务交易网上争议解决：程序规则草案(一轨道)——秘书处的说明》(A/CN. 9/WG. III/WP. 133)，资料来源于：http：//daccess-dds-ny. un. org/doc/UNDOC/LTD/V14/080/64/PDF/V1408064. pdf? OpenElement，访问日期：2015年2月20日。

② 联合国国际贸易法委员会：《跨境电子商务交易网上争议解决：程序规则草案——秘书处的说明(增编)》(A/CN. 9/WG. III/WP. 119/Add. 1)，资料来源于：http：//daccess-dds-ny. un. org/doc/UNDOC/LTD/V13/817/36/PDF/V1381736. pdf? OpenElement，访问日期：2015年2月20日。

③ 联合国国际贸易法委员会：《第三工作组(网上争议解决)第三十一届会议(2015年2月9日至13日，纽约)工作报告》(A/CN. 9/833)，资料来源于：https：//documents-dds-ny. un. org/doc/UNDOC/GEN/V15/014/28/PDF/V1501428. pdf? OpenElement，访问日期：2016年6月28日。

第五节 在线仲裁的新发展——无拘束力仲裁

一、概述

相较于在线协商和在线调解，在线仲裁原本是唯一的具有拘束力的在线替代争议解决方式。不过，对网络世界争议解决实践现状的调查表明，不具拘束力的程序占主导地位，甚至在网上仲裁领域也是如此。① 也就是说，在网络环境中所使用的“仲裁”大多是所谓的“无拘束力仲裁”(non-binding arbitration)。这听起来似乎存在矛盾，法院外争议解决程序要么是有拘束力的——即仲裁——要么是不具有拘束力的——则其不是仲裁。无论其法律定性如何，被 ODR 服务提供商和用户称为无拘束力仲裁的争议解决方式的确在互联网上取得了成功。② 实际上，无拘束力仲裁并不是网上仲裁的首创，离线世界中早已有之，只是很少被使用，也没有显著的影响力，因此常常不受公众关注。如美国一些州支持的诉讼外争议解决项目大都规定，仲裁裁决将产生约束力，除非当事人请求裁决作出后可将案件重新提交法院以对整个案件进行法律及事实审理。③ 又如我国劳动争议仲裁、农业承包合同纠纷仲裁和人事争议仲裁都是无拘束力仲裁。④ 然而，无拘束力仲裁潜力的充分发挥是在网络世界，而且在线无拘束力仲裁也发展出不同于传统无拘束力仲裁的新形式和新特点，成为 ODR 领域令人瞩目的现象。

无拘束力仲裁包括两种情况：第一种是诉诸仲裁不是强制性的，即权利请求人可以自由地到法院起诉，而不是启动仲裁，被投诉人可以自由地不同意仲裁争议。第二种是该程序的结果不具有拘束力，即当事人双方既可以接受该结果，也可以重新在法院对案件提起诉讼。在追索权无拘束力和结果无拘束力这两种情况下，选择权均可以只给予一方当事人，也就是说，它是单方面的。只有一方当事人有权选择向法院起诉或启动不具拘束力的仲裁，对方当事人必须遵守其对手的选择(单方面拘束力的诉诸仲裁或单方面拘束力的仲裁协议)，只有一方有权选择接受结果或诉

---

① Gabrielle Kaufmann-Kohler & Thomas Schultz, *Online Dispute Resolution: Challenges for Contemporary Justice*, Kluwer Law International, 2004, p. 153.

② Gabrielle Kaufmann-Kohler, *Online Dispute Resolution and its Significance for International Commercial Arbitration*, available at https://international-arbitration-attorney. com/wp-content/uploads/437online-dispute-resolution-and-its-significance-forinternational-commercial-arbitrationgabri. pdf, visited on February 21, 2009.

③ 高薇:《非约束性网上仲裁解决电子商务争端的法律分析》，载《中州学刊》2012 年第 2 期，第 77 页。

④ 李虎著:《网上仲裁法律问题研究》，中国民主法制出版社 2005 年版，第 32 页。

诸法院，另一方必须服从对方可能的接受(单方面拘束力的结果)。① 与在线调解相比，无拘束力仲裁的“拘束力”较强，其在听证、证据交换等方面仍然具有传统仲裁的一般特性；与拘束力在线仲裁相比，无拘束力在线仲裁的“拘束力”较弱，其裁决更类似于一种“权威意见”。无拘束力在线仲裁的主要功能在于，根据当事人提交的费用及其选择的方式“协助”他们尽可能达到解决争议的目的；其形式类似于一种模拟审判(mock trail)，有助于双方当事人重新衡量其地位及得失，也可以帮助他们预测将争议向法院提起诉讼或提交其他机构仲裁的结果。②

二、无拘束力仲裁的法律定性③

相较于合同性质的调解和协商，以及受制于相关仲裁法的具有拘束力的真正的仲裁，对于无拘束力仲裁的法律定性更加困难。仲裁协议是否具有拘束力看来与法律定性之目的不相关，有关系的是结果。无论何时，只要当事人意欲使结果对双方都有约束力——像判决而非合同那样的约束力——那么程序就可以被认为是仲裁。无论何时，如果结果对于双方当事人都具有选择性，那么该程序就不能被认为是仲裁，该程序仅需服从合同法和 ODR 服务提供商管理争议解决的规则，后者会通过援引并入合同中。

单方面具有拘束力的仲裁更难定性。一个程序是否产生有拘束力的结果取决于当事人的意愿。在此类仲裁中，该意愿是一方当事人从一开始就受即将来临的结果的约束，而另一方直到程序结束，都对此享有选择权。乍看来，这是一种合同设置。但进一步思考，人们可能会问：当事人受约束的意思表示是否不能交错进行即一方当事人在达成争议解决协议时表达这种意思，而另一方当事人在争议解决程序结束时表示？结论是无论何时只要享有选择权的一方当事人选择受约束，该程序就应该被认为是真正的仲裁。

如此定性有明显的好处：第一，这样能够更好地保护拥有选择权的弱势方的利益，其通常是债权人。如果程序被定性为仲裁，当裁决未能被自愿执行时，其可以将结果作为裁决执行。如果程序被认为是合同性质，债权人就需要提起诉讼以获得特定履行，由于额外的费用和延迟，这么做是不太可能的。第二，将单方面具有拘

---

① Gabrielle Kaufmann-Kohler & Thomas Schultz, *Online Dispute Resolution: Challenges for Contemporary Justice*, Kluwer Law International, 2004, p. 154.

② 高薇：《非约束性网上仲裁解决电子商务争端的法律分析》，载《中州学刊》2012 年第 2 期，第 77 页。

③ Gabrielle Kaufmann-Kohler, *Online Dispute Resolution and its Significance for International Commercial Arbitration*, available at https: //international-arbitration-attorney. com/wp-content/uploads/437online-dispute-resolution-and-its-significance-forinternational-commercial-arbitrationgabri. pdf, visited on February 21, 2009.

束力的仲裁定性为仲裁也是为了公共利益。就一个在当事人选择并符合仲裁所适用的程序保障的程序中已解决的问题再次诉诸法院，这是效率低下且浪费公共资源的表现。

三、在线无拘束力仲裁的实践

以下仅举两例说明无拘束力仲裁在网络世界的实践。

(一)专门性域名争议解决机制

互联网名称与数字地址分配机构(Internet Corporation for Assigned Names and Numbers，ICANN)于1999年通过了《统一域名争议解决政策》(Uniform Domain Name Dispute Resolution Policy，UDRP)①，用以解决域名抢注案件。UDRP争议解决程序主要在网上进行，该机制系ODR领域的先驱者和成功典范。机制的运行模式是，ICANN要求所有由ICANN认可的、为通用顶级域名提供注册服务的注册商将UDRP并入其与域名注册人的注册协议，注册人只有接受前述协议，才能获得注册。而根据UDRP，一旦第三方(投诉人)将与注册域名相关的域名抢注投诉提交至UDRP争议解决机构，注册人就必须加入UDRP程序。UDRP机制的此种强制性是单方面的，只是针对域名注册人(被投诉人)而言。商标权人(投诉人)有权选择诉诸UDRP或向法院起诉。投诉人可以选择ICANN授权的任一家争议解决机构提交投诉，域名争议由一人专家组或者三人专家组裁决。专家组作出的有关转移或注销域名的裁决只有在裁决作出后10日内双方当事人均未提起诉讼的情况下，才由注册商予以执行。UDRP程序不排除法院诉讼，双方当事人在任何时候都可以向法院起诉，且法院无须遵循UDRP裁决。换言之，追索权的拘束力是单方面的，但其结果对双方当事人都没有拘束力。②

一些国家自愿采用UDRP程序处理有关国家代码顶级域名的争议，没有直接采用UDRP的其他国家代码顶级域名的管理机构大多也以UDRP为蓝本，建立起本国的专门性域名争议解决机制，例如中国互联网络信息中心(China Internet Network Information Center，CNNIC)发布的《中国互联网络信息中心域名争议解决办法》(CNNIC Domain Name Dispute Resolution Policy，CNDRP)。③

---

① ICANN, Uniform Domain Name Dispute Resolution Policy, available at https://www.icann.org/resources/pages/policy-2012-02-25-en, visited on June 22, 2014.

② Gabrielle Kaufmann-Kohler & Thomas Schultz, *Online Dispute Resolution: Challenges for Contemporary Justice*, Kluwer Law International, 2004, pp. 154-155.

③ CNNIC：《中国互联网络信息中心域名争议解决办法》，资料来源于：http://www.cnnic.cn/ggfw/fwzxxgzcfg/2012/201206/t20120626_30074.htm，访问日期：2014年8月12日。

(二)ABTA的网上仲裁①

英国旅行社协会(Association of British Travel Agents, ABTA)为解决其成员与客户之间由违约和/或过失行为引发的争议，委托 CEDR Solve(一家欧洲商事和职场调解服务及替代性争议解决提供商)提供网上仲裁服务。ABTA 的仲裁服务已经有效运行 40 多年，该服务帮助客户在无须诉诸法院的情况下解决争议。客户可以选择提交该仲裁服务，也可以选择诉诸其他争议解决程序。一旦客户在返程或预期返程日期后 18 个月内，向 ABTA 提起投诉，ABTA 成员必须参与仲裁程序。CEDR Solve 收到 ABTA 转发的索赔文件(Claim Documents)后，会任命一名仲裁员解决争议。仲裁员主要依据书面文件和证据作出裁决。仲裁程序需遵守英国《1996 年仲裁法》及其法定修订或重新颁布的版本和 ABTA 仲裁程序规则。仲裁员裁决指示支付的任何款项，ABTA 成员必须在收到裁决之日起 21 日内支付。该裁决对双方当事人均是终局且有拘束力的，尽管任一方当事人有权向法院寻求上诉许可或使用 ABTA 仲裁上诉程序。如果当事人向 ABTA 仲裁上诉程序提起上诉，该裁决将中止执行，直到仲裁员作出上诉裁决。

四、无拘束力仲裁在网上获得发展的原因

如上所述，在线仲裁中使用得最多的形式确切地说还是所谓的无拘束力仲裁。在线仲裁的成功看来在具有拘束力和不具有拘束力的仲裁上情况很不一样。无拘束力的裁决相当常见，而有拘束力的裁决则颇为少见(或者没有获得充分报道)。②不具有拘束力的在线仲裁之所以在 ODR 裁决性方法中占据主导地位，主要原因在于:③

第一，仲裁要求当事人放弃权利，因此，其目前仍然面临一系列法律障碍。

例如，考虑到消费者的弱方地位，消费者争议在若干法域不具有可仲裁性，即使在承认其可仲裁性的法域，仍有相当国家不认可争议前消费者仲裁协议的效力或对其施加了严格的条件。在这一背景下，不具有拘束力的仲裁就作为一种较好的替代方式得以在网上充分发挥其潜力。首先，不具拘束力的仲裁并非真正的仲裁，就没有可仲裁性的问题。其次，由于消费者诉诸“仲裁”并不具有强制性，他/她完全可以在争议发生后，权衡利弊风险，选择启动“仲裁”或诉诸法院。即使其参加了

---

① 参见 http://abta.com/go-travel/travel-clinic/arbitration-and-mediation, http://67d8396e010decf37f33-5facf23e658215b1771a91c2df41e9fe.r14.cf3.rackcdn.com/publications/ABTA_Corporate_Arbitration_website_-_July_2012.pdf，访问日期：2014 年 6 月 23 日。

② Gabrielle Kaufmann-Kohler & Thomas Schultz, *Online Dispute Resolution: Challenges for Contemporary Justice*, Kluwer Law International, 2004, p. 33.

③ 参见丁颖：《网上消费者争议的在线解决——以淘宝平台模式为例》，载《武大国际法评论》第 17 卷(第 1 期)，武汉大学出版社 2014 年版，第 226~227 页。

"仲裁"，其仍有权拒绝裁决。因此消费者已为"仲裁"程序本身所保护，无须适用于 B2C 仲裁条款的严格要求提供额外的保护。①

第二，ODR 的目标与其说是解决争议，不如说是为了提高消费者对电子商务的信心。因此，ODR 应该是一套好用、可靠，并且如果被使用，也不会花费太多时间和金钱的系统。如果该系统具有拘束力且令客户感到他们正在放弃权利，它就会引发怀疑而不被采用。如果其不具有拘束力，那么争议发生时，要么当事人都对结果感到满意并遵守它，要么失去的也只是极少的时间和金钱。② 因此，企业为什么会提供无拘束力的仲裁？首先，争议发生前提供仅约束当事人一方的仲裁条款的目标是促成信任：供应商将仲裁作为一种额外的服务提供给客户，后者可以选择使用与否。供应商从而表明它准备服从一独立第三方的外部控制。此种意愿是为了显示公平的商业实践。同样地，无拘束力的结果也有助于此种建立信心的功能。在这里，商业伙伴再次向其客户提供了一种方便且仅有利于客户的附加服务，即获得司法救济的机会。③

第三，不具拘束力的仲裁不受严格的程序要求支配，因此更为灵活，而前述程序要求在有拘束力的仲裁中必须获得适用。④ 包括在线仲裁在内的在线解决争议方式的基本特征和优势之一是速度快和成本低。速度意味着简化程序和不那么形式主义，而低成本也让一个完善的安全体系在经济上难以维系。一方面是有拘束力的仲裁对正当程序和安全的要求(违犯正当程序要求的仲裁裁决有被法院撤销的风险)，另一方面是 ODR 对速度快和低成本的期待，二者彼此是违背的。⑤ 在这种情况下，只有无拘束力的仲裁可以回避或调和前述矛盾。

第四，不具拘束力的仲裁可以担当意见咨询和发泄渠道的角色。Thomas Schultz 认为，不具拘束力的仲裁作为一种咨询意见，可以帮助当事人重新评价他们基于自身立场的意见；他们可以在"试验"中检验他们的论点，还可以评估可能的审判结果。作为一种发泄渠道，它可以提供某种宣泄；通过表达和披露可能有助于减轻痛苦和攻击。要产生上述两种效果，重要的就是让当事人感到他们获得了公

① Gabrielle Kaufmann-Kohler & Thomas Schultz, *Online Dispute Resolution: Challenges for Contemporary Justice*, Kluwer Law International, 2004, p. 170.

② Thomas Schultz, *Online Arbitration: Binding or Non-Binding?*, available at http://www.ombuds.org/center/adr2002-11-schultz.html, visited on August 16, 2013.

③ Gabrielle Kaufmann-Kohler & Thomas Schultz, *Online Dispute Resolution: Challenges for Contemporary Justice*, Kluwer Law International, 2004, pp. 155-156.

④ Gabrielle Kaufmann-Kohler & Thomas Schultz, *Online Dispute Resolution: Challenges for Contemporary Justice*, Kluwer Law International, 2004, p. 33.

⑤ Thomas Schultz, *Online Arbitration: Binding or Non-Binding?*, available at http://www.ombuds.org/center/adr2002-11-schultz.html, visited on August 16, 2013.

正的审理——这就要求使用适当的交流工具——以及他们获得的裁决来自真正公正的专家第三方。①

第五，尽管其结果不像判决那样具有法律上的强制性，但无拘束力仲裁也可通过某种自动执行机制变为有效。反对无拘束力的离线仲裁的一个主要理由是，由于它是非终局的，所以无非在最终解决争议前又增加了一道程序，在这种情况下，败诉方也无履行的动力，反而导致程序拖延和额外的费用。不过，在网络空间，对中小型电子商务案件而言，不具有拘束力的仲裁事实上可能比传统仲裁更有拘束力，因为只要配合自动执行机制，它就不用受制于诸多法律障碍却依然有效。② 关于自动执行机制，将在下文予以讨论。

总之，正如 Vikki Rogers 所指出的：

> 我们必须创建一个公平、有效和透明的制度，因为没有其他救济措施存在。如果我们真的构建了那样一个系统，那么它将吸引卖家和买家将其作为首选方案予以使用——而非因为这是他们唯一的选择。我们期待容纳三方面的需求：买家寻找更便宜的购物选择，卖家寻求扩大市场，国家希望保护自己公民的权利——在某些情况下，是受宪法保护的权利。坚持有拘束力的仲裁制度很难容纳这三方面利益，从而可能会阻碍而不是鼓励跨境电子商务。③

五、无拘束力仲裁结果的执行

无拘束力仲裁裁决虽然不能依法由国家权力机关执行，但这并不意味着无拘束力裁决不可以执行。在特定的社会体系内，无拘束力裁决可以依靠该体系的自动执行机制得以执行。④ 事实上，即便当事人在线获得一份具有拘束力的仲裁裁决，如果对方当事人不自愿履行，也存在执行困境，因为在紧接着容易利用的在线程序之后，当事人必须继续诉诸离线的执行程序，从而丧失了 ODR 的主要益处。因此，人们试图通过引入其他机制而避免法院执行的必要性，这些机制或是取代执行，或

① Thomas Schultz, *Online Arbitration: Binding or Non-Binding?*, available at http://www.ombuds.org/center/adr2002-11-schultz.html, visited on August 16, 2013.

② Thomas Schultz, *Online Arbitration: Binding or Non-Binding?*, available at http://www.ombuds.org/center/adr2002-11-schultz.html, visited on August 16, 2013.

③ Vikki Rogers, *Managing Disputes in the Online Global Marketplace: Reviewing the Progress of UNCITRAL's Working Group III on ODR*, available at http://conferences.law.stanford.edu/codr2013/wp-content/uploads/sites/14/2013/03/Dispute-Resolution-Magazine-Final-Draft.pdf, visited on January 25, 2015.

④ 李虎著：《网上仲裁法律问题研究》，中国民主法制出版社 2005 年版，第 34 页。

是创造自愿遵守的动力。为了叙述简便，前述机制将被称为自动执行。① 一直以来，在线仲裁裁决的自动执行机制都受到 UNCITRAL 第三工作组的关注。其在第 22 届会议工作报告中指出，对于网上仲裁裁决的执行，普遍共识是可以适用《纽约公约》，但仅仅依赖该机制还不够，还需要考虑以更加实用、迅速的方式执行裁决的其他选择。一种选择是使用信任标记，另一种选择是要求对商家进行认证。② 2013 年《哥伦比亚、洪都拉斯、肯尼亚和美国政府的提案》又进一步承认：网上仲裁裁决能够且应当按照《纽约公约》得到执行，但是因受仲裁地法律的影响或者因被执行人居住地或资产所在地的司法系统不完善，可能导致仲裁裁决不能被执行，因此单凭该机制还不够。③ 在第 26 届会议商定以"双轨制"为基础拟定网上争议解决程序规则草案后，秘书处应第 27 届会议邀请，就中立人提出的不具有约束力的建议提供了一份文件，概要介绍私人执行机制（即自动执行机制），秘书处同时建议工作组审议私人执行机制是否还可用于鼓励遵守调解或协助下和解阶段所产生的和解协议以及仲裁裁决。④ 可见，国际社会对自动执行机制的认可度越来越高，并尝试在国际层面为自动执行机制提供保障。

所谓自动执行机制，就是"为败诉方创造自愿遵守的动力或设立对起作用的资源进行控制的机制……前者可称为间接的自动执行，后者可称为直接的自动执行。换言之，只要私人执行机制自动地实施程序结果……自动执行就被称为'直接的'。只要私人机制依靠败诉方遵守的意愿，对该方当事人而言，遵守比不遵守更具吸引力，自动执行就是'间接的'"⑤。

（一）间接的自动执行

1. 信任标记

① Gabrielle Kaufmann-Kohler & Thomas Schultz, *Online Dispute Resolution: Challenges for Contemporary Justice*, Kluwer Law International, 2004, p. 210.

② 联合国国际贸易法委员会：《第三工作组（网上争议解决）第二十二届会议（2010 年 12 月 13 日至 17 日，维也纳）工作报告》（A/CN. 9/716），资料来源于：http://daccess-dds-ny. un. org/doc/UNDOC/GEN/V11/801/47/PDF/V1180147. pdf? OpenElement，访问日期：2014 年 6 月 23 日。

③ 联合国国际贸易法委员会：《跨境电子商务交易网上争议解决：程序规则草案——哥伦比亚、洪都拉斯、肯尼亚和美国政府的提案——秘书处的说明》（A/CN. 9/WG. III/WP. 125），资料来源于：http://daccess-dds-ny. un. org/doc/UNDOC/LTD/V13/860/12/PDF/V1386012. pdf? OpenElement，访问日期：2014 年 6 月 23 日。

④ 联合国国际贸易法委员会：《跨境电子商务交易网上争议解决：现有私人执行机制概览——秘书处的说明》（A/CN. 9/WG. III/WP. 124），资料来源于：http://daccess-dds-ny. un. org/doc/UNDOC/LTD/V13/863/43/PDF/V1386343. pdf? OpenElement，访问日期：2014 年 6 月 23 日。

⑤ Gabrielle Kaufmann-Kohler & Thomas Schultz, *Online Dispute Resolution: Challenges for Contemporary Justice*, Kluwer Law International, 2004, pp. 224-225.

信任标记被设计来分辨声誉好的卖家，尤其是没有获得广泛认可的品牌的中小型企业。信任标记向消费者保证信任标记的获得者符合相关质量标准且承诺如果卖方和买方之间发生任何争议，他们将参加 ODR 系统。① 卖方还承诺其遵守 ODR 系统作出的所有决定。如果卖方不遵守和执行 ODR 程序的结果——如果他不遵守这一最佳商业惯例——信任标记就会被撤销。这当然以信任标记的撤销受 ODR 服务提供商直接或间接地控制并与控制主体联网为先决条件。在这种情况下，败诉方为了不失去标记，会履行裁决。② 授予信任标记的 ODR 服务提供商可能会通过这一做法产生收入，因为信任标记的持有人通常要向授予人付钱，换取显示信任标记的权利。ODR 服务提供商还可以只同意为那些遵守其信任标记标准的商家履行提供商的职能。③

为了实现有效的控制，信任标记需要达到临界受众群体(critical mass)。一个切实有效的信任标记是那些已经被消费者接受的标记，消费者可能不会很关注这些标记，因为它们出现在许多网站。但是如果消费者确实注意到这些标记，那么它们会使消费者感到安心。④ 也就是说，信任标记必须有一定的公众认知度⑤，只有被公众认可、享有良好声誉的信任标记对商家而言才有经济价值，信任标记才能够起到间接迫使败诉方遵守裁决的效果。目前能够达到临界受众群体水平的有商业改善局(Better Business Bureau，BBB)、Euro-Label 以及 TRUSTe 等提供的信任标记。⑥

---

① Pablo Cortés, *Online Dispute Resolution for Consumers in the European Union*, Routledge, 2011, p. 62.

② Thomas Schultz, *Online Arbitration: Binding or Non-Binding?*, available at http://www.ombuds.org/center/adr2002-11-schultz.html, visited on June 23, 2014.

③ 联合国国际贸易法委员会：《跨境电子商务交易网上争议解决：现有私人执行机制概览——秘书处的说明》(A/CN.9/WG.III/WP.124)，资料来源于：http://daccess-dds-ny.un.org/doc/UNDOC/LTD/V13/863/43/PDF/V1386343.pdf?OpenElement，访问日期：2014年6月23日。

④ Colin Rule, *Online Dispute Resolution for Business: B2B, E-Commerce, Consumer, Employment, Insurance, and Other Commercial Conflicts*, Jossey-Bass, 2002, p. 107.

⑤ 值得注意的是，信任标记一般只能在特定的地区和用户群体中起作用，没有哪一个信任标记必须贯穿整个互联网而确实有效。例如，SquareTrade 的信任标记是在 eBay 市场的成功范例。Colin Rule, *Online Dispute Resolution for Business: B2B, E-Commerce, Consumer, Employment, Insurance, and Other Commercial Conflicts*, Jossey-Bass, 2002, p. 108.

⑥ BBB：经认可的商家在自己的网站上显示 BBB 的标识，该标识连接着 BBB 网站，这样消费者可预先确定哪些公司加入该方案，并了解投诉得不到内部解决时使用的赔偿机制。Euro-Label：这是互联网信誉标记国内供应商进行的一项合作，在德国、奥地利、波兰、意大利、法国和西班牙设有国内网站。联合国国际贸易法委员会：《网上解决跨国界电子商务交易的争议——秘书处的说明》(A/CN.9/WG.III/WP.105)，资料来源于：http://daccess-dds-ny.un.org/doc/UNDOC/LTD/V10/574/09/PDF/V1057409.pdf?OpenElement，访问日期：2014年6月23日。

这里以 TRUSTe 为例说明信任标记的授予和使用。TRUSTe 是一家全球领先的数据隐私管理(Data Privacy Management，DPM)公司，旨在确保商家能够安全地收集和使用其客户数据。TRUSTe 共有 150 多名专家致力于解决所出现的隐私问题，提供隐私专家意见、方法论和技术的独特结合。其 DPM 平台为数据隐私管理的各阶段——从施行评估到执行服从性管控，再到进行持续的监督——提供创新性的技术支持。TRUSTe 会向遵守 TRUSTe 平台认证要求且执行更改要求的商家颁发 TRUSTe 认证隐私印章(TRUSTe Certified Privacy Seal)，印章持有人可以在其所有的认证网站、应用、云端及广告平台上显示印章。如果印章持有人违反 TRUSTe 的隐私项目要求，那么 TRUSTe 可撤销其印章。如果用户发现印章持有人网站存在分享其个人信息、不允许其取消订阅邮件列表、向其发送垃圾邮件等行为，且印章持有人未能及时有效地解决问题，那么该用户可以向 TRUSTe 提起投诉，TRUSTe 的争议解决项目(Dispute Resolution Program)会调查并调解解决投诉。①

2. 声誉评级系统

同信任标记一样，声誉评级系统也可用来创造遵守 ODR 结果的动力。买家收到商品或服务后，可以登录声誉评级系统填写自己对卖家、商品或服务的评价，包括肯定评价和否定评价。为了使这些评价更加清楚明了，系统会将所有评价收集转化为反馈分数或星级之类的标准。这样，之后的买家可以通过浏览特定卖家的声誉级别、以往买家的评价，来确定是否与之进行交易。② eBay 的反馈系统(Feedback)便是声誉评级系统的典范，这也是 eBay 发展成为全球最大的电子商务网站的原因之一。每次交易完成后 60 天内，买家可以对与其交易的卖家进行积极、中性或消极的大体评级，以及涉及交易具体方面的详细评级(Detailed Seller Ratings)。同时，卖家也可对与其交易的买家进行简短评价和积极评级。如果卖家在某次交易后得到"差评"，那么他可以与买家进行协商，向其发送反馈修改请求，或者直接对该"差评"进行回复。③ 可以获得的启示是，网络交易者对 ODR 结果的遵守也可构成评级系统的评价指标之一：每当其遵守 ODR 结果时，其将获得交易

① http：//www.truste.com/about-TRUSTe/，http：//www.truste.com/products-and-services/enterprise-privacy/certifications，http：//www.truste.com/privacy-program-requirements/program-requirements，http：//www.truste.com/consumer-privacy/dispute-resolution/resolving-privacy-disputes，访问日期：2014 年 11 月 13 日。

② Colin Rule & Harpreet Singh, *ODR and Online Reputation Systems—Maintaining Trust and Accuracy Through Effective Redress*, *in* ONLINE DISPUTE RESOLUTION：THEORY AND PRACTICE (edit. by Mohamed S. Abdel Wahab, Ethan Katsh & Daniel Rainey), Eleven International Publishing, 2012, p. 164.

③ http：//pages.ebay.com/help/feedback/allaboutfeedback.html，访问日期：2014 年 11 月 14 日。

对方给予的正面评价，反之，则收获负面评价。评级系统将向未来的合作伙伴提供有关用户遵守或不遵守 ODR 结果的历史记录。为了避免不良社会影响和声誉损害，用户很可能遵守 ODR 的结果，即使他们不喜欢该结果。① “这样的系统比信任标记更具选择性和告知性，因为它可以表明遵守的程度或不遵守的程度。……是因为糟糕的信用评级导致的负面宣传的危险创造了遵守 ODR 结果的动力。”②

3. 将参加者逐出市场③

另一种创造履行动力的方法是利用技术手段威胁将参与者逐出市场，例如拒绝访问由密码保护的网站。如果对当事人而言参与在相关市场进行的交易非常重要，那么被逐出该市场就可能比遵守不利的 ODR 裁决承担的经济负担更重。因此，在被驱逐的威胁之下，明智的决定可能是遵守争议解决程序的结果并继续从事交易。④ 不过，该解决方案只对重复的参与者有效。

（二）直接的自动执行

1. 第三方托管系统

在第三方托管系统中，第三者托管服务机构持有一个用来转移所支付的款项的账户。买主将款项打进第三者保管账户，而非直接支付给卖主。一旦付款被打进账户，第三者代理商就会通知付款的受益人，即卖主。然后卖主再将货物交付给买主。第三方核实交付已完成后，除非买主在检查期内提出投诉，否则第三方就将其保管的货款转移给卖主。如果发生投诉，第三方就会冻结所保管的账户，直到 ODR 程序达成和解协议或作出裁决。然后它会根据和解协议或 ODR 的结果打出款项。第三方原则上是第三方公司。不过，我们也可以设想第三方就是 ODR 服务提供商本身。第三方托管系统可以根据计算机辅助的协商、在线调解或在线仲裁的结果令人满意地进行支付。⑤

---

① Gabrielle Kaufmann-Kohler & Thomas Schultz, *Online Dispute Resolution: Challenges for Contemporary Justice*, Kluwer Law International, 2004, pp. 80-81.

② Gabrielle Kaufmann-Kohler & Thomas Schultz, *Online Dispute Resolution: Challenges for Contemporary Justice*, Kluwer Law International, 2004, pp. 226-227.

③ Gabrielle Kaufmann-Kohler & Thomas Schultz, *Online Dispute Resolution: Challenges for Contemporary Justice*, Kluwer Law International, 2004, p. 227.

④ 被驱逐的参加者虽可重新入驻其他市场，但其被驱逐的原因一旦被曝光或披露，定会使其名誉受损。同时，被驱逐本身也会使该参加者丧失其在原先市场已建立起来的客户群及已取得的网络资源。而随着网络实名制的确立及网络身份认证机制的有效建立，拒不履行裁决的当事人更可能面临永久被驱逐出整个网络空间的风险。邓杰：《论在线仲裁裁决的执行机制》，载《武汉大学学报（哲学社会科学版）》2008 年第 6 期，第 844 页。

⑤ Gabrielle Kaufmann-Kohler & Thomas Schultz, *Online Dispute Resolution: Challenges for Contemporary Justice*, Kluwer Law International, 2004, pp. 228-229.

2. 判决基金

“判决基金”是一个永久的账户，资金由可能诉诸规定的争议解决程序的当事人所提供——在B2C交易中通常由商家提供。资金交由ODR服务提供商或某一第三方掌管，根据ODR裁决指示从基金中支付款项以执行裁决。① 在B2C交易下，判决基金所需款项可按一定标准向各卖家收取。若有关卖家拒绝缴纳，则可采用相应法律措施，或将其拒绝缴纳的有关情况在互联网上曝光或公布，或从此取消其获得该ODR服务提供商提供的收费低廉的在线争议解决服务的权利，等等。②

3. 交易保险机制

交易保险机制是一种退款保证，当争议不能通过当事人之间的协议解决而由第三方介入并作出决定时，如果胜诉方是买方，则由ODR服务提供商或相关的实体直接向其提供款项；该ODR服务提供商或实体再向败诉方要求收回该款项。它与判决基金的不同在于它并不依靠当事人之前的出资。③

4. 信用卡退单

与信用卡发行人的合同安排是自动执行的一种附加方法。发卡机构和持卡人之间的合同以及发卡机构和贸易商之间的合同都可以设定一个条款，规定将关于信用卡费用和退单拒付的所有争议(或某些争议)提交给特定ODR程序处理。ODR程序的结果将决定持卡人的退单拒付的权利，发卡机构是否退单拒付取决于ODR结果。基于这两个合同，ODR程序的结果将约束发卡机构、持卡人和贸易商。④ 此种方式可能存在一些问题，例如：发卡人可能与交易的一方或多方当事人存在利益冲突；该方式所提供的保护仅限于使用信用卡购买的购买人，其他形式的支付不能通过这种方式得到赔偿；该方式只允许在执行争议解决结果的范围内追索金钱。⑤

5. 技术限制

---

① Gabrielle Kaufmann-Kohler & Thomas Schultz, *Online Dispute Resolution: Challenges for Contemporary Justice*, Kluwer Law International, 2004, p. 229.

② 邓杰:《论在线仲裁裁决的执行机制》，载《武汉大学学报(哲学社会科学版)》2008年第6期，第844页。

③ Thomas Schultz, *Online Arbitration: Binding or Non-Binding?*, available at http://www.ombuds.org/center/adr2002-11-schultz.html, visited on August 16, 2013.

④ Gabrielle Kaufmann-Kohler & Thomas Schultz, *Online Dispute Resolution: Challenges for Contemporary Justice*, Kluwer Law International, 2004, p. 230.

⑤ 联合国国际贸易法委员会:《跨境电子商务交易网上争议解决：现有私人执行机制概览——秘书处的说明》(A/CN.9/WG.III/WP.124)，资料来源于：http://daccess-dds-ny.un.org/doc/UNDOC/LTD/V13/863/43/PDF/V1386343.pdf? OpenElement，访问日期：2014年6月23日。

在受技术约束的情形下，对特定技术工具的控制能被用来直接执行某些内容的裁决。在这方面，最著名的例子便是 ICANN 的 UDRP。尽管 UDRP 并不产生通过法律运作而具有拘束力和强制性的裁决，但它产生的裁决通过技术而具有拘束力和强制性：裁决后 10 天(如果未提起诉讼)，域名将被转移或注销——该裁决是由注册商来执行的，而注册商按照与 ICANN 的合同约定必须这么做。这是因为 ICANN 控制着将域名转化为 IP 地址的数据库：如果域名注册商希望其域名被转化为 IP 地址，它就必须接受 ICANN 确定的条件，其中包括承诺执行 ICANN 认可的争议解决机构作出的所有裁决。①

第六节 UNCITRAL 第三工作组有关 ODR 程序规则的双轨设想

一、双轨安排的缘起

如前所述②，UNCITRAL 第三工作组在讨论审议《跨境电子交易网上争议解决：程序规则草案》(《ODR 规则草案》)过程中，最初只关注终局性、具有约束力的仲裁，即根据《ODR 规则草案》，如果谈判失败，双方进入调解，如果调解不成，即进入最后阶段——仲裁。不过，随着讨论的深入，工作组意识到在是否允许争议前仲裁协议对消费者具有约束力这一问题上，不同国家之间存在根本分歧，为兼顾两种不同的立场，工作组第 26 届会议确认《规则》可能需采用双轨办法。之后，工作组第 27 届会议审议的《ODR 规则草案》于一套案文之内开始初步体现双轨安排，其中一轨道以有约束力的仲裁结束，二轨道以调解或中立人不具有约束力的决定结束。③

二、欧盟提案

不过，在工作组第 27 届会议期间，欧洲联盟观察员代表团向秘书处提交了一项提案，该提案对该届会议审议的《ODR 规则草案》提出了批评，并就欧盟设想的

---

① Gabrielle Kaufmann-Kohler & Thomas Schultz, *Online Dispute Resolution: Challenges for Contemporary Justice*, Kluwer Law International, 2004, pp. 39, 232-233.

② 本书第一章第三节之二。

③ 联合国国际贸易法委员会：《跨境电子商务交易网上争议解决：程序规则草案——秘书处的说明》(A/CN. 9/WG. III/WP. 119、A/CN. 9/WG. III/WP. 119/Add. 1)，资料来源于：http://www.uncitral.org/uncitral/commission/working_groups/3Online_Dispute_Resolution.html，访问日期：2015 年 2 月 22 日。

双轨办法进行了详细论述。① 由于该提案反映了以欧盟为代表的法域明确反对通过有拘束力的仲裁处理B2C纠纷的立场并阐释了其所青睐的替代方案，且此种呼声已成为《ODR规则草案》审议过程中不可忽视的力量，故有必要对该提案予以专门介绍。

(一)对价值低、数量大的电子商务交易而言，仲裁不宜作为设计ODR全球标准的模式

欧盟提案指出，工作组此前将讨论集中于仲裁模式存在两个问题：第一，仅基于仲裁模式设计《规则》并未反映世界范围内ODR程序的现状。首先，当前许多成功的ODR程序并非以仲裁为模式设计的，这些程序并不产生对买方有约束力的结果，而是通过私人执行机制确保程序结果得到遵守。其次，仲裁在程序方面非常"繁琐"，从跨境执行网上仲裁裁决的角度看，此种程序的附加值令人怀疑。一则网上仲裁裁决能否根据1958年《纽约公约》执行尚有疑问。二则即使能够执行，但希翼价值低、数量大的交易背景下作出的仲裁裁决可以根据《纽约公约》得到跨境执行也显得不切实际，申请人是一名消费者或一个中小型企业时情况尤其如此。因为为了执行裁决，申请人还需要回到司法系统。如果被申请人居住地或资产所在地的司法系统运作不灵，这种情况就会引起问题。而且，请求法院宣布仲裁裁决可以执行所需费用不菲，裁决的债务人(被申请人)位于另一国时费用更加高昂。在像《规则》所设想的价值低、数量大交易的情形下，执行一项仲裁裁决的费用很可能远远高于被判赔金额。因此，裁决的债权人(申请人)，尤其当他们是消费者或者中小型企业时，尝试执行裁决将得不偿失。

第二，就B2C交易而言，各国关于争议前仲裁协议对消费者的效力的法律标准截然不同。有两种不同的标准：在一些国家("第1组国家")，争议前仲裁协议被认为对所有当事方有约束力，不管当事一方是否消费者。在另一些国家("第2组国家")，争议前仲裁协议被认为对消费者没有约束力，或者消费者可以使之无效。不过，仲裁协议若是在争议发生之后订立的，则被视为对当事双方(包括对消费者)均有约束力。

(二)双轨安排中"仲裁轨道"存在的问题

提案承认工作组第26届会议取得的成果系就以下折中办法达成一致意见：(1)《规则》应采用"双轨制"，既提供导致仲裁的程序性轨道("仲裁轨道")，又提供不导致仲裁的程序性轨道("非仲裁轨道")；(2)在仲裁轨道，《规则》需要反映

① 联合国国际贸易法委员会：《跨境电子商务交易网上争议解决：程序规则草案——欧洲联盟观察员代表团的提案——秘书处的说明》(A/CN.9/WG.III/WP.121)，资料来源于：http://daccess-dds-ny.un.org/doc/UNDOC/LTD/V13/836/38/PDF/V1383638.pdf? OpenElement，访问日期：2014年8月25日。

两组国家关于争议前消费者仲裁协议的不同标准。换言之，凡交易涉及来自第1组国家的消费者的，可以基于争议前消费者仲裁协议有约束力的假设设计仲裁轨道；凡交易涉及来自第2组国家的消费者的，仲裁轨道需要尊重第2组国家的相关标准。

但问题就在于第27届会议审议的《ODR规则草案》并没有充分落实上述成果：其虽然体现了双轨制，但《ODR规则草案》在“仲裁轨道”（“一轨道”）没有确保尊重第2组国家适用的关于争议前消费者仲裁协议的标准，相反，《ODR规则草案》是仅仅基于第1组国家的标准起草的。

提案称，如果《规则》包括仲裁阶段，则需要纳入一个同时尊重第2组国家关于争议前消费者仲裁协议的标准的机制，这就要求不得将来自这些国家的消费者置于《规则》的仲裁轨道，也就意味着如果网上买方是来自第2组国家的消费者，则《规则》应当确保，要么不能在一开始商定采用仲裁轨道，要么——如果消费者同意《规则》的仲裁轨道（例如因为网上卖方只提供《规则》的一轨道）——ODR服务提供商应当不能启动程序的仲裁阶段，除非在争议发生之后消费者同意启动仲裁阶段（例如，通过“第二次点击”）。

（三）挑战及应对：如何将网上买方置于正确的轨道

提案认为，在对于仲裁采取不同标准的情况下，设计ODR全球标准的最简单办法可能是与许多ODR系统的现状保持一致，制定不以仲裁为模式的ODR程序。不过，如果工作组选择在《规则》中保留仲裁轨道，挑战是确保将网上买方“置于正确的轨道”，这也就意味着《规则》应包含一个机制，确保在买方来自第2组国家的情况下ODR程序不以仲裁结束，除非在争议发生之后消费者同意采用仲裁轨道。具体而言，有两种选择：

（1）由ODR服务提供商负责确保将网上买方“置于正确的轨道”的机制。《规则》可规定“消费者”的定义并包含两份附件，后者分别列出第1组国家和第2组国家，而尚待拟订的ODR服务提供商原则可设想ODR服务提供商必须确保，如果争议涉及来自第2组国家的消费者，ODR程序不会进入到仲裁阶段，除非在争议发生之后消费者对此表示同意。

（2）因为一些代表团强调，必须在交易时就确认是否同意以仲裁结束的ODR程序，所以它们或许不会认同上述解决办法。这样，确保将网上买方置于正确轨道的机制需要在交易之时即当事各方就ODR条款达成一致之时落实。由于ODR条款由网上商家在其网站上提供并于买方勾选“我同意”方框时获得同意，因此该机制也需要放在网上商家的网站上。

具体言之，由网上商家的网站识别买方来自第1组国家还是第2组国家，以及若买方来自第2组国家，买方是企业还是消费者。若网站确定买方是来自第2组国家的消费者，将自动提供《规则》的“非仲裁轨道”（二轨道），否则将提供网上商家为与其他买方的交易提供的轨道(二轨道或一轨道)。

为此，《规则》需包含两个附件，分别列出第1组国家和第2组国家。在通过《规则》之前，各国将通知UNCITRAL秘书处本国打算被列入哪个附件。同时，《ODR规则草案》第2条应增加"消费者"的定义。《规则》将规定如果买方是来自第2组国家的消费者，只可在争议发生之后商定采用一轨道。据此，网上商家的网站可以选择向买方提供《规则》的一轨道还是二轨道。要做到这一点，在技术上非常容易：在网上商家的系统确定(根据买方在订货单中填写的地址)买方来自第2组国家时，系统将依照《规则》第2条中"消费者"的定义向买方提出一个问题，这个问题使系统能够确定他属于企业还是消费者(例如，"此次购买是为了个人还是为了工作?")。然后根据上述数据收集的结果选择《规则》的一轨道或二轨道。

三、目前《ODR规则草案》的双轨安排

工作组第28届会议审议的《ODR规则草案》已发展为两套单独的案文，分别对一轨道和二轨道程序予以规定。① 一轨道包含谈判、调解、仲裁，二轨道包含谈判、调解、中立人的建议。同时，作为对以欧盟提案为代表的关切的回应，《ODR规则草案》在一轨道第1条(适用范围)增加了第1a款，规定："交易一方是附件X所列国家的消费者的，本《规则》不适用，除非在争议产生后约定使用本《规则》。"在一轨道第2条(定义)增加第5a款，规定："'消费者'指主要为个人、家庭或家居目的而行事的自然人。"此后，《ODR规则草案》又历经修改。目前，最新版本的两个轨道的《ODR规则草案》分别载列于下述文件：《跨境电子商务交易网上争议解决：程序规则草案(一轨道)——秘书处的说明》(A/CN. 9/WG. III/WP. 133)②和《跨境电子商务交易网上争议解决：程序规则草案(二轨道)——秘书处的说明》(A/CN. 9/WG. III/WP. 130③、A/CN. 9/WG. III/WP. 130/Add. 1④)。

尽管所有与会者为达成共识全力以赴，但在允许有约束力的争议前仲裁协议的

---

① 联合国国际贸易法委员会：《跨境电子商务交易网上争议解决：程序规则草案——秘书处的说明》(A/CN. 9/WG. III/WP. 123、A/CN. 9/WG. III/WP. 123/Add. 1)，资料来源于：http：//www. uncitral. org/uncitral/commission/working_groups/3Online_Dispute_Resolution. html，访问日期：2015年2月25日。

② http：//daccess-dds-ny. un. org/doc/UNDOC/LTD/V14/080/64/PDF/V1408064. pdf? OpenElement，访问日期：2015年2月20日。

③ http：//daccess-dds-ny. un. org/doc/UNDOC/LTD/V14/051/35/PDF/V1405135. pdf? OpenElement，访问日期：2015年1月15日。

④ http：//daccess-dds-ny. un. org/doc/UNDOC/LTD/V14/051/41/PDF/V1405141. pdf? OpenElement，访问日期：2015年1月15日。

国家和不允许此种协议的国家之间仍然存在根本分歧。① 尤其是在以何种方式指引《规则》下的买家选择《规则》的适用轨道以解决据此提出的权利请求(简称“引导”)上，目前各方意见仍难统一。工作组第 30 届会议审议了与之相关的 4 项提案，对于引导何时发生、由哪些人或哪些系统指定相关的轨道以及以何为依据作出这一指导，这些提案尚未达成一致。不过，所有这 4 项提案都设想在《规则》中列入一个附件或类似的清单，以指明不允许消费者在争议产生之前达成有约束力仲裁协议的法域。既然所有提案都依赖于附件或类似清单，工作组似应审议的第 1 个问题是对此种附件或相当清单的潜在要求。②

四、二轨道下中立人的建议——无拘束力的仲裁

如前所述，拟议中的《规则》二轨道不同于一轨道，其不以具有拘束力的仲裁结束，而是以所谓“中立人的建议”结束。《规则草案(二轨道)》③第 6 条规定，当事人未通过协助下和解(即调解)解决其争议的，应根据第 7 条(中立人的建议)启动程序的最后阶段。第 7 条规定如下：

第 7 条草案(中立人的建议)

1. 协助下和解阶段期满，中立人应进而将进行任何最后通信的日期告知当事人。此种日期不得迟于协助下和解阶段期满后十(10)个日历日。

2. 每一方当事人均有责任证明为支持其请求或答辩而依据的事实。在特殊情况下为证明事实而有必要的，中立人应享有倒置举证责任的裁量权。

3. 中立人应在协助下和解阶段期满后十五(15)个日历日内根据当事人提交的信息评价争议，并应在考虑到协议条款的情况下就争议的解决作出建议。网上解决管理人应将该建议发送给当事人，该建议应在网上解决平台上加以

① 联合国国际贸易法委员会：《跨境电子商务交易网上争议解决：程序规则草案(一轨道)——秘书处的说明》(A/CN. 9/WG. III/WP. 133)，资料来源于：http：//daccess-dds-ny. un. org/doc/UNDOC/LTD/V14/080/64/PDF/V1408064. pdf? OpenElement，访问日期：2015 年 2 月 20 日。

② 联合国国际贸易法委员会：《跨境电子商务交易网上争议解决：程序规则草案(一轨道)——秘书处的说明(增编)》(A/CN. 9/WG. III/WP. 133/Add. 1)，资料来源于：http：//daccess-dds-ny. un. org/doc/UNDOC/LTD/V14/082/51/PDF/V1408251. pdf? OpenElement，访问日期：2015 年 2 月 20 日。

③ 联合国国际贸易法委员会：《跨境电子商务交易网上争议解决：程序规则草案(二轨道)——秘书处的说明》(A/CN. 9/WG. III/WP. 130、A/CN. 9/WG. III/WP. 130/Add. 1)，资料来源于：http：//www. uncitral. org/uncitral/commission/working_groups/3Online_Dispute_Resolution. html，访问日期：2015 年 1 月 15 日。

记录。

备选案文1

4. 除非当事人另有约定，否则该建议对当事人不具约束力。[但鼓励当事人遵守该建议，网上解决管理人可采用信任标记或其他方法表明遵守建议情况。]

备选案文2

4. 该建议对当事人不具约束力。但一方或双方当事人可承诺遵守该建议。网上解决管理人可采用鼓励遵守该建议的机制。

由上可知，中立人的建议是一种由中立第三人就纠纷居中评判，并独立作出建议的纠纷解决方法。中立人作出的“建议”实质上系中立人根据案情独立作出的决定。① 因此，这也是一种裁决性方法，它与一轨道下的仲裁最大的区别就在于，此种建议对双方当事人是没有拘束力的。换言之，二轨道下所谓“中立人的建议”实质上就是无拘束力的仲裁，其不会导致可在法院强制执行的结果。同时，《ODR规则草案》亦强调，二轨道可以与各种鼓励遵守的机制(自动执行机制)结合起来。正如前述欧盟提案所指出的：“无论是在发展中国家还是在发达国家，消费者是全球经济的关键推动因素②，特别是在挖掘电子商务的潜力方面。为使这些关键行为者树立对跨境网上交易的信心，ODR规则需要符合他们的预期。”《规则草案(二轨道)》对无拘束力仲裁的接受和认可就是力图令《规则》切合消费者预期并反映当前ODR成功实践的一种值得肯定的安排和设计。

五、对双轨安排之“仲裁轨道”的评价

为顾及不同法域有关争议前仲裁协议对消费者效力的不同立场，第三工作组由原本只考虑具有拘束力的仲裁转变为采用网上解决“双轨”制：其中一轨以仲裁结束，另一轨以无拘束力仲裁结束。这一做法虽获肯定，但仍有学者认为，如果第三工作组的工作最终导致一套基于有约束力仲裁的框架，这将是一种耻辱，因为它不会填补2010年UNCITRAL专题讨论会上被认定的法律空白，并且对ODR和电子商

① UNCITRAL第三工作组第31届会议工作报告指出：“这一语境下使用的‘建议’一词并不意味着是一项简单的建议，而是一项将会或者能够由私人执行机制加以执行的建议，如退款办法或信誉标志办法。会上提出，可以在适当时候重新审议‘建议’一词，以便更为贴切地反映此种最后裁定的性质。”“提议的替代术语包括‘指示’、‘决定’、‘判决’或‘裁定’。”联合国国际贸易法委员会：《第三工作组(网上争议解决)第三十一届会议(2015年2月9日至13日，纽约)工作报告》(A/CN. 9/833)，资料来源于：https：//documents-dds-ny. un. org/doc/UNDOC/GEN/V15/014/28/PDF/V1501428. pdf? OpenElement，访问日期：2016年6月28日。

② 例如，消费者支出占欧洲联盟国内生产总值的56%。

务而言，看来是坐失良机。如果今后工作组会议的讨论没有显著转变，明智的投资会转向国家机构提出的国内法律措施或寻求推出私人市场举措（或其组合），以最终确定跨境在线市场的消费者将获得的正义机会。①

蒙特利尔大学教授 Karim Benyekhlef 和 Nicolas Vermeys 也认为，目前的"双轨"制不再是一种可行的选择。他们强调，虽然该双轨制似乎是一个受欢迎的妥协，但越来越明显的是，它具有的某些缺陷可能使其无法实施。首先，依据什么来决定个人必须遵循哪个轨道？居住国？国籍国？采购地？虽然这个问题并非不能克服，但既然仲裁解决的有效性取决于这一非常重要的分类，这就是一个重要的问题。不过，更大的问题是，确定由谁负责起草和维护不允许一轨道（有拘束力的仲裁条款）的国家清单。显然，ODR 服务提供商没有资源汇集这样一份清单，而且，即使它们有这样的资源，它们也不会希望处理因不正确分类可能产生的责任问题。Benyekhlef 和 Vermeys 同时指出，如果双轨制是让所有成员国参与到讨论中的唯一途径，那么或许有一个方法可以解决上述问题，那就是反转轨道。根据最新版本的《ODR 规则草案》，默认的轨道是"轨道 1"，即强制仲裁的轨道。如果相关国家法律规定消费者合同中的强制性仲裁条款无效，而消费者受前述法律管辖，则他们将因此获得选择退出上述轨道的权利。如前所述，这意味着创建一份有关这些国家的复杂的清单并使其保持更新。因此，与其使用退出机制，何不青睐加入方案？通过将默认轨道设置为非仲裁轨道，清单会短得多（这种情况下清单所列的是承认争议前仲裁协议对消费者有约束力的国家），且责任问题不再成其为问题，因为忘记把某个国家放到名单上不会有任何法律后果。Benyekhlef 和 Vermeys 还指出，毕竟，据其所知，只有两种类型的国家：承认消费者合同中的仲裁条款的国家和不承认的国家。还没有一个成员国声称其法律要求消费者合同必须包括这样的条款。因此，在反转轨道的情况下，唯一的风险是在一个认定仲裁条款合法的国家拥有营业地的网上商户不能将仲裁强加给宁愿去法院的消费者。此外，如果之前举行的讨论有任何迹象的话，那么应该说，目前只有 3 个国家坚持允许将强制仲裁条款加到消费者合同（美国、哥伦比亚和洪都拉斯）。一份 3 个国家的名单看来比一份几十个国家的名单要容易处理得多。② 由上可知，Benyekhlef 和 Vermeys 其实更倾向"双轨"中的非仲裁轨道（即不具拘束力的仲裁）。

---

① Vikki Rogers, *Managing Disputes in the Online Global Marketplace: Reviewing the Progress of UNCITRAL's Working Group III on ODR*, available at http://conferences.law.stanford.edu/codr2013/wp-content/uploads/sites/14/2013/03/Dispute-Resolution-Magazine-Final-Draft.pdf, visited on January 25, 2015.

② Karim Benyekhlef and Nicolas Vermeys, *UNCITRAL's WGIII on Online Dispute Resolution… a Seemingly Perpetual Tug of War*, available at http://www.slaw.ca/2014/12/05/uncitrals-wgiii-on-online-dispute-resolution-a-seemingly-perpetual-tug-of-war/, visited on April 8, 2015.

鉴于美国和大多数欧洲国家以及加拿大之间争论的要点一直是 ODR(或者更确切地说，网上仲裁)是否应该是强制性的(强制性意味着跨境高量/低值交易的当事各方无权诉诸任何特定国家的法院系统)，① 以及有拘束力在线仲裁和无拘束力在线仲裁在实践中的境遇对比，我们赞同前述学者的观点：符合各方利益的最务实的选择是，针对价值低、数量大的 B2B 和 B2C 跨境交易，《规则》要么干脆放弃仲裁轨道，采用不以仲裁为模式的 ODR 程序，要么接受非仲裁轨道为默认轨道的新"双轨制"。遗憾的是，与会各方在两轨何为优先的问题上始终无法达成共识：第一种观点认为缺省程序应为无约束力的建议；第二种观点则坚持缺省机制应当是针对 B2B 和 B2C 交易的有约束力的仲裁，以便使有约束力的争议前仲裁协议得到承认；第三种观点是对 B2B 交易适用基于仲裁的规则，对 B2C 交易则适用基于建议的规则。② 如前所述，在争议前消费者仲裁协议效力问题上的分歧是导致《ODR 规则草案》流产的重要原因。不过，《ODR 规则草案》的双轨设计对我国争议解决机构发展 ODR 服务还是有启发的，对此将在下文予以论述。

第七节　我国在线仲裁的发展

一、我国在线仲裁的现状

(一)立法现状

我国《仲裁法》仅包含对具有拘束力的离线仲裁的规定，未涉及网上仲裁(无论是否具有拘束力)的问题。不过，对于能否将离线仲裁的规定延伸至具有拘束力的网上仲裁，立法并无实质性阻碍，这在客观上为网上仲裁的发展留下了空间。

1. 在线仲裁协议

(1)仲裁协议的形式③

我国《仲裁法》第 16 条规定："仲裁协议包括合同中订立的仲裁条款和以其他书面方式在纠纷发生前或者纠纷发生后达成的请求仲裁的协议。"换言之，仲裁协

---

① Karim Benyekhlef and Nicolas Vermeys, *UNCITRAL's Draft Procedural Rules for Online Dispute Resolution for Cross-Border Electronic Commerce Transactions: Where Are We Now?*, available at http://www.slaw.ca/2013/01/21/uncitrals-draft-procedural-rules-for-online-dispute-resolution-for-cross-border-electronic-commerce-transactions-where-are-we-now/, visited on April 8, 2015.

② 联合国国际贸易法委员会：《第三工作组(网上争议解决)第三十一届会议(2015 年 2 月 9 日至 13 日，纽约)工作报告》(A/CN. 9/833)，资料来源于：https://documents-dds-ny.un.org/doc/UNDOC/GEN/V15/014/28/PDF/V1501428.pdf? OpenElement，访问日期：2016 年 6 月 28 日。

③ 丁颖：《仲裁协议的书面形式要求——网络时代的再思考》，载《河北法学》2011 年第 3 期，第 139~146 页。

议必须采取书面形式。正如有学者所指出的，基于现代社会的发展现状，书面要求仍是形式的最佳选择，当前很难找出另外一种更为合适的形式可以全面替代书面形式。因此，不宜断然否认书面形式的价值和作用，全面推翻书面形式的法律地位。① 但对于书面形式要求应仅以达到目的为必要，只要能够证明仲裁协议的存在，即可认定已满足书面形式要求。

1994 年《仲裁法》并未对何谓“书面形式”作出解释。1999 年《合同法》第 11 条对合同的书面形式定义如下：“书面形式是指合同书、信件和数据电文(包括电报、电传、传真、电子数据交换和电子邮件)等可以有形地表现所载内容的形式。”由于仲裁协议就是合同的一种，从法理上讲，对仲裁协议书面形式的认定可以《合同法》的相关规定为依据。此外，2004 年《中华人民共和国电子签名法》第 4 条借鉴联合国《电子商务示范法》的表述，规定如下：“能够有形地表现所载内容，并可以随时调取查用的数据电文，视为符合法律、法规要求的书面形式。”该规定自然也可适用于《仲裁法》对仲裁协议的书面形式要求。之后，2005 年《最高人民法院关于适用〈中华人民共和国仲裁法〉若干问题的解释》(以下简称《仲裁法解释》)第 1 条沿用了《合同法》对“书面形式”的解释，明确规定：“仲裁法第十六条规定的‘其他书面形式’的仲裁协议，包括以合同书、信件和数据电文(包括电报、电传、传真、电子数据交换和电子邮件)等形式达成的请求仲裁的协议。”由此，数据电文中仲裁协议的书面形式获得了确认。

应该说，前述最高人民法院的《仲裁法解释》对“书面形式”的界定采用的是一种列举式的规定，具体列举了目前常见的可认定为“书面形式”的数据电文形式(包括电报、电传、传真、电子数据交换和电子邮件)。这种列举式方法的优点是明确具体，便于判断，但缺点是容易挂一漏万，尤其是随着通信技术的发展，通信手段可能还会增加，符合要求的电子文件并不一定局限于目前列举的这几类，而法律应具有一定的前瞻性和包容性，将未来可能的发展包括进来；此外，如前所述，电子文件与纸面文件功能等同并因此满足书面要求的前提是“所含信息可以调取以备日后查用”，除非满足这一条件，否则该电子文件和纸面文件并不具备等同功能，② 也因此，立法应对可认定为书面形式的数据电文设置条件。综上，如未来修改《仲裁法》，对仲裁协议的“书面形式”进行界定并涉及数据电文时，应首先对满足书面形式要求的数据电文的条件予以描述，即“所含信息可以调取以备日后查用的，即满足了仲裁协议的书面形式要求”，在此基础上再非穷尽列举可认定为书面形式的数据电文类型，即采用诸如“包括但不限于”这样的措辞。在这方面，可以认为，

---

① 张斌生主编：《仲裁法新论》，厦门大学出版社 2002 年版，第 125 页。

② Gabrielle Kaufmann-Kohler & Thomas Schultz, *Online Dispute Resolution: Challenges for Contemporary Justice*, Kluwer Law International, 2004, p. 142.

联合国《国际商事仲裁示范法》第7条的“备选案文一”第(4)款为我们提供了很好的范本，非常值得我们借鉴。

至于在线订立仲裁协议过程中常见的“通过援引将仲裁条款并入合同”的问题，由于前述《仲裁法解释》第11条规定：“合同约定解决争议适用其他合同、文件中的有效仲裁条款的，发生合同争议时，当事人应当按照该仲裁条款提请仲裁。”由此认可了通过援引并入仲裁条款的方式，因此，基于该规定，通过援引方式在线订立的仲裁协议也是可以获得承认的。当然，由于在现实生活中，尤其是在电子商务活动中，此种以援引方式纳入条款的做法越来越普遍，因此，未来在对《仲裁法》进行修改时，最好能够对援引问题明确加以规定，并可根据情况对援引条文的明确程度作出明确要求。

(2)B2C仲裁条款

就消费者争议的可仲裁性而言，其属于《仲裁法》第2条规定的平等民事主体之间的财产权益纠纷，但不属于第3条明确列举的不可仲裁的事项。据此，消费者争议在我国具有可仲裁性，且涉及消费者的争议前仲裁协议并未被禁止。

2. 在线仲裁程序

(1)在线进行仲裁程序

虽然《仲裁法》主要是为了调整离线仲裁，但是其对仲裁程序在网上进行并没有禁止性规定。《仲裁法》只是对仲裁申请和受理、仲裁庭的组成、开庭和裁决进行了相应的原则性规定，而对仲裁程序应当以何种方式进行以及仲裁文书的传递手段等均没有具体规定。这有待于当事人约定或机构仲裁规则予以规定。机构的仲裁规则经过当事人的援引也就因此成为当事人的约定。据此，当事人可以约定或机构仲裁规则可以规定仲裁程序可在网上进行，仲裁文书可以电子邮件等网络通信方式传递。① 由于《电子签名法》已经确认了数据电文的书面形式效力，因此《仲裁法》第24条、第33条及第42条等规定的书面通知可以电子形式向当事人发送，不过应当采取一定的措施确保当事人收到电子通知。②

在当事人或机构仲裁规则未就仲裁程序进行的方式和仲裁文书的传递手段进行约定或规定时，按照一般的理解，在不违反社会公共利益的前提下，仲裁庭有权以其认为适当的方式进行仲裁程序，包括决定仲裁文书提交与交换所采用的通讯方式。即使如此，为避免一方当事人事后在裁决撤销及不予执行程序中提出异议，仲裁庭在决定以网上仲裁解决纠纷时事先与当事人双方协商并就此达成一致仍有必要。③

---

① 李虎著：《网上仲裁法律问题研究》，中国民主法制出版社2005年版，第202页。

② 如本章第三节下“仲裁程序的通知”部分所述。

③ 李虎著：《网上仲裁法律问题研究》，中国民主法制出版社2005年版，第203页。

此外，《仲裁法》第 39 条同时认可开庭审理和书面审理，也未对开庭审理的方式作出具体规定。因此不仅当事人可以通过电子方式向仲裁庭提交案件陈述及相关证据，由仲裁庭依据所提交的材料进行书面审理；而且仲裁庭也可以借助网上聊天室、网络视频会议及其他网络软件和技术进行开庭审理。不过考虑到当事人所拥有的技术设备及技术水平情况不一，必须采用能确保当事人平等、充分地陈述案情的技术手段，不能妨碍一方当事人有效的通信和参与，从而实质上、不利地影响正当程序要求。

(2) 仲裁地的确定

《仲裁法》没有关于仲裁地的规定，但一些仲裁机构的仲裁规则对此作了具体规定。例如，《中国国际经济贸易仲裁委员会仲裁规则(2015 版)》第 7 条规定，当事人对仲裁地有约定的，从其约定。当事人对仲裁地未作约定或约定不明的，以管理案件的仲裁委员会或其分会/仲裁中心所在地为仲裁地；仲裁委员会也可视案件的具体情形确定其他地点为仲裁地。仲裁裁决视为在仲裁地作出。① 可见，我国仲裁实践已经采纳了“仲裁本座论”，依据机构的仲裁规则即可确定网上仲裁的仲裁地。

3. 在线仲裁裁决

最后，《仲裁法》第 54 条规定，裁决书应当写明仲裁请求、争议事实、裁决理由、裁决结果、仲裁费用的负担和裁决日期。裁决书由仲裁员签名，加盖仲裁委员会印章。该条暗含了对裁决书的书面形式要求，并需要由仲裁员签字。与仲裁协议的书面形式问题相同，《电子签名法》认可的“功能等同原则”为电子形式的仲裁裁决获得承认带来了契机，但是考虑到裁决在国外的承认及执行问题，尤其是国际社会尚未就《纽约公约》有关裁决的执行条件作出扩大化的解释并形成统一的司法实践，涉外网上仲裁裁决应先以电子形式作出，并通知当事人，后仍应将裁决纸面打印，由仲裁员签署并加盖仲裁委员会印章，送达当事人。②

(二) 实践现状

自从《仲裁法》1995 年实施以来，截至 2011 年，全国共有仲裁机构 215 家，共受理各类经济案件 100 多万件，涉及案件标的额 6860 多亿元。③ 在这 200 多家仲裁机构中，有一部分初步具备实施网上仲裁条件的机构已经开始网上仲裁的探索。

---

① 资料来源于：http：//www. cietac. org/index. php？ m = Page&a = index&id = 65，访问日期：2016 年 6 月 30 日。

② 李虎著：《网上仲裁法律问题研究》，中国民主法制出版社 2005 年版，第 206~207 页。

③ 张维：《全国仲裁机构受案总量首超百万——仲裁庭已开到田间地头》，资料来源于：http：//www. legaldaily. com. cn/index/content/2012-09/19/content_3856366. htm？ node = 20908，访问日期：2014 年 6 月 28 日。

例如，广州仲裁委员会于2007年在中国商事仲裁网开辟了网上仲裁网页，将仲裁审理搬到网上进行，同时广州仲裁委员会也在积极筹备电子商务网上仲裁相关事宜。① 此外，上海仲裁委员会、西安仲裁委员会也已开始探究和试行网上仲裁。② CIETAC于2009年5月1日开始施行《网上仲裁规则》，用于解决电子商务争议及其他经济贸易争议。可见，我国在具有拘束力的网上仲裁方面仍处于尝试、探索阶段。

至于无拘束力的网上仲裁，CIETAC的相关实践值得一提。其与香港国际仲裁中心于2002年2月共同成立的亚洲域名争议解决中心，是经ICANN授权的、根据UDRP为通用顶级域名提供争议解决服务的争议解决机构之一。同时，CIETAC网上争议解决中心还通过在线解决争议的方式，根据CNNIC的授权，解决.CN/中文域名争议、CNNIC负责管理和维护的通用网址争议、CNNIC负责管理和维护的无线网址争议，根据中国移动通信联合会的授权，解决由中国移动通信联合会短信网址联合信息中心负责管理和维护的短信网址争议。③ 上述争议解决程序主要在网上进行，采取专家裁决的方式，且不排除司法程序，因此均属于无拘束力在线仲裁的范畴。但显而易见，前述授权解决的争议属于特定范围的争议，网络空间存在的其他大量纠纷并不包括其中。

不过，国内电子商务平台淘宝为其用户提供的在线争议解决服务实际上已包含了无拘束力网上仲裁，且取得了较好效果。④ 对此，下文将专章加以介绍。

二、我国发展在线仲裁的必要性

如上所述，我国在线仲裁仍处于起步阶段，这与我国电子商务的发展是不匹配的。快捷高效的在线仲裁(尤其是无拘束力仲裁)能够为电子商务提供与其自身特性相适应的争议解决方式，有利于国内乃至国际电子商务的发展。

实际上，我国政府已经认识到网上仲裁的重要性。在2007年，国务院法制办与欧盟合作，组建了在线仲裁项目办公室(“项目办”)，对在线仲裁进行系统的专题研究。项目办主要由欧洲专家和中国专家组成，由国务院原信息化办公室和中

---

① 王栋：《在线仲裁可行性研究》，载《仲裁研究》2008年第4期，第62页。

② 杜文杰：《西安将开展在线仲裁工作，通过网络就可解决矛盾》，资料来源于：http://www.hsw.cn/news/2008-06/02/content_10022181.htm，访问日期：2014年6月28日。

③ 资料来源于：http://dndrc.cietac.org/static/ctrintrc/frmainctrintrc.html，访问日期：2014年8月24日。

④ 不过由于我国《仲裁法》只承认机构仲裁，仲裁机构必须是人民政府组织有关部门和商会统一组建的仲裁委员会，淘宝平台显然不符合要求。因此以我国目前的法律规定，难以称之为“仲裁”。但无拘束力仲裁本就不是《仲裁法》意义上的仲裁，且淘宝的争议解决服务的确为我国电子商务领域的无拘束力仲裁的发展提供了有益借鉴，因此有必要对其予以研究。

国—欧盟信息化项目办公室担任支持单位，由国务院法制办公室担任业务领导单位。项目办已于2007年底向国务院法制办、原国务院信息办、欧盟正式提交了《在线仲裁研究报告》。①

值得指出的是，目前国内有关在线仲裁的研究及争议解决机构发展在线仲裁的尝试大多将注意力放在有拘束力的仲裁上。如前所述，在线仲裁中使用得最多并获得成功的形式确切地说还是所谓不具有拘束力的仲裁。有拘束力的仲裁常适用于复杂的或特定行业的B2B商业纠纷，如将其适用于所有简单的低值电子商务案件，试问一位训练有素的仲裁员如何为几元钱的争议去操作法律的复杂性？再则，如将低值电子商务案件纳入《纽约公约》、《国际商事仲裁示范法》等规则和公约，将对前述规则和公约产生什么影响？此外，若程序方面依赖的是一套复杂的法律，而当事人提出应在公平的基础上或依一些基本的一般原则而非实体规则作出裁决时又该怎么办？② 正如上文所指出的，对额小、量大、远距离的在线B2C纠纷而言，不具拘束力的仲裁(辅之以自动执行机制)的确为消费者提供了更可行和有效的救济。因此，面对当前大量亟待获得有效解决的在线小值纠纷，明智的做法是适应纠纷解决的需要，跳出固有思维的约束，尊重ODR实践中成功的经验和创新，发展包括无拘束力仲裁在内的一切切合当事人期待的纠纷解决方法。

总之，我们在构建ODR机制的过程中，必须重视发挥在线仲裁的优势，尤其是充分认识并发挥无拘束力在线仲裁的潜力和作用，以满足高速发展的电子商务需求，增强公众对电子商务的信心。

三、我国发展在线仲裁的建议

如上所述，我国现行法律对仲裁机构提供具有拘束力的在线仲裁服务不存在实质性的障碍，但是《仲裁法》的现有规定仍会在一定程度上制约在线仲裁在我国的普及与发展。在线仲裁需要与之相适应的法律环境。对立法上一些具体问题的完善建议，上文已有涉及。这里我们还要强调，为适应在线仲裁健康发展的实际需要，我们应修改《仲裁法》的现有规定，明确将在线仲裁纳入其调整范围。③ 当然，对

---

① 广州仲裁委员会：《中国国际经济贸易仲裁委员会主题发言：在线仲裁理论研究与实践》，资料来源于：http：//www.gzac.org/info_view.asp? VID = 2441，访问日期：2014年6月28日。

② Vikki Rogers, *Managing Disputes in the Online Global Marketplace*: *Reviewing the Progress of UNCITRAL's Working Group III on ODR*, available at http://conferences.law.stanford.edu/codr2013/wp-content/uploads/sites/14/2013/03/Dispute-Resolution-Magazine-Final-Draft.pdf, visited on January 25, 2015.

③ 李虎著：《网上仲裁法律问题研究》，中国民主法制出版社2005年版，第215页。

于现有法律的修订需要仔细斟酌。在此过程中，我们可以关注 UNCITRAL 第三工作组的工作进展，及时了解在线仲裁在国际上的发展趋势和动向。此外，还应该借鉴其他国家有关在线仲裁的成功实践，寻找最适合我国的在线仲裁发展模式。立法之外，我们对我国发展在线仲裁提出以下具体建议。

(一)具有拘束力的在线仲裁

作为具有拘束力的在线仲裁服务的提供者，各仲裁委员会必须具备相应的技术条件。例如，需要建立方便且易操作的电子文档管理，用于提交投诉，上传、下载和传送文件，以及与争议的其他参与方进行联系。对此可以借鉴 AAA 的 WebFile 与 ICC 的 NetCase。① 如果开庭审理，就需要应用先进的网络视频系统。相关专家对开发“远程互动在线仲裁服务系统”的技术思路建议如下：(1)根据仲裁程序和仲裁案件需要设计功能模块和具体要求；(2)以模拟实际仲裁案件的环境为开发环境；(3)由真正的仲裁员和企业当事人作为模拟案件的参与者，检测演示服务系统，并请全国的仲裁界、企业界、IT 业专家等共同观摩，提出建议和意见，进一步完善；(4)选择个别仲裁机构试点，在实际应用中，根据用户意见，进一步升级完善系统；(5)系统非常稳定后全面推广应用。② 需要指出的是，仲裁机构必须采用用户友好型技术，即确保当事人不会因为技术障碍而不能提请或参与网上仲裁，必要时还可以对当事人提供一定的指导。

最后，虽然具有拘束力的网上仲裁的裁决可以寻求法院执行，但如上所述，这种执行机制费时费力，胜诉方可能并不情愿为执行裁决诉诸法院。因此，仲裁机构应适时引入可适用的自动执行机制，如信任标记、第三方托管系统、交易保险机制等，将普通执行机制与自动执行机制相结合，促进在线仲裁优势的发挥。

(二)无拘束力的在线仲裁

如上所述，无拘束力仲裁之所以在网上获得令人瞩目的发展，与其充分契合以 B2C 交易为重要组成部分的电子商务的需要密切相关。但我国仲裁机构目前有关无拘束力在线仲裁的成功实践仅限于域名等特定范围的纠纷，远远不能满足电子商务发展需要。因此，包括传统仲裁机构在内的 ODR 服务提供商应重视此类争议解决

---

① WebFile 在上文已予以介绍。NetCase 系统允许仲裁员和当事人在网上联系，并可方便地在安全的网上环境中管理其仲裁案件。NetCase 使仲裁的所有参与方均可通过一个安全的网站以电子方式联系，进行仲裁，在 ICC 安全的 ODR 在线平台存储和组织文件，并随时查阅有关其仲裁的信息。NetCase 还提供一些论坛，使某些经授权进入各论坛的参与者能够彼此联系。联合国国际贸易法委员会：《网上解决跨国界电子商务交易的争议——秘书处的说明》(A/CN. 9/WG. III/WP. 105)，资料来源于：http://daccess-dds-ny. un. org/doc/UNDOC/LTD/V10/574/09/PDF/V1057409. pdf? OpenElement，访问日期：2014 年 6 月 28 日。

② 卢云华、沈四宝、Naill Lawless、Julia Hörnle 主编：《在线仲裁研究》，法律出版社 2008 年版，第 217~218 页。

模式的发展动向并及时根据市场需求推出相关服务。在发展无拘束力的在线仲裁时，特别需要注意建立相关的保障机制：

1. 建立有效的自动执行机制

提供无拘束力在线仲裁服务，与之配套的自动执行机制必不可少。为此，ODR服务提供商可以与控制相关资源的机构（如信用卡发卡商、第三者托管服务机构等）进行合作，或者掌控资源的机构可以直接充当ODR服务提供商，如淘宝平台这样的网上交易平台。为了更加有效地执行无拘束力仲裁裁决，上文谈到的几种自动执行机制可以结合起来。换言之，一个市场可使用或提供：（1）基于信任标记的声誉系统，该信任标记授予遵守该市场行为准则的企业；（2）为其大型附属企业设立的判决基金；（3）保护消费者支付的第三方托管服务；（4）为其大部分有疑虑的当事人提供支持的交易保险计划；（5）对那些确实不再希望与该市场打交道的当事人而言，与信用卡发卡机构的特许关系；以及（6）驱逐重复参与者的权力。①

2. 建立有效的质量控制体系

由于无拘束力仲裁本身的性质，传统仲裁机构之外的网络服务商也可以提供相关服务。但无拘束力仲裁毕竟也是一种裁决性方法，相较协商、调解，其赋予第三方更大的权力，且可通过自动执行机制对裁决结果予以执行，因此对当事人权利的影响有时是不可忽视的。② 而一般的网络服务商在资质上与传统仲裁机构不可同日而语，所以如果允许私人ODR服务提供商提供无拘束力仲裁服务，那么就有必要对其施加一定的控制，使其能够遵守独立公正的标准，确保提供快捷有效的网上仲裁服务。可以通过多种途径对服务商加以规制，试举两例：

（1）设置信息交流中心

信息交流中心是潜在的ODR原告和ODR服务提供商之间的一个中介。它提供有关ODR服务提供商的信息，并协助投诉人为待解决的纠纷选择最合适的服务提供商和启动程序。在这方面，它可以提供索赔表格，充当支付中介，过滤投诉，并给予其他方面的建议。信息交流中心在不同的层级上对ODR服务提供商施加控制。首先，它对认为值得其推荐的服务提供商进行一个大体选择。其次，它向一个潜在的投诉人具体推荐某一服务提供商。这些行动通常均涉及对特定ODR机制质量和特征的控制。此外，当协助投诉人启动程序时，信息交流中心深入了解服务提供商

---

① Thomas Schultz, *Online Arbitration: Binding or Non-Binding?*, available at http://www.ombuds.org/center/adr2002-11-schultz.html, visited on June 28, 2014.

② 即使当事人事后还可重新向法院提起诉讼并有可能最终推翻原裁决，但之前所付出的时间、金钱等成本也难以挽回了。

的运作，这加强了控制功能。①

ABA 专门工作组在其《解决电子商务纠纷：最终报告和建议》中亦对此种信息实体进行了讨论。其建议，成立一个教育性、信息性的实体，即 iADR 中心。作为一个私人的非营利机构，该中心为消费者、商家等提供有关 ODR 服务提供商的信息。就中心的组成而言，其董事会的部分席位留给特定类别的代表，如消费者群体、ODR 服务提供商、业务拓展到 ODR 领域的传统 ADR 提供商等。除了董事会，iADR 中心应该有一个咨询委员会，由与该中心工作有关领域的专家组成，这些领域包括消费者保护、ODR 和技术等。iADR 中心必须独立于任何外部利益或团体，并应避免任何可感知的利益冲突。iADR 中心提供有关 ODR 的各种信息，包括向公众提供有关不同 ODR 服务提供商所提供的服务质量的反馈。这可以通过提供一个对有关提供商提出投诉的机制来实现。另外，可以创建一个聊天室或公告板，用户可在此发布他们的反馈。② 显然，iADR 中心通过提供前述信息可在一定程度上实现对 ODR 服务提供商的质量控制。ABA 专门工作组的上述设想值得我们借鉴。

(2)使用信任标记

如上所述，信任标记可为消费者区分商家的好坏。如果某一商家能够遵守相关实践标准，那么其便会被授予信任标记，这可为其吸引更多的潜在消费者。这种机制同样也能适用于 ODR 服务提供商。信任标记的授予权应该由一个广为人知的权威机构掌握。该机构通过对 ODR 服务提供商的服务质量进行认定，审查其是否符合事先规定的行业标准，如果符合，便可授予其信任标记。之后对已被授予信任标记的 ODR 服务提供商定期审查，一旦发现有违规现象，立即撤销其信任标记。那些新涌现的、规模较小的 ODR 服务提供商可能会发现，接受信任标记方案对它们很有用，因为就其未来的用户群而言，这是为它们提供公信力的重要举措。③ 因此，它们会为了获得和保留信任标记而遵守最佳实践标准。

诚然，无论是具有拘束力的在线仲裁，还是无拘束力的在线仲裁，其发展都不是一蹴而就的，都需要建立在已有的在线仲裁实践基础上，依据我国电子商务发展

① Gabrielle Kaufmann-Kohler & Thomas Schultz, *Online Dispute Resolution: Challenges for Contemporary Justice*, Kluwer Law International, 2004, p. 125.

② American Bar Association's Task Force on Electronic Commerce and Alternative Dispute Resolution, *Addressing Disputes in Electronic Commerce: Final Report and Recommendations* (*2002*), available at http://www.americanbar.org/content/dam/aba/migrated/dispute/documents/FinalReport102802.authcheckdam.pdf, visited on August 28, 2014.

③ American Bar Association's Task Force on Electronic Commerce and Alternative Dispute Resolution, *Addressing Disputes in Electronic Commerce: Final Report and Recommendations* (*2002*), available at http://www.americanbar.org/content/dam/aba/migrated/dispute/documents/FinalReport102802.authcheckdam.pdf, visited on August 28, 2014.

的实际需求，借鉴其他国家的成功实例，循序渐进，最终才能达到我们所期待的目标。

（三）UNCITRAL 第三工作组有关 ODR 程序规则的双轨设想对我们的启示

如前所述，虽然 UNCITRAL《ODR 规则草案》最终流产，但其所包含的程序设计，包括双轨安排，对我国争议解决机构提供 ODR 服务是有借鉴意义的。作为 ODR 提供商，只有提供为用户所需的争议解决服务才能具有吸引力和竞争力。而基于在线争议的特点，高效、便捷、灵活的程序安排尤为重要。因此，有条件和资质的 ODR 服务提供商在设计 ODR 程序规则时，不妨仿照 UNCITRAL《ODR 规则草案》，提供可供选择的双轨程序。具体而言，其 ODR 程序亦可包含 3 个阶段：谈判、调解、仲裁（一轨道）或中立人的建议（二轨道），同时考虑到在线争议尤其是 B2C 争议的特点，将二轨道（即以不具拘束力的建议为最后阶段的轨道）作为默认轨道。最终以仲裁还是不具拘束力的建议结束，可在 ODR 服务提供商的引导下由当事人选择。提供商有关 ODR 的程序规则可规定：①

调解期满，中立人调解未成功的，提供商应根据当事人提交的信息，引导当事人选择仲裁或中立人建议，并确保当事人了解选择不同轨道的法律后果。

如果当事人自调解期满一定期限内通知提供商，其同意通过仲裁解决争议，提供商应指定负责仲裁的中立人，并在收到当事人的通知后一定期限内将仲裁通知发给当事人，本规则所规定的仲裁程序应自该日起启动。

如果当事人自调解期满一定期限内通知提供商，其同意通过中立人的建议解决争议，提供商应指定负责作出建议的中立人，并在收到当事人的通知后一定期限内将此种指定的通知发给当事人，本规则规定的建议程序应自该日起启动。

如果当事人未能自调解期满一定期限内通知提供商，其同意通过两种轨道之一解决争议，提供商应指定负责作出建议的中立人，并在调解期满后一定期限内将此种指定的通知发给当事人，本规则规定的建议程序应自该日起启动。

① 参见《中国关于程序规则草案的提案，以 A/CN. 9/WG. III/WP. 133 为基础》，载联合国国际贸易法委员会：《第三工作组（网上争议解决）第三十一届会议（2015 年 2 月 9 日至 13 日，纽约）工作报告》（A/CN. 9/833），资料来源于：https：//documents-dds-ny. un. org/doc/UNDOC/GEN/V15/014/28/PDF/V1501428. pdf? OpenElement，访问日期：2016 年 6 月 28 日。

第四章　中国有关在线 ADR 的实践

第一节　消费者在线 ADR 的成功实践——淘宝平台模式[①]

一、淘宝平台及其纠纷解决服务

如前所述，我国的专门性争议解决机构在开展 ODR(更遑论消费者 ODR)业务方面的现状是不能满足现实需要的，也可以说，一直没有取得令人期待的突破。但值得关注的是，目前为企业或个人提供网上交易便利的电子商务平台，作为利用平台进行交易的企业和消费者之外的第三方，基于用户的需要和平台本身的有利条件，在实践中对其为用户所提供的在线争议解决服务(系其所提供的各项服务中非常重要的一环)不断进行发展和创新，不但很好地满足了平台用户的需要，而且为我国消费者 ODR 未来的发展、其他 ODR 服务提供商设计有效的 ODR 运行模式提供了很好的参考和借鉴。这样的电子商务平台首推淘宝。

在电子商务蓬勃发展的大潮中，淘宝的先驱者地位、所占领的市场份额以及所具有的知名度是毋庸置疑的。所谓“淘宝平台”，系指由淘宝运营的网络平台，包括淘宝网(域名为 taobao. com)和天猫(域名为 tmall. com)等。各家淘宝平台的经营者可单称或统称为“淘宝”。[②] 而它们都属于阿里巴巴集团旗下业务。其中，淘宝网创立于 2003 年 5 月，淘宝网展示数以亿计的产品与服务信息，为消费者提供多个种类的产品和服务。根据艾瑞咨询的统计，以 2013 年的商品交易额(GMV)计算，淘宝网是中国最大的网上购物平台。天猫创立于 2008 年 4 月，至今，多个国际和中国本地品牌及零售商已在天猫上开设店铺。根据艾瑞咨询的统计，以 2013

---

① 参见丁颖：《网上消费者争议的在线解决——以淘宝平台模式为例》，载《武大国际法评论》第 17 卷(第 1 期)，武汉大学出版社 2014 年版，第 208~236 页。

② 《淘宝服务协议》，资料来源于：http：//service. tmall. com/support/tmall/knowledge-1163515. htm？spm=0. 0. 0. 0. dXuvJ6，访问日期：2013 年 8 月 18 日(下同)。

年的商品交易额（GMV）计算，天猫是中国最大的品牌及零售平台。① 淘宝平台面向的交易双方总有一方是消费者②，因此，其处理的争议也都是涉及消费者的争议。

上述资料显示了淘宝平台在电子商务领域所具有的重要地位和巨大影响力。而淘宝的业界先驱者地位、对各项游戏规则的推陈出新以及这些规则因其交易规模在网购市场占绝对优势而事实上获得的普遍接受，导致其所建立的规则极有可能随后为其他从业者所借鉴、采纳，并最终成为制定行业规则的基础。这其中就包括了有关预防或在线解决客户间争议的一整套规范。事实上，淘宝平台提供的与争议有关的在线服务和消费者保障机制对增强消费者对电子商务的信心发挥了非常重要的作用。它极具特色，并富有成效，体现了令人称道的实践创新力。因此，本节以淘宝平台（主要是淘宝网和天猫）对消费者争议的在线解决模式作为研究对象，就围绕消费者 ODR 所提出的一系列特定问题进行探讨，拟为消费者 ODR 的未来设计提供一些启示。

二、引导当事人使用 ODR

让当事人愿意使用在线解决争议服务是目前 ODR 领域的最大困难。ODR 缺乏普及的原因主要有：当事人不知道 ODR 的存在；当事人不了解或相信它的优势；当事人缺乏对互联网和电子商务的信心，而这种不信任自然包括 ODR；③ 当事人尤其是消费者承担争议解决费用的能力有限，等等。

淘宝平台是如何引导用户使用其提供的争议解决机制的呢？

（一）将 ODR 条款并入服务合同

淘宝平台将有关争议解决的服务作为提供给用户的各种服务之一规定在了《淘宝服务协议》中。该协议是由个人或企业申请注册为淘宝平台会员时与淘宝平台的经营者缔结的，也就是说，要想成为淘宝平台的会员，使用淘宝平台为会员提供的各种服务，就必须对该协议点击“同意”。《淘宝服务协议》包含如下规定：“您在淘宝平台上交易过程中与其他会员发生交易纠纷时，一旦您或其他会员任一方或双方共同提交淘宝要求调处，则淘宝有权根据单方判断作出调处决定，您了解并同意接受淘宝的判断和调处决定。”“您完全理解并不可撤销地授权淘宝或淘宝授权的第三

---

① 以上资料来源于阿里巴巴集团网站：http：//www.alibabagroup.com/cn/about/businesses，访问日期：2014 年 8 月 29 日。

② 这使其区别于阿里巴巴集团旗下的另外两个网站：alibaba.com 和 1688.com，这两个网站是著名的 B2B 电子商务平台。

③ Gabrielle Kaufmann-Kohler & Thomas Schultz, *Online Dispute Resolution: Challenges for Contemporary Justice*, Kluwer Law International, 2004, p. 132.

方或您与淘宝一致同意的第三方，根据本协议及淘宝规则的规定，处理您在淘宝平台上发生的所有交易及可能产生的交易纠纷。您同意接受淘宝或淘宝授权的第三方或您与淘宝一致同意的第三方的判断和调处决定。该决定将对您具有法律约束力。”“您理解并同意，淘宝或淘宝授权的第三方或您与淘宝一致同意的第三方并非司法机构，仅能以普通人的身份对证据进行鉴别，淘宝或淘宝授权的第三方或您与淘宝一致同意的第三方对争议的调处完全是基于您不可撤销的授权，其无法保证争议处理结果符合您的期望，也不对争议调处结论承担任何责任。如您因此遭受损失，您同意自行向受益人索偿。”

此外，《淘宝服务协议》开头部分明确规定：“本协议内容包括协议正文及所有淘宝已经发布的或将来可能发布的各类规则。所有规则为本协议不可分割的组成部分，与协议正文具有同等法律效力。除另行明确声明外，任何淘宝及其关联公司提供的服务(以下称为淘宝平台服务)均受本协议约束。”如此一来，《淘宝服务协议》将淘宝发布的所有规则并入进来，成为对当事人有约束力的合同条款，其中，与争议服务有关的规则包括《淘宝规则》、《天猫规则》、《淘宝争议处理规范》等。

为了促使当事各方使用 ODR，成功的 ODR 设计所采用的方法之一往往就是将 ODR 整合到电子商务的常规过程中，即将 ODR 设定为通常的电子订约事件链的一部分。① 淘宝平台正是利用了其作为交易平台的得天独厚的条件采取了前述方法，将争议解决条款纳入注册协议，引领当事人发生争议时诉诸淘宝，同时这也是其为用户提供的一项重要服务，有效的争议解决机制必然增强用户对参与平台交易的信心，并吸引更多的潜在用户。当然，淘宝平台能够通过将 ODR 条款并入服务协议的方式指引争议方诉诸 ODR 服务，与其作为交易平台所具有的主导地位是分不开的。但同样的方法依然可适用于外部的专门性 ODR 服务提供商。事实上，国内 B2B 网站金银岛就在其《金银岛大宗产品现货交易中心管理办法》中嵌入了 CIETAC 网上仲裁条款(CIETAC 是其业务合作伙伴之一)。该办法第 29 条“争议解决”规定：“交易商在本中心交易发生纠纷时，可自行协商解决，也可由本中心调解解决。协商或调解不成，交易商承诺放弃通过诉讼解决争议的权利，同意提交中国国际经济贸易仲裁委员会，按照申请仲裁时该会现行有效的网上仲裁规则进行仲裁。仲裁裁决是终局的，对双方均有约束力。交易商承诺仲裁及与仲裁有关的各项费用和相关支出，由交易商承担，本中心、金银岛不承担任何个别及连带责任。”②只是采取这样的方法，需要企业或电子商务平台与 ODR 服务提供商之间建立一定的合作关系，

① Gabrielle Kaufmann-Kohler & Thomas Schultz, *Online Dispute Resolution: Challenges for Contemporary Justice*, Kluwer Law International, 2004, p. 148.

② 见 http://b2b.315.com.cn/help/jyxz.html? pos=3，访问日期：2013 年 8 月 18 日。

前提是前者认可后者的服务。①这就要求 ODR 服务提供商一方面加强对服务项目的推广，另一方面要有针对性地发展自身业务。

（二）有效的推广和宣传

淘宝平台采用各种形式对其所提供的与争议有关的服务进行宣传。虽然《淘宝服务协议》规定了将争议诉诸平台解决的条款，但是否使用该项服务是由当事人主要是投诉一方自行决定的。为了让用户充分了解其服务内容、程序特点，促使和便利当事人使用相关服务，充分保障当事人尤其是消费者的合法权益，淘宝平台利用其网站上的“服务中心”、“帮助中心”、“淘宝论坛”等板块通过文字、视频等对相关服务和规则进行了详细讲解，不但让用户意识到前述服务的存在及其优势从而乐意使用前述服务，而且提高了消费者的维权意识和水平。

专门性的 ODR 服务提供商也可以通过在作为合作伙伴的企业的网站上提供相关信息或链接的方式，让潜在的客户了解 ODR 服务的可用性和获得该服务的途径。缺乏有效的推广宣传是目前 ODR 服务不为人知的主要原因。

（三）采用投诉表格工具

为协助当事人特别是消费者使用争议解决服务，淘宝平台提供了类似投诉表格这样的管理工具。例如，买家通过天猫平台进行交易，在收到商品后、点击“确认收货”前需要退货退款的，只需进入“已买到的宝贝”，找到该笔交易，点击页面上的“退款/退货”；之后系统会提供“我要退货”和“我要退款（无须退货）”两个选项，此时买家选择“我要退货”，系统会弹出“请选择退款原因”下拉菜单，提供的原因选项包括“商家未按约定时间发货”、“收到商品描述不符”、“七天无理由退换货”、“收到假货”、“商品质量问题”等，买家选择退货原因后，点击“提交退款申请”，申请成功后系统会有相应的提示：“等待商家处理退货申请”。以后买家可以进入“已买到的宝贝”页面，选择“退款处理中”查看退款的详细信息及卖家答复。卖家有 5 天的时间来同意和拒绝买家的退款申请，若卖家同意退货协议，页面上会出现卖家的退货地址，买家可以根据此地址进行退货的操作。买家完成相关操作，卖家予以确认或逾期未处理的，系统均会退款给买家。②

前述操作流程正是采用了投诉表格的形式，一方面一步步引导当事人轻松进入程序，大大提高解决纠纷的效率；另一方面它也构成协商的第一步，起着向对方通知索赔的细节，并引出答复的作用。如双方不能通过前述程序达成一致，任一方均

---

① 如前所述，有专家认为 CIETAC 网上仲裁规则更适合于 B2B 电子商务纠纷，对于小额的 B2C、C2C 电子商务，并不见得是最佳选择，这恐怕也是目前其获得金银岛这样的 B2B 网站接受的原因。

② http：//service. tmall. com/support/tmall/knowledge-5119954. htm？ spm = 0. 0. 0. 0. 14CcNo，访问日期：2013 年 8 月 19 日。

可点击要求客服介入处理。而之前通过投诉表格收集的信息也有助于客服处理争议。看来，为推动和便利当事人使用 ODR，设计适当的投诉表格是 ODR 服务提供商应予考虑的重要一环。①

（四）提供对争议解决服务的反馈机制

淘宝平台提供了对其争议解决服务的反馈机制。例如，在买家有关退款的申请处理完毕后，相关页面会出现“对本次处理过程满意吗?”的调查，邀请买家分别对“本次处理结果”、“商家服务态度”、“商家处理速度”打分。

正如有学者指出的，ODR 寻求提供对网上商业环境的信任，但对 ODR 本身的信任仍然相当缺乏。② ODR 服务提供商可以通过提供反馈机制等增强对其服务的信心。③ 与 ADR 相比，ODR 能够更容易地获得反馈是其一大优势。根据 Colin Rule 的观点，关于如何改善 ODR 的最好见解是由用户给予的。④ 因此，一个有效的反馈系统极具价值。

（五）设计合适的收费模式

当事人尤其是消费者承担争议解决费用的能力有限以及由此产生的 ODR 服务提供商的经费来源问题可能是目前困扰 ODR 发展的一个重要因素。这在笔者与相关业内人士探讨 ODR 的发展前景时已获得印证。这里有必要指出，像 B2C 这样的中小型争议，因为争议本身的价值较低以及消费者自己的资源有限，消费者在 ODR 上仅愿意花费有限的费用。而在交易额较大的 B2B 争议中，与费用和时间的节省相比，企业更看重程序的质量，因此，因争议解决而产生的费用并不是问题的主要方面。⑤ 这也是 CIETAC 网上仲裁规则更适合那些交易额较大的 B2B 电子商务纠纷的原因之一。

从目前 ODR 实践来看，在 B2C 案件中常常使用单边用户收费模式，即争议中作为当事人一方的商事企业负担全部费用。⑥ 该模式一般是通过信任标记实现

---

① *See* Gabrielle Kaufmann-Kohler & Thomas Schultz, *Online Dispute Resolution: Challenges for Contemporary Justice*, Kluwer Law International, 2004, pp. 145-148.

② Ethan Katsh, *Online Dispute Resolution: Some Implications for the Emergence of Law in Cyberspace*, 21 International Review of Law Computers and Technology 97, 100 (2007).

③ 相关论述，见 Pablo Cortés, *Online Dispute Resolution for Consumers in the European Union*, Routledge, 2011, p. 79.

④ Colin Rule, *Online Dispute Resolution for Business: B2B, E-Commerce, Consumer, Employment, Insurance, and Other Commercial Conflicts*, Jossey-Bass, 2002, p. 230.

⑤ *See* Gabrielle Kaufmann-Kohler & Thomas Schultz, *Online Dispute Resolution: Challenges for Contemporary Justice*, Kluwer Law International, 2004, pp. 55-56.

⑥ Gabrielle Kaufmann-Kohler & Thomas Schultz, *Online Dispute Resolution: Challenges for Contemporary Justice*, Kluwer Law International, 2004, p. 66.

的。此时，争议解决费用已包含在由企业承担的信任标记年度费用之中，这样既免除了经济上处于弱势的消费者在费用上的后顾之忧，又保证了 ODR 服务商的资金供应。

淘宝平台向双方当事人提供争议解决服务时并不对其收费。不过，卖家在淘宝网开店，虽不对其收取店铺租金和交易费用，但收取竞价排名等的广告费用；商家入驻天猫，则要收取技术服务费年费、实时划扣技术服务费(佣金)等。因此，追根溯源，似可认为，淘宝平台提供的包括解决纠纷在内的服务已由卖家付费。对此，有人可能提出一个问题：在实际的纠纷解决中，淘宝客服会更偏向于卖家吗？其实，这种担心在现实中不大可能发生。淘宝作为电子商务平台，吸引更多的用户参与平台交易是其最重要的目标，而完善的消费者保障机制包括良好的争议解决服务是其获得消费者信任，赢得市场份额的重要因素。因此，实践中这种有关偏袒的可能性是比较小的。不过，对于独立的 ODR 服务提供商来说，采用单边用户收费模式所带来的此种担忧或许需要通过某种方式予以化解。

三、预防或避免争议的服务

需要指出的是，ODR 服务项目范围非常广泛。除在线协商、在线调解和在线仲裁这样旨在直接解决争议的程序外，还包括各种各样的其他服务。这些服务的目的是寻求预防争议的发生或促进或改善对前述争议的解决，而非实际地解决它们。① 由于消费者争议本身具有价值低、数量大的特点，一旦发生争议，争议解决成本很容易超过争议本身的经济价值，因此对于大多数 B2C 交易而言，一套有效的预防争议和避免争议升级的机制往往比事后启动争议解决机制更加可贵和值得重视。

淘宝平台就提供了这样的预防或避免争议的服务。

(一)信任标记

所谓信任标记(trustmark)，是显示于贸易商网站上的一种徽标，该标志向顾客表明，该贸易商系经过认证的和值得信赖的网络交易者，其承诺遵守某些质量标准或最佳商业惯例。如果贸易商违背承诺，那么信任标记就会被取消。如果网络用户确实因信任标记而提高了对网站的信心，交易者为避免失去它就会遵守承诺，从而避免或减少了争议的发生，或者在争议发生后，贸易商将采取积极的措施予以解决。当然，信任标记前述作用的发挥完全取决于贸易商对信任标记的价值估量，此

---

① Thomas Schultz, Gabrielle Kaufmann-Kohler, Dirk Langer, and Vincent Bonnet, *Online Dispute Resolution*: *The State of the Art and the Issues*, E-Com Research Project of the University of Geneva, Geneva, 2001, p. 3, available at http://www.online-adr.org, visited on July 19, 2008.

种价值又取决于信任标记的声誉和公众认知度。①

淘宝作为买家和卖家之间的交易平台，充分利用了信任标记以促进卖家的自律和增强消费者对淘宝交易的信心。例如，淘宝网授予满足条件的卖家如下标志。：卖家已签署《消费者保障服务协议》，并已提交保证金；：买家在签收货物后 7 天内，对商品不满意可无理由退换货；：卖家承诺假一赔三；等等。

天猫也授予符合要求的商家如下标志：：商家承诺所出售的商品为正品，并承诺提供“正品保障”服务，一旦商家被发现有出售假货及非原厂正品商品，天猫有权立即与商家终止协议，并对买家进行赔付；：商家提供“七天无理由退换货”的保障服务；品牌直销：商家为该品牌的旗舰店，等等。

前述标志中的一些是卖家加入相应平台时必须满足的基本条件，另外一些则是由卖家自愿选择的特色服务。如拥有相关标志的卖家违背相应承诺，淘宝将使用其提交的保证金进行先行赔付。毫无疑问，这样的标志对卖家获取市场份额具有重要意义，遵守标志所要求的最佳商业标准就成为大多数卖家的理性选择，违规行为的发生因此受到有效遏制。

（二）声誉管理系统

“要建立对交易的信任，一个合乎逻辑的方式就是将买卖双方与保留了其交易历史记录的某种系统相连接。例如，企业每一次参加交易，该系统可邀请对方就该企业的履行情况提供自己的看法。随着时间的推移，该企业交易情况的全面的历史记录就逐步显示出来了，新客户在决定向该企业购买或销售商品前可以参考该历史记录。”②电子商务平台的用户可以通过对所参加的交易进行评论而留下对其交易对方的反馈，此种反馈意见可为公众浏览，是交易者在该平台享有的声誉的重要指标。

淘宝平台就建立了这样一套完善的交易评价系统（或曰声誉管理系统），成为其预防或减少交易纠纷、提高消费者对交易信心的重要而有效的工具。根据淘宝的评价规则③，买卖双方有权基于真实的交易在支付宝交易成功后 15 天内进行相互评价。淘宝网评价包括“信用评价”和“店铺评分”，天猫评价仅包括店铺评分。

在信用评价中，评价人若给予好评，则被评价人信用积分增加 1 分；若给予差

---

① *See* Gabrielle Kaufmann-Kohler & Thomas Schultz, *Online Dispute Resolution: Challenges for Contemporary Justice*, Kluwer Law International, 2004, pp. 78-79, 225-226.

② Colin Rule, *Online Dispute Resolution for Business: B2B, E-Commerce, Consumer, Employment, Insurance, and Other Commercial Conflicts*, Jossey-Bass, 2002, p. 105.

③ 《淘宝规则》第 27～30 条，《天猫规则》第 36～39 条，分别见 http://rule.taobao.com/detail-62.htm?spm=0.0.0.0.oaLzSt，http://rule.tmall.com/tdetail-867.htm，访问日期：2013 年 8 月 20 日。

评，则信用积分减少 1 分；若给予中评或 15 天内双方均未评价，则信用积分不变。如评价人给予好评而对方未在 15 天内给其评价，则评价人信用积分增加 1 分。

店铺评分由买家对卖/商家作出，包括宝贝与描述相符、卖/商家服务态度、卖/商家发货速度、物流发货速度 4 项。每项指标打分分值为：1 分——非常不满；2 分——不满意；3 分——一般；4 分——满意；5 分——非常满意。每项店铺评分均为动态指标，系此前连续 6 个月内所有评分的算术平均值。买家若完成对天猫商家店铺评分中宝贝与描述相符一项的评分，则其信用积分增加一分。

除了评分之外，自交易成功之日起 180 天(含)内，买家可在作出淘宝网信用评价/天猫店铺评分后追加评论，追加评论的内容不得修改。卖/商家可对追加评论的内容进行解释，追加评论不影响淘宝网卖家的信用积分/天猫商家的店铺评分。评价与评分相辅相成，其提供的是对具体交易或商品的更生动和具体的描述。

经常通过淘宝进行网购的消费者都很熟悉前述评价系统，并将其作为是否与相关卖家进行交易以及是否购买某一特定商品的重要参考。那些信用积分或店铺评分不高(也就是声誉或名声不好)的卖家将在与其他卖家的竞争中处于劣势，如果其打算在淘宝平台继续从事交易，就必须有所改变，调整策略，自我约束，重新赢得消费者的信任。否则，只能退出市场。毫无疑问，在评价机制的作用下，一些潜在的纠纷在一定程度上得到了抑制或避免。

(三)启示

淘宝平台为其用户提供的信任标记和声誉管理系统服务对预防和避免平台交易纠纷具有重要作用。淘宝作为用户的交易平台在提供前述服务上固然具有相当的便利性，但外部的第三方同样可以发挥此种功能。如前所述，ODR 的内涵非常丰富，并不仅限于与传统争议解决方式对应的那些旨在纠纷发生后直接解决纠纷的方法，其包含的服务要广泛得多。而我们的 ODR 服务提供商应具备这样的意识：各种有效的争议预防机制与事后的争议处理机制一样，同为 ODR 的重要组成部分，在 B2C 背景下甚至更值得关注。

事实上，目前国内已有相关机构尝试作为独立的第三方提供相关服务，并取得了较好的效果。在中国电子商务协会政策法律委员会和北京电子商务协会的授权和支持下，中国电子商务法律网和北京德法智诚信息技术有限公司于 2006 年初对包括 ChinaODR 在内的原有基础进行整合后创办了电子商务第三方服务机构——网上交易保障中心(http://www.315online.com.cn/)。中心提供的服务分为标准服务和可选服务。标准服务包括：(1)授予标识。经过合法许可，即可在企业网站相应位置依法使用该中心标识。(2)提供认证。在对电子商务企业审核通过后，该中心将为其制作专门的认证页面。(3)在线纠纷解决。针对电子商务企业与消费者发生的交易纠纷，在双方自愿的基础上，为其提供在线调解服务。(4)品牌推广。(5)在线法律咨询。除了以上标准服务内容外，该中心还提供可选服务，如网上交易保障先行赔付。目前已有涉及 25 类服务领域的 300 多家电子商务网站与该中心建立合作。越来越多的消费者通过识别网站是否有网上交易保障认证来选择购物网站，或直接登录网上交易保障中心的安全网购门户选择相应的购物网站，或通过网上交易保障中心进行欺诈举报和纠纷解决。此外，消费者还不断通过网上交易保障中心定期发布的欺诈网站“黑名单”及安全网购、防欺诈指南等学习掌握安全网购知识，保障自身合法权益。该中心提供的服务对保护电子商务消费者权益、促进电子商务快速健康发展及加强电子商务行业规范管理具有积极作用。① 而其提供的服务显然更偏重于事前防范。

淘宝平台及网上交易保障中心带给我们的启示是：提供 ODR 服务不能再拘泥于传统争议解决模式和思路，而是必须紧密结合电子商务的实际特点和参与者的现实需要——在这里，对防范风险的渴求常常更甚于对解决争议的关切。

四、解决争议的方法

(一)协助协商——对传统协商的创新

所谓“协助协商”，是指在计算机协助下的在线协商。Gabrielle Kaufmann-Kohler 和 Thomas Schultz 在他们的著作中这样描述“协助协商”：②

> 之所以被称为协助协商，是因为在这样一个系统中，当事人并非仅使用电子邮件(就像他们可能使用电话一样)。提供给当事人的是更复杂的 IT 工具，这些工具被设计来提高他们达成解决方案的能力。电子邮件本身只是一种简单的协商软件，它可以被更强大得多的工具所取代，被“拥有某些内在智能的基于网络的工具”所取代。……协助协商不同于调解，因为并不存在真人的第三方，但它也不是简单的协商，因为对其起到“增强”作用的工具履行了调解人的部分职能。……[每一方的]建议实际上是根据系统提供的标准解决方案而提出的。此种标准解决方案的作用是帮助当事各方确定他们愿意接受哪些权衡。……随着协商的继续进行，他们通常认识到前述目标和利益逐步发展了，认识到他们愿意在某些问题上让步，虽然以前他们对这些问题很强硬——他们看到了新的建设性的解决方案。所有这一切都是被反复清楚询问的问题所引发的。调解人有时也以这种方式行事。而此处不是一位调解人，而是一台计算

① 详情见 http：//www.315online.com.cn/show.php? contentid = 14 和 http：//www.315online.com.cn/show.php? contentid=9541，http：//www.315online.com.cn/9541.html，访问日期：2013 年 8 月 21 日。

② Gabrielle Kaufmann-Kohler & Thomas Schultz, *Online Dispute Resolution：Challenges for Contemporary Justice*, Kluwer Law International, 2004, pp. 11-16.

机，电子第三方。……协商中的信息技术扮演的角色与第三方的角色类似：它通过提出问题、建议答案、发送提示从而协助当事人自己找到解决办法，最终协助当事人达成解决方案。……协商是被“居间促成的”，并且是由一台计算机来促成的。

由上可知，协助协商已不仅仅是在线进行的协商这样简单，它当然是一种在线协商，但它获得了 ODR 服务提供商所提供的更复杂的工具的协助，这样的工具履行了调解人的部分职能，虽然它不是真人，而是电子第三方，但它确实对当事人的协商起到了协助的作用，提高了他们达成解决方案的能力。协助协商是由于新的交流功能的出现而产生的一种新的争议解决程序，是对传统的协商解决争议方式的一种变革。

淘宝平台也提供了此种服务。例如，上文所提及的买家申请退款的程序——淘宝为双方当事人设计的流程实质上就是一种协助协商的形式。考虑到协助协商在淘宝平台及其他地方已经取得的成功，国内专门性 ODR 服务提供商完全可以在未来的发展中引入此种服务。

(二)第三方介入解决争议

若交易双方无法通过协商解决争议，任何一方都可要求淘宝介入。《淘宝争议处理规范》(以下简称《规范》)①系淘宝作为独立第三方对买卖双方的争议作出处理的基本程序和标准。需要指出的是，淘宝鼓励卖家尽量与买家协商解决相关问题，一旦客服介入并判定卖家为责任方，对卖家就会有纠纷率等不利情况。此外，此前的协商记录对淘宝随后处理争议是有影响的。例如，前述协助协商中以投诉表格的形式获得的信息为之后客服调处争议提前收集了基本事实，即使是当事人自行协商，若通过阿里旺旺等淘宝通信软件进行沟通，则相关记录亦将成为淘宝认可的凭证。

1. 期限和交流方式

在双方矛盾升级，无法达成一致的情况下，双方都有权利要求第三方(淘宝客服)介入，任一方要求淘宝介入的，淘宝即有权根据《规范》对争议进行处理。《规范》第 59 条对各类争议的投诉期限作了详细规定：

(一)就售中争议②而言，因买家未收到商品、商品表面不一致、收到的

---

① http://rule.taobao.com/detail-191.htm?spm=0.0.0.82.ZZy9yN，访问日期：2013 年 8 月 21 日。

② 所谓“售中争议”，系指交易完结(即淘宝系统显示“交易成功”或“交易关闭”时的状态)前买卖双方提起的交易保障要求。见《淘宝争议处理规范》第 6 条。

> 商品与描述不符、商品存在质量问题产生争议的，买家应当在付款后，确认收货前或在《淘宝规则》超时打款的时限内提出退款申请。
>
> (二)就售后争议①而言，符合以下条件的争议处理，买家可以提出退款申请：
>
> 1. 因商品系假冒商品产生争议的，买家应当在交易成功后的九十天内提出退款申请。
>
> 2. 购买商品为虚拟物品的，因未收到货产生争议的，买家应当在交易成功后的十五天内提出退款申请，虚拟物品使用期限短于该期限的，买家应当在虚拟物品的使用期限内提出退款申请。
>
> 3. 因收到的商品与描述不符产生争议的，买家应当在交易成功后的十五天内提出退款申请。
>
> 4. 享受“三包规定”保障的商品产生的保障范围内的争议，买家应当在交易成功后的九十天内提出售后申请。
>
> 5. 类目对售后争议处理的受理有特殊规定的，依照类目的特殊规定。

客服介入后，一般在 7 天内给出处理意见。上述有关期限的规定和实践符合对额小量大的网上消费者争议予以快速解决的要求。

至于交流方式，根据《规范》第 4 条的规定，处理争议期间，淘宝与买卖双方将通过淘宝系统、阿里旺旺、电子邮件、短信或电话等方式进行联系。也就是说，既有同步工具(作为一款功能强大的即时通信软件，阿里旺旺是淘宝平台上最常用的交流工具)，也有异步工具，同时还辅以离线交流方式。这有利于满足不同情况对交流手段的不同需要。例如，在线调解采用异步交流往往更合适，因为此种交流方式允许任何一方在方便时进行交流——他们可以自远处、自不同的时区进行协商。另外，当事人可被允许收回草率发送的讯息，冷静下来，稍作思考后再作反应。前述延迟对调解人的工作也有积极的影响。因此，异步交流常被视作在线调解的一个优势。② 同时，基于调解的特点，有时采用离线交流方式也是有必要的。

争议解决的过程就是一个交流的过程，因此交流工具至关重要，尤其是对不能面对面会谈的 ODR 而言更是如此。因此，国内 ODR 提供商在未来的发展中必须允许和提供多种可靠、好用的交流手段，这是其纠纷解决服务获得成功的必要条件之一。

---

① 所谓“售后争议”，系指交易完结后买卖双方提起的交易保障要求。参见《淘宝争议处理规范》第 35 条。

② Gabrielle Kaufmann-Kohler & Thomas Schultz, *Online Dispute Resolution: Challenges for Contemporary Justice*, Kluwer Law International, 2004, p. 23.

2. 不具有拘束力的仲裁

第三方介入处理纠纷的方式主要是调解和仲裁。《规范》虽然没有关于调解的明确规定，但实践中，在双方同意的情况下，客服是可以对争议进行调解的。① 不过，《规范》中提及更多的争议解决方式是淘宝基于自己的判断，作为独立第三方，对买卖双方的争议作出处理。② 这究竟是怎样一种争议解决方式呢?

(1)淘宝所提供的居中裁决模式：不具有拘束力的仲裁

《规范》强调淘宝在基于普通人的判断，对买卖双方的争议作出处理时，其并非司法机关，对凭证/证据的鉴别能力及对争议的处理能力有限，淘宝不保证争议处理结果符合买家和(或)卖家的期望，也不对依据本规范作出的争议处理结果承担任何责任。此外，淘宝作为独立第三方，仅对双方提交的证据进行形式审查，并作出独立判断，双方自行对证据的真实性、完整性、准确性和及时性负责，并承担举证不能的后果。淘宝按照其独立判断，根据不同情况，将对买卖双方的争议做以下类型的处理：①交易做撤销处理的，交易款项支付给买家。②交易做退款处理的，交易款项支付给买家。③交易做退货退款处理的，在卖家签收退货后，交易款项支付给买家。④交易协商不退货部分退款处理的，交易款项分别支付给买家和卖家。⑤交易做打款处理的，交易款项支付给卖家。⑥驳回买家退款要求。③

此外，《规范》对当事人申请淘宝介入及淘宝程序与司法程序的关系有明确规定。首先，将争议提交淘宝并不具有强制性。《规范》第 58 条规定："买家申请退款后，买卖双方可以选择自行协商、要求淘宝介入或通过司法途径等方式解决存在的争议。任一方要求淘宝介入的，淘宝即有权根据本规范对争议进行处理。"第 64 条规定："淘宝处理争议期间，有下列情形之一的，淘宝中止处理相应争议：(一)买卖双方一致要求自行协商处理争议；(二) 任何一方通知淘宝通过司法途径解决

---

① 为更好地解决网购纠纷，维护消费者和经营者的合法权益，2011 年，西湖区司法局与淘宝网还联合成立了浙江淘宝网络有限公司调委会。调委会的主要任务是依法调解涉及消费者维权方面的投诉与争议，参与调解网上转为落地的群体性纠纷，防止双方矛盾纠纷进一步激化。淘宝网公司调委会组建后，充分利用淘宝网售后服务部消费者维权平台现有技术，制定了危机处置预案，建立了相应的危机应急机制，细化危机接待应急流程，西湖区司法局实时对一些重大疑难的矛盾纠纷调解工作进行指导，建立直接的通报机制，实现纠纷调处信息互通，确保第一时间化解矛盾纠纷。调委会的建立，把人民调解融入到网购纠纷的解决机制中，进一步拓宽了网购纠纷的解决途径。宋玲玲：《老娘舅加盟淘宝网，网购纠纷难题迎刃而解》，资料来源于：http：//iptvlm. zjol. com. cn/05iptvlm/system/2011/08/04/017738283. shtml，访问日期：2013 年 8 月 22 日。

② 《淘宝争议处理规范》第 2 条。

③ 《淘宝争议处理规范》第 3 条、第 57 条、第 63 条。

争议。"其次，淘宝处理结果对当事人不具有强制力。《规范》第 70 条规定："淘宝对争议作出处理并通知支付宝公司支付争议款项后，买家或(和)卖家对淘宝的处理有异议的，可向人民法院起诉。"

由上述规定可知，淘宝客服采用的实际上是一种裁决性方法。但此种裁决性方法与传统仲裁的最大区别就是，它对双方当事人是没有拘束力的，也就是说，不能产生像法院判决或传统仲裁裁决那样的拘束力。而此种所谓"无拘束力的仲裁"正是 ODR 中最引人注目的现象之一。如前所述，对网络世界争议解决实践现状的调查表明，不具拘束力的程序占主导地位，甚至在网上仲裁领域也是如此。大量 ODR 服务提供商声称它们提供"仲裁"，但它们的程序规则规定，该程序的结果不具有拘束力。同时，在线仲裁的成功在具有拘束力和不具有拘束力的仲裁上情况很不一样。不具有拘束力的裁决相当常见，而有拘束力的裁决则颇为少见(或者没有获得充分报道)。① 关于不具有拘束力的仲裁，Gabrielle Kaufmann-Kohler 和 Thomas Schultz 指出，其实包括两种情况：一是诉诸仲裁不具强制性，即权利请求人可以自由地到法院起诉，而不是启动仲裁，被投诉人可以自由地不同意仲裁争议。二是该程序的结果不具有拘束力，即当事人双方既可以接受该结果，也可以重新在法院对案件提起诉讼。无论如何，在定义仲裁时，裁决的终局性是决定性的检验标准：只有在当事各方有意使一份决定像判决一样具有拘束力时，它才构成一份仲裁裁决，相应的程序才是仲裁。因此，只要当事各方一旦选择了仲裁就受随后的裁决约束，则提交仲裁本身是否具有拘束力并无关系。如果结果不欲约束任何一方当事人，则该程序就不能被定性为仲裁。②

(2)不具有拘束力的仲裁在网上获得发展的原因

本书第三章已就不具有拘束力的仲裁在网上获得发展的原因进行了探讨，此处不赘述。

值得一提的是，在我国，发展无拘束力的在线仲裁还有其语境的现实契合性。根据我国《仲裁法》的规定，就常规的约束性仲裁而言，我国是不承认在内地进行的临时仲裁的，而只认可机构仲裁。但现实中许多 ODR 服务提供商(包括淘宝这样的商务平台)严格说来并不能算作仲裁机构，其所作出的裁决就不能产生终局效

① Gabrielle Kaufmann-Kohler & Thomas Schultz, *Online Dispute Resolution: Challenges for Contemporary Justice*, Kluwer Law International, 2004, pp. 33, 153.

② Gabrielle Kaufmann-Kohler & Thomas Schultz, *Online Dispute Resolution: Challenges for Contemporary Justice*, Kluwer Law International, 2004, pp. 154, 156-160.

力。① 因此，其只能提供非拘束性的争议解决方式。

总之，正如有学者所指出的，有拘束力的 B2C 仲裁未来不太可能在 ODR 中扮演任何重要的角色。② 对消费者争议而言，最具希望的 ODR 机制还是无拘束力程序。这也是为什么我们认为 CIETAC 网上仲裁规则目前主要还是更适合于 B2B 电子商务纠纷，对于小额的 B2C、C2C 电子商务尚难产生较大影响的原因。正如我们一再强调的，我国未来的专门性 ODR 服务提供商如果想在 ODR 市场占有一席之地，就要针对电子商务的实际，提供符合交易双方需要的争议解决服务，这就要求 ODR 提供商必须时刻关注行业发展、紧密结合行业需求，不断实现争议解决方式的创新。

五、对结果的执行

对 ODR 结果的执行既重要又困难。这个问题重要到被认为是 ODR 领域重中之重的问题之一。在线协商、在线调解等产生的结果只具有合同性质，如果败诉当事人拒绝遵守案件结果，胜诉当事人将不得不启动法院诉讼以获得对案件是非曲直的判决，再对其予以执行。这样，ADR 的主要优点之一——避免法院审理程序——可能很容易就失去了。即使该裁决具备仲裁裁决的资格，如果败诉当事人不自愿遵守，仍必须寻求法院执行。对小额的 B2C 争议而言，执行程序的成本可能高于争议中的款项。最终，胜诉方仍然只能放弃自己的权利请求。③ 解决之道在于一套有效的自动执行机制。④

淘宝平台就有这么一套自动执行机制，在很大程度上这是其发挥定纷止争功能的优势所在。通过对相关机制的探讨，希望可为其他 ODR 服务提供商提供借鉴。

（一）间接的自动执行方式

1. 信任标记和声誉管理系统

信任标记和声誉管理系统是上文所述预防或避免争议的两种重要服务。同时，它们又是创造遵守 ODR 结果的动力的两种重要方法，即间接的自动执行机制。根

---

① 参见肖永平、谢新胜：《ODR：解决电子商务争议的新模式》，载《中国法学》2003 年第 6 期，第 156~157 页。

② Gabrielle Kaufmann-Kohler & Thomas Schultz, *Online Dispute Resolution: Challenges for Contemporary Justice*, Kluwer Law International, 2004, p. 169.

③ Gabrielle Kaufmann-Kohler & Thomas Schultz, *Online Dispute Resolution: Challenges for Contemporary Justice*, Kluwer Law International, 2004, pp. 209, 223-224.

④ 关于自动执行机制，详见本书第三章。

据信任标记的要求，贸易商承诺将争议提交给某种 ODR 救济机制，并保证遵守 ODR 程序中产生的所有的协议、建议或裁决。如果贸易商不遵守和履行 ODR 结果——如果他不遵守这一最佳商业惯例——信任标记就会被撤销。当然，这一切是以信任标记的撤销由 ODR 服务提供商直接或间接控制并与控权实体联网为先决条件。这种情况下，败诉方履行裁决的动力来自于失去信任标记的风险。① 声誉管理系统（交易评价系统）即评分制度。它与信任标记都属信任指标，不同之处是，前者是从用户产生的，而后者是由机构产生的。② 声誉系统基于其他存在者对某一社区或领域中的一组对象（如服务提供商、服务、商品或实体）所持评价的集合，为前述对象计算和发布信誉分数。前述评价通常以评分的方式传递到声誉中心，后者使用特定的声誉算法基于接收到的评分动态地计算信誉分数。③ 如果卖家不遵守承诺包括自动履行 ODR 结果，它就会在评级制度中失分或获得低分。一个信誉分数不高即市场口碑不好的卖家很难获得潜在买家的信任，最终将无法在相关市场立足。因此，害怕因糟糕的声誉导致失去交易机会创造了遵守 ODR 结果的动力。

事实上，淘宝平台所展示的有关卖家信息，不仅包括相关信任标记、“信用评价”和“店铺评分”等内容，还包括“店铺 30 天内服务情况”等，后者包含近 30 天平均退款速度、近 30 天退款率、近 30 天投诉率、近 30 天处罚数，以及与行业均值的对比等。卖家的信誉状况一目了然。真正打算在淘宝长期经营的企业或个人只有规范经营，履行相关承诺，服从淘宝管理，才能赢得消费者的信任。

2. 将参加者驱逐出市场

如本书第三章所述，另一种创造履行动力的方法是利用技术手段（例如拒绝其访问由密码保护的网站）威胁将参与者逐出市场。在一些主要的在线市场中，对当事人而言，访问和参加该市场的交易在经济上可能非常重要。其重要性可以到这样的程度：被逐出该市场交易将承担比遵守 ODR 服务提供商不利的裁决更沉重的经济后果。在驱逐的威胁下，对当事人一方而言，（在经济上）最合理的决定可能就是遵守争议解决程序的结果并继续做生意。不过，这种解决方案对一锤子买卖的交

---

① Thomas Schultz, *Online Arbitration: Binding or Non-Binding?*, available at http://www.ombuds.org/center/adr2002-11-schultz.html, visited on August 16, 2013.

② 联合国国际贸易法委员会：《跨境电子商务交易网上争议解决：现有私人执行机制概览——秘书处的说明》（A/CN.9/WG.III/WP.124），资料来源于：http://daccess-dds-ny.un.org/doc/UNDOC/LTD/V13/863/43/PDF/V1386343.pdf?OpenElement，访问日期：2014 年 8 月 25 日。

③ http://en.wikipedia.org/wiki/Reputation_system#Online_reputation_systems，访问日期：2014 年 8 月 29 日。

易者几乎无效。①

淘宝平台就基于其作为国内领先的电子交易平台的优势，采用了前述方法督促交易者遵守淘宝的相关规则。具体而言，对于特定违规行为，淘宝将施以查封账户的处罚措施，即永久禁止会员使用违规账户登录淘宝、使用阿里旺旺等工具，② 也就是永久封号。一旦被查封账户，违规账户所有使用权限都将被冻结，连在淘宝购买商品也被禁止。这对日常交易大量依赖淘宝平台的企业和个人都是非常严重的处罚。

(二) 直接的自动执行方式

1. 第三方托管系统

第三方托管服务的运作原理如下：根据协议由第三者暂为保管买方的付款直至买方收到并检查货物。买方将其付款发送至托管账户，而非卖方。一旦资金被核实和保护，第三方托管服务机构就会通知卖方运送货物给买方。然后，第三方会追踪该货物的运送情况并在检验期间过后将付款打给卖方，除非买方通知第三方有问题。如果买方不满意，第三方就会将付款返还给买方。第三方充当了一个安全支付中介，它掌握着资金运行的账户。当事人双方都必须向第三方登记并在交易前订立第三方保管协议。③

在淘宝平台，这个第三方就是支付宝(www. alipay. com)。支付宝(中国)网络技术有限公司由阿里巴巴集团创办，是国内领先的独立第三方支付平台。支付宝提供的第三方信用担保服务，让买家可在确认所购商品满意后才将款项支付给商家，降低了消费者网上购物的交易风险。截至 2012 年 12 月，支付宝注册账户数突破 8 亿。在 2012 年 11 月 11 日，支付宝完成了 1. 058 亿笔交易，创下了单日交易量的新高。目前除淘宝网和天猫外，支持使用支付宝交易服务的商家已经超过 46 万家。④

支付宝的成功在于其对支付模式的创新。作为电子支付工具，最主要的是确保支付的快捷和安全。而网上交易安全需要依赖双方的诚信，因为电子商务不能实现一手交钱一手交货的传统模式，一边是商家担心发货后不能收到货款，另一边是消

---

① Thomas Schultz, *Online Arbitration: Binding or Non-Binding?*, available at http: //www. ombuds. org/center/adr2002-11-schultz. html, visited on June 26, 2014.

② 《淘宝规则》第 37 条,《天猫规则》第 47 条。

③ Thomas Schultz, *Online Arbitration: Binding or Non-Binding?*, available at http: //www. ombuds. org/center/adr2002-11-schultz. html, visited on June 26, 2014.

④ 资料来源于：http: //page. 1688. com/shtml/about/ali _ group1. shtml, http: //service. taobao. com/support/knowledge-1123029. htm? spm = 0. 0. 0. 0. GpN7dS&dkey = searchview，访问日期：2013 年 8 月 23 日。

费者担心付款后拿不到商品或者不能保证商品的质量。为此，支付宝创造性地提出了“担保交易”，不断推进网络诚信体系的建设。①

由于支付宝可根据争议发生后双方达成的协议或淘宝对争议的处理决定将款项支付给一方当事人，这就使得淘宝平台有关争议解决的结果可获得快速的自动执行。对其他 ODR 服务提供商而言，从中获得的借鉴是，在提供 ODR 服务时，或者自己成为这个第三方托管系统，或者与相关第三方建立联系，在当事人约定第三方保管款项并授权第三方根据 ODR 结果进行支付的情况下，使自己提供的 ODR 服务结果获得自动执行。

2. 判决基金

在判决基金的系统中，基金事先由未来当事人的出资所构成——在解决 B2C 争议的情况下，由关联的网络贸易商提供。裁决作出后，裁定的款项从判决基金中提取。② 淘宝平台同样采用了这样的方法。

首先，淘宝网于 2011 年 1 月 1 日正式推出“全网消费者保障服务”。全网消保以后，所有卖家都必须签署消保协议，为消费者提供消保服务。根据《消费者保障服务协议》③的规定，淘宝网的卖家应根据协议条款之约定缴存保证金。所谓保证金，指卖家根据本协议约定的条款和条件及淘宝网其他公示规则的规定缴存并冻结于卖家的支付宝账户，在其未履行消费者保障服务承诺时用于对买家进行赔付的资金。根据对应的服务内容不同，保证金分为基础保证金和特色服务保证金。④ 卖家与买家通过支付宝服务进行交易后，如因卖家未履行消费者保障服务承诺而导致买家权益受损，且在买家直接要求卖家处理未果的情况下，淘宝有权以普通或非专业人员的知识水平标准，根据相关证据材料和规则判定卖家是否应履行赔付义务。如是，则淘宝有权通知支付宝公司自卖家的支付宝账户直接扣除相应金额保证金款项，或者在卖家未缴纳保证金或保证金不足时动用卖家支付宝账户中的余额赔付给买家。

类似地，商家在天猫经营也必须交纳保证金，保证金主要用于保证商家按照天

---

① 王丹著：《电子商务法律实务》，上海交通大学出版社 2013 年版，第 141 页。

② Thomas Schultz，*Online Arbitration：Binding or Non-Binding*?，available at http：//www.ombuds.org/center/adr2002-11-schultz.html，visited on August 16，2013.

③ http：//service.taobao.com/support/knowledge-1121958.htm? spm = 0.0.0.0.ZDYGIM&dkey =searchview，访问日期：2013 年 8 月 23 日。

④ 首次缴纳的基础保证金金额应不少于 1000 元人民币。申请“假一赔三”和“数码 30 天维修”特色服务在基础保证金的基础上还需额外交纳特色服务的保证金。“假一赔三”需要再提交保证金 3000 元。“数码与家电 30 天维修”需要再提交保证金 2000 元。http：//service.taobao.com/support/knowledge-1124467.htm? spm=0.0.0.0.PHIIBo，访问日期：2013 年 8 月 25 日。

猫的规则进行经营，并且在商家有违规行为时根据《淘宝服务协议》及相关规则规定用于向消费者进行赔付，或向天猫及消费者支付违约金。①

淘宝平台所要求的保证金实质就是所谓的“判决基金”，其对保证淘宝争议处理结果的自动执行具有重要意义。如果由 ODR 服务提供商直接或间接控制该基金，服务商就可以独立地执行裁决。这样的资金可交由某一 ODR 服务提供商自行掌管，也可交给某一第三方，由后者根据指定的 ODR 服务提供商的指令支付款项。

3. 交易保险机制

交易保险机制的作用正如退款保证。它覆盖了供应商不按其约定履行交易以及当事人不能友好解决争议时客户承担的风险。假如满足某些条件，保险人将赔偿客户已付款项并可能支付引起的损害赔偿，例如为补救某种瑕疵而支出的额外费用。退还欠客户的款项后，保险人将向 ODR 程序中被宣布有责任的供应商主张收回资金。②

这也是淘宝平台所使用的一种机制。根据《淘宝争议处理规范》的规定，处理争议期间，淘宝使用自有资金代替卖家先行退款给买家(亦称“先行垫付”)的，交易作出处理后，淘宝有权通知支付宝公司，将交易款项、保证金或卖家支付宝账户中与先行垫付金额相当的部分划扣至淘宝账户。③ 前述淘宝使用自有资金替卖家先行垫付，再通过支付宝扣除卖家相关款项的做法，正体现了交易保险机制的运作原理。例如，实践中，天猫平台的部分会员享有极速退款资格，这部分会员与卖家达成退款协议后，如果货款在授信额度内，只要将货物退回并提交退货物流单号，就

---

① http://service.tmall.com/support/tmall/knowledge-1123773.htm? spm=0.0.0.0.OLyuMz，访问日期：2013 年 8 月 23 日。保证金根据店铺性质不同，金额如下：

(一)品牌旗舰店、专卖店：带有 TM 商标的 10 万元，全部为 R 商标的 5 万元；

(二)专营店：带有 TM 商标的 15 万元，全部为 R 商标的 10 万元；

(三)特殊类目说明：

1. 卖场型旗舰店，保证金为 15 万元；

2. 经营未在中国大陆申请注册商标的特殊商品(如水果、进口商品等)的专营店，保证金为 15 万元；

3. 天猫经营大类“图书音像”、“服务大类”及“电子票务凭证”，保证金收取方式：旗舰店、专卖店 5 万元，专营店 10 万元；

4. 天猫经营大类“医药、医疗服务”，保证金 30 万元；

5. “网游及 QQ”、“话费通信“及“旅游”经营大类的保证金为 1 万元。

(四)保证金不足额时，商家需要在 15 日内补足余额，逾期未补足的天猫将对商家店铺进行监管，直至补足。

② Gabrielle Kaufmann-Kohler & Thomas Schultz, *Online Dispute Resolution: Challenges for Contemporary Justice*, Kluwer Law International, 2004, p. 230.

③ 《淘宝争议处理规范》第 69 条。

会立即得到天猫先行垫付的货款。之后再由卖家将交易款项归还淘宝理赔金账户。

4. 技术限制

在受技术约束的情形下，对特定技术工具的控制能被用来直接执行某些内容的裁决。① 例如，淘宝可通过对会员采取店铺屏蔽、限制发布商品、限制发送站内信、限制社区功能、限制发货、限制使用阿里旺旺、限制网站登录、关闭店铺、公示警告等措施实现对其违规行为的处理。② 当然，采用技术限制的前提是相关机构对技术资源的控制。事实上，直接的自动执行机制都依赖于对起作用的资源的控制。这种控制可以是直接的，也可以是间接的(ODR 服务提供商可与控制机构建立某种联系)。

总之，从目前的实践看，成功的 ODR 服务大多配备了相应的自动执行机制。在适用自动执行系统的案件中，无论最终获得的是一份和解协议，还是一份仲裁裁决；无论是有拘束力的裁决，还是无拘束力的裁决，都不影响该结果在事实上的拘束力。这样的自动执行机制才是符合网络世界的需要和 ODR 的初衷的。因此，对我国的 ODR 服务提供商而言，根据实际情况，建立有效的自动执行方案应是其发展 ODR 业务的重要方面。

六、一点思考

ODR 专家 Ethan Katsh 等在谈及著名的在线拍卖及购物网站 eBay 时指出：“当争议当事人参加我们的[ODR]程序时，我们通过观察他们……我们开始相信，争论双方都确实像‘在法律的阴影下’参与程序一样。不过，其阴影影响了他们的法律是 eBay 的法律，而不是任何其他法律的阴影……eBay 对他们很重要，eBay 运行其网站的方式导致用户在 eBay 的前途会受发生的争议的影响。如果他们忽视了 eBay 的法律，他们未来的网上生活甚至他们的经济福利就要冒一些风险。”③这段话对淘宝这样的交易平台也是适用的。可以说，淘宝已形成一个自成一体的大市场，这个市场有自己的规则(包括争议解决方面的规则)，参与者都是按照这样的规则行事的，随着参与其中的主体不断增多，以及其在整个电子商务市场上的影响越来越大，这些内部规则也有可能成为整个行业通行的规则——一套交易习惯诞生了。

前述规则的产生、发展，其所体现出来的自治性和国际性(淘宝、ebay 的做法

---

① Gabrielle Kaufmann-Kohler & Thomas Schultz, *Online Dispute Resolution: Challenges for Contemporary Justice*, Kluwer Law International, 2004, p. 232.

② 《淘宝规则》第 37 条,《天猫规则》第 47 条。

③ Ethan Katsh, Janet Rifkin and Alan Gaitenby, *E-Commerce, E-Disputes, and E-Dispute Resolution: In the Shadow of "eBay Law"*, 15 Ohio St. J. on Disp. Resol. 705, 728 (2000).

在很多方面是相似的），都反映了商人习惯法的特征，也可以说，这些网上规则就是一种新的商人习惯法。它的形成顺应了网络世界本身的特点，满足了商人和消费者对便捷交易、高效解纷的需求，符合电子商务发展的规律和实际，因此在它所适用的“圈子”内运行得非常好。

既然这样的规则还在形成、发展之中，笔者认为，只要没有违反法律法规的基本原则或强制性规定，对其就不必过多干预。历史和现实已经证明，商人的创造性是无穷的，在宽松、自由的氛围下，对于游戏规则，包括解决交易纠纷的方式，他们常常会有很多契合实际需要、令人意想不到的创新。因此，在 ODR 的发展浪潮中，业界的自我调节比政府过早干预要好，政府层面的立法无需操之过急。① 可待其自我发展到一定程度，国家再考虑将其中一些比较成熟并获得普遍认可的做法纳入到立法中。② 这样做也符合商人习惯法的发展规律。

ODR 服务提供商可以获得的启示是：由于商人习惯法是交易者自己的法，最能满足他们的需要，为交易者服务的 ODR 服务提供商就应该关注上述习惯，吸收其中的经验，从而提供为交易者所需的服务。这是本节针对目前 ODR 推广的困境，以淘宝平台模式为例，尝试探讨国内 ODR 应向何处去的原因。

---

① 下述事实或许可在一定程度上说明这个问题：中国电子商务协会政策法律委员会副主任阿拉木斯先生曾在相关讲座上指出，在有关电子商务立法的数量方面，欧盟一直走在前面，被称为“立法冠军”，但其产业发展却与“立法冠军”的身份存在巨大落差，来自欧盟的公司无论是在全球 IT 公司市值排行还是全球十大互联网公司名单上，均不占优势或难觅其踪迹。换言之，欧盟“完备”的立法并没有如预期的那样推动电子商务的发展。众所周知，美国在电子商务立法上一直奉行较少干预的政策，其顾虑是唯恐因限制创新而对电子商务发展不利。事实上，美国的产业发展一直处于全球领先地位——想想看全球有多少知名的网站来自美国？

② 举例来说，多数电商都制定了网购退换货政策，其中，淘宝平台所实行的 7 天无理由退换货早已深入人心。最新修订的《中华人民共和国消费者权益保护法》亦将其纳入其中，该法第 25 条规定：“经营者采用网络、电视、电话、邮购等方式销售商品，消费者有权自收到商品之日起 7 日内退货，且无需说明理由，但下列商品除外：

（一）消费者定作的；

（二）鲜活易腐的；

（三）在线下载或者消费者拆封的音像制品、计算机软件等数字化商品；

（四）交付的报纸、期刊。

除前款所列商品外，其他根据商品性质并经消费者在购买时确认不宜退货的商品，不适用无理由退货。

消费者退货的商品应当完好。经营者应当自收到退回商品之日起七日内返还消费者支付的商品价款。退回商品的运费由消费者承担；经营者和消费者另有约定的，按照约定。”见 http://www.npc.gov.cn/npc/xinwen/2013-10/26/content_1811773_2.htm，访问日期：2013 年 10 月 31 日。

第二节　我国发展在线 ADR 的对策①

一段时间以来，在线 ADR 在我国的发展一直滞步不前，究其原因，首先还是由于观念上的障碍。在我国，无论是企业、消费者，还是政府机构，对于各类纠纷的解决，大多过于依赖正式制度，推崇司法救济，忽略或忽视了其他替代性争议解决方法。且不论在线 ADR，即使是传统的离线 ADR，除仲裁外，在我国的发展也一直不能令人满意。当 ADR 转移到网上时就更加举步维艰。其次，我国电子商务的发展是以政府为主导的，业界自律远远不够。而没有业界的自律，ODR 无法实行。② 再次，当事人尤其是消费者承担争议解决费用的能力有限以及由此产生的 ODR 服务提供商的经费来源问题是困扰 ODR 发展的一个重要因素。最后，相关立法有时也在无意中为 ODR 的发展设置了障碍。例如，根据我国《仲裁法》的规定，就常规的约束性仲裁而言，我国是不承认在内地进行的临时仲裁的，而只认可机构仲裁。但现实中许多 ODR 服务提供商严格说来并不能算作仲裁机构，如果当事人约定将争议提交此类 ODR 服务提供商，由其通过仲裁方式终局地解决争议的话，裁决可能并不会产生当事人预想的终局效力。③ 由此产生的后果就是，前述规定必然妨碍私人纠纷解决企业投身相关 ODR 业务的热情。

应该说，近年来上述情况已有所好转，以淘宝为代表的电子商务平台为用户提供的在线争议解决服务所取得的成功就是明证。以已有的成功实践作为参考，并结合我国实际，我们对加速发展我国在线 ADR 提出以下建议：

首先，观念上的障碍固然不是一朝一夕所能改变的，但互联网的全球性、管理非中心化和高度自治性的特征，电子商务全球化的大背景，以及不断涌现的网络纠纷难以获得有效救济的局面，要求我们必须摒弃旧的不合时宜的观念，转变思路，必须意识到构建多元化的纠纷解决机制已是保障互联网络健康发展，乃至构建和谐社会的重要措施之一，从而采取有力举措应对当前所面临的种种问题。

其次，我们需要借鉴其他国家已有的先进经验。我国在 ODR 实践方面的相对落后性要求我们应主动学习借鉴别国的先进经验，加强与国外有关机构及相关国际组织的交流合作。国家应加大对 ODR 领域研究的支持力度。

---

① 参见丁颖：《在线解决争议方式的发展及其对策》，载《云南师范大学学报(哲学社会科学版)》2011 年第 6 期，第 122~128 页。

② 徐继强：《在线纠纷解决机制(ODR)的兴起与我国的应对》，载《甘肃政法学院学报》2001 年第 4 期，第 37 页。

③ 参见肖永平、谢新胜：《ODR：解决电子商务争议的新模式》，载《中国法学》2003 年第 6 期，第 156~157 页。

再次，以市场为主导，政府提供政策支持并积极推动相应规范的建立。ODR 的运行机制是建立在互联网自律规范的基础上的。从事电子商务的企业应积极制定和完善商业规范和政策。这些规范和政策应把通过多种途径解决纠纷的机制和方法作为重要内容。譬如建立信任标记这样的业界自律机制。政府对 ODR 的发展和推动作用，首先在于政策上的支持，同时要推动 ODR 自身标准的建立。①

又次，关于争议解决的费用承担和 ODR 服务提供商的经费来源问题，现阶段信任标记机制或许是一种较好的解决方案。信任标记除了通过创建与 ODR 机制的联系从而促进电子商务企业的自律外，还可以在一定程度上缓解小额争议当事人(主要是消费者)不能或不愿负担过高的争议解决费用与 ODR 服务商经费紧张之间的矛盾。因为在很多情况下，争议解决费用已包含在由企业承担的信任标记年度费用之中，因此，在涉及消费者的 B2C 案件中，将由拥有信任标记的企业一方负担争议解决的全部费用。② 这样既免除了经济上处于弱势的消费者在费用上的后顾之忧，又保证了 ODR 服务商的资金供应。但如前所述③，此种单边用户收费模式容易引发偏袒的担忧，所以为长远计，仍需引入其他资金来源，避免 ODR 提供商仅靠当事人一方赞助获得运作。例如，政府可从财政上对有关消费者 ODR 试验项目的启动和运作予以支持，从而使得 B2C 纠纷可以在较低的双边收费甚至免费的基础上在线获得解决，因此免除当事人因单边收费模式引发的对 ODR 服务提供商独立性的担忧。又如，尝试提供在线解决争议服务的仲裁机构在通过解决大额 B2B 纠纷获取丰厚收入的同时，应有眼光和胆识开拓 B2C 纠纷的在线解决这一“不挣钱”的业务领域：一方面前者的收入可弥补后者在较低双边收费乃至免费情况下可能产生的亏损；另一方面，对大量消费者纠纷提供高效、公正的争议解决服务，是为其声望、形象加分的最好宣传。

最后，修改现行立法中对 ODR 的发展构成障碍的规定。事实上，撇开对 ODR 发展的影响不谈，前述《仲裁法》中有关否定临时仲裁的规定长期以来一直深受仲裁界诟病，随着商事实践和仲裁实践的发展，其越来越显得不合时宜。

---

① 徐继强：《在线纠纷解决机制(ODR)的兴起与我国的应对》，载《甘肃政法学院学报》2001 年第 4 期，第 37~38 页。

② *See* Gabrielle Kaufmann-Kohler & Thomas Schultz, *Online Dispute Resolution: Challenges for Contemporary Justice*, Kluwer Law International, 2004, pp. 55-58, 65-66. 前述网上交易保障中心为合作企业与消费者之间的争议提供在线调解服务的费用就已包含在企业向中心缴纳的年度费用之中，消费者无须承担相关费用。见 http://www.315online.com.cn/show.php?contentid=9541，访问日期：2010 年 11 月 20 日。

③ 本书第二章第四节之二(二)1。

第三编

ODR与法院

第五章 网上法庭①

第一节 网上法庭概况

一、网上法庭的概念

“网上法庭”(cybercourts)一词指主要在网上进行的法院程序②，既包括在线诉讼，也包括法院附设的在线 ADR。其基本特点是必须使用电子通信。但使用多少电子通信才构成网上法庭？一般认为，网上法庭使用的电子通信应包括创建争议双方的电子身份证，通过安全的数据库提交案件的电子文档或电子证据，电子法庭程序、在线听审和用电子方法作出法院判决。③ 换言之，在整个程序进行的过程中，当事各方可以完全通过在线方式交流，无须面对面地接触。

二、网上法庭的发展

(一)新加坡初级法院的“电子替代争议解决”(eAlternative Dispute Resolution, e@ dr)

网上法庭领域的首创是 e@ dr，这是 2000 年由新加坡初级法院实施的一个法庭在线调解项目。④ 该服务处理的纠纷必须涉及电子商务交易和事项，包括合同、知识产权和域名争议。投诉人只需简单地在网上填写一份表格陈述其不满及其所希望获得的救济，而无须到法院提起诉讼。案件负责人使用电子邮件通知被投诉人并邀请她或他填写反馈表。如果被诉方同意参与这一程序，法庭指定的调解员将负责该

---

① 参见丁颖：《网上法庭：电子商务小额纠纷解决的新思路——国外主要实践及中国相关制度构建》，载《暨南学报(哲学社会科学版)》2015 年第 10 期，第 41~59 页。

② Gabrielle Kaufmann-Kohler & Thomas Schultz, *Online Dispute Resolution: Challenges for Contemporary Justice*, Kluwer Law International, 2004, p. 40.

③ Faye Fangfei Wang, *Online Dispute Resolution: Technology, Management and Legal Practice from an International Perspective*, Chandos Publishing, 2009, pp. 63-64.

④ Gabrielle Kaufmann-Kohler & Thomas Schultz, *Online Dispute Resolution: Challenges for Contemporary Justice*, Kluwer Law International, 2004, p. 40.

案。不过，如争议只涉及少量索赔(至多 1 万新元或经各方同意至多 2 万新元)，负责人将把该争议提交小额索赔法庭调解。如争议不属于小额索赔法庭的管辖范围，它才会被提交本项目的法院调解员。从那时起，所有的交流都通过电子邮件进行。若双方达成协议，他们将被邀请起草一份和解协议。但是，如果双方不能在规定的时间(由调解员设置)内达成协议，投诉人将不得不提起诉讼或干脆放弃索赔。① 这实质上是一种由法院主持的诉讼前调解程序。

(二)密歇根州的网上法庭(Cyber Court)

目前关于网上法庭的论著中，被提及最多的是密歇根州网上法庭。该法庭是密歇根州最高法院根据州立法机构的"网上法庭"法案创建并于 2002 年运作的法院附设 ODR 项目②，是"全国第一个使用电子文件归档、网络会议及虚拟审判厅的完全在互联网上运作的法庭"。③ 该法庭是移动和虚拟的，没有固定的位置，并使用不同的法律技术在律师、ADR 服务提供商和法院之间在线存储、共享和提供证据。它推出了一系列电子法庭机制，如电子投诉、文件管理系统、案件管理系统、证据和媒体演示系统、电话会议、视频会议和数字录音。通过该机制，论据和证人证言可以通过电话会议提出，而不必亲自出庭听审；证据可以通过视频流或数字静止图像进行评估。尽管法官仍然可能在审判厅审理该案，但证人、诉讼当事人及律师还是可以在自己的办公室参加诉讼。公众可以在线观看网上法庭的程序。④ 该法庭对 25 000美元以上的商事争议拥有管辖权。如果双方当事人都同意接受该网上法庭的管辖，其就可获得运用。如果一方当事人向该法庭提起诉讼，另一方当事人可在 14 天内提出异议，否则就会被视为已接受该法庭的管辖权。该诉讼程序的进行没有陪审团的存在。该网上法庭被限定在初审；上诉应向线下的上诉法院提出。除了诉讼外，网上法庭的规则还提供了在线 ADR 的选择，例如协商和调解。⑤ 但是，"资金的缺乏和对法庭性质与定位(例如，部分物理与纯电子之争)不可调和的分歧

① Nicolas W. Vermeys and Karim Benyekhlef, *ODR and the Courts*, *in* ONLINE DISPUTE RESOLUTION: THEORY AND PRACTICE (edit. By Mohamed S. Abdel Wahab, Ethan Katsh and Daniel Rainey), Eleven International Publishing, 2012, pp. 304-305.

② Nicolas W. Vermeys and Karim Benyekhlef, *ODR and the Courts*, *in* ONLINE DISPUTE RESOLUTION: THEORY AND PRACTICE (edit. By Mohamed S. Abdel Wahab, Ethan Katsh and Daniel Rainey), Eleven International Publishing, 2012, p. 298.

③ Kimberly Koscielniak and Brian Wassom, *Cyber Court*, 82 MI Bar Jnl. 48, 48 (2003).

④ Faye Fangfei Wang, *Online Dispute Resolution: Technology, Management and Legal Practice from an International Perspective*, Chandos Publishing, 2009, p. 62.

⑤ Gabrielle Kaufmann-Kohler & Thomas Schultz, *Online Dispute Resolution: Challenges for Contemporary Justice*, Kluwer Law International, 2004, pp. 40-41.

导致该项目被放弃"①。"看来，与许多其他失败的法院 IT 项目一样，该网上法庭的支持者试图一次做太多，因此忽略了考虑关键问题，如用户的认可，同时又低估了该尝试的复杂性和成本。"②

（三）澳大利亚联邦法院的电子法庭（eCourtroom）③

除密歇根州网上法庭之外，比较有代表性的网上法庭实例还有澳大利亚联邦法院的电子法庭（eCourtroom）。根据澳大利亚联邦法院网站上的介绍，"电子法庭"是一个虚拟法庭，其允许在线制作指令和其他命令从而进行与一般联邦法（联邦法院或联邦巡回法院）有关的特定程序。它是一个安全的基于互联网的工具，使得各方当事人能够参与在线讨论，而不必在规定期间出现在某个物理审判室。"电子法庭"管理和审理的事项包括：审前事宜、破产程序中替代送达的单方面申请及其他程序中审查传票的申请。该"电子法庭"现与联邦法院另一个在线服务项目"电子投诉"（eLodgment）整合成一体，为当事人提供了与后者的无缝链接以供其提交文件。"电子投诉"也是一种基于网络的服务，是为了在一般联邦法程序中能以电子方式提交文件，从而使程序更加高效和有成本效益。二者的区别在于："电子法庭"是一个虚拟法庭，而"电子投诉"是一个在线文件提交服务项目。任何想要在联邦法院或联邦巡回法院（一般法）提交文件的人，无论是从业者、律师事务所、法人团体或自我代理的诉讼当事人，均可以注册使用"电子投诉"。而"电子法庭"仅根据法官或登记官的决定而启动；只有争议各方可以使用"电子法庭"；当事人为了访问"电子法庭"，必须注册。此外，"电子法庭"通过附属的"电子案件管理"（eCase Administration）应用程序为当事人提供了一个交换信函和文件草案的机制。"电子法庭"和"电子案件管理"都是"电子法庭"应用程序的一部分。"电子法庭"用于公开讨论，就如在物理审判室进行的讨论一样，而"电子案件管理"是进行私下讨论的场所，类似于在法官办公室进行的讨论。在通过"电子投诉"提交文件时，一旦注册被接受，接下来就需要选择管辖区和诉讼类型、上传文书及任何证明文件。使用"电子投诉"或"电子法庭"没有任何费用，不过递交特定文件类型会有一定费用。在某些案件中，"电子法庭"也可用于调解。负责调解的注册官可对如何进行调解发布指令。

---

① Anthony Garofano, *Avoiding Virtual Justice: Video-Teleconference Testimony in Federal Criminal Trials*, 56 Cath. U. L. Rev. 683, 688 (2007).

② Nicolas W. Vermeys and Karim Benyekhlef, *ODR and the Courts*, *in* ONLINE DISPUTE RESOLUTION: THEORY AND PRACTICE (edit. By Mohamed S. Abdel Wahab, Ethan Katsh and Daniel Rainey), Eleven International Publishing, 2012, p. 300.

③ http://www.fedcourt.gov.au/online-services/elodgment/faq-started, https://www.ecourtroom.fedcourt.gov.au/ecourtroom/default.aspx, visited on March 6, 2014. http://www.fedcourt.gov.au/online-services/ecourtroom/protocol, visited on March 7, 2014.

三、网上法庭的优势

与离线诉讼程序相比，网上法庭具有一个显著的优势：方便。对证据不多的小额、简单争议而言，这种方便尤其显著。① 与其他 ODR 一样，网上法庭允许远距离的沟通，消除了旅行的需要并降低了成本。它还允许使用异步通信，为解决争议提供了更方便和更灵活的选择。当事人可以通过电脑一天 24 小时、一周 7 天，随时起诉和监督其案件。②

与私人的在线 ADR 相比，使用网上法庭也具有许多优势。首先，协商和调解可能导致和解，也可能什么都达不成，与之不同，法院诉讼必然产生一份有强制力的判决。③ 虽然传统仲裁也能产生具有拘束力的仲裁裁决，但仲裁要求当事人放弃权利，因此仲裁目前仍然面临一系列法律障碍。例如，对消费者争议而言，根据若干法域的法律，就存在可仲裁性的问题。④ 其次，在法院程序中存在法官的民主问责制，而在私人审判中则缺乏此种元素。再次，在普通市民看来，法官享有很高的社会威望，或享有很高的象征资本，这就增加了对该程序的正当性的认同。此种感觉到的正当性可能是在某些法律制度下消费者争议被保留给法院的原因之一。⑤ 最后，网上法庭作为政府的一个部门，比私人争议解决服务提供商有更大的权力向企业问责，这往往是当事人希望得到的东西。⑥

在这方面，欧盟有关 ODR 的试点项目“电子消费者争议解决”(Electronic Consumer Dispute Resolution, ECODIR)的经历颇能说明问题。虽然自 2001 年作为免费实验项目启动以来，该应用程序在技术和用户友好性方面获得了广泛的好评，但其最终却没有获得成功的市场实现——ECODIR 原本定于 2003 年作为一个非营利组织在市场上推出，然而，这一目标受挫。造成这一局面的最主要的原因是公共

① Gabrielle Kaufmann-Kohler & Thomas Schultz, *Online Dispute Resolution: Challenges for Contemporary Justice*, Kluwer Law International, 2004, p. 41.

② Pablo Cortés, *Online Dispute Resolution for Consumers in the European Union*, Routledge, 2011, pp. 85, 19.

③ Gabrielle Kaufmann-Kohler & Thomas Schultz, *Online Dispute Resolution: Challenges for Contemporary Justice*, Kluwer Law International, 2004, p. 42.

④ Thomas Schultz, *Online Arbitration: Binding or Non-Binding?*, available at http://www.ombuds.org/center/adr2002-11-schultz.html, visited on August 16, 2013.

⑤ Gabrielle Kaufmann-Kohler & Thomas Schultz, *Online Dispute Resolution: Challenges for Contemporary Justice*, Kluwer Law International, 2004, p. 42.

⑥ Brian A. Pappas, *Online Court: Online Dispute Resolution and the Future of Small Claims*, 2008 UCLA J. L. & Tech. 1, 17.

资金的撤出和缺乏执行机制。假如ECODIR或类似的平台被国营(state-run)小额索赔法庭所采用，那么这些问题就不存在了。①

第二节 在线小额索赔程序

一、网上法庭的主要受益者：小额索赔

虽然网上法庭具有以上优势，但就目前而言，其最主要的受益者还是包括消费者纠纷在内的小额、简单争议。这是由诉讼的特点和目前技术发展水平及技术手段的可获得性所决定的。法院诉讼是所有争议解决方式中对程序要求最严格的一种，而现有技术及其应用分布的不平衡无法使网上法庭满足所有程序要求。例如，对大多数案件而言，开庭审理是基本要求，但目前技术应用的不平衡显然无法实现普遍的在线听审，即便在法院与个别当事人之间可以通过视频会议等技术手段进行当庭听证的情形，对一些较为复杂的案件而言，当前的技术也无法使在线听审完全实现现场庭审的所有功能和与之同等的呈现。而前述功能和呈现对此类案件审判是必需的，它既是正当程序的基本要求，也是公正判决的重要保障。何况还有一部分涉及强制性及其他临时性措施的案件，更是网上法庭所力不从心的。② 不过，根据各国法律，对于事实清楚、争议不大的小额诉讼，往往可采用更为简便、灵活、非正式的程序，无须严格遵守为普通程序设置的程序标准，包括可采用书面审理的方式等。利用网上法庭解决这类纠纷没有太大障碍。同时，因为在交易额较大、案情较为复杂的争议中，与旅行费用和时间的节省相比，当事人更看重程序的质量，因此，因争议解决而产生的费用并不是问题的主要方面。而在小额纠纷中，由于争议本身的价值有限以及当事人自己的资源有限，他们在争议解决上仅愿意花费有限的费用。③ 因此，小额索赔比大额索

① Gabrielle Kaufmann-Kohler & Thomas Schultz, *Online Dispute Resolution: Challenges for Contemporary Justice*, Kluwer Law International, 2004, p. 87; Pablo Cortés, *Online Dispute Resolution for Consumers in the European Union*, Routledge, 2011, p. 73; Nicolas W. Vermeys and Karim Benyekhlef, *ODR and the Courts*, *in* ONLINE DISPUTE RESOLUTION: THEORY AND PRACTICE (edit. by Mohamed S. Abdel Wahab, Ethan Katsh and Daniel Rainey), Eleven International Publishing, 2012, p. 307.

② Nicolas W. Vermeys and Karim Benyekhlef, *ODR and the Courts*, *in* ONLINE DISPUTE RESOLUTION: THEORY AND PRACTICE(edit. by Mohamed S. Abdel Wahab, Ethan Katsh and Daniel Rainey), Eleven International Publishing, 2012, p. 309.

③ *See* Gabrielle Kaufmann-Kohler & Thomas Schultz, *Online Dispute Resolution: Challenges for Contemporary Justice*, Kluwer Law International, 2004, pp. 55-56.

赔在更大程度上受益于 ODR 的低成本。① 所以，“处理较小金额和不太复杂问题的小额索赔法庭非常适宜转换至网上进行操作”②。

所谓“小额索赔法庭”(Small Claims Court)或“小额索赔程序”(Small Claims Procedure，简称 SCP)，是一种用来解决小额索赔且无须法律代理的快捷高效的程序，通常作为普通民事诉讼程序的附加司法程序来运用。SCP 的目的是以所需费用和时间与索赔的价值成比例的方式提供争议解决。③ 其区别于普通民事诉讼程序的主要特征在于：④ 第一，SCP 是一种更加非正式的和简化的诉讼程序。第二，通常无需诉讼当事人的法律代理。因此，主张权利人没有义务提出任何法律论据支持其权利主张。第三，法官通过在程序事项上协助没有代理人的诉讼当事人从而在口头审理中扮演着更多干预的角色。第四，程序规则对诉讼当事人和法官而言更为宽松，给予诉讼当事人在提交证据上更大的灵活性并给予法官在作出决定方面更大的裁量权。第五，诉讼当事人通常要支付他们自己的诉讼费；因此，如果原告败诉，原告并没有必须支付被告费用(包括法律代理费)的风险。如前所述，小额索赔法庭非常适合移至网上以有效处理低成本、远距离的争议(例如起因于电子商务交易的消费者争议)，这就产生了在线小额索赔程序，其系网上法庭的一种，也是当前最成功的法院附设 ODR 实践。

二、在线小额索赔程序的实例

下文对目前较有代表性的在线小额索赔程序实践作一介绍。

(一)爱尔兰的在线小额索赔(Small Claims Online)⑤

爱尔兰的小额索赔服务由地区法院办公室⑥提供，旨在廉价地处理消费者或企

---

① R. Susskind, *The End of Lawyers*, Oxford University Press, 2009, p. 221；转引自 Nicolas W. Vermeys and Karim Benyekhlef, *ODR and the Courts*, *in* ONLINE DISPUTE RESOLUTION: THEORY AND PRACTICE (edit. by Mohamed S. Abdel Wahab, Ethan Katsh and Daniel Rainey), Eleven International Publishing, 2012, p. 306.

② Brian A. Pappas, *Online Court: Online Dispute Resolution and the Future of Small Claims*, 2008 UCLA J. L. & Tech. 1, 2.

③ Pablo Cortés, *Online Dispute Resolution for Consumers in the European Union*, Routledge, 2011, p. 17.

④ J. Baldwin, *Is There a Limit to the Expansion of Small Claims*, 56 Current Legal Problems 317, 317-318 (2003)；转引自 Pablo Cortés, *Online Dispute Resolution for Consumers in the European Union*, Routledge, 2011, p. 18.

⑤ http://www.courts.ie/courts.ie/library3.nsf/PageCurrentWebLookUpTopNav/Home, visited on March 15, 2014.

⑥ 具体指以下地方的地区法院办公室：被告居住或经营业务地，或者合同订立地，或者在财产损害案件中，损害发生地。

业提出的索赔而不必求助律师。① 作为原告的“消费者”必须是为私人目的从商家那里购买货物或服务。例如，可以因劣质商品的费用或拙劣的做工提出索赔，而不能就借给别人的钱提出索赔。作为原告的“企业”必须为商业目的从商家那里购买货物或服务，不能就因完成的工作或提供的服务而应得的被拖欠的报酬提出索赔，也不能针对个人提出索赔。地区法院的书记员，称作小额索赔登记员，负责处理小额索赔。如果可能的话，登记员将促成协商和解，而无须法庭听审。如果问题一时难以达成协议，登记员将把该权利请求提交到地区法院。该 SCP 处理的索赔类型包括：(a)因出于私人目的从商家那里购买货物或服务提起的索赔(消费者索赔)；(b)因出于商业目的从商家那里购买货物或服务提起的索赔(企业索赔)；(c)因轻微财产损失提起的索赔(但不包括人身伤害)；(d)因不返还某些种类租赁财产的押租提起的索赔。例如，度假住宅或业主也居住其中的房屋的一个房间/一套公寓，条件是该索赔不超过 2000 欧元。因以下事由引起的索赔被排除在小额索赔程序之外：(a)适用《1995 年消费者信贷法》的协议(包括信贷协议、分期付款购买协议和消费租用协议)；(b)违反租赁协议；(c)债务或违约金。爱尔兰法院服务网站提醒当事人，在决定提起小额索赔之前要三思，但该程序可帮助当事人以最少限度的程序上的繁文缛节和很少的花费提起小额索赔。

当事人可以传统方式提出索赔或通过使用小额索赔在线系统提出索赔。如果在线提出索赔，通过使用小额索赔在线系统，当事人可以实现：(a)在线创建小额索赔申请；(b)缴纳相应的小额索赔申请费；(c)追踪其在线小额索赔的状态。具体步骤如下：首先，原告通过网站 https://www.csol.ie/ccms/welcome.html 注册一个账号，然后创建其小额索赔。与索赔细节有关的信息应该简短并且只包含基本事实。之后，登记员将审查原告的申请，并在其作出决定的适当时间——通常在 5 日内——通过电子邮件通知原告是否核准该案。原告只有在已经获得登记员批准并已支付小额索赔费用(25.00 欧元)时才启动案件。填妥的申请表格的副本将由登记员发送给被告。当事人可以聘请律师，但必须自己承担费用，即使胜诉也是如此。该规则对使用律师是一个强有力的抑制因素并鼓励发展有成本效益的 SCP。② 当事人每次登录到自己的账户都可以查看案件的所有详细资料。当屏幕上当事人案件状态旁出现红旗标志时，表示存在一个当事人必须执行的未完成行为——例如继续进行程序与支付小额索赔费用并启动案件，从而使法院可以处理必要的文件。案件状态包括：准备中、已激活、听审中、完成、驳回[这是指案件已被登记员作为无效的

① 之前，地区法院小额索赔程序仅适用于消费者索赔。自 2010 年 1 月 11 日起，该程序的适用范围扩及一个企业对另一个企业提出的索赔。

② Pablo Cortés, *Online Dispute Resolution for Consumers in the European Union*, Routledge, 2011, p. 19.

小额索赔驳回(但它作为另一种类型的诉讼案件可能是一个有效的索赔)]。

如果登记员接到被告的通知，对原告的索赔有争议或对原告提起了反诉，登记员将联系原告并将被告的答复副本发给原告。登记员可会见当事人并与双方进行协商，以设法达成一项协议。在不能解决争议的情况下，登记员将把案件移交给地区法院审理。如果被告承认原告的索赔，他/她必须向登记员办公室递交《接受责任的通知》。如果被告没有答复，索赔将被自动视为无异议。地区法院接着将按索赔的数额作出支持原告的命令(原告不必出庭)，并要求在很短的特定期间(大约4周)内支付。如果被告不支付，原告可以申请登记员将法院命令发送给自己以便由执行官执行。无论是原告还是被告都有权就地区法院的命令向巡回法院提起上诉。

该小额索赔程序的在线服务很受欢迎，因为当事人现在可以通过电脑在任何方便的时间，随时起诉和监督其案件。该在线项目也表明SCP很容易适应信息和通信技术(Information and Communications Technology，ICT)的使用。① 当然，如前所述，该在线项目目前仅允许当事人在线起诉和缴费以及跟踪其案件的进展。如果被告对索赔提出异议，无论是登记员居中促成和解协议，还是无法达成协议时移交至地区法院审理，都还需要当事人亲自到达指定地点参加相关程序。因此，在线应用仅限于小额索赔程序的特定方面。② 此外，在线程序的运用在很大程度上是一种自助服务，这就对当事人提出了一定要求。一项调查显示，因为原告未能遵守某些法律规定，2007年通过在线服务向爱尔兰某地区法院提出的索赔中有一半被驳回。究其原因，主要是由于形式上的缺陷，例如未能写出企业的法定名称，或实质上的缺陷，即索赔超出SCP的范围，如系债务或私售。而当当事人亲自到地区法院办公室提起索赔时，他们是由登记员直接协助的，因此，大多数离线索赔都获得了承认。③

(二)英国的"在线金钱索赔"(Money Claim Online)与"在线占有请求"(Possession Claim Online)

在英格兰和威尔士，消费者、企业、政府机构以及律师可使用在线程序进行债务索赔。原告仅需提交索赔申请，并由法院通知被告。被告可以在线提交答辩，且在每个阶段都鼓励当事人和解解决争议。在程序进行期间，当事人可以查看其索赔、判决或令状的状态。当事人还可以通过借记卡或信用卡在线支付因签发诉讼请

① Pablo Cortés, *Online Dispute Resolution for Consumers in the European Union*, Routledge, 2011, p.19.

② Pablo Cortés, *Online Dispute Resolution for Consumers in the European Union*, Routledge, 2011, p.95.

③ Pablo Cortés, *Online Dispute Resolution for Consumers in the European Union*, Routledge, 2011, pp.95-96.

求和令状而产生的费用(该费用低于传统法院之费用)。在线程序拥有用户友好的设计，并设有用户帮助台提供支持，可以通过电子邮件或电话与之联系。①

英国的在线法院服务主要包括在线金钱索赔(Money Claim Online，MCOL)和在线占有请求(Possession Claim Online，PCOL)。二者都是由皇家法院服务系统为原告和被告提供的基于互联网的服务。MCOL 是“在互联网上提出或应对金钱索赔”的一种方式，而 PCOL 旨在解决“某些类型的占有请求”。②

1. 在线金钱索赔③

在线金钱索赔(MCOL)允许原告和被告使用在线表格处理金钱索赔问题。通过 MCOL，原告可以实现：(a)就一笔固定数额的金钱在线申请郡法院发布索赔；(b)检查索赔的状态；(c)在适当情况下，请求判决登记(entry of judgment)；(d)在适当情况下，请求通过签发执行令状强制执行该判决。利用 MCOL 提起索赔必须满足以下条件：索赔的金额小于 10 万英镑(不能用于对事故或人身伤害提起的索赔)；被告(自然人或组织)不超过两名；被告在英格兰或威尔士有地址以进行送达。同时，原告也应在英国有一个地址，且通过 MCOL 发布的索赔只能有一个原告。如原告未满 18 岁，就不能使用 MCOL。且原告亦不能使用 MCOL 对 18 岁以下儿童、缺乏“意识能力”的人、官方或政府部门、租赁按金计划下的房东提起索赔。如果法院因原告是一个“无理缠讼的诉讼当事人”(使用诉讼案件骚扰其他人的人)而禁止原告提起索赔，则原告也不能使用 MCOL。

为通过 MCOL 提出索赔，当事人需要注册使用“政府入口网站”(the Government Gateway)。其可以通过 MCOL 网站——www. moneyclaim. gov. uk 进行注册。注册完毕，当事人会被带到自己的 MCOL 主页。当事人的主页提供的选项包括开始一个新的索赔以及对针对自己的索赔作出回应。它还会显示当事人提交或起草的最近索赔的清单。需要注意的是，原告提交的起诉状被限制为 45 个字符 24 行，总共 1080 个字符，且该网站只接受以下标点：句号、逗号、英镑符号。为在线提出一个新索赔，原告需要支付诉讼费，所支付的费用将自动添加到原告向被告索赔的金额中。自原告提交索赔之日起 2 个工作日内将签发索赔请求。一旦签发索赔请求，法院将向每位被告发送索赔包，并允许自签发之日起 5 个日历日以送达索赔。因此，“送达日”是签发后的第 5 个日历日。被告自“送达日”起在 14 个日历日内提交

---

① Pablo Cortés, *Online Dispute Resolution for Consumers in the European Union*, Routledge, 2011, p. 96.

② Nicolas W. Vermeys and Karim Benyekhlef, *ODR and the Courts*, *in* ONLINE DISPUTE RESOLUTION: THEORY AND PRACTICE (edit. by Mohamed S. Abdel Wahab, Ethan Katsh and Daniel Rainey), Eleven International Publishing, 2012, p. 302.

③ *Money Claim Online (MCOL)—User Guide for Claimants*, available at http://www. justice. gov. uk/downloads/courts/mcol-quickstart-guide. pdf, visited on March 19, 2014.

答复。被告必须提交对索赔的书面答复。通常使用索赔包提供的表格提交答复，也可以以其他书面格式，如通过电子邮件或打印陈述的形式提交。

根据被告的反应，原告可决定是否继续进行索赔程序。首先，在被告提出答辩，声称签发赔偿请求之前索赔金额已经支付或者质疑索赔的全部或部分金额的情况下，如原告想继续进行索赔，则必须通知法院。案件将被转移到调解人或地方法院继续进行。当事人就不再能够通过 MCOL 账户追踪索赔的进度或采取行动。其次，如果被告承认部分或全部索赔，而原告愿意接受该答复并希望获取还款命令，其可继续在线申请判决。不过，如果原告不同意被告提议的还款方式(或者后者没有提议)，原告可以请求法院“决定”判决，但原告不能在线提出此要求。最后，如果被告在签发赔偿请求之后向原告进行了支付，原告又愿意接受所收到的金额以解决索赔，原告即可通过点击“更新索赔状态”按钮将案件标记为已支付。如果原告在签发赔偿请求之后收到部分付款，则直到全部付款完成才需要告知法院。被告可以对索赔的其余部分提出抗辩；或者，如果被告不对索赔作出回应，则一旦被告的答复时间到期，原告可以对余额申请判决。

如果被告没有在允许的时间内对原告的索赔予以答复，或被告已经给原告发送了承认表格且原告愿意接受被告的付款提议，原告就可以通过 MCOL 网站请求判决。原告需要选择是申请“缺席判决”(被告对索赔未提交答辩或承认)还是“接受判决”(被告承认欠了所有的钱)。在线申请判决可以确保原告的申请尽快得到处理。当判决已被登记和记录，在“索赔概述”部分会有一个再次登记，确认该判决已被“签发”。原告还会收到判决已经登记的书面确认。如果被告不按付款指令偿还，原告可以考虑是否要转到执行，原告可以在线申请执行令。该执行令针对的数额最多可达到 5000 英镑(包括诉讼费用)。执行令将被发送给被告的当地法院以强制执行，且当地法院应为原告提供最新进展情况(称为“执行令的回呈”)。

“MCOL 已被证明是一个非常成功的计划。该服务目前‘处理的索赔比地方法院更多’。”①

2. 在线占有请求②

在线占有请求(PCOL)为通过互联网提起或应对某些类型的占有请求提供了一种简单、方便和安全的方式。通过 PCOL，当事人可以追踪其诉讼请求、判决和/或令状的状态。当事人将通过借记卡或信用卡在线支付因签发诉讼请求和令状及其

---

① Nicolas W. Vermeys and Karim Benyekhlef, *ODR and the Courts*, *in* ONLINE DISPUTE RESOLUTION: THEORY AND PRACTICE (edit. by Mohamed S. Abdel Wahab, Ethan Katsh and Daniel Rainey), Eleven International Publishing, 2012, p. 303.

② https://www.possessionclaim.gov.uk/pcol/help/hlp.do, visited on March 27, 2014; http://www.whiteheadsols.co.uk/bulletins/bulletin15.pdf, visited on April 2, 2014.

他传票而产生的费用。个人、律师、政府、企业均可以使用 PCOL。但无理缠扰的诉讼当事人、未成年人(未满 18 岁)等不能使用 PCOL。适合 PCOL 的诉讼请求必须满足以下条件：(a)其系根据《民事诉讼规则》第 55 篇第 1 节提起的诉讼请求；(b)该诉讼请求包含房东纯粹以欠租为理由对租客提起的对住宅物业的占有请求(但不是丧失租赁权的主张)或抵押权人纯粹以抵押人拖欠支付抵押合同下的到期款项为理由而对其提起的对住宅物业的占有请求；(c)除支付欠缴租金或抵押合同下的到期款项、利息及费用外，它不包括针对任何其他救济的请求；(d)原告在英格兰或威尔士有可交付文件的地址；(e)所有被告在英格兰和威尔士有送达地址；(f)原告能够为收回的财产提供邮政编码；(g)原告有一个电子邮件地址。原告或其诉讼代理人登录时必须输入其在注册时提供的用户名和密码。被告的用户名和密码将与从法院收到的文件一同提供。

原告为启动诉讼，需要在 PCOL 网站填写一份在线权利请求表以要求法院签发该请求表，并应电子支付相应的签发费用。收到前述在线申请表后，一份回执会自动发送给原告，不过这仅表示已收到表格，并不意味着权利请求表已经签发或送达。法院签发权利请求表后，会将表格的打印版和答辩表送达被告，并以邮递方式或可能情况下通过电子手段向原告发送有关签发的通知。签发权利请求表后第五天，该表格将被送达。如果是使用 PCOL 签发权利请求的，被告需通过该系统提交答辩或反诉——这可以通过使用 PCOL 网站上的在线表格来完成。当事人已提起或正在参与的所有请求都会显示在其主页上。

当事人可以使用前述系统向法院发送信函、提交申请。例如，当事人可以在线申请推迟即将来临的听审、请求法院签发占有令状、申请暂停即将来临的强制迁出预约行动、申请法院许可签发恢复原状令状、请求重新签发占有令状，等等。总之，“虽然没有 MCOL 那么成功，PCOL 仍然是有效的国营 ODR 的一个很好的例子”①。

(三)欧洲小额索赔程序(European small claims procedure)②

根据 2007 年 7 月 11 日《欧洲议会和欧盟理事会建立欧洲小额索赔程序的条例((EC)第 861/2007 号)》(以下简称《ESCP 条例》)，欧洲小额索赔程序(European small claims procedure，ESCP)自 2009 年 1 月 1 日起适用于除丹麦外的所有欧盟成员国。ESCP 旨在通过简化跨境民商事小额索赔诉讼程序和降低成本，改善获得司

① Nicolas W. Vermeys and Karim Benyekhlef, *ODR and the Courts*, *in* ONLINE DISPUTE RESOLUTION：THEORY AND PRACTICE (edit. by Mohamed S. Abdel Wahab，Ethan Katsh and Daniel Rainey)，Eleven International Publishing，2012，p. 304.

② https：//e-justice. europa. eu/content_small_claims-42-en. do，http：//europa. eu/legislation_summaries/consumers/protection_of_consumers/l16028_en. htm#，visited on April 5，2014.

法救济的机会。“小额索赔”是指(在管辖法院收到索赔表格时)不包括利息、费用及支出的、金额低于2000欧元的案件。根据这一程序作出的判决在其他成员国不需要可执行性的声明就可获得承认和具有强制性，且不会有反对其承认的任何可能性。该程序是非强制的，是作为成员国国内法程序的一种替代提供给当事人的。

ESCP适用于跨境案件，即至少一方当事人的住所或惯常居所在诉讼法院所在成员国以外的一成员国的案件。ESCP并不适用于税收、海关或行政事宜，也不适用于国家的赔偿责任，且不适用于下列事项：(a)自然人的法律地位或行为能力；(b)夫妻财产制、赡养义务、遗嘱和继承；(c)破产、和解协议和类似的程序；(d)社会保障；(e)仲裁；(f)就业法；(g)不动产租赁，但货币索赔除外；(h)侵犯隐私权和与人格有关的权利，包括诽谤。

ESCP使得律师并非必要，该程序的步骤大致如下：为提起金额小于2000欧元的索赔，原告填写一份标准的索赔表(表格A)①，列明索赔细节、要求金额等，并通过为起诉地成员国所接受的任何通信手段递交给有管辖权的法院。任何相关的证明文件，如收据、发票等，应附在该表格之后。如果原告没有提供足够的信息，法院会发送表格B给他，要求补充缺少的信息。一旦法院收到正确填写的索赔表，它就要填写标准的答复表(表格C)上属于它的那部分。在收到索赔表后14天内，法院应将索赔表副本连同答复表及证明文件(如适用)用邮寄方式送达被告。被告通过填写答复表上属于他/她的部分进行答辩，并须自答复表送达之日起30天内提交其答辩。在收到被告的答复后的14天内，法院将答复的副本及任何相关证明文件转发给原告。被告所提交的任何反诉(使用表格A)采用与原索赔被送达被告的相同方式送达原告。原告在30天内作出答复。如果反诉的金额超过2000欧元，原索赔和反诉都将按照诉讼所在地成员国的相关程序法(而不是按照欧洲小额索赔程序)处理。上述标准表格备有多种语言版本，且尽可能采用标记框的方法以使其填写简单，方便当事人提交索赔。

法院必须自收到被告(如果有反诉，则为原告)的答辩后30天内作出判决。不过，它也可以要求任何一方以书面形式提供进一步细节(当事人有30天时间给予答复)或决定取证或传唤当事人参加口头审理；在上述情况下，法院自收到信息或举行审理后30日内作出判决。如果进行口头审理，没有必要由律师代理。法院确定其判决所必需的证据的程度及取证的手段，使用最简单和最少负担的方法。任何时候，只要适当，法院都将试图在当事人之间达成和解。只有当口头审理看来必要或者当事人一方要求时，法院才进行口头审理。如果口头审理对诉讼程序的公平进行显然没有必要，则该要求可被拒绝。口头审理可以通过视频会议或其他通信技术

① 所有与小额索赔相关的标准表格可在欧洲电子司法门户网站获得：https：//e-justice. europa. eu/content_small_claims_forms-177-en. do#action，visited on April 5，2014.

进行。

判决将在其他成员国获得承认和执行，执行判决的成员国不能对实质问题进行审查。判决的执行依照执行判决的成员国的国内规则和程序进行。当局不能以原告是外国人或住所或居所不在执行判决的成员国为由要求任何担保、保证金或定金。另一成员国可以拒绝执行的唯一原因是，执行会与其他成员国就相同当事人之间所作的另一判决相矛盾。

对 ESCP 判决的上诉由成员国的程序法调整。在下列情形下，被告可以向作出判决的法院申请复审：(a)索赔表格或口头审理的传票没有采取能够证明他亲自收到的方式予以送达；(b)非因他的过错，没有及时进行送达而影响其准备答辩的；(c)非因他的过错，因不可抗力或特殊情况妨碍其对索赔提出异议的。

对互联网和信息通信技术(ICT)工具的利用可降低获得司法救济的门槛，互联网和 ICT 还以一种快速和集中的方式提供信息，这对国际层面的司法程序很有用。《ESCP 条例》鼓励成员国在程序中利用信息技术。此外，当事人诉诸 ESCP 时，包含有用信息的索赔表和答复表均可上网获得，这对进一步便利使用 ESCP 也是必不可少的。不过，该条例将是否提供在线提交索赔的应用系统、是否允许使用电子邮件讯问证人或承认专家意见等问题留给了各成员国决定。① 有学者认为，有必要对成员国施加义务，要求它们在其国家进行的 ESCP 中接受使用现代通信技术，并相信，哪怕只是可以在线提交索赔及随后的令状都将大大有助于 ESCP 的普及。②

第三节 我国建设网上法庭的构想

一、我国发展网上法庭的意义

如前所述，我国目前电子商务的发展势头迅猛。电子商务的快速发展也导致产生了大量区别于传统纠纷的新型纠纷，这类纠纷具有额小量大距离远的特点。在面对此类争议时，传统争议解决机制显得力不从心。工业和信息化部制定的《电子商务“十二五”发展规划》在肯定我国电子商务持续快速发展的良好态势、强调加快发展电子商务的必要性和重要性的同时，也指出电子商务的发展仍然存在着一些比较

---

① Pablo Cortés, *Online Dispute Resolution for Consumers in the European Union*, Routledge, 2011, p. 103.

② Ada Szczepankowska, Marika Walczak & Lukasz Szyszka, *The European Small Claims Procedure: International Cooperation in Civil Matters*, pp. 18-19, available at http://www.ejtn.eu/Documents/Themis%202012/THEMIS%202012%20BUCHAREST%20DOCUMENT/Written_paper_Poland_2.pdf, visited on April 15, 2014.

突出的问题，其中就包括“网络交易纠纷处理难度较大，在一定程度上影响了人们对电子商务发展的信心”①。该规划提出应加强电子商务纠纷调处机制建设。② 而加快包括网上法庭在内的 ODR 机制的建设显然是前述机制建设的重要组成部分。事实上，在某些情况下，ODR 已成为电子商务纠纷中消费者获得司法救济的唯一机会。如前所述，与 ODR 中的其他非诉讼方式相比，网上法庭还具有自身优势：法官享有较高威望、裁决结果具有强制力、更大的公共财政支持以及正当程序保障，这些都有助于增加公众对该程序的信任。“在某种正好缺乏信任的环境中，例如电子商务环境下，网上法庭可因此发挥有益的作用，对私人 ODR 形成补充。因此它们不仅应由于方便，而且还应因为它们助长了电子商务中的信任而获得推广。”③Colin Rule 也指出：“很大程度上，政府是争议解决的理想主持者，因为政府具有强大的动力解决争议以维护社会平稳运转。政府是争议解决的适当主持者，还因为其对自己负责裁决的大多数事项的结果通常并无既得利益。”④因此，着力构建适应我国电子商务争议及其他网上纠纷解决需要的网上法庭机制应是我们努力的方向之一。

二、我国网上法庭的现状

(一)模式一：借助通常的互联网交流工具在线审案

早在 2004 年 7 月，就有媒体报道，汕头市龙湖区法院通过 3 封电子邮件，审结了一桩跨国离婚案。⑤ 这是目前我们查到的国内法院较早利用互联网审理案件的实践。该案原告在国内，被告远在加拿大。但案情本身较为简单，双方当事人均同意离婚，且在整个程序进行过程中都很配合。因此，法院最终顺利地审结了此案。

---

① 工业和信息化部：《电子商务“十二五”发展规划》，第 3 页，资料来源于：http：//www. miit. gov. cn/n11293472/n11293832/n11293907/n11368223/14527814. html，访问日期：2014 年 4 月 11 日。

② 工业和信息化部：《电子商务“十二五”发展规划》，第 15 页，资料来源于：http：//www. miit. gov. cn/n11293472/n11293832/n11293907/n11368223/14527814. html，访问日期：2014 年 4 月 11 日。

③ Gabrielle Kaufmann-Kohler & Thomas Schultz，*Online Dispute Resolution：Challenges for Contemporary Justice*，Kluwer Law International，2004，p. 42.

④ Colin Rule，*Online Dispute Resolution for Business：B2B，E-Commerce，Consumer，Employment，Insurance，and Other Commercial Conflicts*，Jossey-Bass，2002，p. 174.

⑤ 黄珊、粤法新：《不堪名存实亡涉外婚姻 电邮审结一桩跨国离婚案》，资料来源于：http：//www. chinanews. com/news/2004year/2004-07-31/26/466589. shtml，访问日期：2014 年 5 月 4 日。

之后，贵州省榕江县法院于2005年利用QQ软件审理了一起离婚案。与前述案件相仿，该案案情简单明了，但一方当事人在外打工，无法返回。最终法院利用互联网即时通信软件这一新技术解决了新形势下的新难题。考虑到榕江县外出打工者较多，为方便外出打工人群打官司，榕江县法院决定将“QQ法庭”长期坚持下去。截至2011年5月31日，“QQ法庭”共计审理了案件60起，全部是适用简易程序的案件，结案率达到了100%，调解成功率高达99%。①

如果说榕江县法院“QQ法庭”还是以文字聊天为主的“无声法庭”，那么之后的其他法院则更进一步，开始通过QQ视频实现在线审案。2007年1月4日，福建省沙县法院利用QQ视频审理了一起跨国婚姻纠纷案。这是国内法官首用QQ跨国审案，但已是沙县法院高桥法庭运用QQ开庭审理的第五起案件。事实上，从2005年开始，沙县法院就施行了网上立案，开展了远程受理案件。2006年4月24日，高桥法庭第一次尝试了QQ网络开庭。QQ庭审方式的出笼与沙县很多人都外出做小吃生意有关。由于沙县特殊的环境，一般民事案件的当事人常因为外出打工多年失去联系或者因为其他原因无法到庭。按照常规，在没有重大争议的情况下，法庭可以缺席审判。但这样导致的后果便是没有参加庭审的一方当事人的权益无法得到较好的保护，容易引发社会矛盾。如果实现网络庭审，当事人通过网络同步参加庭审，就能够充分地维护自己的权益。沙县人民法院副院长余其兴表示，这种审判模式既方便了当事人，又可以避免当事人之间的正面冲突，为法院的审判模式提供了一个全新的审判平台。当然，福建省三明市中级人民法院院长刘邦树也指出，网上开庭只能作为庭审的一种特殊的模式，不是对传统庭审模式的冲击，而是补充。另有律师认为，利用网络开庭，在交换证据和确认签字等方面存在难以解决的问题，因此这种审理模式只能适用于适合调解的简单的民事案件。实践中，沙县法院在决定是否使用网络开庭时事先会进行调查，认为案件属于简单的适用于民事调解的民事案件，当事人确实有无法抗拒的理由不能到庭，且身份经双方确认，法官核对等层层把关，才会采用网上开庭。②

应该说，上述借助网络审理案件的实例还只是有关基层法院的一种自发的、试验性质的创新，属于分散零星的个案。随着网络通信技术的进步和互联网的进一步普及，以及社会人口流动性的增加导致跨地区争议日益增多，越来越多的法院开始

---

① 罗应滔、罗茜：《法官当群主　聊QQ审案　5年审案60起》，资料来源于：http：//news. gog. com. cn/system/2011/05/31/011102519. shtml，访问日期：2014年5月8日。

② 宋伟：《中国法官首用QQ跨国审案》，资料来源于：http：//news. sina. com. cn/c/2007-01-08/100611979172. shtml，访问日期：2014年5月4日。

尝试利用互联网在线审案。① 总的来说，这些案件的共同特征是当事人之间距离遥远，案情本身不复杂或争议不大，因而在一定程度上避免了公众对利用网络审案可能带来的诸如程序不公等的担忧。不过，无论是电邮审案，还是QQ法庭，案件当事人的身份认证问题以及签字确认的问题一直是很多人关注的焦点，且二者均是借用别人的平台，也使得此类网上法庭具有种种局限性。

（二）模式二：相关机构配合审理法院使用专门的远程视频庭审系统在线审案

北京市于2010年9月在部分法院全面试行民商事上诉案件远程视频庭审工作。具体涉及法院为北京市一中院及其辖区内的门头沟区法院、延庆县法院；北京市二中院及其当时辖区内的怀柔区法院、平谷区法院和密云县法院。此举免除了家住北京市怀柔、密云、延庆等远郊区县的当事人到中级法院开庭的奔波之苦，减少了当事人的交通费用等诉讼开支，有利于中级法院方便快捷地处理上诉案件纠纷。当事人只需到就近的区县法院或基层人民法庭参加开庭，即可实现与中级法院的法官在电子屏幕上面对面地对话和交流。案件审理过程、证据演示及文书打印与一般的审理程序完全相同，其法律效力与一般审理方式相同。② 此后，2011年5月31日，北京市高级法院首次采用远程视频方式公开开庭审理了一起燕城监狱服刑人员的减刑案件，这是北京市法院首次公开开庭审理减刑案件，也是全国首例采用远程视频形式审理的减刑案件。2011年12月27日，北京市东城区法院远程视频法庭开始试运行，法官通过远程视频法庭适用简易程序公开审理了一件公交扒窃案件。③ 后面两类案件虽不属于我们讨论的范围，但原理是类似的，都是由相关单位配合法院远程在线审理案件。其使用的是专门的远程视频庭审系统，与当事人在没有机构协助和监督的情况下自行连线法院参加庭审相比，更具正规性，也克服了程序要求上的各种障碍，但其适用范围往往有限。

（三）模式三：平台系统

2009年8月，上海市第一中级人民法院率先在全市法院系统开通了“在线诉讼服务”平台。“在线诉讼服务”平台依托网上立案、证据交换、文书送达、案件查

① 例如，2011年8月20日，北京市怀柔区人民法院汤河口法庭通过QQ视频审理了一起离婚案。该案同样是双方争议不大，但被告远在1000公里外的内蒙古，且因身体、经济等原因无法亲赴怀柔出庭。综合各方面的因素，法庭利用现代网络视频技术进行了一次远程视频庭审，并为双方当事人进行调解，最终顺利结案。这是北京法院系统第一次尝试QQ视频远程审案。李松、黄洁、王君凤：《北京法院首用QQ视频审案》，载《法制日报》，2011年8月20日第5版。

② 李京华：《北京部分法院试行远程视频庭审》，资料来源于：http：//news. sina. com. cn/c/2010-08-31/143821010214. shtml，访问日期：2013年12月31日。

③ 《法庭内外》编辑部：《北京远程视频庭审扫描》，载《法庭内外》2012年第2期，第62~63页。

询、委托鉴定、判后答疑等内容，为当事人和诉讼参与人提供方便。同时，还通过在线咨询、诉讼指南、法律法规查询、法律文书格式下载、诉讼费用计算、网上调解等内容，服务于民，被群众誉为“网上法院”。① 2014 年 1 月，上海法院全线开通集电话、短信、微信、微博、互联网站于一身的“上海法院 12368 诉讼服务平台”。这是全国首个省级规格的集诉讼热线、网络、短信、微信、窗口等多元服务于一体的法院综合性诉讼便民服务平台。② 其中，通过上海法院网(www. hshfy. sh. cn)的“诉讼服务”平台，当事人或代理人可以申请立案，凭诉讼服务密码或律师一卡通查询案件、收转材料、签收文书、联系法官、提出建议、信访投诉、网上阅卷等；社会公众可以咨询袁月全信箱、自助查询诉讼知识、下载诉讼格式文本、查阅失信被执行人名单和法院公告等。③

2011 年 8 月 11 日，天津市第一中级人民法院在线诉讼服务平台(http：//www. tj-court. gov. cn/indexsfpt. jsp)率先在全市法院正式开通。当事人可通过该平台申请网上立案、预约法官、预约阅卷、进行证据交换、查询案件、请求判后答疑等，同时该平台还提供诉讼文本格式、诉讼费用计算、预约查档、在线咨询、预约旁听庭审等服务。④ 目前，天津市第二中级人民法院在线诉讼服务平台(http：//www. tj2zy. com/class/ssfwpt/)也已开通。⑤ 实际上，天津市三级法院现已全部开通“司法公开三级联动四位一体在线诉讼服务平台”，形成网(天津法院网)、电(12368 电话语音服务)、人(12368 人工在线值守)、窗(诉讼服务中心与立案信访窗口)“四位一体”诉讼服务模式，市民可根据自身需求进行选择，足不出户便可获得案件查询、联系法官、了解开庭时间和案件进程、程序性法律咨询等服务，并可提出意见建议或信访投诉。就网络诉讼服务而言，天津市高级人民法院要求全市三级法院要通过外网网站，主动发布各类公告、庭审、诉讼指南、裁判文书等信息，公开审判流程信息，开通互动式诉讼服务栏目，提供网上预约立案、网上信访、投诉监督等网上诉讼服务。下一步，将完善远程视频接访平台等建设，为当事人提供

---

① 王海文：《上海法院“在线诉讼服务”方便市民》，载《民主与法制时报》，2010 年 9 月 6 日第 D01 版，第 1 页。该服务平台的网址为：http：//www. a-court. gov. cn/platformData/infoplat/pub/no1court_2802/homepage_13602/ssjwIndex. jsp#，访问日期：2014 年 5 月 4 日。

② 李燕：《上海法院开通 12368 全线诉讼服务平台》，资料来源于：http：//www. dfdaily. com/html/3/2014/1/3/1100064. shtml，访问日期：2014 年 5 月 4 日。

③ 《上海法院 12368 诉讼服务平台指南》，资料来源于：http：//www. hshfy. sh. cn/shfy/gweb/12368_znnr. jsp？ zd=wsbs，访问日期：2014 年 11 月 13 日。

④ 访问日期：2014 年 12 月 3 日。

⑤ 访问日期：2014 年 11 月 13 日。

更多便利。①

2013年12月31日上午，北京法院审判信息网正式上线。自2014年1月1日起，北京市三级法院统一上网公开裁判文书，并通过北京法院审判信息网，实现部分审判流程、执行信息公开，同时试运行网上立案、电子送达服务。诉讼群众可通过登录网址 www. bjcourt. gov. cn 进行查询操作。北京法院审判信息网实现了法院要闻、法院公告、裁判文书、审判流程、执行信息、法官信息、参阅案例、开庭信息等八项公开和案件查询、诉讼指南、法院指引、网上立案、法规查询、文书样式、指导文件、诉讼工具、数说审判、视说诉讼等十项服务。北京法院还同步开通手机等移动终端诉讼信息服务，社会公众可在北京法院审判信息网上通过扫描北京法院诉讼信息服务 APP 二维码实现此功能。② 2014年4月21日，北京法院网上预约立案系统正式开通。目前，"律师、参与人、当事人"通道已正式开放，当事人或者代理人注册后即可登录该系统进行网上预约立案。北京律协会员还可以通过"北京律协"通道登录。自2014年8月11日起，网上预约立案的案件类型扩大为：一审民商事、知识产权案件以及执行案件。网上预约立案仅对起诉(申请)材料是否齐备、是否符合起诉条件进行审核与预约，不对能否立案受理作出答复。网上预约申请审核通过后，当事人或者代理人还需在规定的时间内携带有关证件及书面起诉(申请)材料前往预约立案法院办理立案手续。通过网上预约审核且经审查，网上预约提交的起诉状(执行申请书)及身份信息真实的，则诉讼时效(申请执行时效)自预约申请日起发生中断。③ 2014年12月2日，北京法院在前期试运行的基础上正式开通12368人工语音诉讼服务平台，为社会公众和当事人提供诉讼咨询、联系法官、查询案件、举报投诉、意见建议等各项便捷、高效的一线通诉讼服务。④

(四)存在的问题

对处理电子商务语境下所产生的大量当事人相距遥远的小额纠纷，我国网上法庭的建设尚无法满足相关需要。事实上，根据我们对网上法庭的定义，严格说来，

---

① 刘冬梅：《全市三级法院开通在线诉讼服务平台》，资料来源于：http：//www. tianjinwe. com/tianjin/tjsz/201411/t20141109_728482. html，访问日期：2014年11月13日；张晓敏：《天津在线诉讼服务平台全面运行》，资料来源于：http：//www. chinacourt. org/article/detail/2014/07/id/1334614. shtml，访问日期：2014年11月13日。

② 郭京霞、赵岩、佘贵清：《北京：审判信息网上线提速司法公开》，资料来源于：http：//www. chinacourt. org/article/detail/2014/01/id/1171608. shtml，访问日期：2014年12月5日。

③ http：//www. bjcourt. gov. cn/ssfw/index. htm，访问日期：2014年11月13日。

④ 赵岩、纪红勇、陈剑敏：《北京法院开通12368人工语音诉讼服务平台》，资料来源于：http：//bjgy. chinacourt. org/article/detail/2014/12/id/1495636. shtml，访问日期：2014年12月5日。

上述三种模式都不是真正意义上的网上法庭——虽然它们的确在特定情形下为当事人参与诉讼提供了方便。从大多数国家有关网上法庭的实践可知，网上法庭其实是借助一套由法院统一管理、指定适用的平台系统完成相关诉讼活动的在线程序。诉讼主体通过该平台能够生成、发送、接收、存储、交换或以其他方式处理争议解决中所使用的电子通信。① 网上法庭的优势就在于，当事各方在参与程序的过程中不必面对面地接触，仅通过在线方式交流即可满足解纷需要。而在模式二，双方当事人虽不必前往遥远的审理法院，但仍需同赴就近的指定机构参加开庭(这个“就近”只是相对而言，有时并不近②)，上述机构还得为此提供协助。对小额争议而言，恐怕由此产生的诉讼成本还是过高。此外，网上法庭操作平台的优势还在于可以设置密码验证、短信核实等校对程序，能确保诉讼当事人的唯一性和保密性，因此由模式一所引发的有关身份确认、签字真伪等的担忧在这里将迎刃而解。③ 至于模式三，其比较接近我们对“网上法庭”的界定。但它们只实现了“网上法庭”的部分功能，主要是利用网络传递和管理文件，在实现启动程序(立案)的功能之后，程序的其余部分仍需在线下完成。所以此种平台或系统亦非真正意义上的网上法庭，更确切地说，其系法院利用网络通信技术提供的一种便民服务。最后，无论采用前述哪一种模式，我国法院目前的实践均无统一的规则，各地的做法并不完全一致，而建立一套全国统一的平台和标准恰恰是发挥网上法庭优势的题中应有之义。

三、我国发展网上法庭的构想：以在线小额索赔法庭为中心

如前所述，目前 ODR 最主要的受益者还是小额、简单争议，当前各国最成功的网上法庭实践也正是在线小额索赔程序，同时一个高效、价廉、快速的在线小额索赔法庭恰是我们现在所急需的。因此，在不否定对多种形式网上法庭进行探索的前提下，本书对构建我国网上法庭机制的探讨将集中于在线小额索赔程序(或曰小额电子法庭)的设计上。

事实上，前述模式三已为我国建立小额电子法庭提供了基础，其包含的一些服

① 参见联合国国际贸易法委员会对“网上解决平台”的定义：联合国国际贸易法委员会：《跨境电子商务交易网上争议解决：程序规则草案——秘书处的说明》(A/CN. 9/WG. III/WP. 127)，资料来源于：http：//daccess-dds-ny. un. org/doc/UNDOC/LTD/V14/002/76/PDF/V1400276. pdf? OpenElement，访问日期：2014 年 5 月 16 日。

② 例如，在北京市二中院通过该院与北京市怀柔区法院汤河口法庭的远程视频法庭审理的该院一起上诉案件中，当事人一方居住地距汤河口法庭有 40 公里。温来升、祝兴栋：《怀柔法院启动远程视频庭审 农民电视里打官司》，资料来源于：http：//sh. city8. com/news/375221. html，访问日期：2014 年 5 月 10 日。

③ 宋伟：《中国法官首用 QQ 跨国审案》，资料来源于：http：//news. sina. com. cn/c/2007-01-08/100611979172. shtml，访问日期：2014 年 5 月 4 日。

务内容正属于在线小额索赔程序范围，如预约立案、网上送达、证据交换、跟踪案件进展、在线查阅卷宗、判后答疑等。在此基础上，我们拟借鉴各国在线小额索赔程序的经验，为我国小额电子法庭的构建提供进一步的思路。

（一）《民事诉讼法》现有规定

1. 关于小额诉讼制度的规定

2012 年修改的《民事诉讼法》在简易程序一章中增加规定了小额诉讼制度。该法第 162 条规定："基层人民法院和它派出的法庭审理符合本法第一百五十七条第一款规定的简单的民事案件，标的额为各省、自治区、直辖市上年度就业人员年平均工资百分之三十以下的，实行一审终审。"该条所援引的第 157 条第 1 款是关于简易程序适用范围的规定："基层人民法院和它派出的法庭审理事实清楚、权利义务关系明确、争议不大的简单的民事案件，适用本章规定。"结合 2014 年通过的《最高人民法院关于适用〈中华人民共和国民事诉讼法〉的解释》（以下简称《民事诉讼法解释》之相关规定），我国的小额诉讼制度具有以下特点：①

（1）小额诉讼制度只能在基层人民法院和它派出的法庭审理民事案件以及海事法院和其派出法庭审理海事、海商案件中适用，其他中级及以上的人民法院不能适用。

（2）小额诉讼制度只适用于标的额为各省、自治区、直辖市上年度就业人员年平均工资 30%以下的简单的民事案件。此处包含两个条件：一是简单的民事案件，即第 157 条第 1 款所称"事实清楚、权利义务关系明确、争议不大的"民事案件，这也是适用简易程序的案件范围。② 二是标的额为各省、自治区、直辖市上年度就业人员年平均工资 30%以下。之所以对标的额未采取一刀切的方式，是考虑到我国各地区经济社会发展不平衡，确定一个相对数更符合实际需要。根据各省、自治区、直辖市上年度就业人员年平均工资为指标的一定比例确定小额诉讼案件的适用标准，一方面可以与各省、自治区、直辖市的经济发展情况相适应；另一方面，可以随各省、自治区、直辖市经济发展情况每年调整。据国家统计局提供的数据，在全国人大常委会通过本次修改民事诉讼法的决定的前一年，即 2011 年全国城镇单位就业人员年平均工资为 41 799 元，按 30%计算，全国大多数省区市为 12 000 多元，其中高的地区为 22 000 多元，最低的为 9 400 余元。应该说，前述数字仍高于

---

① 全国人大常委会法制工作委员会民法室编著：《2012 民事诉讼法修改决定条文解释》，中国法制出版社 2012 年版，第 8~9、220~228 页；张卫平主编：《新民事诉讼法专题讲座》，中国法制出版社 2012 年版，第 213~225 页。

② 2012 年修改民事诉讼法的决定增加规定了当事人对简易程序的程序选择权，第 157 条第 2 款规定："基层人民法院和它派出的法庭审理前款规定以外的民事案件，当事人双方也可以约定适用简易程序。"

大部分国家或地区小额诉讼金额上限。因此，对小额诉讼制度的适用一定还要结合案件的类型、性质、个案的具体情形，将其限定在对当事人影响较小的范围之内，而不能仅考虑案件的标的额，否则其适用就缺乏正当性。《民事诉讼法》将案件类型限定在简单的民事案件这个范围内，但对是否低于标的额上限的全部简单民事案件均可适用小额诉讼制度没有作出进一步规定。从目前的共识来看，小额诉讼制度应当主要适用于财产给付案件而不适用于人身关系案件。《民事诉讼法解释》第274条明确了小额诉讼程序的适用情形，其规定："下列金钱给付的案件，适用小额诉讼程序审理：(一)买卖合同、借款合同、租赁合同纠纷；(二)身份关系清楚，仅在给付的数额、时间、方式上存在争议的赡养费、抚育费、扶养费纠纷；(三)责任明确，仅在给付的数额、时间、方式上存在争议的交通事故损害赔偿和其他人身损害赔偿纠纷；(四)供用水、电、气、热力合同纠纷；(五)银行卡纠纷；(六)劳动关系清楚，仅在劳动报酬、工伤医疗费、经济补偿金或者赔偿金给付数额、时间、方式上存在争议的劳动合同纠纷；(七)劳务关系清楚，仅在劳务报酬给付数额、时间、方式上存在争议的劳务合同纠纷；(八)物业、电信等服务合同纠纷；(九)其他金钱给付纠纷。"第275条则规定了不适用小额诉讼程序的情形："下列案件，不适用小额诉讼程序审理：(一)人身关系、财产确权纠纷；(二)涉外民事纠纷；(三)知识产权纠纷；(四)需要评估、鉴定或者对诉前评估、鉴定结果有异议的纠纷；(五)其他不宜适用一审终审的纠纷。"此外，第257条规定："下列案件，不适用简易程序：(一)起诉时被告下落不明的；(二)发回重审的；(三)当事人一方人数众多的；(四)适用审判监督程序的；(五)涉及国家利益、社会公共利益的；(六)第三人起诉请求改变或者撤销生效判决、裁定、调解书的；(七)其他不宜适用简易程序的案件。"上述案件自然也不能适用小额诉讼制度。

(3)小额诉讼制度实行一审终审。限制当事人的上诉权，实行一审终审是小额诉讼制度与通常简易程序的重要区别。

(4)小额诉讼案件当事人对已经发生法律效力的判决、裁定，可以依法申请再审。

(5)小额诉讼制度在具体的审理程序方面，与简易程序并无实质区别。修订后的《民事诉讼法》在立法体例上，以大章的形式规定了普通程序与简易程序，并没有明确规定小额诉讼程序，而只是在简易程序一章中规定了针对小额案件审理的小额诉讼制度。从立法来看，小额诉讼制度与简易程序在程序上的唯一区别，就是一审终审，除此之外，二者在程序适用上并无二致。小额诉讼程序在一审中适用的是与简易程序完全相同的程序规定。当然，反过来，我们也可以说，简易程序中体现简易的那些规定在小额诉讼中同样适用，如可以口头起诉、当即审理、用简便方式传唤当事人和证人、送达诉讼文书、审理案件、由审判员一人独任审理，不受法庭调查、法庭辩论程序的限制等规定。不过，由于本次修改民事诉讼法的决定对小额诉讼相对于简易程序更为方便快捷的程序特点未具体规定，或者说受制于小额诉讼制度特色甚少的局限性，如要在司法实践中实现小额案件简化审理的目的，尚需立法及司法解释在特殊的审级规定即一审终审之外，对审理小额案件的具体程序规则作出更进一步的不同于简易程序的具体规定。比如，无须开庭审理、无须提供证据、无须出具判决书或正式的判决书、法官可以按照案件实际情况决定审理程序，甚至可以由非正式法官如律师、法官助理等审理，等等。①

2. 关于电子证据和数字化送达的规定

为适应信息通信技术的发展，提高诉讼效率，修订后的《民事诉讼法》在两个方面作出了调整：一是在第 63 条有关证据种类的规定中将电子数据作为一种独立的证据类型增加规定进来；二是增加一条，作为第 87 条："经受送达人同意，人民法院可以采用传真、电子邮件等能够确认其收悉的方式送达诉讼文书，但判决书、裁定书、调解书除外。采用前款方式送达的，以传真、电子邮件等到达受送达人特定系统的日期为送达日期。"上述规定从法律依据方面为诉讼的上网奠定了一定基础。

(二)设立在线小额索赔法庭的顾虑与挑战

在将小额索赔法庭移至网上之前，我们先要设法打消一些可能的顾虑并做好应对相关挑战的准备。在谈及密歇根州网上法庭项目终止的原因时，曾有学者指出："运行一个成功的网上法庭面临诸多内在挑战。顾虑包括当事人及其律师不愿押注于一个未经检验的系统，对案件准备和陈述中新技术的费用和使用心中无数，以及对技术的普遍不信任。其他问题包括当事人和证人担心他们的隐私或许会由于其个人信息可能在线传播而受到威胁。""紧随失败的密歇根州网上法庭而来的是对网上法庭的推出提出挑战的其他几个逻辑问题，包括确保有效出庭、正当程序问题以及社会各阶层之间的数字鸿沟。"此外，"需要克服的最大的技术障碍之一是运行电子法庭或 ODR 程序所固有的人际关系的缺乏"②。在我们建设和推广在线小额索赔法庭项目的过程中同样面临类似关切或挑战。我们应从以下两个方面来认识问题，以化解各种潜在的顾虑和质疑，并妥善应对可能的挑战。

1. 克服对技术的恐惧和排斥

考虑到诉讼上网对简化手续、降低诉讼成本，尤其是有效解决当前电子商务语

---

① 相关论述，见许尚豪、乔博娟：《小额诉讼：制度与程序——以新〈民事诉讼法〉为对象》，载《山东社会科学》2014 年第 4 期，第 155~159 页。《民事诉讼法解释》虽然对小额诉讼案件举证期限和答辩期间、管辖异议、驳回起诉以及小额诉讼案件的裁判文书等做了特别规定，但仍不足以使其成为与简易程序、普通程序相并立或有实质差别的独立程序形态。

② Brian A. Pappas, *Online Court: Online Dispute Resolution and the Future of Small Claims*, 2008 UCLA J. L. & Tech. 1.

境下涌现的大量小额争议所能发挥的重要作用，我们应克服固有惰性所导致的对技术的恐惧和排斥，坦然接受技术带来的机遇与挑战。这一点在当前大力强调推进法院信息化建设的背景下应该已取得基本共识。

2. 技术进步可以帮助我们应对挑战①

事实上，上文所提到的种种问题和挑战不应成为阻止我们探索建设网上法庭的理由，因为技术的进步可以帮助解决发展网上法庭的许多内在挑战，何况其中一些问题恐怕并没有想象的那么严重。

就保证有效出庭而言，科技的发展有助于确保网上程序参与者的身份确如他们所声称的，即通过开发某些验证网上身份的方法从而使某人的虚拟存在与其真实身份相匹配。目前，大多数在线识别可通过密码完成，且通过邮政系统邮寄个人选择的密码还会更安全。另一种识别系统是生物测定，这是一种通过指纹或视网膜扫描识别个体的生物学方法，是一种特别牢固的安全措施，因为每个人的生物信息都是独一无二的而且极难复制。② 此外，常见的顾虑还有电子签名文件的有效性。目前，当事人可以利用像 Adobe Acrobat 8 这样的软件对文档进行数字签名。另外，诉讼文书的送达也可用各种方式包括简单的使用电子邮件已读回执来完成。证据处理亦是另一个被技术大大简化的领域。

至于正当程序问题，首先要明确，正当程序包括实质性正当程序和程序性正当程序，这里的关键问题是使用技术辅助会否剥夺当事人的基本程序公正。事实上，随着技术的进一步发展，视频会议甚至全息摄影都可能是非常接近并再现面对面沟通的通信机制。当然，如果某种特定的技术辅助措施将剥夺当事人基本的程序公正，法院就不能允许或要求使用它。

创建一个可行的网上法庭的另外一个考虑因素是国内居民之间技术鸿沟的存在。CNNIC2014 年 1 月 16 日发布的第 33 次《中国互联网络发展状况统计报告》显示，2013 年我国互联网发展地域性差异仍然存在，北京、上海、广东等省市的互联网普及率相对较高，超过 65%，而江西、云南、贵州等省份的互联网普及率则相对较低，均不到 33%。③ 换言之，还有相当比例的人口缺乏必要的技术设备访问和使用网上法庭。不过，我们也要看到，数字鸿沟正在缩小，企业之间的竞争和公共网络的创建正在进一步削弱差距。2013 年 8 月 1 日，国务院印发《“宽带中国”战

---

① *See* Brian A. Pappas, *Online Court: Online Dispute Resolution and the Future of Small Claims*, 2008 UCLA J. L. & Tech. 1.

② 张伦明译：《生物测定技术可能让人体作密码》，资料来源于：http://tech.sina.com.cn/o/42782.shtml，访问日期：2014 年 7 月 15 日。

③ 中国互联网络信息中心：《中国互联网络发展状况统计报告(2014 年 1 月)》，第 19 页，资料来源于：http://www.cnnic.cn/hlwfzyj/hlwxzbg/hlwtjbg/201403/P020140305346585959798.pdf，访问日期：2014 年 4 月 9 日。

略及实施方案》，强调加强战略引导和系统部署，推动我国宽带基础设施快速健康发展，加大光纤到户、农村宽带进入乡村、公益机构宽带接入力度。同样是2013年，江西、云南、贵州、河南等互联网普及率相对较低的省份，互联网网民规模增速最快，而北京、上海、广东等互联网普及率相对较高的省份，互联网网民增速则有所放缓。未来，随着互联网设备的不断普及与宽带网络计划的加大推进，我国互联网发展的地域差异也将进一步减少。① 此外，近年来，随着中国城镇化进程的推进，我国农村人口在总体人口中的占比持续下降，但我国农村网民在总体网民中的占比却保持上升，反映出农村互联网普及工作的成效。2013年，中国农村互联网普及率为27.5%，延续了2012年的增长态势，城乡互联网普及差距进一步减少，农村地区依然是目前中国网民规模增长的重要动力。② 此外，不可否认，在线小额索赔法庭必然主要针对通过互联网购买商品的人，因此几乎可以肯定他们是熟悉现代通信技术的人。即使是没有条件使用或不熟悉网络的当事人，也可在当地法院协助下享受网络带来的便利，这与我国现有网上法庭的第二种模式在原理上是类似的。当然，确保技术不会妨碍当事人获得司法救济的机会是一条原则。

关于隐私保护，技术进步亦将逐步消除人们在这方面的担心。显然，当法庭记录从纸面转移到电子数据形式时特别要求保证用户信息的安全和保密性。而技术必须不断适应这样一种环境，在这一环境下隐私和信息安全所面临的挑战可谓司空见惯。

人们还对在线解决争议中人际关系的缺乏有所顾忌。不过，ODR的支持者指出，网络摄像头的流行表明争议解决甚至诉讼程序均可以通过网络完成，并包含类似现场面对面会议一样的人际互动。证人可因此避免旅行的高费用。对法院而言，允许通过视频会议作证也将更为常见。事实上，在某些情况下，缺乏有形存在可能是福非祸。对参与某一在线仲裁程序的当事人所进行的非正式调查显示，当事人不觉得有必要见面，因为这将招致更多的成本和延误，而不会产生任何真正的好处。另外，当双方都已彼此对立时，会见可能助长敌意，将主题从试图解决问题转移到试图打败敌人。③

---

① 中国互联网络信息中心：《中国互联网络发展状况统计报告(2014年1月)》，第18、19页，资料来源于：http://www.cnnic.cn/hlwfzyj/hlwxzbg/hlwtjbg/201403/P020140305346585959798.pdf，访问日期：2014年4月9日。

② 中国互联网络信息中心：《中国互联网络发展状况统计报告(2014年1月)》，第21页，资料来源于：http://www.cnnic.cn/hlwfzyj/hlwxzbg/hlwtjbg/201403/P020140305346585959798.pdf，访问日期：2014年4月9日。

③ Nicolas W. Vermeys and Karim Benyekhlef, *ODR and the Courts*, *in* ONLINE DISPUTE RESOLUTION: THEORY AND PRACTICE (edit. by Mohamed S. Abdel Wahab, Ethan Katsh and Daniel Rainey), Eleven International Publishing, 2012, p. 310.

（三）在线小额索赔法庭的具体构建

我国在线小额索赔法庭应采取平台系统模式，由最高人民法院牵头组织建设，各基层法院联网接入，并在适用统一平台、统一标准的前提下以各基层法院为单位设立小额电子法庭。需明确的一点是，在线小额诉讼系统的使用应是非强制的，是作为离线程序的一种替代提供给当事人的。

1. 管辖法院

由于《民事诉讼法》规定小额诉讼仅适用于基层人民法院及其派出法庭，原告应通过该平台向有管辖权的基层法院提交投诉。需要指出的是，鉴于我国目前经济发展及法院信息化水平的区域差异，平台建设之初，个别基层法院可能尚不具备条件接入该平台，在一段时间内暂时无法提供在线小额诉讼服务，因此平台建设会有一个逐渐推进、覆盖的过程。

2. 适用条件

符合条件的离线和在线争议均可诉诸在线小额索赔系统。根据《民事诉讼法》对小额诉讼制度适用条件的规定，在线小额索赔法庭受理的案件应为标的额为各省、自治区、直辖市上年度就业人员年平均工资30%以下的简单的民事案件。但实践中对具体案件类型还需作进一步限定。如上所述，《民事诉讼法解释》通过采用肯定性列举和否定性列举相结合的方法对适用小额诉讼的案件类型作了具体规定。需要指出的是，按照前述解释，除外情形包括涉外（含涉港澳台）案件。这主要是因为涉外案件可能带来复杂的管辖权和法律选择等问题，不宜通过简便、快捷的小额程序予以处理。同时，自2002年起施行的《最高人民法院关于涉外民商事案件诉讼管辖若干问题的规定》就部分涉外民商事案件作出集中管辖的规定，导致大部分基层法院失去了对这类案件的管辖权，因此应将涉外案件排除在小额诉讼的适用范围之外。事实上，在处理跨境纠纷时，包括仲裁在内的其他ADR方式比诉讼更有效。另外，针对目前司法实践普遍将各类服务合同纠纷、供用电、水、气、热力合同纠纷纳入小额诉讼适用范围，有学者表示了不同意见。理由是上述合同的一方当事人往往是组织体系较大的法人和垄断企业，另一方当事人则主要是普通的自然人和法人单位。小额诉讼的优势之一是无须法律代理，而前者作为大企业面对的常常是为数众多的同类型纠纷，其有能力也有必要去聘请律师等法律专业人员处理上述纠纷，因此在个案中会造成没有代理人的普通自然人和法人单位与聘请律师或其他法律专业人员的大企业对垒的局面，造成诉讼过程中双方当事人事实上的不对等，这就有违小额程序设立的初衷。①事实上，上述企业不同于一般消费者之处还在于，它们往往能成为小额程序的重复参与者，这就给了它们实现规模经济的优势，为防止出现对小额程序这一

① 张卫平主编：《新民事诉讼法专题讲座》，中国法制出版社2012年版，第220页。

稀缺资源的垄断,① 对于前述类型的案件是否适用小额程序须持谨慎态度。

3. 约定适用

《民事诉讼法》修订后、《民事诉讼法解释》出台前，各地法院在离线小额诉讼审判实践中大多赋予了当事人一定条件下合意选择适用小额程序的权利。《民事诉讼法解释》对此未做规定。我们认为，应该允许当事人协议选择适用小额程序。在小额程序上网后，当事人应同样享有此种程序选择权，具体体现为：首先，对符合适用小额诉讼其他条件，仅是案件标的额超过当年小额诉讼金额标准但不高于一定金额(一般为不高于当年小额诉讼金额标准 2 倍)的案件，当事人双方均同意适用在线小额程序的，法院可予准许。对此类案件若不允许当事人合意选择适用小额程序，则可能降低小额电子法庭的吸引力。因为在法定小额诉讼金额标准之下，与可能带来的好处相比，当事人为参与小额诉讼所支出的费用在某些情况下仍可能偏高。虽然考虑到对当事人有效法律保护的需要，金额上限的提高似乎构成程序简化的障碍，但此种提高系基于当事人双方的合意，故足以使其具有正当性。法律不应强迫当事人以最高标准对其权利进行保护，而应由其决定：对自己而言，是获得一份方便、快捷的小额索赔判决更重要还是宁愿应付因参加更复杂的诉讼程序所带来的困难也要享受最严格的程序保障。② 其次，被告提起反诉，反诉标的额亦符合当年小额诉讼金额标准的，如双方当事人均同意适用在线小额程序，可继续适用。最后，当事人在案件审理过程中变更诉讼请求，若仅变更诉讼标的额，变更后的标的额超过当年小额诉讼金额标准但在两倍以下的(含两倍)，如双方均同意适用在线小额程序，可继续适用。

对于前述约定适用在线小额诉讼的情形，如当事人在判决前明确表示不愿意继续适用在线小额诉讼的，应予准许，并将案件转为其他程序处理。

4. 平台功能

通过全国联网的在线小额诉讼平台，当事人可以：(1)在线提起诉讼和应诉；(2)在线缴纳诉讼费用；(3)追踪诉讼进度；(4)参与在线调解和在线听审；(5)申请执行。

5. 诉讼书状表格化

当事人可使用表格化诉讼书状是一些国家和地区小额诉讼程序的特点之一。小

---

① Pablo Cortés, *Online Dispute Resolution for Consumers in the European Union*, Routledge, 2011, p. 23.

② Ada Szczepankowska, Marika Walczak & Lukasz Szyszka, *The European Small Claims Procedure: International Cooperation in Civil Matters*, p. 18, available at http://www.ejtn.eu/Documents/Themis%202012/THEMIS%202012%20BUCHAREST%20DOCUMENT/Written_paper_Poland_2.pdf, visited on April 15, 2014.

额程序的适用对象——额小、量大、简单的金钱给付案件——使得标准化表格的使用具有可能性和合理性。通过让当事人直接填写标准化的表格而不是自行拟订起诉状或答辩状，大大方便了当事人尤其是不具备法律专业背景的当事人，使得当事人在参与诉讼时无须律师协助成为可能。这些表格通过一系列涉及索赔细节、请求金额等的问题引导当事人将法院处理争议所需要的关键信息一次性完整提交，使得整个程序的推进更加方便快捷。而小额程序的上网更令当事人可以方便的在线获取、填写和提交相关表格，进一步便利了当事人对程序的使用。前述爱尔兰、英国的在线索赔程序和欧洲小额索赔程序都允许当事人使用在线表格处理索赔问题。我国未来的在线小额索赔程序也应采用在线表格的形式，应提供包括起诉表和答辩表等在内的主要表格。由原告填写的起诉表的内容应包含：原告提起诉讼的法院及其管辖根据、原被告的详细信息（包括通信地址、电话号码、电子邮箱等）、请求金额、基本案情（包括理由、证据等），等等。被告通过答辩表需填写的内容如下：被告是否接受原告的诉讼请求；如不接受或部分接受，则原因、证据为何；是否提起反诉（如果是，需另行填写起诉表）、纠正或补充有关自己的信息。

需要注意的是，在设计表格时应尽量使之简化，换言之，表格应尽可能采用复选框模式而不是开放性问题。例如，起诉表中法院管辖根据一项，可采用提供选项让原告勾选的方式："1. 被告住所地；2. 合同履行地；3. 事故发生地；4. 约定管辖；……N. 其他（请注明）"，而不是让当事人自己填写。由于在线小额法庭主要针对包括消费者在内的非法律专业人员，重点应放在这些表格的最大程度的简化，以保证普通人群也可自行填写，无须律师协助。毫无疑问，在小额程序中对上述专业人士的求助可能使成本提高到这样的程度即完全抵消小额程序经济划算的长处，并排除潜在的原告对它的使用。而要达到一般消费者可以自己独立填写表格的简化程度，复选框模式显然优于开放性问题。当然，要想仅适用复选框系统而消除所有开放性问题是不可能的。另外一个解决该问题的思路是，由于小额索赔法庭仅限于某些类型的纠纷，因此可公布一套对上述类型纠纷最常见的案件事实的简单描述，以供当事人参考。虽然这个系统不可能覆盖所有可能的案件事实，但它可以便利一大批原告填写表格。①

6. 案件审理方式

关于案件的审理方式，一些国家和地区在小额索赔程序中采用了书面审理的方式，这也成为其区别于普通程序乃至通常简易程序的一大特色，充分体现了程序的

① Ada Szczepankowska, Marika Walczak & Lukasz Szyszka, *The European Small Claims Procedure*: *International Cooperation in Civil Matters*, pp. 17-18, available at http://www.ejtn.eu/Documents/Themis%202012/THEMIS%202012%20BUCHAREST%20DOCUMENT/Written_paper_Poland_2.pdf, visited on April 15, 2014.

高效性。在这种情况下，小额诉讼转移至网上时一般也就无须进行在线听审。不过，如前所述，我国小额诉讼制度的立法特色仅限于一审终审，在程序的具体内容方面，与简易程序并无区别。① 而有关简易程序的规定并没有允许采用书面审理的方式，因此小额诉讼亦需开庭审理。这恐怕主要是由于“庭审中心主义”的诉讼理念已深入人心，使我国司法及民众形成了“开庭审理才是审理”的观念，而开庭审理又需要众多的程序环节进行保障，最终，程序简化受到程序规范化及社会可接受度的制约，众多环节无法删减，程序简化空间极其有限，以致立法上并未实现设立独立小额诉讼程序的目标，并没有实现程序分化、简化的改革目标。由于立法对于小额诉讼制度的规定没有脱离简易程序的范畴，只不过是在适用简易程序审理的案件中，以标的额大小为标准，划出特定的小额案件，实行一审终审，而这种针对案件类型的特殊性规定，根本与审理程序无关，更谈不上什么程序特色，因此，如果要将小额诉讼制度从简易程序中分离出来，达到理论上的小额诉讼程序的层次，尚需要立法或司法解释作出包括允许书面审理等程序实质内容方面不同于简易程序的具体规定。② 事实上，目前以解决小额纠纷为主的其他 ODR 实践亦大多采用书面程序，以真正实现程序高效、快捷之功效。不过，在立法及司法解释作出进一步的具体规定之前，我国未来在线小额法庭并非不能解决这一问题，具体内容见下文所述。

7. 程序步骤

为使用在线小额诉讼系统，当事人需通过平台网站注册一个账号。系统应对此作统一规定，要求当事人账号即本人身份证号或手机号码或邮箱地址。注册成功的当事人每次通过账号和密码登录后都将被带到自己的主页，在这里，当事人可以提起一个新的诉讼或对针对自己的诉讼作出回应。当事人的主页将显示当事人通过系统参与小额诉讼程序的案件清单。当事人可以随时查看案件进展状况。当案件状态旁出现待完成标志时，表示存在一个当事人必须进行的未完成行为。

一个完整的小额索赔程序大致包含以下步骤：

- 起诉和受理

注册后的原告在线填写并提交起诉表。如有任何相关证明文件需要提供，则应以电子形式一同提交。有关法院将对原告的起诉进行审查，并应在规定期限内通过电子邮件告知原告是否受理该案，同时在当事人主页的案件状态栏予以显示。如受诉法院认为起诉符合《民事诉讼法》规定的起诉条件但不符合在线小额诉讼的适用

① 许尚豪、乔博娟：《小额诉讼：制度与程序——以新〈民事诉讼法〉为对象》，载《山东社会科学》2014 年第 4 期，第 155 页。

② 许尚豪、乔博娟：《小额诉讼：制度与程序——以新〈民事诉讼法〉为对象》，载《山东社会科学》2014 年第 4 期，第 157、158 页。

条件的，也应告知当事人通过其他渠道起诉。

- 向被告送达

原告只有在起诉已获受理并在线支付相关费用后才启动案件。之后法院将同时通过电子邮件和邮寄方式向被告送达应诉通知书、填妥的起诉表副本和答辩表(如原告以电子形式提交了相关证明文件，还包括证明文件的电子版和打印版)。采用电子送达的同时兼用邮寄送达是为了在被告本人提供或确认自己的电子邮箱地址前确保首次送达顺利完成。

- 被告答复

被告需在规定期限内通过小额索赔平台在线提交答辩或反诉，并在答辩表中提供或确认自己的电子邮箱地址，因为以后的交流将全部通过系统平台和电子邮件进行。这里有一个问题：若被告确因条件所限无法使用或方便地使用网络和在线小额索赔系统，怎么办？我们的制度设计应对此提供应对方案。一个可以尝试的选项是由当地基层法院或其派出的法庭提供协助，换言之，当事人可到就近的法院，在专门工作人员帮助下参与网上诉讼程序。当然，由于被告所在地管辖是一般地域管辖的原则，因此，被告当地基层法院很可能就是案件的受诉法院。总之，必须确保技术不会成为当事人获得司法救济和公正审理的阻碍。①

法院通过电子邮件向原告通知被告的答复及相关的证明文件，当事人主页的案件状态栏也应有所显示。

- 程序进行

根据被告的反应，程序将沿着不同的方向进行。

首先，如果被告随即向原告进行了支付，且原告愿意接受所收到的款项金额，则原告可点击相关按钮将案件标记为已支付，案件将被撤销。如果原告仅收到部分付款，且不愿放弃其余部分，在此情形下，被告既可能就其余部分提出抗辩，也可能在规定期限内压根就不对其余索赔予以答复，对此法院将分别不同情况采取行动(具体见下)。

其次，如果被告在答辩表中接受或部分接受原告的诉讼请求，且原告亦予接受，则法院将据此作出判决。由于此时双方对债权债务关系并无争议或已达成一致，因此法院虽未开庭审理，但无疑可仅根据当事人提交的材料作出判决，这并不违反裁判的正当性。事实上，离线诉讼中对无争议的非讼案件也是以书面审理为主的。

再次，如果被告没有在规定期限内提出答辩，索赔将被自动视为无异议，法院将按原告请求的数额作出支持原告的判决，并要求被告在规定期间内予以支付。

① 其实，也会有原告希望使用在线小额诉讼系统但由于自身原因无法使用的情形，同样应允许其向就近的法院求助。

最后，如果被告对原告的诉讼请求提出异议或对原告提出反诉，法院在双方当事人同意的情况下，应先进行在线调解。如当事人不愿调解或经调解未达成协议，法院应及时结束调解程序，转入对案件的在线审理并及时作出判决。为此，在线小额诉讼平台应提供多样化的在线交流方式，包括同步工具和异步工具，如聊天室、即时通信软件、视频会议、BBS、站内信等。就法律所要求的开庭审理而言，在小额诉讼的背景下，目前的视频会议技术足可实现与之同等的程序保障功能。

此外，司法实践中适用小额诉讼程序离线审理的案件一般要求在立案之日起一个月内审结，这一审限要求对在线小额诉讼同样适用。

- 申请执行

由于小额诉讼实行一审终审，法院所作判决系发生法律效力的判决。如被告逾期不履行判决，原告可在法定执行时效内向有管辖权的法院在线申请执行判决。

第四编

虚拟社区中的纠纷解决

第六章　虚拟社区纠纷解决机制研究

第一节　概　　述

人本主义心理学家亚伯拉罕·马斯洛在《人类动机的理论》(*A Theory of Human Motivation*)一文中提出的"需求层次理论"，将人类需求从低到高按层次分为五阶，分别是生理需求、安全需求、社交需求、尊重需求和自我实现需求。① 在物质生活获得极大满足的今天，人们对于精神生活的需求已经达到了前所未有的高度。CNNIC 第 37 次《中国互联网络发展状况统计报告》显示，截至 2015 年 12 月，中国网民规模达 6.88 亿，其中，手机网民规模 6.20 亿，互联网普及率达到 50.3%。② 我国业已形成一个巨大的互联网虚拟社会。人们不仅在虚拟社会中从事商事交易(如网购)以满足基本的生活需求，还逐渐形成了各具特色的虚拟社会团体以满足社交需求。这些社会团体中的成员往往有着共同的兴趣爱好和精神共鸣，他们通过互联网和计算机终端学习知识、传递信息、交流经验、关注时政、探讨热点、发表见解、抒发心情以及娱乐交友。互联网上从事上述活动的场所就是通俗意义上的虚拟社区。虚拟社区极大地满足了现代人对于精神生活的需求，在真实人际关系逐渐趋向淡漠化的今天，虚拟世界似乎为人们打开了一扇新的大门。线上交流的匿名性和非可视化环境便利了人们自由且充分地表达观点、发泄情绪。可以说，虚拟社区的出现是必然的，其发展对人类精神文明演进进程功不可没。相对地，虚拟社区因其独特性而不可避免地产生新的纠纷，现实社会中已有的规则在虚拟社区中可能会失效。虚拟社区的参加者被赋予了冲破空间障碍的信息传播自由和因匿名带来的安全感所激起的更高的信息传播强度，这一点无疑为纠纷中的各方提供了讨价还价的

---

① 关于该理论的介绍，见 http：//zh.wikipedia.org/wiki/%E9%9C%80%E6%B1%82%E5%B1%82%E6%AC%A1%E7%90%86%E8%AE%BA，访问日期：2015 年 1 月 4 日。《人类动机的理论》一文发表于 1943 年《心理学评论》，原文可在以下网址获得：http：//psychclassics.yorku.ca/Maslow/motivation.htm，访问日期：2015 年 1 月 4 日。

② 中国互联网络信息中心：《中国互联网络发展状况统计报告(2016 年 1 月)》，资料来源于：http：//cnnic.cn/gywm/xwzx/rdxw/2015/201601/W020160122639198410766.pdf，访问日期：2016 年 4 月 17 日。

新筹码，从而影响着纠纷解决机制的形成。① 无规矩不成方圆，建立和完善虚拟社区纠纷解决机制迫在眉睫。

国内一些学者对虚拟社区及其规则运作进行了研究。例如，周德民、吕耀怀合著的《虚拟社区：传统社区概念的拓展》②一文将传统意义上的“社区”与虚拟社区进行比较，指出虚拟社区是传统社区在概念上的扩展。杜骏飞的《存在于虚无：虚拟社区的社会实在性辨析》③一文从社会学角度指出虚拟社区为整个社会形成了更为复杂的社会连带。郭茂灿在其《虚拟社区中的规则及其服从——以天涯社区为例》④一文中阐述虚拟社区的特性，并对虚拟社区规则进行了分类，包括虚拟社区本身的成文规定(如站规、社区管理条例等)，以及人们在实践中自觉遵循的行为准则。罗玲撰写的《水木清华 BBS 纠纷解决机制的变迁》⑤一文，动态地分析了水木清华 BBS 的纠纷解决机制变迁，重点着墨于对社区仲裁制度的探讨，认为水木清华 BBS 的管理已经逐渐从“独权”走向“分权”，从“人治”向一定程度的“自发性法治”过渡。而随后由李睿撰写的《水木社区 BBS 的纠纷解决机制——“3 · 16”事件之后》⑥一文，针对罗文观点作出批判性的补充，对 3 · 16 事件后水木社区 BBS 规则的变化进行了分析，关注资源输入和制度维持成本对于规则发展的重大影响，认为水木社区 BBS 的仲裁制度带有判例法色彩，并得出虚拟社区制度的有效演进似乎也能够为中国现实社会的制度变革提供参照的结论。陈识的《“天涯社区”社会构建研究》一文从社会学角度分析了天涯社区制度文化的发展过程，认为社区规则的变化体现了“从契约到身份”的回归。⑦

---

① 罗玲：《水木清华 BBS 纠纷解决机制的变迁》，载《法律和社会科学》第 2 卷，法律出版社 2007 年版，第 189 页。

② 周德民、吕耀怀：《虚拟社区：传统社区概念的拓展》，载《湖湘论坛》2003 年第 1 期，第 68~82 页。

③ 杜骏飞：《存在于虚无：虚拟社区的社会实在性辨析》，载《现代传播》2004 年第 1 期，第 73~77 页。

④ 郭茂灿：《虚拟社区中的规则及其服从——以天涯社区为例》，载《社会学研究》2004 年第 2 期，第 103~111 页。

⑤ 罗玲：《水木清华 BBS 纠纷解决机制的变迁》，载《法律和社会科学》第 2 卷，法律出版社 2007 年版，第 188~217 页。

⑥ 李睿：《水木社区 BBS 的纠纷解决机制——“3 · 16”事件之后》，载《法律和社会科学》第 2 卷，法律出版社 2007 年版，第 218~242 页。

⑦ 作者认为，契约最根本的两个属性为：内在的自由合意和外在的强制性约束。而在互联网空间，外在的强制性约束很弱，因此虚拟社区的契约机制主要靠的是社区成员的内在自由合意，这也是社区观念文化得以构建的基础。天涯社区网民在社区成文规则建立之前已经形成了默认的心理契约，并在此基础上构建出代表公理和普适价值的自然法则，社区成员通过参与所属社区构建，从而在社区制度中凸显个人权利。陈识：《“天涯社区”社会构建研究》(暨南大学 2012 年硕士学位论文)，第 22~26 页。

上述研究为我们了解虚拟社区规则的基本运作状况提供了参考。然而，这些文章多从社会学或传播学角度进行论述，除罗玲、李睿的两篇文章外，很少从纠纷解决角度对虚拟社区的规范和管理作出分析。而且，随着商业形式的不断发展和基于网络的交流沟通类应用工具推陈出新，虚拟社区已经不再局限于 BBS 的形式，还逐步发展出了社交网络服务(SNS)网站和微博(后者实际上是 SNS 网站的变种，因其不完全等同于 SNS 网站，以下称为类 SNS 网站)等新形式。一方面，最初的虚拟社区规则为虚拟社区纠纷解决机制的建立提供了参考；另一方面，虚拟社区受众不断膨胀，纠纷数量也不断增加，虚拟社区纠纷解决机制尚需进一步完善。

考察国内目前影响力较大的几个虚拟社区网站，会发现不同类型的虚拟社区对于纠纷的处理方式并不相同。很多知名的 BBS 站点(包括高校 BBS 站)都设有仲裁机构，只是这些仲裁机构的名称略有不同(有的 BBS 站称"仲裁团"、"仲裁委员会"，也有的 BBS 站称"纪律委员会"等。①)；新浪微博社区则建立了专家委员会制度。这些做法事实上都是虚拟社区对纠纷解决制度的创新。不过，SNS 型虚拟社区的规则普遍较为简陋，甚至有些并无明文规定纠纷解决办法。当然，前述现象与不同虚拟社区的运作模式和资源占有量密不可分。本编拟对虚拟社区纠纷解决机制的发展和演进过程进行分析，通过研究几个代表性的虚拟社区及其规则，探讨虚拟社区纠纷解决机制形成的影响因素，并对虚拟社区纠纷解决机制的完善提出一些思考和建议。

第二节　基本概念界定

一、社区与虚拟社区

(一)社区

传统意义上的"社区"一般是指聚集在一定地域范围内的社会群体和社会组织根据一套规范和制度结合而成的社会实体，是一个地域性社会生活共同体。② 法律意义上的"社区"(community)是指由同一地区遵守统一法律、法规的人组成的团体。③ 上述定义都比较强调这一概念的地域性。

(二)虚拟社区

虚拟社区是一种不同于现实社区的实体。首次提出"虚拟社区"这一概念的是

---

① 饶传平著：《网络法律制度——前沿与热点专题研究》，人民法院出版社 2005 年版，第 270 页。

② 陆学艺主编：《社会学》，知识出版社 1991 年版，第 200 页。

③ 薛波主编、潘汉典总审订：《元照英美法词典》，法律出版社 2003 年版，第 266 页。

美国评论家 Howard Rheingold，他在 1993 年出版的著作 *The Virtual Community: Homesteading on the Electronic Frontier* 中指出，虚拟社区是一群主要藉由计算机网络彼此沟通的人们，他们彼此有某种程度的认识、分享某些知识和信息、在很大程度上如同对待朋友般彼此关怀，从而所形成的团体。① 此后，有学者对“虚拟社区”的内涵作出了归纳，特别强调要严格区分虚拟群体(virtual groups)与虚拟社区，认为虚拟居所(virtual settlement)是虚拟社区的基础。进一步而言，虚拟社区在客观上需要一定数量的人在一段时间内持续地保持最低程度的互动，而这些人在主观上还必须具有“社区意识”，即具有会员意识、影响力意识、被需求感以及共享的情感联系。②

国内学者也对“虚拟社区”的概念及其内涵进行了表述，如：

- 虚拟社区是指人们在网络中所组成的虚拟公共空间。③
- 虚拟社区，是指以现代信息技术为依托，在互联网上形成的，由相互间联系相对密切的人们所组成的虚拟生活共同体。④
- 虚拟社区是由具有共同兴趣及需要的人们组成、成员可能散布于各地、以旨趣认同的形式作在线聚合的网络共同体。⑤
- 虚拟社区以“会员之间的归属感”为中心，并由以下几大要素来强化：对品牌(该虚拟社区)的认同；对其他会员具有强烈的志同道合的感觉；可以依据网站产生会员之间彼此的互动；对该虚拟社区的发展有参与的机会；会员之间能借由该虚拟社区产生和拥有共同的利益。虚拟社区具有非地域性、虚拟性、空间性和自组织性。⑥

……

可见，“虚拟社区”的概念已经打破了传统“社区”对于地域性的要求，它并无

---

① Howard Rheingold, *The Virtual Community: Homesteading on the Electronic Frontier*, Addison Wesley, 1993, pp. 4-5, 转引自陈识：《“天涯社区”社会构建研究》(暨南大学 2012 年硕士学位论文)，第 9 页。

② Anita Blanchard, *Blogs as Virtual Communities: Identifying a Sense of Community in the Julie/Julia Project*, available at http://blog.lib.umn.edu/blogosphere/blogs_as_virtual_pf.html, visited on August 16, 2014.

③ 饶传平著：《网络法律制度——前沿与热点专题研究》，人民法院出版社 2005 年版，第 269 页。

④ 周德民、吕耀怀：《虚拟社区：传统社区概念的拓展》，载《湖湘论坛》2003 年第 1 期，第 68 页。

⑤ 杜骏飞：《存在于虚无：虚拟社区的社会实在性辨析》，载《现代传播》2004 年第 1 期，第 73 页。

⑥ 丁义浩：《虚拟社区及虚拟社区交往初探》，载《武汉市经济管理干部学院学报》2004 年第 3 期，第 509~510 页。

物理实体，更多的是通过计算机网络进行符号的传输。但正如 Howard Rheingold 所说："虚拟社区的人与现实中的人几乎做同样的事情，只是不用亲身去做。你不能亲吻别人，别人也不能揍你的鼻子，但是在虚拟社区范围内还是可以做许多事情。"①

（三）虚拟社区的发展

虚拟社区最初是以电子公告板（BBS）的形式进入人们视野的。BBS 是 Bulletin Boards System 的缩写，是由计算机系统支持的允许用户使用终端设备链接和登录系统，进行上传和下载软件和数据、读取新闻和公告等活动，并可以通过电子邮件、公共留言板、甚至是语音交谈与其他用户交换信息的网络平台。② 技术的发展，尤其是互联网 2.0（web2.0）时代的到来冲击了传统观念，"去中心化"、"草根化"等社会运动推动互联网朝着开放、共享的新方向发展。基于这种全新信息生态的社会关系模式也需要重新塑造。由于 web2.0 应用的开放性，社会性的参与一直是其主要价值诉求。③ 虚拟社会关系的重构必然带来传统虚拟社区概念的变革，虚拟社区不再单一地指向 BBS，而逐步走向个性化和社会化。在网络观念的社会性变革中，虚拟社区的外延从传统的 BBS 网站，扩展到包括社交网络服务（SNS）网站、类 SNS 网站在内的诸多新形式。甚至传统的 BBS 网站也发生了功能的重构和整合，而逐步走向开放化、社会化。此时，判断构成虚拟社区的依据应当是虚拟社区这一概念的本质特征，即结合主客观因素的综合考量：主观上"社区居民"应当具有社区意识，客观上需要一定数量人群通过互联网虚拟公共空间保持最低程度的互动。

二、虚拟社区中的纠纷解决

无论对虚拟社区的定义如何，不可否认的是，作为民间社团的一种衍生体，虚拟社区已不再是一个虚拟化的概念，而是一个活生生的准社团结合体，借助互联网，人们不仅可以进行超越现实时空的交流和对话，更可以实现网下的互动与结盟。④ 正因如此，关注虚拟社区中发生的争议，探讨解决纠纷的途径尤为重要。

---

① Howard Rheingold, *The Virtual Community: Homesteading on the Electronic Frontier*, Addison Wesley, 1993, p. 3.

② 参见 http://en.wikipedia.org/wiki/Bulletin_board_system，访问日期：2014 年 3 月 9 日。

③ 瞿旭晟、张志安：《Web2.0：从 Facebook 到 Twitter》，载《新闻前哨》2008 年第 1 期，第 74 页。

④ 王薇：《从网络虚拟社区的法制化管理看预防网络犯罪》，载《信息网络安全》2010 年第 3 期，第 59 页。

(一)虚拟社区中的纠纷类型

由于社区的虚拟性，成员之间大多不存在利害关系，争论问题不需要太多顾虑，凭着对社区的归属感，各抒已见，直言不讳，甚至唇枪舌剑，只为解决问题。① (SNS 类网站除外)而正是由于虚拟社区的参与者相互之间大多并不熟悉，甚至是陌生人，只是基于共同的兴趣爱好而暂时聚集在一起，人们可能更容易在虚拟社区中发生纠纷。当纠纷积累到一定数量，或者双方已经无法通过协商达成谅解时，就需要一个中立的第三方从中斡旋、调解甚至是作出带有强制效力的裁决。这里的第三方在虚拟社区中通常指虚拟社区的管理者。他们制定并依据一定的规则和程序处理网民之间的纠纷，最终采取一定的措施(删帖、封禁等)解决争议。这一措施可能会使一方或双方当事人产生不满情绪，当不满情绪主要针对管理者时，就会发生网民与管理者之间的纠纷，并可能引发对于版主、站长等管理者的投诉。此时，管理者也成了争议当事人，失去了中立裁判的地位。

综上所述，虚拟社区中的纠纷，通常包括两种：因非管理行为产生的纠纷和因管理行为产生的纠纷。② 前者指最常见的社区网民之间的纠纷，如因一方或双方发表带有人身攻击性的言论引起的纠纷等，因纠纷双方处于同等法律地位，形成民事法律关系。一般而言，此类纠纷通常只涉及两个或几个当事人，且容易处理，因而影响力较小。而后者是指网民与虚拟社区管理者之间的纠纷，如版主对某个账号作出删帖、封禁的处罚而受处罚者不服，这种双方基于管理行为产生的不对等关系，可与现实世界中的行政管理关系类比。相对而言，由于管理者掌握着权力资源，此类纠纷往往牵扯到整个社区的秩序构建，因此应当引起研究者和虚拟社区管理者的重视。本编所指的“纠纷解决机制”包含上述两种类型的纠纷，既关注网民之间的民事法律关系，也探讨网民与虚拟社区管理者之间的纠纷解决。

(二)虚拟社区纠纷解决所依据的规则

目前虚拟社区纠纷解决的依据主要包括两部分：一是社区本身制定的成文规则，包括社区公约、协议、社区规则、版规、站规、投诉规则等；二是虽无明文规定，但是人们在实际行动中自觉服从的行为准则，如不得进行人身攻击、泄露他人的隐私等。③ 上述规则可视作来自互联网的习惯法。它们本身必须符合国家法律的

① 罗钊、石文典：《虚拟社区的知识共享》，载《郑州航空工业管理学院学报》2008 年第 3 期，第 207 页。

② 饶传平著：《网络法律制度——前沿与热点专题研究》，人民法院出版社 2005 年版，第 270 页。

③ 郭茂灿：《虚拟社区中的规则及其服从——以天涯社区为例》，载《社会学研究》2004 年第 2 期，第 105 页。

规定。较为成熟的虚拟社区之规则一般也会对此作出专门规定。① 若网民或站方行为已经违反了国家强行法的规定，则不应再适用虚拟社区内部规则处理，而依法律规定交由国家职能部门解决。

第三节　不同类型虚拟社区的纠纷解决机制

一、电子公告板(BBS)类虚拟社区纠纷解决机制

(一)BBS 简介

虚拟社区的最初形态就是 BBS 这一形式。BBS 诞生于 20 世纪 70 年代的美国，主要用于成员之间的信息交流与网络通讯，早在 Internet 盛行之前，“拨号 BBS”已经发展成为一个比较成熟的网络。② BBS 类型的虚拟社区具有以下特点：(1)交流互动性强。用户可以就自己感兴趣的话题发表自己的观点看法，也可以就自己不懂的问题向别人进行咨询。(2)高度流动性和隐匿性。(3)自由开放性。用户将个人的想法和相关信息张贴到网络上，就所感兴趣的问题进行讨论。这些信息多是主观性的即兴发挥的信息，有很强的随意性和主观性。(4)信息海量性、庞杂性和欠规范性。(5)公共性强。BBS 以公共见长，所提供的公共互动平台为人们提供了一个自由交流和讨论的场所。③ 根据 CNNIC 第 37 次《中国互联网络发展状况统计报告》，我国 2015 年的 BBS 用户规模为 1.19 亿，网民中 BBS 使用率为 17.3%。图 6-1为国内社区论坛网站排名。

各 BBS 社区大多设置了一套与争议解决有关的规则和流程。下文即以较有代表性的百度贴吧、天涯社区及水木社区为例，探讨 BBS 类虚拟社区的纠纷解决机制。

(二)百度贴吧(http://tieba.baidu.com)的纠纷解决机制

1. 百度贴吧简介

百度贴吧是全球最大的中文社区，由用户根据自身兴趣，在该平台上创建不同主题的贴吧，吸引志同道合的网友参与讨论、交流。截至 2016 年 4 月 17 日，贴吧总数已超过 2 002 万个。“吧主”是每个贴吧的管理者，负责建立适合本吧发展的吧规，

---

① 如百度贴吧的《贴吧协议》第 26 条规定：“本协议未涉及的问题参见国家有关法律法规，当本协议与国家法律法规冲突时，以国家法律法规为准。”http://tieba.baidu.com/tb/eula.html，访问日期：2014 年 8 月 18 日。

② 杨艾茵：《台湾 BBS 研究述评》，载《北京邮电大学学报(社会科学版)》2002 年第 1 期，第 1 页。

③ 张发亮：《不同类型虚拟社区的特点比较分析》，载《图书馆学研究》2006 年第 7 期，第 13 页。

保证吧内贴子质量，及时对吧内的不良信息进行处理，带领并建设吧务团队。① “吧主”下面可能下设“小吧主”作为其助手，帮助吧主管理贴子、会员。可以说，贴吧是一个高度自治的虚拟空间，而吧主作为规则的制定者，在某种层面上拥有比普通用户更大的权力。

社区论坛排名数据 数据更新日期：2016年4月17日

日 周 月 三月 行业 请选择... 请选择... 查询

排名	变化	网站名称	类型	覆盖数UV	变化	浏览量PV	变化	人均PV	变化	Alexa	官网
1	→	百度贴吧	频道	19557.7	0.00%	1330.67	0.00%	5.98	0.00%		
2	→	天涯社区	网站	3500.0	1.31%	273.00	12.57%	7.10	11.42%		
3	↓1	一品威客	网站	2180.0	80.00%	305.00	69.00%	12.70	5.38%		
4	→	凯迪网络	网站	1290.0	4.04%	65.00	0.20%	3.80	4.00%		
5	→	19楼互动空间	网站	310.0	20.00%	20.30	6.00%	6.00	15.10%		
6	↑1	猫扑	网站	250.0	20.00%	10.90	60.00%	4.00	30.00%		
7	↑1	西祠胡同	网站	230.0	5.68%	12.60	0.40%	4.90	7.00%		
8	→	宽带山	网站	190.0	80.00%	39.00	80.00%	15.00	0.26%		
9	→	抽屉网	网站	160.0	120.00%	14.00	170.00%	6.00	20.00%		
10	→	搜道美女时钟	网站	150.0	10.00%	20.20	41.21%	12.00	47.36%		

图 6-1 社区论坛排名数据(数据更新日期：2016 年 4 月 17 日)②

2. 纠纷解决规则

百度贴吧作为最具影响力的社区论坛，其纠纷解决规则在商业模式 BBS 中也相对较为完善。首先，用户在使用百度贴吧时必须阅读并遵守《贴吧协议》③，该协议是社区管理的统一规范。协议分为总则、贴吧用户、权利声明、处罚规则、附则 5 部分共 26 个条文。其中，第 9 条规定：“用户在百度贴吧发表文章时，除遵守本协议外，还需遵守吧主对该吧的相关规定。”第 15 条规定：“任何用户发现贴吧贴子内容涉嫌侮辱或者诽谤他人、侵害他人合法权益的或违反贴吧协议的，有权按贴吧投诉规则进行投诉。”也就是说，除《贴吧协议》外，用户还须遵守吧规和《贴吧投诉规则》④。《贴吧协议》第 21 条规定了用户在特定情况下将承担“被关闭全部或者部分权限、被暂停或被删除其账号”的责任；第 22 条规定了百度贴吧管理人员

---

① http：//help. baidu. com/question? prod_en = tieba&class = 427&id = 1000056，访问日期：2015 年 1 月 7 日。

② http：//www. iwebchoice. com/html/class_62. shtml? 1Days，访问日期：2016 年 4 月 20 日。其所有数据都来自 alexa。

③ 《贴吧协议》，http：//tieba. baidu. com/tb/eula. html，访问日期：2014 年 4 月 1 日。

④ 《百度贴吧投诉规则》，http：//tieba. baidu. com/tb/tsgz/index. html，访问日期：2014 年 4 月 4 日。

有权不提前通知作者直接删除文章，并依照有关规定作相应处罚的具体情形；情节严重者，百度贴吧管理人员有权对其作出关闭部分权限、暂停直至删除其账号。这些规定一方面为社区自治提供了行为规范，另一方面也赋予了管理者删贴、停号、删号(相当于判处该虚拟用户“死刑”)等的权利。

《贴吧投诉规则》是关于贴吧纠纷解决的专门规定，与《贴吧协议》可以看做是特殊法与一般法的关系。它包含百度贴吧管理组、投诉处理范围、投诉流程、投诉受理 4 部分共 9 个条文。其中，第 2 条规定了争议处理的范围，即“投诉吧主违规行为、投诉用户违规行为、举报违反贴吧协议的内容”。第 4 条指出：“贴吧投诉不受理贴吧以外的任何纠纷投诉。”贴吧的投诉处理范围表明，用户既可以就与其他用户之间的争议提出投诉，也可以对管理者的行为进行监督。

3. 投诉流程

《贴吧投诉规则》第 5~9 条规定了投诉流程。具体而言，用户投诉需经历以下步骤：登录贴吧——填写投诉表单——提交投诉并等待处理——查看结果。投诉人首先要有一个贴吧账号，登录后如打算投诉吧主，则进入吧务详情页面，点击“投诉吧主”，或进入吧主的个人主页，点击右上方的“贴吧投诉”，然后按照提示填写相关信息，选择投诉类型，填写完后点击提交，如图 6-2 所示。

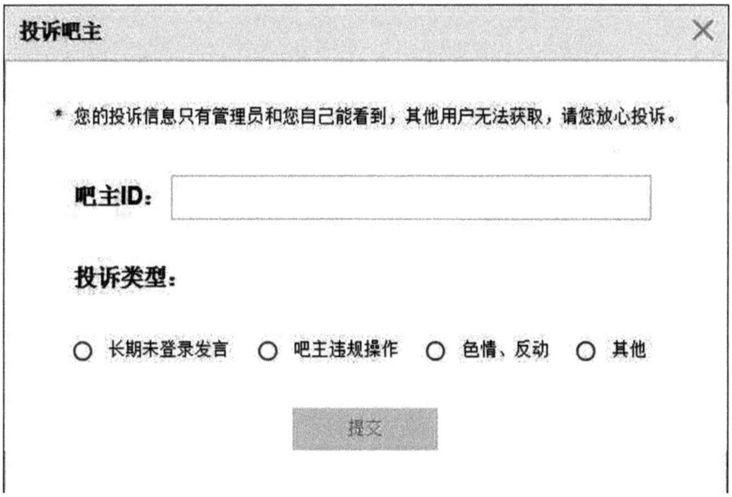

图 6-2　百度贴吧投诉吧主页面示例(通过吧务详情页面投诉)①

如欲举报违规贴，则点击贴子内右下角“举报”按钮，然后按照提示依次填写

① 因系举例，故相关网页的网址不便显示，访问日期：2015 年 1 月 6 日。

信息。举报分为个人/企业举报和垃圾举报两大类，其中个人/企业举报需上传证明资料。第 9 条规定部分案件除了在线上传上述证明材料外，用户还可以通过线下寄送纸质材料至贴吧事务组的方式进行投诉。详见图 6-3、图 6-4 所示。

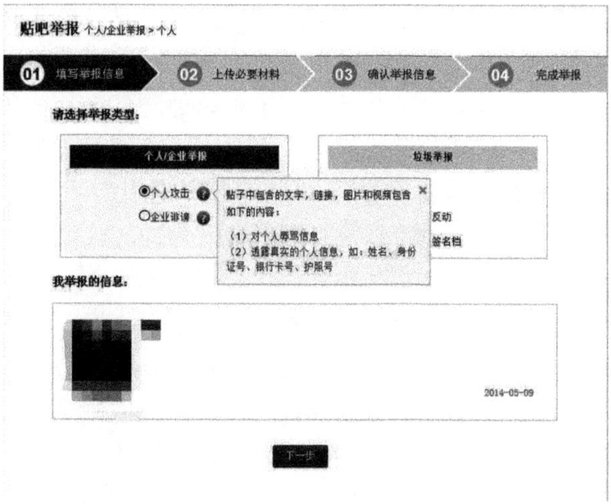

图 6-3　举报违规贴页面示例(个人举报)①

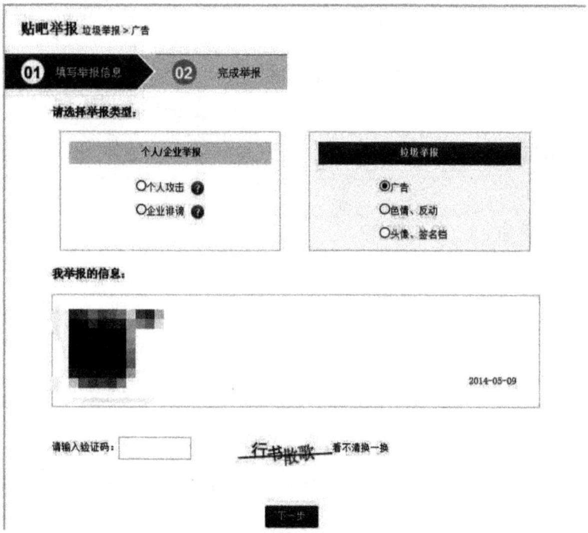

图 6-4　举报违规贴页面示例(垃圾举报)②

① 因系举例，故相关网页的网址不便显示，访问日期：2015 年 1 月 6 日。
② 因系举例，故相关网页的网址不便显示，访问日期：2015 年 1 月 6 日。

4. 评价

《贴吧投诉规则》虽然规定了投诉流程，但并无受理投诉后的处理规则。也就是说，贴子或吧主被投诉后，将全部由站方自行处理，处理结果仅对投诉/举报人和被投诉/举报人公布和生效。如此一来，站方审查和处理贴子将成为一项庞大的工程，可能因违规贴甚至是违法贴得不到及时处理而造成巨大的负面影响。更重要的是，这种不公开的裁判方式极易引发用户对站方公正性的怀疑，不利于社区自治和纠纷解决。这实际上是 web1.0 时代“集权化”的流弊，往往忽视了“人”(用户)在虚拟社区中的创造力和重要性。由于没有规定独立的裁判机构(即便是管理机构内部设立了类似机构，用户也并不知晓)和缺乏透明的纠纷解决流程，用户很可能对纠纷处理过程的公正性产生怀疑，从而对纠纷处理结果难以信服。当然，在此背景下，《贴吧投诉规则》所包含的因非管理行为引发的纠纷和因管理行为引发的纠纷本应对应的不同的解纷规则也无从谈起。

(三)天涯社区(http：//www.tianya.cn)的纠纷解决机制

天涯社区作为老牌的 BBS 类虚拟社区，拥有较为完善的纠纷解决机制。其纠纷解决主要包括以下阶段：

1. 协商和版务处理阶段

“友好协商，解决矛盾”是天涯社区纠纷解决的一大原则，天涯社区用户在社区活动中与他人产生纠纷时，应通过社区相关功能与被投诉人进行协商。协商不成，应当在相关版的“版务处理”栏咨询或投诉。如用户对版务处理仍有异议，则进入“用户投诉版”进行投诉。① 此时就可能产生两种争议：一是用户与用户之间的原争议，二是用户不服版务处理引起的新争议，后者为行政管理争议。可以说，协商和版务处理是用户投诉的前置程序。

2. 用户投诉阶段

《天涯社区用户投诉管理规定》(以下简称《投诉管理规定》)是用户投诉阶段的主要依据，包括投诉准则、投诉流程、投诉受理、投诉裁决及执行、用户投诉版务管理、注意事项和附则 7 部分共 39 条。《投诉管理规定》明确了“投诉版”处理纠纷的类型，既包括因非管理行为引发的纠纷，又包括因管理行为引发的纠纷，即“社区用户在社区活动中的正当权益受到其他一般用户及社区公职人员(斑竹、管理员、议事员、元老、运营、值班编辑等)的侵害”时，可以申请处理，且对两类不同纠纷的处理作出了不同规定。由上可知，在因管理行为引发的纠纷中，用户只能针对“具体行政行为”发起投诉。纠纷解决主体为“用户投诉版”，其依照《天涯社区公约》和《投诉管理规定》独立裁决(具体由裁判员进行裁决)，其他机构或个人不得

① 参见《天涯社区用户投诉管理规定》，资料来源于：http：//bbs.tianya.cn/post-discuss-39832-1.shtml，访问日期：2014 年 8 月 17 日。

干涉。用户投诉版不受理天涯社区以外任何纠纷的投诉。

受理投诉遵循当事人自愿原则。除特殊情形外，须由受到影响的当事人自己发起投诉。有效投诉受理后将显示案件进度，即在贴子后标注"不受理"、"已受理"、"处理中"、"已答复"、"已裁决"、"已处理"、"恶意投诉"等字样。(第 17 条)用户投诉版已受理的投诉，原则上只允许双方当事人发言。(第 22 条)

用户投诉版已受理投诉的处理时间由主审裁判员决定，并在审理帖子中标明，审理期限不得超过 20 日，如需延长，则应当报社区站务委员会批准并内部备案，延长时间不得超过 10 日。(第 18 条)特别对因管理行为引发的纠纷规定了时效：针对社区公职人员(斑竹、管理员、议事员、元老、运营、值班编辑等)的投诉须在事件发生后 1 个月之内提交，包括在[版务处理]的咨询和投诉，逾期不予受理。(第 16 条)

就裁决执行而言，裁决结果涉及对 ID 或者帖子的操作处理变更的，相关社区公职人员须在裁决结果公布后 3 日内按裁决结果进行操作，3 日内未能执行操作的，则由该投诉受理裁判员代表投诉裁决委员会上报社区相关负责人执行，并将处理情况、相关社区公职人员未配合裁决执行的情况在站务大厅备案，由社区站务委员会审查是否列入其工作考核。(第 24 条)裁决结果涉及到社区公职人员(斑竹、管理员、议事员、元老)职务变动的，由受理该投诉的裁判员代表投诉裁决委员会在站务大厅内备案，提交相关投诉、证据、涉嫌违反社区规则的条文和处理建议，上报站务委员会，由站务委员会进行操作。(第 25 条)

此外，《投诉管理规定》还涉及团体投诉制度。

3. 上诉申诉阶段

用户投诉阶段结束后，若当事人对处理结果仍持异议，可以在 10 个工作日内向"上诉申诉版"发起上诉申诉程序。《天涯社区上诉申诉版版规》①是关于上诉申诉程序的主要依据。上诉程序流程为：申请——受理——提交证据和辩论——裁决。裁决由裁判长和裁判员采用合议制和表决制的原则作出，裁决结果将由裁判长在上诉帖内公布(附表决结果和总结词)，并在帖子标题标注"已裁决"。裁决时间为 1~5 天。裁决的执行权由社区行政职能部门行使。②

---

① http：//bbs. tianya. cn/post-discuss-38999-1. shtml，访问日期：2014 年 8 月 17 日。

② 具体而言，1. 裁决结果由裁判长告之相关的站务负责人、分管管理员、用户投诉版首席斑竹和相关版面首席斑竹。2. 裁决结果涉及全面封杀 ID、解除封杀 ID 的，均由裁判长代表投诉裁决委员会上报社区相关负责人执行，特殊情况下社区可授权主审裁判长按裁决结果直接执行操作。3. 裁决结果涉及斑竹、管理员、社区专职人员职务变动的，均由裁判长代表投诉裁决委员会上报社区相关负责人执行。4. 裁决结果涉及版面封杀 ID、版面解封 ID、封帖、删帖、解封帖的，均由裁判长代表投诉裁决委员会知会相关版面首席斑竹按裁决结果执行。5. 在上诉申诉版发生的违反社区规则的行为，上诉申诉版斑竹直接处理。

必须注意到这样一条规定："除非依社区规则向站务委员会上诉并被受理的，上诉申诉版的裁决为最终裁决，对所有机构和人员均具有约束力。"也就是说，在特定情况下上诉申诉版并非最终的上诉受理机构，站务委员会在某些案件中仍然拥有最高裁决权。

4. 评价

总体而言，天涯社区建立了一套较为完善的纠纷解决机制，通过协商和站务处理——用户投诉——上诉申诉 3 个阶段为用户提供救济，由裁决委员会、裁判员负责案件裁决，而裁决的执行权归于行政部门。此外，《天涯社区投诉裁决委员会章程》还对投诉裁决委员会职责、裁判员任命、首席裁判员、裁判员权限与职责、裁判员管理细则、裁判员考核、裁判员处罚等作了规定。① 因此，无论是程序设计，还是机构设置，都相当精细，用户投诉流程详见图 6-5。

(四) 水木社区(http：//www. newsmth. net)的纠纷解决机制

水木社区 BBS 前身是清华大学校内互联网爱好者自发创办和组成的原水木清华 BBS 站，由水木清华 BBS 站原站务组创办。2005 年水木清华 BBS 站由开放型转为校内型，原站务组保留了水木清华 BBS 站截至 2005 年 3 月 16 日前的所有版面及用户数据，将部分版面转移到公网发展，形成新站即水木社区 BBS 站。虽然水木社区的用户数量无法与百度贴吧和天涯社区相提并论，但其纠纷解决设计确有可取之处。

《水木社区管理规则》②(以下简称《规则》)规定站内最高管理机构为水木委员会，下设站务委员会(其成员称站务)负责处理日常事务。水木委员会委任站务总管作为社区最高负责人。站务委员会对站务总管负责，接受水木委员会的监督。

在水木社区，因非管理行为引发的纠纷由管理部门(版主)处理。《规则》第 21 条规定版主有权依站内管理规则和该版面管理规则，执行其管理权力。

而对于因管理行为引发的纠纷，水木社区则建立了弹劾制度和仲裁制度。

《规则》第 25 条规定了对版主的弹劾制度：对于版主工作上的失误，本社区合格使用者有权向站务委员会提出弹劾，情节严重者可由站务委员会直接取消其版主资格。

水木社区仲裁制度的变迁则是权力博弈和妥协的结果。仲裁部门在成立最初定位并不明确，一度只是站务委员会下设的一个组，仅规定仲裁委员断案独立于站务。但事实上，由于仲裁机构不得不依附于站务，且一直没有实体上的处罚权和执

① 《天涯社区投诉裁决委员会章程》，资料来源于：http：//service. tianya. cn/guize/tscj. do? classtype=17，访问日期：2014 年 8 月 30 日。

② http：//www. newsmth. net/nForum/#! elite/path，访问日期：2014 年 8 月 18 日。

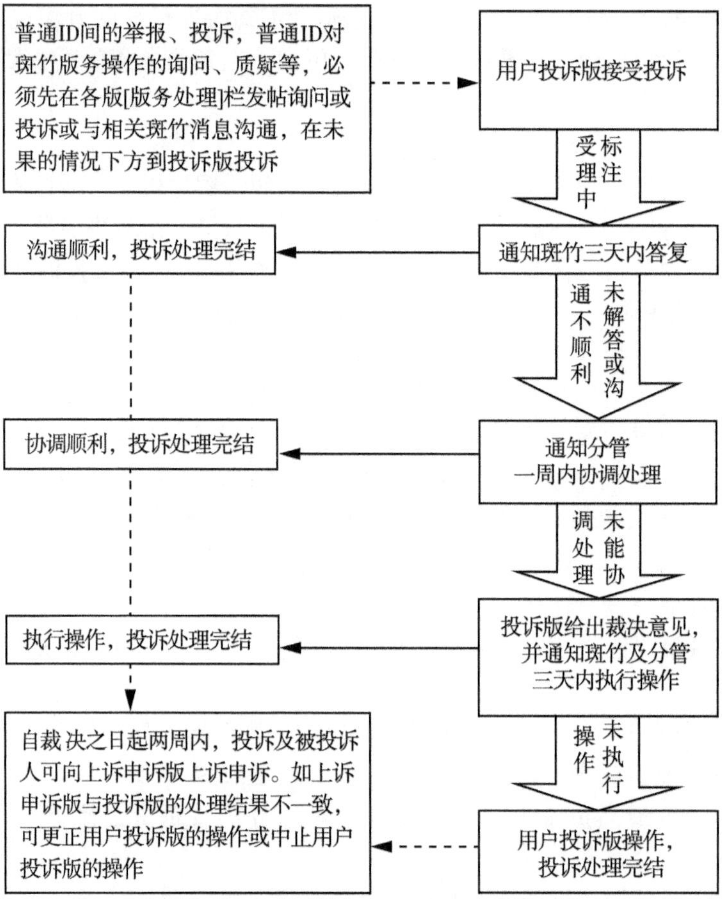

图 6-5　天涯社区用户投诉流程图示①

行权，其独立性很难实现。仲裁机构在处理因管理行为引发的纠纷时，即便是作出了被申请人的管理行为不合理的判断，也只能呈交“管理人员考核组”处理。②在这种情况下，仲裁机构与站务仍有可能发生直接冲突。后来，仲裁部门通过一个判例确立了“全站问题不审查”的原则，认为“涉及本站生存、发展和安全的制度是否合理不应当由仲裁部门判断”，从而表明了其不与站务叫板的立场，据此

① http：//help. tianya. cn/about/guize_tyuserstsglgd. html，访问日期：2014 年 8 月 20 日。

② 参见李睿：《水木社区 BBS 的纠纷解决机制——“3 · 16”事件之后》，载《法律和社会科学》第 2 卷，法律出版社 2007 年版，第 220~221 页。

获得一席之地。①《水木仲裁委员会工作规则(试行)》②(以下简称《工作规则》)是水木社区仲裁制度的依据。《工作规则》规定,水木委员会委任水木仲裁委员会负责处理版面管理纠纷,并向站务总管负责。仲裁委员会独立审理案件,并实行一裁终局。仲裁委员会受理的案件,在仲裁版面作出标记后进入内部审理流程,申请人有申请仲裁委员回避的权利。对被仲裁人(含相关人员)而言,可能的结果有:胜诉、责令改正、提醒、警告、严重警告、免职。(第12条)仲裁申请人或被申请人对仲裁委员会作出的判决不服的,须在48小时内提供新的证据申请复议,但仲裁委员会有权直接拒绝受理或不回复证据不充分的复议申请。(第3条)

可以说,弹劾制度是针对管理者的"抽象行政行为",而仲裁制度则针对管理者的"具体行政行为"。③ 但对于版主的弹劾由站务处理,二者皆为管理层,很难保证站务的中立性和公正性。仲裁则不然,由于仲裁委员会在设置上独立于站务委员会,直接对站务总管负责,打破了司法依附于行政的状况,从而为仲裁部门作为中立第三方独立、公正的审理案件提供了保障。

二、社交网络服务(SNS)虚拟社区纠纷解决机制

(一)SNS虚拟社区简介

社交网络服务(Social Networking Services, SNS),亦称社交网站,是在拥有相似兴趣、活动、背景或现实联系的人之间建立社交网络或社会关系的一种平台。SNS由每个用户的描述(简介)、他或她的社会联系和各种附加服务组成。此种基于Web的服务允许个人创造一个公众形象,创建一个共享人脉的用户列表,并可在系统内查看人脉,跨越连接。④ SNS网站是继BBS之后又一令人瞩目的互联网交流沟通类应用服务。它是以Stanley Milgram教授创立的"六度分割理论"⑤为依据建立的网站,通过"熟人的熟人"进行网站社交拓展。社交网络是一种整合了博客、

① 参见李睿:《水木社区BBS的纠纷解决机制——"3·16"事件之后》,载《法律和社会科学》第2卷,法律出版社2007年版,第232~233页。

② http://www.newsmth.net/nForum/#! article/Arbitration/1,访问日期:2015年1月7日。

③ 参见李睿:《水木社区BBS的纠纷解决机制——"3·16"事件之后》,载《法律和社会科学》第2卷,法律出版社2007年版,第221页。

④ https://en.wikipedia.org/wiki/Social_networking_service,访问日期:2015年8月6日。

⑤ 六度分割理论,即六度空间理论,是数学领域的一个猜想,你和任何一个陌生人之间所间隔的人不会超过五个,也就是说,最多通过五个中间人你就能够认识任何一个陌生人。资料来源于:http://baike.baidu.com/view/200573.htm,访问日期:2014年8月18日。

邮箱、即时通讯、公告栏、个人空间等功能的社会性网站，其典型代表是Facebook。① 维基百科对于Facebook的介绍是："Facebook是一个社交网络服务网站。最初仅哈佛大学学生可以注册，后来范围逐步扩大到其他高校，现在已经允许13岁以上的任何人注册了。"②Facebook完成了诸多第三方应用的整合，实现了平台化服务。注册用户可以从一系列服务商中选择产品，从而为自己构建出个性化的页面和功能。用户可以将个性化内容与个人的社会化网络融合起来，建构一个内容丰富而又极具个性的个人主页，而各自的社会关系可以使得每个个性化主页的内容进入到不同的身份界定的"圈子"内部进行信息交流与分享，每个个体都不仅是个人主页上的信息生产者、编辑者与归档员，同时也能针对他人传播的信息进行编辑、引用，信息传播的格局真正从点的辐射状演变成为"网"的格局，过去由点独享的传播权力也因着开放的路径被所有参与者分享。③

国内SNS虚拟社区主要分为三大类：一是以休闲娱乐为主的SNS网站，如开心网、51.com，这类网站在2008年发展非常迅速，并且在服务模式和盈利模式创新方面有所突破；二是以服务校园学生为主的校园SNS网站，如校内网④、QQ校友和占座网等，这类网站起步最早，并以占据最具活力的大学生群体作为核心竞争优势；三是以商务沟通和交友为主的SNS网站，如联络家、XING网等，这类网站进入中国较晚，发展较为稳定。⑤

SNS虚拟社区实行以个体为中心的开放性管理模式，具有泛年龄化的用户群组成结构，用户在实名制下即时进行信息互动和分享，并打通网站服务的界限，提供海量的附加功能。对现实社会关系网络的模仿和丰富的互动功能是SNS的典型特征。⑥ SNS提供的服务以"人"为核心，重视设计用户友好型界面，使得网络生活更加轻松、方便。CNNIC第34次《中国互联网络发展状况统计报告》显示，截至2014

---

① 李金波、李书宁：《国外高校图书馆社交网络应用调查与分析——以Facebook为例》，载《图书情报工作》2012年第3期，第75页。

② http：//en.wikipedia.org/wiki/Facebook，访问日期：2014年4月8日。

③ 瞿旭晟、张志安：《Web2.0：从Facebook到Twitter》，载《新闻前哨》2008年第1期，第75页。

④ 校内网是人人网(www.renren.com)的前身，2005年12月成立，最初是面向高校学生实名制SNS网站，2009年8月改名为"人人网"，同时将业务对象扩展至全体网民。http：//baike.sogou.com/v5237024.htm，访问日期：2014年8月18日。

⑤ 王亮：《SNS社交网络发展现状及趋势》，载《现代电信科技》2009年第6期，第9~10页。

⑥ 北京大学青年研究中心：《高校BBS与SNS网站的比较研究——以北京大学未名BBS和人人网为例》，载《高校辅导员学刊》2010年第4期，第3页。

年6月，我国社交网站用户规模为2.57亿，网民中社交网站使用率为40.7%。①图6-6为国内SNS社交网站排名。

SNS社交排名数据　数据更新日期：2016年4月17日

日　周　月　三月　　行业 请选择...　请选择...　查询

排名	变化	网站名称	类型	覆盖数UV	变化	浏览量PV	变化	人均PV	变化	Alexa	官网
1	→	QQ空间	频道	34266.8	0.00%	1102.73	0.00%	2.94	0.00%		
2	→	百度空间	频道	863.7	0.00%	12.32	0.00%	1.29	0.00%		
3	→	人人网	网站	780.0	20.00%	30.00	19.90%	2.80	31.07%		
4	→	YY语音	网站	190.0	30.00%	10.60	40.00%	5.10	10.00%		
5	→	开心网	网站	110.0	20.08%	6.10	5.61%	4.00	20.00%		
6	→	ChinaRen	网站	100.0	9.00%	2.70	20.00%	2.00	5.00%		
7	→	中国同学录	网站	30.0	0.00%	0.40	0.00%	1.00	0.00%		
8	→	魔时网	网站	20.0	36.77%	0.30	68.17%	1.50	49.66%		
9	↑3	第九视频	网站	10.0	0.00%	0.11	0.00%	1.00	0.00%		
10	↓2	圈网你我他	网站	10.0	3.19%	0.11	3.19%	1.00	0.00%		

图6-6　SNS社交排名数据(数据更新日期：2016年4月17日)②

(二)SNS虚拟社区纠纷解决机制

以曾运营八年的百度空间(http://hi.baidu.com)为例，它为用户提供网络日志、在线相册、个人档案等服务。《百度投诉中心投诉规则》③是百度空间的投诉准则。用户可以通过发起投诉解决争议，对于投诉结果不服的，可以申诉；对于申诉结果不服的，还可以针对该投诉再次发起申诉。投诉和申诉结果将通过邮件告知申请人。具体而言，如用户欲举报百度空间违反《空间协议》④的不良信息或申请封禁解封，则既可在百度投诉中心的各百度产品投诉入口处点击“空间”，进入到相应投诉页面，亦可在欲对之提起投诉的空间页面底部点击“投诉中心”，进入相应的投诉页面进行投诉。投诉页面如图6-7所示。

① 中国互联网络信息中心：《中国互联网络发展状况统计报告(2014年7月)》，资料来源于：http://www.cnnic.cn/hlwfzyj/hlwxzbg/hlwtjbg/201407/P020140721507223212132.pdf，访问日期：2014年8月16日。

② http://www.iwebchoice.com/html/class_102.shtml，访问日期：2016年4月20日。其所有数据都来自alexa。

③ http://service.baidu.com/question?prod_en=tousu&class=557&id=1000875，访问日期：2014年8月19日。

④ 《百度空间用户使用协议》，资料来源于：http://help.baidu.com/question?prod_en=hi&class=%B0%D9%B6%C8%BF%D5%BC%E4%D3%C3%BB%A7%CA%B9%D3%C3%D0%AD%D2%E9&id=1000867，访问日期：2015年1月9日。

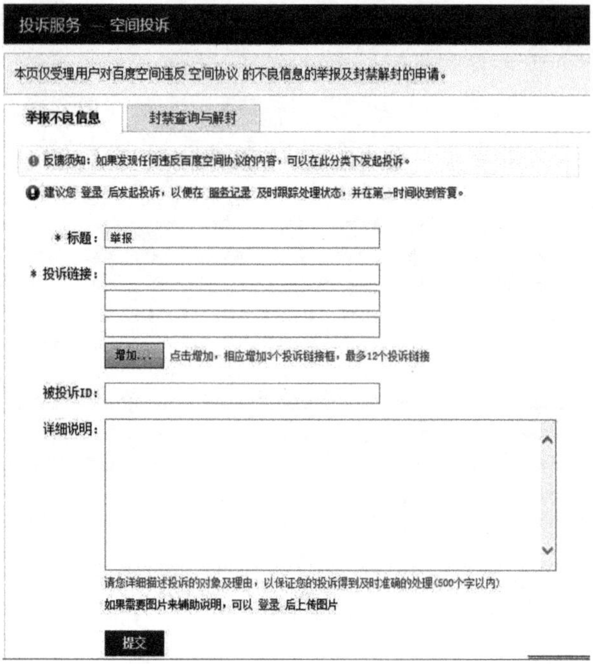

图 6-7　百度空间投诉页面示例①

又如人人网(www. renren. com)用户在发现存在违规行为的用户时，可以在相应页面上点击“举报”(旧版个人主页可以点击对方页面左下角的“举报该用户”，时间轴页面可以点击头像模块右侧的齿轮按钮，选择“举报”)，点击后页面跳转到填写具体信息的举报页面，需要根据不同情况说明举报原因并描述违规用户的行为。用户也可以直接提供相关违规页面的链接地址联系客服或发送邮件至 admin@renren. com 提交举报。② 举报原因包括：不文明行为、发布非法广告、举报星级用户资格、举报刷人气、内容反动、紫豆音乐、举报刷分享、恶意网址举报等，详见图 6-8。

事实上，当前大部分 SNS 虚拟社区在纠纷处理方面的规定都较为简单，投诉方式也与 BBS 类网站类似，并且大多情况下仅规定了针对用户的举报制度，而并无针对管理者的纠纷解决办法。这或许与 SNS 本身主要用于保持熟人之间的联系以及扩大交际圈到“熟人的熟人”这一基本功能有关——理论上讲，在此背景下产生纠纷的可能性较小。

① http：//tousu. baidu. com/hi/add，访问日期：2014 年 8 月 18 日。

② http：//help. renren. com/helpcenter，访问日期：2015 年 8 月 5 日。

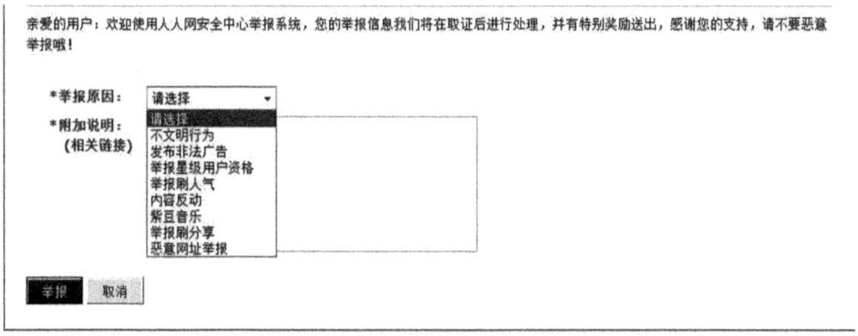

图 6-8 人人网用户举报页面示例①

三、微博虚拟社区的纠纷解决机制

(一)微博概况

微博在英文中被称为 Microblog，维基百科对其定义是：微博是一种博客形式的广播媒介。微博区别于传统博客的地方在于，其内容无论是实际长度还是总计长度都更小。微博允许用户交流更小的内容元素，如短句子、单个的图片或视频链接。② 还有学者如此界定微博：微博是一种通过关注机制分享简短实时信息的广播式的社交网络平台。这一定义包含微博的 4 个特性：第一，使用关注功能关注感兴趣的人或话题；第二，分享简短内容，每条微博及其评论内容均不得超过 140 字；第三，广播式信息传递方式；第四，将微博定性为社交网络平台。③ 微博的代表性网站有 Twitter、新浪微博、腾讯微博等。

Twitter 是微博类网站的先驱。其常被认为是一个 SNS 网站，但相较于其他实名制特色明显的 SNS 网站(如 Facebook)，Twitter 用户的社交网络更为庞大，同时也更为松散。因为在 Twitter 上关注他人不需要事先征得同意，特定用户的社交网络很容易人数众多；但也正因如此，关注者与被关注者之间不一定相互认识，相对而言用户间的联系较为松散。在这里，少部分用户发出大部分的信息，少部分用户拥有大量的关注者，大部分用户所关注的其他用户数量不会太多。这些特点都使 Twitter 与传统意义上的 SNS 网站不尽相同。除了传统 SNS 的私人社交功能外，Twitter 在很多时候还能用于消息传播、政治公关或社会运动推动等，具有更多大众

---

① 需登录账号才能看到页面。

② http：//en. wikipedia. org/wiki/Microblogging，访问日期：2014 年 8 月 18 日。

③ 参见陈永东著：《企业微博营销：策略、方法与实践》，机械工业出版社 2012 年版，第 6~7 页。

传媒的特点。① 我国国内各家微博则是由国内企业推出的类似于 Twitter 的社交工具。用户可以通过网页、WAP 页面、手机短信、彩信发布消息或上传图片，“关注”名人或朋友，“分享”他人发布的消息、图片和视频，并参与“话题”的讨论，只是每一条“微博”字数限于 140 字以内。②

微博与其他发布言论的平台相比也有着其与众不同的地方：例如与 QQ、MSN、E-mail 相比，它具有一定的公开性；与一般博客相比，它又具有随意性、时效性、自媒性、传播速度快等特点；而与公共论坛相比它还具有一定的简短性、私人性。③ 因此，将微博归为不同于 BBS、SNS 的新形式虚拟社区更为合适，而由于其特点更接近 SNS 网站，我们可将这类新型网站称为类 SNS 网站。实际上，各种类型的虚拟社区功能也正在逐步走向融合。CNNIC 第 36 次《中国互联网络发展状况统计报告》④显示，截至 2015 年 6 月，我国微博客用户规模为 2.04 亿，网民使用率为 30.6%。微博客用户中，使用新浪微博的用户占 69.4%，一至五级城市的使用率都在 65%以上，全面超越其他微博客运营商，新浪微博一家独大的格局已经确立和稳固。图 6-9 为国内微博博客网站排名。

微博博客排名数据 数据更新日期：2016年4月17日

日 周 月 三月 行业 请选择... 请选择... 查询

排名	变化	网站名称	类型	覆盖数UV	变化	浏览量PV	变化	人均PV	变化	Alexa	官网
1	→	新浪微博	网站	42400.0	4.00%	2330.00	1.70%	4.97	2.55%		
2	→	新浪博客	频道	12831.0	0.00%	614.28	0.00%	3.52	0.00%		
3	→	腾讯微博	频道	5903.4	0.00%	272.19	0.00%	4.21	0.00%		
4	→	CSDN微博博客	频道	2472.9	0.00%	77.26	0.00%	2.40	0.00%		
5	→	搜狐微博	频道	1558.8	0.00%	84.49	0.00%	3.91	0.00%		
6	→	网易博客	频道	310.5	0.00%	4.56	0.00%	1.40	0.00%		
7	→	凤凰博客	频道	243.4	0.00%	7.06	0.00%	2.39	0.00%		
8	→	搜狐博客	频道	234.8	0.00%	5.97	0.00%	1.83	0.00%		
9	→	51.com	网站	110.0	60.00%	1.80	30.00%	1.40	18.08%		
10	→	Blogbus	网站	40.0	50.00%	0.50	8.00%	1.10	25.00%		

图 6-9 微博博客排名数据(数据更新日期：2016 年 4 月 17 日)⑤

---

① 赵民、张军锋：《社会运动中的 Twitter 现象——兼论 Twitter 的性质与发展方向》，载《新闻大学》2009 年第 4 期，第 35~36 页。

② 参见 http：//baike. baidu. com/view/2762127. htm，访问日期：2014 年 8 月 19 日。

③ 何文哲：《微博侵权法律问题研究》(郑州大学 2013 年硕士学位论文)，第 10 页。

④ 中国互联网络信息中心：《第 36 次中国互联网络发展状况统计报告(2015 年 7 月)》，资料来源于：http：//cnnic. cn/hlwfzyj/hlwxzbg/hlwtjbg/201507/P020150723549500667087. pdf，访问日期：2015 年 8 月 4 日。

⑤ http：//www. iwebchoice. com/html/class_66. shtml，访问日期：2016 年 4 月 20 日。其所有数据都来自 alexa。

(二)纠纷解决机制——以新浪微博为例

2014年3月27日，新浪微博正式更名为“微博”。① 截至2014年3月，新浪微博月活跃用户1.44亿，日活跃用户6 660万，是中国活跃度最高的社交媒体。② 下面，我们就以新浪微博为例，对微博形式虚拟社区的纠纷解决机制予以探讨。

1. 纠纷解决规则

(1)《微博社区公约》

《微博社区公约》③(以下简称《公约》)是用户与新浪微博之间达成的协议，用户进行微博注册必须接受《公约》。《公约》分为总则、用户权利、用户行为规范、社区管理和附则5章共35个条文。《公约》规定，微博社区管理由站方和社区委员会共同完成。具体而言，可明显识别的违规行为由站方直接处理，其他违规行为则由社区委员会判定，站方根据判定结果处理。社区委员会分为两类：判定用户纠纷的普通委员会和判定不实信息和复审举报的专家委员会。其成员均为公开招募。社区委员会实行多数决。违规处理过程以网页卷宗的方式公示。这样，实际上是通过《公约》确立了用户自治原则，站方作为“行政机关”拥有对“简单案件”的裁判权和全部案件的执行权，而由普通用户组成的社区委员会作为“司法机关”则掌握对“复杂案件”的裁判权以及对全部案件的复审权。我们认为，新浪微博的社区管理制度在一定程度上是对现实社会司法制度的映射。

(2)《微博社区管理规定》

《微博社区管理规定》④(以下简称《管理规定》)实际上是《公约》的细则。它分为总则、基本原则、有害信息、违法信息、不实信息、用户纠纷、复审举报流程、加重处罚规定、有关认证用户身份虚假的处理规定、用户信用积分和附则11章共39条。

《管理规定》将违规行为分为有害信息、违法信息、不实信息、用户纠纷类违规(包括人身攻击、冒充他人、泄露隐私、内容抄袭)4类，分别对每一类违规行为的处理流程和方式作出了规定。《管理规定》还规定了复审制度，即在相关案件中，败诉方对结果不满时，由专家委员会再次进行判定的制度。

(3)《微博社区委员会制度》

---

① http://baike.baidu.com/view/2762127.htm? fr=aladdin，访问日期：2014年8月18日。

② 《新浪微博在美国纳斯达克上市 首日收盘涨幅超19%》，资料来源于：http://china.cnr.cn/ygxw/201404/t20140418_515323026.shtml，访问日期：2014年8月18日。

③ 新浪微博社区管理中心：《微博社区公约》(2015年7月16日更新)，资料来源于：http://service.account.weibo.com/roles/gongyue? bottomnav=1&wvr=5，访问日期：2015年8月6日。

④ 新浪微博社区管理中心：《微博社区管理规定》(2015年7月16日更新)，资料来源于：http://service.account.weibo.com/roles/guiding，访问日期：2015年8月7日。

《微博社区委员会制度》①(以下简称《委员会制度》)专门规定了普通委员会和专家委员会的成员数量、资格条件、工作机制、退出机制和激励措施。普通委员会成员总数量为20 000至60 000名，全部在符合条件的主动报名者中产生。普通委员会报名条件是：(1)微博等级7LV以上；(2)年龄大于18周岁；(3)最近30天通过电脑登录微博的天数大于15天。专家委员会成员总数量为2 000名，每月对所有社区委员会成员进行一次经验值排序，排序前2 000人为专家委员会成员。

可以说，新浪微博的社区纠纷解决是以较为完善的成文化规范为依据的，专家委员会复审制度实际上是对站方或普通委员会处理特定案件的监督，这样就实现了对于用户的双重救济，进一步保障了社区自治。

2. 纠纷解决流程

根据上述规则，纠纷解决过程可分为以下几个阶段：

(1)举报阶段

当出现《管理规定》所列举的违规行为时，站方通过主动发现或者接受用户举报来发现相关行为。这一过程可称之为举报阶段。用户可以直接点击每条微博页面上的“举报”，对涉嫌违规的行为进行举报。

(2)受理阶段

该阶段，站方首先对微博性质作出基本判定，若属于有害或违法信息，则直接采取相应措施。若为不实信息，受理条件为被举报内容影响广泛(直接转发超过100条)或举报达到一定数量(超过10位用户举报)，并排除恶意举报。若为用户纠纷，一般需当事人举报才受理。

(3)判定阶段

有害或违法信息案件由站方直接作出判定和处置。其他违规行为如系可明显识别的，亦由站方直接处理，在直接处理前当事人有24小时的陈述时间。

若涉及行为并非明显违规，在用户纠纷案件中，则进入普通委员会判定阶段。系统从当前登录的普通委员会成员中随机选出21位成员构成判定具体案例的普通委员会。而在不实信息案件中，若涉及信息既非明显不实，又无判例可循，则进入专家委员会判定阶段。系统从专家委员会全体成员中随机选出9位成员，构成判定具体案例的专家委员会。前述普通委员会或专家委员会成员对涉嫌违规行为投票判定，并提交判定理由。每3小时发起一轮投票，总票数不足或双方票数相同时发起下一轮，直到24小时判定总时间结束。判定实行多数决(超过1/2)。站方根据判定结果完成处理。若24小时内不能作出判定，不按违规处置。

新浪微博还采用了“旁观者参与投票制度”。注册用户可以投票支持举报人或

---

① 新浪微博社区管理中心：《微博社区委员会制度》(2015年7月16日更新)，资料来源于：http：//service. account. weibo. com/roles/zhidu，访问日期：2015年8月7日。

被举报人，每 24 小时可以支持一次，但投票结果对判定不产生直接影响。

（4）结果公示阶段

站方或社区委员会按照上述程序作出判定后，以个案形式建立卷宗，并在“举报处理大厅”进行公示，详见图 6-10。

图 6-10　判定结果公示示例①

（5）上诉复审阶段

《管理规定》规定了专家委员会复审制度，作为进一步的救济措施。该阶段通常包括“申请复审——拉票——举证——复核——最终结果”阶段。举报结果生成后，败诉方需在 24 小时内申请复审。同初审阶段相比，复审阶段的启动需要达到一定的旁观者支持人数和支持率，即 48 小时内，该卷宗页中支持败诉方的人数多于 100，且支持率高于 50%时复审方能启动。复审中，当事人的陈述或自辩时间为 12 小时。专家委员会作出判定的流程同其判定不实信息的流程相同。若 24 小时后未能完成对复审举报的判定，则维持初次判定。站方根据复审判定结果，完成对被复审的内容、账号的处置和公示，并以微博通知的方式告知。上诉复审制度在一定程度上降低了判定随意性的负面影响，进一步保证了纠纷处理结果的公平性。

（6）违规处理措施

违规处理包括内容处理和账号处理。其中，内容处理包括删除、禁止被转发、禁止被评论、标注等。账号处理包括禁止发布微博、禁止被关注等，直至注销。

3. 旁观者参与投票制度

① http：//service. account. weibo. com/show？rid=K1CaN7g9d8a4e，访问日期：2016 年 4 月 22 日。

如前所述，新浪微博纠纷解决还在纠纷解决的不同阶段采用了“旁观者参与投票制度”。

在初次判定阶段，注册用户可以投票支持举报人或被举报人，每 24 小时可以支持一次，但投票结果对判定不产生直接影响，详见图 6-11。

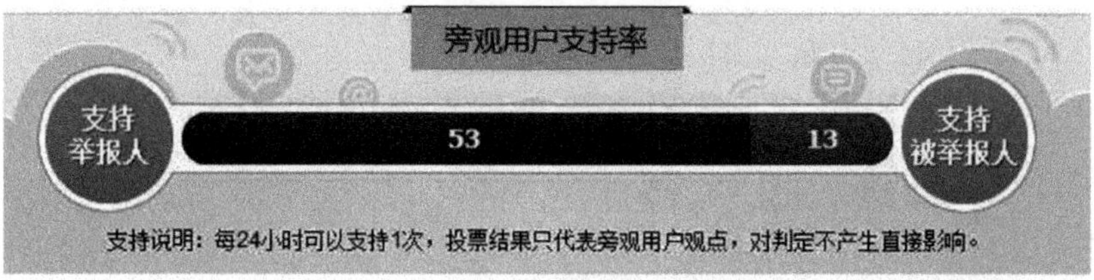

图 6-11　初次判定阶段旁观用户支持率图示

而在申请复审阶段，旁观用户的支持率就显得极为重要了。在复审的“拉票阶段”，被举报人和举报人将争夺“上诉权”，并以旁观用户支持率作为能否受理上诉的主要依据。若被举报人获得超过 50%的支持且支持票数大于 100，举报将进入复审流程。详见图 6-12。旁观者投票制度体现了纠纷解决的公众参与性，有利于提升用户对于社区自治的信心，鼓励用户积极参与社区管理实践，有效解决纠纷，并防微杜渐。

4. 遵循先例原则

我们注意到，在处理不实信息案件时，《管理规定》第 19 条规定：“若涉及信息已有判例，循例处理，并建立卷宗公示结果。若涉及信息既非明显不实，又无判例可循，进入专家委员会判定阶段。”这实际上是在判定不实信息时，确立了遵循先例的原则。新浪微博的做法是，在“举报处理大厅”①将全部正在或已经作出处理的案件(2012 年 5 月至今)分类列出，供用户查询，这就相当于建立了案例库，方便裁判者遵循先例进行判定。

遵循先例是普通法审判技术的特征，普通法技术是基于这样的法律理念，即实践通过推理而发展，推理通过实践来检验和发展。② 遵循先例原则的含义是“高级法院所做的现行判决，或者一般地说(虽然并非总是如此)同级法院所作的现行判决，如果它们规定的原则是清楚的、确定的，并且可以适用于眼前处理的

① http：//service. account. weibo. com/，访问日期：2015 年 8 月 18 日。

② ［美］罗斯科·庞德：《何为遵循先例原则》，李鸻译，载《山东大学学报(哲学社会科学版)》2006 年第 5 期，第 18 页。

图 6-12　上诉举报拉票阶段示例①

案件事实的话，这些判决不论审判官们喜欢与否，都是具有拘束力的"。② 严格来讲，《管理规定》所指的"循例处理"仅仅是遵循先例原则的一个初步体现，并非严格意义上的遵循先例。但我们认为，这并不影响这一原则条文化所体现出的积极意义。

5. 微博信用规则③

根据《微博信用规则》，微博信用是微博为了维护良好的微博社区氛围，而建立的一套用户信用体系；目的是依靠广大用户的举报，有效降低不实信息、人身攻击、冒充他人、泄露他人隐私、内容抄袭等信息，以净化微博环境，维护良好的微博秩序。

信用产生流程如图 6-13 所示：

① http：//service. account. weibo. com/show？ rid = K1CaN7g9d7Kgg，访问日期：2016 年 4 月 22 日。

② ［英］克里夫·施米托夫：《英国"依循判例"理论与实践的新发展——判例应当具有拘束力吗?》，潘汉典译，载《法学译丛》1983 年第 3 期，第 7 页。

③ 新浪微博社区管理中心：《微博信用规则》，资料来源于：http：//service. account. weibo. com/roles/guize，访问日期：2016 年 4 月 23 日。

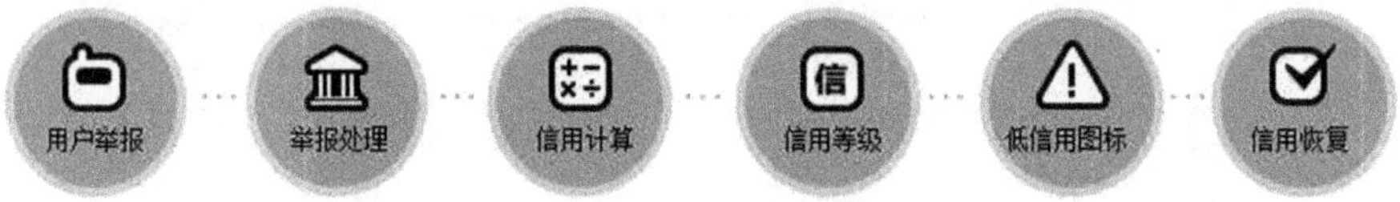

图 6-13 信用产生流程图

微博信用规则包含以下内容：

(1)信用积分规则。信用积分作为用户信息的一部分，反映用户短期内的信用情况，信用积分=信用初始积分+奖励积分-信用扣分。用户完成注册时的初始信用积分为 80 分，此后根据用户在微博平台的行为对积分进行加减。违规会扣除相应的积分，至于信用奖励积分则尚未推出。

(2)信用等级规则。根据信用等级与信用积分规则，划分相应的信用等级。《管理规定》第 33 条规定，信用等级分为 4 等，用户信用积分在 90~100 分为高信用，在 80~90 分为正常信用，在 60~80 分为中信用，而低于 60 分的为低信用，低信用用户将被标注低信用图标。但目前《微博信用规则》仅具体规定了正常(80 分)、中信用(60~80 分)和低信用(低于 60 分)3 个等级，高信用等级还未推出。

(3)信用扣分规则。发布不实信息、人身攻击、冒充他人、泄露他人隐私、内容抄袭和发布垃圾营销信息骚扰用户均为扣分项，由站方直接处理，或由社区委员会判定，站方根据判定结果处理，处理结果将进入用户的信用记录。

(4)微博行为限制规则。用户因违规行为被举报扣分后导致信用积分分别低于 75 分、60 分、40 分时，站方将对其微博账号行为进行限制，用户信用积分被扣至 0 分其账号将被冻结。

(5)信用恢复规则。低信用用户在规定时间无违规记录，信用积分根据规则恢复到应得积分，低信用图标消失。具体而言：①用户信用积分低于 80 分，每恢复 1 分需要 7 天；②信用积分恢复至 80 分的天数=7 天×(80-当前分数)；③用户在恢复期间再次违规，则恢复天数=7 天×再次违规被扣分数+当前所剩天数；④用户当日有公开发微博行为时，该日才能作为恢复信用积分的有效天数；⑤每天完成 1 次“每日一善”微公益任务可以缩短 1 天的恢复时间，但“每日一善”微博的自动分享不视为当日的发微博行为。

对用户适用信用制度，通过划分信用等级的方式可以鼓励用户遵守规则，规范用户行为。信用制度应当被视为微博预防和避免争议的重要举措。

第四节　虚拟社区纠纷解决机制现状分析

一、虚拟社区的纠纷解决：仲裁还是审判？

虚拟社区与现实社区既有相似之处，又有自己的特点。因此，一方面，与物理社区一样，这里也会因人的交往而产生各种纠纷；另一方面，所产生的纠纷又常常具有自身特色。相应地，其纠纷解决既有对现实世界纠纷解决机制的复制，亦有适应虚拟社区需要对传统纠纷解决方式的创新。

除对当事人协商解决争议的鼓励外，考察国内较为成熟的虚拟社区纠纷解决机制，会发现其一般遵循了“管理者直接处理——投诉与举报——中立第三方裁判”这一演进路径。在虚拟社区发展初期，社区规模较小、成员数量较少，纠纷解决并未引起广泛关注，这一阶段由社区管理者直接处理违规行为，足以满足需求。随着纠纷数量的不断增加，管理者直接处理纠纷的模式已不能满足现实需要，于是出现了投诉与举报制度。这一制度将虚拟社区的每一个普通成员纳入纠纷解决体系，使他们成为管理者的助手，帮助管理者发现争议。然而，人们发现此时的资源和权力仍然掌握在管理者手中，集权模式一方面导致管理效率低下，另一方面难以防范行政权力的滥用，对管理者缺乏监督。若纠纷发生在管理者与用户之间，希求管理者自我惩罚显然是不合常理的。于是，在诸方呼吁下，大部分虚拟社区发展出了用户与管理方之外的中立第三方干预制度。在传统纠纷解决体系中，第三方介入的方式主要是调解、仲裁和审判。由于在线调解的有效进行存在诸多制约因素，令其未必能够便捷高效地化解矛盾，因此在虚拟社区纠纷解决中较少使用此种方式或需配合其他方式使用。当前虚拟社区纠纷解决机制更多采用了类似现实世界中的仲裁或审判①这样的方式，但又蕴涵了对通常仲裁和审判的诸多改造。

（一）仲裁

作为一个法律概念，仲裁是指纠纷当事人在自愿的基础上达成协议，将纠纷提交非司法机构的第三者审理，第三者就纠纷居中评判是非，并作出对争议各方均有拘束力的裁决的一种解决纠纷的制度、方法或方式。②

虚拟社区常设有所谓“仲裁机构”，并规定相应的仲裁程序，不过，其所称的“仲裁”常常不完全等同于传统意义上的仲裁：争议双方通常不能自主地选择仲裁

① 需要指出的是，虚拟社区的“仲裁”也好，“审判”也罢，都只是这一特殊空间对现实世界仲裁和审判的模仿，其当然并非真正法律意义上的仲裁和审判。使用“仲裁”和“审判”这样的字眼，乃是为了叙述的方便，也是为了与现实世界的仲裁和审判进行对照。

② 黄进、宋连斌、徐前权著：《仲裁法学》，中国政法大学出版社 2008 年版，第 1~2 页。

员；除水木社区 BBS 明确规定仲裁部门对案件一裁终局外，包括百度贴吧在内的大多数 BBS 网站均无“仲裁”终局性的相关规定。而当事人可以选择裁判者以及裁决的终局性是仲裁的重要特征。不过，虚拟社区所谓的“仲裁制度”目前看来却是解决其纠纷的较好办法。这与虚拟社区的资源和权力配置有关。复制一套与现实世界仲裁制度完全对应的机制并不能满足虚拟社区快速高效解决纠纷的需求。

(二)审判

至于天涯社区的纠纷解决机制，则更接近现实社会的审判制度。这种审判以虚拟社区的公约、社规为依据，以不知名的裁判员为法官，其裁决结果具有与现实社会司法审判类似的效力，即一旦作出“删号”、“封号”决定，对被执行人将是极为严厉的“刑罚”，实际上是宣告其在该虚拟社区被处死。此时，虚拟社区的规约就成为对虚拟社员施以惩罚的依据。此外，不服一审裁决还可提起上诉。新浪微博的做法更接近于陪审团式的审判，由符合某些条件的用户组成“陪审团”，它完全充当了法官的角色，宣判犯规的“同侪”败诉。

(三)观点

无论如何，虚拟社区纠纷解决实践现状表明，它既以现实世界纠纷解决机制为参照，又有诸多特色和创新。我们认为，对于仍处于不断发展变革之中的虚拟社区，有关其纠纷解决机制的研究应将注意力更多地放在如何使机制设计更好地服务于虚拟社区的建设，以更快更好地定纷止争上，而无须过分纠缠于纠纷解决机制本身的定性。

互联网应当有自身的特殊规范，这并不是说要完全抛开现实社会已经发展出的法律规范另搞一套，而是以已有的制度为基础和落脚点，并使之适应于互联网发展的特点，更好地在新的领域发挥作用。如果强求将传统的法律体系一字不改地移植到虚拟世界，不但不能达到理想的效果，恐怕还会过犹不及，以至于因纠结于无关紧要的问题而因小失大。虚拟社区纠纷解决机制的建立也应如此，我们不必过多考虑虚拟制度与现实制度的对应关系，如果将审判制度比作“白猫”，将仲裁制度看做“黑猫”，那么或许虚拟社区还会有“灰猫”、“花猫”，其本领如何，唯实践方能出真知。反过来，虚拟社区的此种制度创新很可能还会为现实世界纠纷解决机制的变革带来某些有益的启示和借鉴，这并非无稽之谈。

二、影响虚拟社区纠纷解决制度设计的因素

任何制度的形成都不是无缘无故的，通常是各方势力博弈的产物。探讨制度形成的影响因素，有助于从根源上找到适合制度革新发展的土壤。虚拟社区纠纷解决机制的形成与以下因素密不可分。

(一)资源

首先，虚拟社区的维系需要用户群的支持，用户和访问量是社区生存的关键。

这在客观上要求规则的制定者不能恣意妄为，而应致力于建立一套维持社区用户相对稳定的纠纷解决机制，尤其是要重视用户与管理者之间的纠纷解决。当前主要的虚拟社区背后通常是一个庞大的经济实体，如百度贴吧、百度空间背后是“全球最大的中文搜索引擎”百度，新浪、搜狐、网易、腾讯微博背后是“中国四大门户网站”公司，它们为制度构建和发展提供源源不断的资源，这些资源既包括庞大的用户群，也包括资金决策支持和制度设计智囊团等。有时，作为个体的管理者或裁判者都可以成为制度构建和发展的重要资源。如在水木社区仲裁制度构建中，仲裁委员的积极投入和仲裁部门负责人积极地在制度空间内争取规则影响的扩大在短时间内给制度的结构性变革提供了大量资源，促进了仲裁制度的改革。① 前述李睿所著文章在介绍封禁案件的裁判时提到，几个法学背景的仲裁员在制度建构初期的个人劳动起到了重要作用。可以说，目前虚拟社区的纠纷解决机制在很大程度上是一种“自上而下”的制度构建，然而在吸引用户和维持社区秩序的压力之下，制度正在朝着“法治化”、“人性化”的方向前进。当然，这种纠纷解决制度必然是与虚拟社区的权力结构相融合的，不可能损其根本而自立。

制度的形成与其所处的历史阶段密不可分，虚拟社区的纠纷解决制度是伴随技术的进步和社区模式多样化而逐步发展的。从 BBS 到新浪微博，纠纷解决机制“走下神坛”，从精英化走向平民化，权力从管理层下移到社区普通成员。这一方面反映了“从契约到身份”的回归②，另一方面也证明了社会大众是推动制度革新的主要力量。在这一层面上，制度的完善似乎经历了“自下而上”的变革。而广大网民的积极参与也成为重要的资源输入渠道。

(二)虚拟社区的类型

如上文所述，相较而言，BBS 和微博类虚拟社区的纠纷解决规定更为完善，而大多数 SNS 类网站在纠纷解决方面则着墨不多，甚至根本没有纠纷解决制度的相关规定，即使设置了投诉中心或举报系统，也并未建立第三方裁判制度，换言之，SNS 类虚拟社区的纠纷解决机制比较简单。我们认为，这种现象与虚拟社区的运作模式和盈利模式是分不开的。SNS 类虚拟社区的主要目的是建立和发展人际关系网，时刻关注朋友、熟人的动态，分享彼此的最新消息，可以看做是人际关系网的线上扩展，与 BBS 类网站相比具有更强的人际关联性和更弱的虚拟性。SNS 网站中的社会关系更趋于真实化，用户之间的矛盾相对而言并不那么激烈，管理者一般也不会过多干预，因而纠纷无论在数量还是程度上都能够控制在一定范围内。而 BBS、微博等虚拟社区的公共性较强，信息以广播式传播，且网络的虚拟性使言论

① 李睿：《水木社区 BBS 的纠纷解决机制——“3·16”事件之后》，载《法律和社会科学》第 2 卷，法律出版社 2007 年版，第 237 页。

② 陈识：《“天涯社区”社会构建研究》(暨南大学 2012 年硕士学位论文)，第 22~26 页。

表达几乎是肆无忌惮的，更容易带有攻击性。因此，此类虚拟社区纠纷解决机制也更为完善并具有创新性。

（三）现行法律

毋庸置疑，包括虚拟社区在内的互联网世界都必须遵循现行法律、法规，不得违反国家强行法的规定。显然，现行法律和公共政策是虚拟社区纠纷解决制度形成和变革的重要依据。

第五节　完善虚拟社区纠纷解决机制

实践表明，虚拟社区内产生的纠纷除个别特例需诉诸外部解纷机制外，大多可在社区内消化解决。这也符合虚拟社区的自治性特征和自律性要求。那么，如何进一步完善虚拟社区纠纷解决机制就必然是虚拟社区未来发展要优先考虑的问题。正如新浪微博社区《公约》、《管理规定》和《委员会制度》共同包含的一句话所表达的："站方可依照互联网发展的不同阶段，随着社区管理经验的不断丰富，出于维护微博社区秩序的目的，不断完善本公约（规定、制度）。"各虚拟社区纠纷解决机制虽已经历了从无到有、从简单到相对成熟的发展过程，但无论是社区管理层，还是社区居民均认为或希望社区将来可以提供更加公平、高效、完备的解纷机制，为身处其中的人们创造一个更加和谐舒适的环境。上文对影响解纷机制形成的主要因素进行了分析，这些因素也是未来构建更加完善的虚拟社区纠纷解决机制时必须考虑的。在此基础上，结合各虚拟社区在纠纷解决实践中已经取得的经验及纠纷解决发展的实际和需要，我们对进一步完善虚拟社区的纠纷解决机制提出以下建议。

一、建立案件处理结果公示制度和用户反馈机制

关于案件结果公示制度，新浪微博的做法值得借鉴。将处理结果进行公示，可以增加纠纷解决机制的透明度，提升用户对虚拟社区的信心和对其行为法律后果的可预见性，并起到教育警示的作用。所谓"反馈机制"，则是在每一次纠纷处理完毕之后，通过简单的问卷调查（2～3 个问题）了解用户对纠纷解决过程的满意度。建立反馈机制有助于用户与管理者之间的及时沟通，形成良性互动，并促进现有纠纷解决机制的不断完善。

二、降低成本

《水木仲裁委员会工作规则（试行）》有这么一条规定："仲裁诉讼成本为申请人 2000 用户积分或被仲裁人 200 管理积分，由败诉方支付。当被仲裁人管理积分不足时，仲裁委员会可视情况决定扣除被仲裁人按即时汇率折算相当的用户积分。"前述规定本身表明，制度的运行是需要一定的成本的，无论是时间成本，还是金钱

成本，无论是对双方当事人而言，还是对纠纷解决的第三方而言。这一点与现实世界并无二致。由于互联网具有虚拟性、全球性、管理非中心化和高度自治性的特征，其对建立符合成本效益的解纷机制的需求更为迫切。特别是在虚拟社区这类极少涉及经济利益的网站，当发生纠纷时，若维权成本过高，用户可能直接选择放弃，而非追究到底，最终甚至会因负面情绪的不断累积而离开社区。因此，虚拟社区构建纠纷解决机制应特别重视解纷的高效、快捷和价廉。例如，就纠纷解决的时间成本而言，新浪微博所设定的各类期间(以小时计)就比天涯社区的规定(以日计)更符合网上纠纷快速解决的需要。当然，这可能与不同网站所占有或投入到纠纷解决机制的资源多寡有关系，但一套设计合理的纠纷解决程序可节省更多的成本却是不争的事实。新浪微博的社区委员会制度和旁观者参与机制就在促进用户自律、自治的同时，通过充分利用用户资源，极大地减少了解纷成本。

此外，高效便捷的解纷机制还要求降低进入纠纷解决程序的门槛，换言之，应提高纠纷救济的可得性。只有人人均能平等地获得救济机会，才能打造更具吸引力的社区。目前，仍有大量虚拟社区对投诉/举报有传统书面要求。如网易论坛(http：//bbs.163.com)2015年以前一直规定，侵权投诉删帖申请必须以书面形式寄送网易公司总部，要求寄送的证明材料也相当繁琐，且不得以任何形式查询处理进度。① 如此一来，用户维权成本亦会大大增加，而处理结果的可期待性则会降低。一些用户将会望而却步，放弃维权。这既不利于该虚拟社区自身的发展，也不利于营造健康的互联网环境。因此，我们认为虚拟社区制度建设应当重视用户争议解决的现实需求，建立真正的在线解决争议机制，实现“填写投诉表单——提交投诉——查询处理进度——查询投诉结果”一站式在线服务，以达到“网上问题网上解决”的效果。新浪微博的做法即为较好的范例。此外，基于为用户考虑，搜狐社区(http：//club.sohu.com)提供了两种投诉方式，即在线投诉和线下投诉，用户可根据实际情况自行选择投诉方式。② 我们赞同并倡导虚拟社区规则制定者采取各种适当的方式保障用户权利，实现投诉的低成本、便利性和高效性。

三、妥善处理因管理行为引发的纠纷

考察国内几个有代表性的虚拟社区的规则，我们注意到，因管理行为引发的纠纷目前还未受到应有的重视：如百度贴吧并未公布对因管理行为引发的纠纷的处理

---

① http：//service.bbs.163.com/bbs/bulletin/180608826.html，访问日期：2014年8月19日。目前相关规定有所改变，仅要求将所有材料的原件的扫描件以附件方式发送到指定邮箱。http：//service.bbs.163.com/bbs/bulletin/180608826.html，访问日期：2016年4月24日。

② http：//request.help.sohu.com/，访问日期：2014年8月20日。

规则，SNS类网站则几乎没有涉及这方面的问题。相对而言，天涯社区的审判制度和水木社区BBS的仲裁制度确有值得嘉许之处。值得一提的是，新浪微博似乎通过制度创新规避了这一问题：它将相当一部分纠纷的裁决权交给普罗大众(社区委员会)，管理者退居幕后，成为纠纷解决的程序协调者和结果执行者，从而避免了“引火烧身”，即减少了用户与管理者之间的纠纷，将纠纷控制在用户这一层面上。应当承认，这也是制度设计者的一种智慧。总之，在虚拟社区未来的发展中，应特别重视管理者与普通“居民”之间纠纷解决的规则建构，这是维护社区和谐稳定的重要因素之一。该问题的关键是确保纠纷解决第三方的中立性和独立性。

四、确保公平对待当事人双方

根据虚拟社区争议解决实践现状，相关纠纷解决机制的公平性问题亦值得关注。站方或第三方可能为了追求案件的迅速解决而倾向于判定举报/投诉方胜诉。统计数字似乎表明，这种担忧并非空穴来风。图6-14和图6-15为新浪微博官方公布的举报处理结果统计数据。

本月普通委员会合计判定举报26125起，判定出席407855人次。

普通委员会判定	举报总数	举报人胜诉数	被举报人胜诉数	举报不成立数
人身攻击	11055	11034	21	0
骚扰他人	15003	14755	248	0
内容抄袭	67	67	0	0

图6-14 2014年9月份普通委员会工作情况①

本月专家委员会合计判定举报189起，判定出席1473人次。

专家委员会判定	举报总数	举报人胜诉数	被举报人胜诉数	举报不成立数
不实信息	4	4	0	0
上诉复核	185	183	2	无此情况

图6-15 2014年9月份专家委员会工作情况②

图6-14和图6-15显示，在各类型案件中，举报人胜诉率都要远远高于被举报人胜诉率。此外，目前的案件结果公示并未公布站方或社区委员会的判定理由，因此大多数情况下，站方或委员会成员仅需投票即可，由此恐难有效避免随意投票或

① http：//service. account. weibo. com/monthreport，访问日期：2015年8月18日。
② http：//service. account. weibo. com/monthreport，访问日期：2015年8月18日。

带有偏见性投票的情况发生。不过，投诉人胜诉率高当然也可能跟案件性质、微博社区的发展现状即网民整体素质尚有待提高等有关，换言之，投诉人胜诉率高也许只是如实反映了客观事实本身而已。同时，新浪微博的委员会判定制度类似于英美法系的陪审团制度，通过多数决的方式保证案件处理结果的相对公平。相对于“精英审判”，群体能够更好地代表社区的价值取向，因此“同侪审判”还是虚拟社区纠纷解决的一种比较好的设计。关键是在进一步完善纠纷解决机制的过程中应关注此种现象，注意从制度规划上尽可能降低偏见发生的可能性，设定包括要求在“判决”中说明理由等在内的程序保障。因为，“正义不仅要实现，而且要以看得见的方式实现。”

五、关注民意

虚拟社区纠纷解决机制设计中，必须关注民意。卢梭曾这样评价过民意：“它既不是铭刻在大理石上，也不是铭刻在铜表上，而是铭刻在公民们的内心里；它形成了国家的真正宪法；它每天都在获得新的力量；当其他的法律衰老和死亡的时候，它可以复活那些法律和代替那些法律，它可以保持一个民族的创新精神，而且可以不知不觉地以习惯的力量代替权威的力量。”①正所谓“水能载舟亦能覆舟”，任何时代的芸芸众生都不是绝顶聪明，亦非无可救药，但集体的力量总能强大到不可想象的地步。因此，大到治国兴邦，小到虚拟社区治理，皆须时刻关注并依赖民意，动员民力。在虚拟社区纠纷解决模式中，类似新浪微博所采取的旁观者参与机制就值得推广借鉴。其显然有助于畅通民意表达渠道，充分激发社区成员的创造力，使其更多地接触并参与到其他成员的纠纷解决中，从而更加理性地对待和解决自身纠纷。事实上，由于 web2.0 应用的开放性，社会性的参与一直是其主要价值诉求。② 新浪微博的社区委员会制度和旁观者投票制度正契合了 web2.0 时代强调用户主导和集体智慧的理念要求。

六、结语

当前，虚拟社区已经成为极为重要的准社会团体，且其自治规则正在不断臻于完善，并体现出更多的“法治”元素。从 BBS 到微博，虚拟社区的纠纷解决机制体现出由“集权”向“分权”的转变，网民已经从幕后走上前台，逐步成为权力的享有者和执行者，互联网民主制度和法治环境也在逐步形成。虚拟社区纠纷解决机制的发展过程不仅是一个日益程序化、正当化的过程，更是一个充满各种观点的撞击的

---

① ［法］卢梭著：《社会契约论》，何兆武译，商务印书馆 1980 年版，第 73 页。

② 瞿旭晟、张志安：《Web2.0：从 Facebook 到 Twitter》，载《新闻前哨》2008 年第 1 期，第 74 页。

过程。而虚拟社区本身所起到的作用，就是为制度创新提供一块良好的“试验田”。①

既然虚拟社区包括纠纷解决规则在内的各类规范还在形成、发展之中，我们认为，只要没有违反法律法规的基本原则或强制性规定，对其就不必过多干预，而应给其充分的发展空间，以免抑制其活力和创造性。

① 罗玲：《水木清华 BBS 纠纷解决机制的变迁》，载《法律和社会科学》第 2 卷，法律出版社 2007 年版，第 215 页。

主要参考文献

一、中文部分

（一）著作类（含论文集）

[1]李虎著：《网上仲裁法律问题研究》，中国民主法制出版社 2005 年版。
[2]张斌生主编：《仲裁法新论》，厦门大学出版社 2002 年版。
[3]黄进、宋连斌、徐前权著：《仲裁法学》，中国政法大学出版社 2008 年版。
[4]宋连斌主编：《仲裁法》，武汉大学出版社 2010 年版。
[5]宋连斌主编：《仲裁理论与实务》，湖南大学出版社 2005 年版。
[6]卢云华、沈四宝、Naill Lawless、Julia Hörnle 主编：《在线仲裁研究》，法律出版社 2008 年版。
[7]郑世保著：《在线解决纠纷机制（ODR）研究》，法律出版社 2012 年版。
[8]黄进主编：《国际商事争议解决机制研究》，武汉大学出版社 2010 年版。
[9]何其生主编：《互联网环境下的争议解决机制：变革与发展》，武汉大学出版社 2009 年版。
[10]杨良宜著：《国际商务仲裁》，中国政法大学出版社 1997 年版。
[11]王丹著：《电子商务法律实务》，上海交通大学出版社 2013 年版。
[12]吴汉东主编：《知识产权法》（第二版），北京大学出版社 2009 年版。
[13]张楚主编：《网络法学》，高等教育出版社 2003 年版。
[14]朱景文主编：《法理学》，中国人民大学出版社 2008 年版。
[15]王作富主编：《刑法》，中国人民大学出版社 2011 年版。
[16][日]棚濑孝雄著：《纠纷的解决与审判制度》，王亚新译，中国政法大学出版社 1994 年版。
[17]全国人大常委会法制工作委员会民法室编著：《2012 民事诉讼法修改决定条文解释》，中国法制出版社 2012 年版。
[18]张卫平主编：《新民事诉讼法专题讲座》，中国法制出版社 2012 年版。
[19]江伟主编：《民事诉讼法（第六版）》，中国人民大学出版社 2013 年版。
[20]饶传平著：《网络法律制度——前沿与热点专题研究》，人民法院出版社 2005 年版。

[21]陈永东著:《企业微博营销:策略、方法与实践》,机械工业出版社 2012 年版。

[22]陆学艺主编:《社会学》,知识出版社 1991 年版。

[23][法]卢梭著:《社会契约论》,何兆武译,商务印书馆 1980 年版。

(二)论文(含学位论文)、报道

[1]肖永平、谢新胜:《ODR:解决电子商务争议的新模式》,载《中国法学》2003 年第 6 期。

[2]丁颖:《在线解决争议方式的发展及其对策》,载《云南师范大学学报(哲学社会科学版)》2011 年第 6 期。

[3]徐继强:《在线纠纷解决机制(ODR)的兴起与我国的应对》,载《甘肃政法学院学报》2001 年第 4 期。

[4]马丽:《网上仲裁,企业准备好了吗》,载《法人》2009 年第 6 期。

[5]丁颖:《网上消费者争议的在线解决——以淘宝平台模式为例》,载《武大国际法评论》第 17 卷(第 1 期),武汉大学出版社 2014 年版。

[6]周群:《电子商务纠纷解决新方法:在线争议解决机制 ODR》,资料来源于:http://www.lusin.cn/ebjichu/law/2006-5-25/k10514.htm,访问日期:2010 年 7 月 6 日。

[7]蒋冬梅:《高等学校的法律教育应重视谈判能力的培养》,载《广东教育学院学报》2007 年第 1 期。

[8]范愉:《纠纷解决研究的反思与展望》,载《司法》第 3 辑,厦门大学出版社 2008 年版。

[9]张显伟、杜承秀:《制度与实践的悖离——司法确认人民调解协议制度的反思》,载《广西民族大学学报(哲学社会科学版)》2013 年第 2 期。

[10]叶祖亮、朱智伟、丁恒:《在线调解与传统调解制度之比较》,载《江汉大学学报(人文科学版)》2004 年第 5 期。

[11]骆东平:《在线纠纷解决机制十年发展回顾及展望》,载《三峡大学学报(人文社会科学版)》2008 年第 2 期。

[12]安文靖、刘涛:《在线国际商事调解制度研究》,载《商业会计》2011 年第 10 期。

[13]周寿英:《国内首个电子商务调解中心获准设立》,载《中国计算机报》2012 年 10 月 29 日第 001 版。

[14]范愉:《中国非诉讼程序法的理念、特点和发展前景》,载《河北学刊》2013 年第 5 期。

[15]范筱静:《电子商务中在线纠纷解决机制初探——以信息技术应用和消费者保护为视角》,载《科技与法律》2012 年第 4 期。

[16]邓瑞平、唐海涛：《电子商务时代网上仲裁：困境与出路》，载《河北法学》2013 年第 12 期。
[17]高薇：《非约束性网上仲裁解决电子商务争端的法律分析》，载《中州学刊》2012 年第 2 期。
[18]丁颖：《仲裁协议的书面形式要求——网络时代的再思考》，载《河北法学》2011 年第 3 期。
[19]赵健：《联合国〈国际商事仲裁示范法〉2006 年修订条款评述——兼论对我国仲裁立法与实践的影响》，载《中国国际私法与比较法年刊》第 10 卷，北京大学出版社 2007 年版。
[20]乔欣、李莉：《争议可仲裁性研究(上)》，载《北京仲裁》第 52 辑，法律出版社 2004 年版。
[21]黄良友：《网上仲裁程序与正当程序》，载《河北法学》2011 年第 10 期。
[22]马迁：《网上仲裁立法模式之考量》，载《郑州大学学报(哲学社会科学版)》2009 年第 2 期。
[23]邓杰：《论在线仲裁裁决的执行机制》，载《武汉大学学报(哲学社会科学版)》2008 年第 6 期。
[24]张维：《全国仲裁机构受案总量首超百万——仲裁庭已开到田间地头》，资料来源于：http：//www. legaldaily. com. cn/index/content/2012-09/19/content _ 3856366. htm? node = 20908，访问日期：2014 年 8 月 25 日。
[25]王栋：《在线仲裁可行性研究》，载《仲裁研究》2008 年第 4 期。
[26]杜文杰：《西安将开展在线仲裁工作，通过网络就可解决矛盾》，资料来源于：http：//www. hsw. cn/news/2008-06/02/content _ 10022181. htm，访问日期：2014 年 8 月 25 日。
[27]广州仲裁委员会：《中国国际经济贸易仲裁委员会主题发言：在线仲裁理论研究与实践》，资料来源于：http：//www. gzac. org/info_view. asp? VID = 2441，访问日期：2014 年 6 月 28 日。
[28]宋玲玲：《老娘舅加盟淘宝网，网购纠纷难题迎刃而解》，资料来源于：http：//iptvlm. zjol. com. cn/05iptvlm/system/2011/08/04/017738283. shtml，访问日期：2013 年 8 月 22 日。
[29]吴清昊：《在线仲裁法律问题初探》(中国政法大学 2006 年硕士学位论文)。
[30]丁颖、冀燕娜：《统一域名争议解决机制实施 15 年的成就与挑战》，载《知识产权》2014 年第 8 期。
[31]丁颖、冀燕娜：《专门性域名争议解决机制中投诉人权益的认定》，载《知识产权》2013 年第 8 期。
[32]丁颖、李建蕾：《专门性域名争议解决机制中"相同或混淆性相似"的认定》，

载《民商法论丛》第55卷，法律出版社2014年版。
[33]丁颖、李建蕾：《统一域名争议解决机制下对域名持有人"恶意"的认定》，载《重庆邮电大学学报(社会科学版)》2015年第5期。
[34]许尚豪、乔博娟：《小额诉讼：制度与程序——以新〈民事诉讼法〉为对象》，载《山东社会科学》2014年第4期。
[35]李云：《阿里"双十一"全天交易额350亿 交易1.7亿笔》，资料来源于：http://tech.sina.com.cn/i/2013-11-12/00058903857.shtml，访问日期：2014年4月10日。
[36]《Forrester：中国成电子商务市场潜力第二大国》，资料来源于：http://cio.zdnet.com.cn/cio/2013/1008/2991623.shtml，访问日期：2014年4月11日。
[37]黄珊、粤法新：《不堪名存实亡涉外婚姻 电邮审结一桩跨国离婚案》，资料来源于：http://www.chinanews.com/news/2004year/2004-07-31/26/466589.shtml，访问日期：2014年5月4日。
[38]罗应滔、罗茜：《法官当群主 聊QQ审案 5年审案60起》，资料来源于：http://news.gog.com.cn/system/2011/05/31/011102519.shtml，访问日期：2014年5月8日。
[39]宋伟：《中国法官首用QQ跨国审案》，资料来源于：http://news.sina.com.cn/c/2007-01-08/100611979172.shtml，访问日期：2014年5月4日。
[40]李松、黄洁、王君凤：《北京法院首用QQ视频审案》，载《法制日报》，2011年8月20日第005版。
[41]李京华：《北京部分法院试行远程视频庭审》，资料来源于：http://news.sina.com.cn/c/2010-08-31/143821010214.shtml，访问日期：2013年12月31日。
[42]《法庭内外》编辑部：《北京远程视频庭审扫描》，载《法庭内外》2012年第2期。
[43]王海文：《上海法院"在线诉讼服务"方便市民》，载《民主与法制时报》，2010年9月6日第D01版，第1页。
[44]李燕：《上海法院开通12368全线诉讼服务平台》，资料来源于：http://www.dfdaily.com/html/3/2014/1/3/1100064.shtml，访问日期：2014年5月4日。
[45]温来升、祝兴栋：《怀柔法院启动远程视频庭审 农民电视里打官司》，资料来源于：http://sh.city8.com/news/375221.html，访问日期：2014年5月10日。

[46]刘冬梅：《全市三级法院开通在线诉讼服务平台》，资料来源于：http：//www. tianjinwe. com/tianjin/tjsz/201411/t20141109 _ 728482. html，访问日期：2014 年 11 月 13 日。
[47]张晓敏：《天津在线诉讼服务平台全面运行》，资料来源于：http：//www. chinacourt. org/article/detail/2014/07/id/1334614. shtml，访问日期：2014 年 11 月 13 日。
[48]张伦明译：《生物测定技术可能让人体作密码》，资料来源于：http：//tech. sina. com. cn/o/42782. shtml，访问日期：2014 年 7 月 15 日。
[49]丁颖：《网上法庭：电子商务小额纠纷解决的新思路——国外主要实践及中国相关制度构建》，载《暨南学报(哲学社会科学版)》2015 年第 10 期。
[50]罗玲：《水木清华 BBS 纠纷解决机制的变迁》，载《法律和社会科学》第 2 卷，法律出版社 2007 年版。
[51]李睿：《水木社区 BBS 的纠纷解决机制——"3 · 16"事件之后》，载《法律和社会科学》第 2 卷，法律出版社 2007 年版。
[52]周德民、吕耀怀：《虚拟社区：传统社区概念的拓展》，载《湖湘论坛》2003 年第 1 期。
[53]杜骏飞：《存在于虚无：虚拟社区的社会实在性辨析》，载《现代传播》2004 年第 1 期。
[54]丁义浩：《虚拟社区及虚拟社区交往初探》，载《武汉市经济管理干部学院学报》2004 年第 3 期。
[55]郭茂灿：《虚拟社区中的规则及其服从——以天涯社区为例》，载《社会学研究》2004 年第 2 期。
[56]张发亮：《不同类型虚拟社区的特点比较分析》，载《图书馆学研究》2006 年第 7 期。
[57]瞿旭晟、张志安：《Web2. 0：从 Facebook 到 Twitter》，载《新闻前哨》2008 年第 1 期。
[58]王薇：《从网络虚拟社区的法制化管理看预防网络犯罪》，载《信息网络安全》2010 年第 3 期。
[59]罗钊、石文典：《虚拟社区的知识共享》，载《郑州航空工业管理学院学报》2008 年第 3 期。
[60]杨艾茵：《台湾 BBS 研究述评》，载《北京邮电大学学报(社会科学版)》2002 年第 1 期。
[61]李金波、李书宁：《国外高校图书馆社交网络应用调查与分析——以 Facebook 为例》，载《图书情报工作》2012 年第 3 期。
[62]王亮：《SNS 社交网络发展现状及趋势》，载《现代电信科技》2009 年第 6 期。

[63]北京大学青年研究中心:《高校 BBS 与 SNS 网站的比较研究——以北京大学未名 BBS 和人人网为例》,载《高校辅导员学刊》2010 年第 4 期。
[64]赵民、张军锋:《社会运动中的 Twitter 现象——兼论 Twitter 的性质与发展方向》,载《新闻大学》2009 年第 4 期。
[65][美]罗斯科·庞德:《何为遵循先例原则》,李鸻译,载《山东大学学报(哲学社会科学版)》2006 年第 5 期。
[66][英]克里夫·施米托夫:《英国"依循判例"理论与实践的新发展——判例应当具有拘束力吗?》,潘汉典译,载《法学译丛》1983 年第 3 期。
[67]陈识:《"天涯社区"社会构建研究》(暨南大学 2012 年硕士学位论文)。
[68]何文哲:《微博侵权法律问题研究》(郑州大学 2013 年硕士学位论文)。
[69]李建蕾:《非裁决性在线解决争议机制研究》(北京邮电大学 2015 年硕士学位论文)。
[70]冀燕娜:《网上仲裁法律问题研究》(北京邮电大学 2015 年硕士学位论文)。

(三)资料及辞书

[1]宋连斌、林一飞译编:《国际商事仲裁资料精选》,知识产权出版社 2004 年版。
[2]薛波主编、潘汉典总审订:《元照英美法词典》,法律出版社 2003 年版。
[3]宋雷主编:《英汉法律用语大辞典》,法律出版社 2005 年版。

(四)文件、报告

[1]中国互联网络信息中心:《中国互联网络发展状况统计报告(2016 年 1 月)》,资料来源于:http://cnnic.cn/gywm/xwzx/rdxw/2015/201601/W020160122639198410766.pdf,访问日期:2016 年 4 月 17 日。
[2]中国互联网络信息中心:《第 36 次中国互联网络发展状况统计报告(2015 年 7 月)》,资料来源于:http://cnnic.cn/hlwfzyj/hlwxzbg/hlwtjbg/201507/P02015072354950 0667087.pdf,访问日期:2015 年 8 月 4 日。
[3]中国互联网络信息中心:《中国互联网络发展状况统计报告(2014 年 7 月)》,资料来源于:http://www.cnnic.cn/hlwfzyj/hlwxzbg/hlwtjbg/201407/P020140721507223212132.pdf,访问日期:2014 年 8 月 16 日。
[4]中国互联网络信息中心:《中国互联网络发展状况统计报告(2014 年 1 月)》,资料来源于:http://www.cnnic.cn/hlwfzyj/hlwxzbg/hlwtjbg/201403/P020140305346585959798.pdf,访问日期:2014 年 4 月 9 日。
[5]中国互联网络信息中心:《中国互联网络发展状况统计报告(2010 年 7 月)》,资料来源于:http://www.cnnic.cn/uploadfiles/pdf/2010/7/15/100708.pdf,访问日期:2010 年 10 月 29 日。
[6]联合国国际贸易法委员会:《第三工作组(网上争议解决)第三十一届会议(2015 年 2 月 9 日至 13 日,纽约)工作报告》(A/CN.9/833),资料来源于:

https：//documents-dds-ny. un. org/doc/UNDOC/GEN/V15/014/28/PDF/V1501428. pdf? OpenElement，访问日期：2016 年 6 月 28 日。

[7]联合国国际贸易法委员会：《跨境电子商务交易网上争议解决：关于网上争议解决的技术指引——秘书处的说明》(A/CN. 9/888)，资料来源于：https：//documents-dds-ny. un. org/doc/UNDOC/GEN/V16/021/28/PDF/V1602128. pdf? OpenElement，访问日期：2016 年 6 月 29 日。

[8]联合国国际贸易法委员会：《第三工作组(网上争议解决)第二十九届会议(2014 年 3 月 24 日至 28 日，纽约)工作报告》(A/CN. 9/801)，资料来源于：http：//daccess-dds-ny. un. org/doc/UNDOC/GEN/V14/021/91/PDF/V1402191. pdf? OpenElement，访问日期：2014 年 8 月 28 日。

[9]中国国际经济贸易仲裁委员会：《网上仲裁规则(2009 版)》，资料来源于：http：//cn. cietac. org/eArbitration/index. asp，访问日期：2014 年 8 月 25 日。

[10]中国国际经济贸易仲裁委员会：《网上仲裁规则(2015 版)》，资料来源于：http：//www. cietac. org/index. php? m = Article&a = show&id = 2744，访问日期：2016 年 6 月 30 日。

[11]《中国国际经济贸易仲裁委员会仲裁规则(2012 版)》，资料来源于：http：//cn. cietac. org/Rules/index. asp，访问日期：2014 年 8 月 24 日。

[12]《中国国际经济贸易仲裁委员会仲裁规则(2015 版)》，资料来源于：http：//www. cietac. org/index. php? m = Page&a = index&id = 65，访问日期：2016 年 6 月 30 日。

[13]《联合国国际贸易法委员会国际商事仲裁示范法》(原 1985 年版本)，资料来源于：http：//www. uncitral. org/pdf/chinese/texts/arbitration/ml-arb/ml-arb-c. pdf，访问日期：2014 年 8 月 25 日。

[14]《联合国国际贸易法委员会国际商事仲裁示范法》(2006 年修订—注释说明)，资料来源于：http：//www. uncitral. org/pdf/chinese/texts/arbitration/ml-arb/07-86997_Ebook. pdf，访问日期：2014 年 8 月 25 日。

[15]《2006 年 7 月 7 日联合国国际贸易法委员会第三十九届会议通过的关于 1958 年 6 月 10 日在纽约订立的〈承认及执行外国仲裁裁决公约〉第二条第二款和第七条第一款的解释的建议》，资料来源于：http：//www. uncitral. org/pdf/chinese/texts/arbitration/ml-arb/07-86997_Ebook. pdf，访问日期：2014 年 8 月 25 日。

[16]《联合国国际贸易法委员会电子商务示范法》，资料来源于：http：//www. uncitral. org/pdf/chinese/texts/electcom/MLEC_C_V05-89449_Ebook. pdf，访问日期：2014 年 8 月 25 日。

[17]《贸易法委员会电子商务示范法颁布指南》，资料来源于：http：//www.

uncitral. org/pdf/chinese/texts/electcom/MLEC_C_V05-89449_Ebook. pdf，访问日期：2014 年 8 月 25 日。

[18]《联合国国际合同使用电子通信公约》，资料来源于：http：//www. uncitral. org/pdf/chinese/texts/electcom/06-57451_Ebook. pdf，访问日期：2014 年 8 月 25 日。

[19]《贸易法委员会秘书处关于〈联合国国际合同使用电子通信公约〉的解释性说明》，资料来源于：http：//www. uncitral. org/pdf/chinese/texts/electcom/06-57451_Ebook. pdf，访问日期：2014 年 8 月 25 日。

[20]联合国国际贸易法委员会：《联合国国际贸易法委员会报告，第四十八届会议（2015 年 6 月 29 日至 7 月 16 日）》（A/70/17），资料来源于：https：//documents-dds-ny. un. org/doc/UNDOC/GEN/V15/054/51/PDF/V1505451. pdf? OpenElement，访问日期：2016 年 6 月 29 日。

[21]联合国国际贸易法委员会：《跨境电子商务交易网上争议解决：程序规则草案（二轨道）——秘书处的说明》（A/CN. 9/WG. III/WP. 130），资料来源于：http：//daccess-dds-ny. un. org/doc/UNDOC/LTD/V14/051/35/PDF/V1405135. pdf? OpenElement，访问日期：2015 年 1 月 15 日。

[22]联合国国际贸易法委员会：《跨境电子商务交易网上争议解决：程序规则草案（二轨道）——秘书处的说明（增编）》（A/CN. 9/WG. III/WP. 130/Add. 1），资料来源于：http：//daccess-dds-ny. un. org/doc/UNDOC/LTD/V14/051/41/PDF/V1405141. pdf? OpenElement，访问日期：2015 年 1 月 15 日。

[23]联合国国际贸易法委员会：《跨境电子商务交易网上争议解决：程序规则草案（一轨道）——秘书处的说明》（A/CN. 9/WG. III/WP. 131），资料来源于：http：//daccess-dds-ny. un. org/doc/UNDOC/LTD/V14/051/97/PDF/V1405197. pdf? OpenElement，访问日期：2015 年 1 月 15 日。

[24]联合国国际贸易法委员会：《跨境电子商务交易网上争议解决：程序规则草案（一轨道）——秘书处的说明》（A/CN. 9/WG. III/WP. 133），资料来源于：http：//daccess-dds-ny. un. org/doc/UNDOC/LTD/V14/080/64/PDF/V1408064. pdf? OpenElement，访问日期：2015 年 2 月 20 日。

[25]联合国国际贸易法委员会：《跨境电子商务交易网上争议解决：程序规则草案（一轨道）——秘书处的说明（增编）》（A/CN. 9/WG. III/WP. 133/Add. 1），资料来源于：http：//daccess-dds-ny. un. org/doc/UNDOC/LTD/V14/082/51/PDF/V1408251. pdf? OpenElement，访问日期：2015 年 2 月 20 日。

[26]联合国国际贸易法委员会：《跨境电子商务交易网上争议解决：程序规则草案——秘书处的说明》（A/CN. 9/WG. III/WP. 119），资料来源于：http：//daccess-dds-ny. un. org/doc/UNDOC/LTD/V13/816/51/PDF/V1381651. pdf? Open-

Element，访问日期：2015 年 5 月 20 日。

[27]联合国国际贸易法委员会：《跨境电子商务交易网上争议解决：程序规则草案——秘书处的说明(增编)》(A/CN. 9/WG. III/WP. 119/Add. 1)，资料来源于：http：//daccess-dds-ny. un. org/doc/UNDOC/LTD/V13/817/36/PDF/V1381736. pdf? OpenElement，访问日期：2015 年 5 月 3 日。

[28]联合国国际贸易法委员会：《跨境电子商务交易网上争议解决：程序规则草案——秘书处的说明》(A/CN. 9/WG. III/WP. 123、A/CN. 9/WG. III/WP. 123/Add. 1、A/CN. 9/WG. III/WP. 127、A/CN. 9/WG. III/WP. 127/Add. 1、A/CN. 9/WG. III/WP. 130、A/CN. 9/WG. III/WP. 130/Add. 1、A/CN. 9/WG. III/WP. 131、A/CN. 9/WG. III/WP. 133、A/CN. 9/WG. III/WP. 133/Add. 1)，资料来源于：http：//www. uncitral. org/uncitral/zh/commission/working _ groups/3Online _ Dispute_Resolution. html，访问日期：2015 年 2 月 25 日。

[29]联合国国际贸易法委员会：《跨境电子商务交易网上争议解决：在构思全球网上解决框架时需要审议的进一步问题——秘书处的说明》(A/CN. 9/WG. III/WP. 113)，资料来源于：http：//daccess-dds-ny. un. org/doc/UNDOC/LTD/V12/515/36/PDF/V1251536. pdf? OpenElement，访问日期：2015 年 5 月 20 日。

[30]联合国国际贸易法委员会：《将关于网上解决中申请和救济的实质性原则纳入程序规则草案第 4 条的分析和建议：国际法律教育中心(法律教育中心)提交的说明——秘书处的说明》(A/CN. 9/WG. III/WP. 115)，资料来源于：http：//daccess-dds-ny. un. org/doc/UNDOC/LTD/V12/516/01/PDF/V1251601. pdf? OpenElement，访问日期：2015 年 5 月 21 日。

[31]联合国国际贸易法委员会：《跨境电子商务交易网上争议解决：准则草案——秘书处的说明》(A/CN. 9/WG. III/WP. 128)，资料来源于：http：//daccess-dds-ny. un. org/doc/UNDOC/LTD/V14/003/95/PDF/V1400395. pdf? OpenElement，访问日期：2015 年 5 月 23 日。

[32]联合国国际贸易法委员会：《第三工作组(网上争议解决)第二十三届会议(2011 年 5 月 23 日至 27 日，纽约)工作报告》(A/CN. 9/721)，资料来源于：http：//daccess-dds-ny. un. org/doc/UNDOC/GEN/V11/834/60/PDF/V1183460. pdf? OpenElement，访问日期：2015 年 5 月 20 日。

[33]联合国国际贸易法委员会：《跨境电子商务交易网上争议解决：程序规则草案——秘书处的说明》(A/CN. 9/WG. III/WP. 127)，资料来源于：http：//daccess-dds-ny. un. org/doc/UNDOC/LTD/V14/002/76/PDF/V1400276. pdf? OpenElement，访问日期：2014 年 5 月 16 日。

[34]联合国国际贸易法委员会：《跨境电子商务交易网上争议解决：程序规则草

案——欧洲联盟观察员代表团的提案——秘书处的说明》(A/CN. 9/WG. III/WP. 121)，资料来源于：http：//daccess-dds-ny. un. org/doc/UNDOC/LTD/V13/836/38/PDF/V1383638. pdf? OpenElement，访问日期：2014 年 8 月 25 日。

[35]联合国国际贸易法委员会：《关于网上争议解决机构和中立人适用原则的建议——加拿大代表团的建议——秘书处的说明》(A/CN. 9/WG. III/WP. 114)，资料来源于：http：//daccess-dds-ny. un. org/doc/UNDOC/LTD/V12/516/21/PDF/V1251621. pdf? OpenElement，访问日期：2014 年 8 月 25 日。

[36]联合国国际贸易法委员会：《网上解决跨国界电子商务交易的争议——秘书处的说明》(A/CN. 9/WG. III/WP. 105)，资料来源于：http：//daccess-dds-ny. un. org/doc/UNDOC/LTD/V10/574/09/PDF/V1057409. pdf? OpenElement，访问日期：2014 年 11 月 3 日。

[37]联合国国际贸易法委员会：《跨境电子商务交易网上争议解决：程序规则草案——秘书处的说明(增编)》(A/CN. 9/WG. III/WP. 117/Add. 1)，资料来源于：http：//daccess-dds-ny. un. org/doc/UNDOC/LTD/V12/556/99/PDF/V1255699. pdf? OpenElement，访问日期：2015 年 4 月 16 日。

[38]联合国国际贸易法委员会：《第三工作组(网上争议解决)第二十六届会议(2012 年 11 月 5 日至 9 日，维也纳)工作报告》(A/CN. 9/762)，资料来源于：http：//daccess-dds-ny. un. org/doc/UNDOC/GEN/V12/575/03/PDF/V1257503. pdf? OpenElement，访问日期：2014 年 8 月 25 日。

[39]联合国国际贸易法委员会：《第三工作组(网上争议解决)第二十二届会议(2010 年 12 月 13 日至 17 日，维也纳)工作报告》(A/CN. 9/716)，资料来源于：http：//daccess-dds-ny. un. org/doc/UNDOC/GEN/V11/801/47/PDF/V1180147. pdf? OpenElement，访问日期：2014 年 11 月 12 日。

[40]联合国国际贸易法委员会：《第三工作组(网上争议解决)第二十五届会议(2012 年 5 月 21 日至 25 日，纽约)工作报告》(A/CN. 9/744)，资料来源于：http：//daccess-dds-ny. un. org/doc/UNDOC/GEN/V12/540/18/PDF/V1254018. pdf? OpenElement，访问日期：2015 年 4 月 16 日。

[41]联合国国际贸易法委员会：《跨境电子商务交易网上争议解决：程序规则草案——哥伦比亚、洪都拉斯、肯尼亚和美国政府的提案——秘书处的说明》(A/CN. 9/WG. III/WP. 125)，资料来源于：http：//daccess-dds-ny. un. org/doc/UNDOC/LTD/V13/860/12/PDF/V1386012. pdf? OpenElement，访问日期：2014 年 8 月 25 日。

[42]联合国国际贸易法委员会：《跨境电子商务交易网上争议解决：现有私人执行机制概览——秘书处的说明》(A/CN. 9/WG. III/WP. 124)，资料来源于：

http：//daccess-dds-ny. un. org/doc/UNDOC/LTD/V13/863/43/PDF/V1386343. pdf? OpenElement，访问日期：2014 年 8 月 25 日。

[43]《联合国国际贸易法委员会关于组织仲裁程序的说明》，资料来源于：http：//www. uncitral. org/pdf/chinese/texts/arbitration/arb-notes/arb-notes-c. pdf，访问日期：2014 年 8 月 23 日。

[44]《联合国国际贸易法委员会仲裁规则(2010 年修订)》，资料来源于：http：//www. uncitral. org/pdf/chinese/texts/arbitration/arb-rules-revised/arb-rules-revised-c. pdf，访问日期：2014 年 8 月 25 日。

[45]《淘宝服务协议》，资料来源于：http：//service. tmall. com/support/tmall/knowledge-1163515. htm? spm = 0. 0. 0. 0. dXuvJ6，访问日期：2013 年 8 月 18 日。

[46]《淘宝规则》，资料来源于：http：//rule. taobao. com/detail-62. htm? spm = 0. 0. 0. 0. oaLzSt，访问日期：2013 年 8 月 20 日。

[47]《天猫规则》，资料来源于：http：//rule. tmall. com/tdetail-867. htm，访问日期：2013 年 8 月 20 日。

[48]《淘宝争议处理规范》，资料来源于：http：//rule. taobao. com/detail-191. htm? spm=0. 0. 0. 82. ZZy9yN，访问日期：2013 年 8 月 21 日。

[49]淘宝：《消费者保障服务协议》，资料来源于：http：//service. taobao. com/support/knowledge-1121958. htm? spm = 0. 0. 0. 0. ZDYGIM&dkey = searchview，访问日期：2013 年 8 月 23 日。

[50]互联网名称与数字地址分配机构：《统一域名争议解决政策》(中译本)，资料来源于：https：//www. icann. org/resources/pages/policy-2012-02-25-zh，http：//www. cnnic. net. cn/ggfw/fwzxxgzcfg/2012/201207/t20120731_32910. htm，访问日期：2014 年 8 月 12 日。

[51]中国互联网络信息中心：《中国互联网络信息中心域名争议解决办法》，资料来源于：http：//www. cnnic. cn/ggfw/fwzxxgzcfg/2012/201206/t20120626_30074. htm，访问日期：2014 年 8 月 12 日。

[52]工业和信息化部：《电子商务“十二五”发展规划》，资料来源于：http：//www. miit. gov. cn/n11293472/n11293832/n11293907/n11368223/14527814. html，访问日期：2014 年 4 月 11 日。

[53]中国广播网：《新浪微博在美国纳斯达克上市 首日收盘涨幅超 19%》，资料来源于：http：//china. cnr. cn/ygxw/201404/t20140418_515323026. shtml，访问日期：2014 年 8 月 18 日。

[54]百度贴吧：《贴吧协议》，资料来源于：http：//tieba. baidu. com/tb/eula. html，访问日期：2014 年 8 月 18 日。

[55]百度贴吧：《百度贴吧投诉规则》，资料来源于：http：//tieba. baidu. com/tb/tsgz/index. html，访问日期：2014年4月4日。
[56]天涯社区：《天涯社区用户投诉管理规定》，资料来源于：http：//bbs. tianya. cn/post-discuss-39832-1. shtml，访问日期：2014年8月20日。
[57]天涯社区：《天涯社区上诉申诉版版规》，资料来源于：http：//bbs. tianya. cn/post-discuss-38999-1. shtml，访问日期：2014年8月17日。
[58]天涯社区：《天涯社区投诉裁决委员会章程》，资料来源于：http：//service. tianya. cn/guize/tscj. do？classtype=17，访问日期：2014年8月30日。
[59]水木社区：《水木社区管理规则》，资料来源于：http：//www. newsmth. net/nForum/#！elite/path，访问日期：2014年8月18日。
[60]水木社区：《水木仲裁委员会工作规则(试行)》，资料来源于：http：//www. newsmth. net/nForum/#！article/Arbitration/1，访问日期：2015年1月7日。
[61]百度用户服务中心：《百度投诉中心投诉规则》，资料来源于：http：//service. baidu. com/question？prod_en = tousu&class = 557&id = 1000875，访问日期：2014年8月19日。
[62]《百度空间用户使用协议》，资料来源于：http：//help. baidu. com/question？prod_en=hi&class=%B0%D9%B6%C8%BF%D5%BC%E4%D3%C3%BB%A7%CA%B9%D3%C3%D0%AD%D2%E9&id = 1000867，访问日期：2015年1月9日。
[63]新浪微博社区管理中心：《微博社区公约》(2015年7月16日更新)，资料来源于：http：//service. account. weibo. com/roles/gongyue？bottomnav = 1&wvr = 5，访问日期：2015年8月6日。
[64]新浪微博社区管理中心：《微博社区管理规定》(2015年7月16日更新)，资料来源于：http：//service. account. weibo. com/roles/guiding，访问日期：2015年8月7日。
[65]新浪微博社区管理中心：《微博社区委员会制度》(2015年7月16日更新)，资料来源于：http：//service. account. weibo. com/roles/zhidu，访问日期：2015年8月7日。
[66]新浪微博社区管理中心：《微博信用规则》，资料来源于：http：//service. account. weibo. com/roles/guize，访问日期：2016年4月23日。
[67]新浪微博社区管理中心：《微博社区管理中心暨社区委员会月度工作报告(2014年9月)》，资料来源于：http：//service. account. weibo. com/monthreport，访问日期：2015年8月18日。

二、英文部分

（一）著作类（含论文集）

[1] Gabrielle Kaufmann-Kohler & Thomas Schultz, *Online Dispute Resolution: Challenges for Contemporary Justice*, Kluwer Law International, 2004.

[2] Pablo Cortés, *Online Dispute Resolution for Consumers in the European Union*, Routledge, 2011.

[3] Mohamed S. Abdel Wahab, Ethan Katsh & Daniel Rainey ed., *Online Dispute Resolution: Theory and Practice*, Eleven International Publishing, 2012.

[4] Colin Rule, *Online Dispute Resolution for Business: B2B, E-Commerce, Consumer, Employment, Insurance, and Other Commercial Conflicts*, Jossey-Bass, 2002.

[5] Lucille M. Ponte & Thomas D. Cavenagh, *CyberJustice: Online Dispute Resolution (ODR) for E-Commerce*, Pearson/Prentice Hall, 2005.

[6] Ethan Katsh & Janet Rifkin, *Online Dispute Resolution: Resolving Conflicts in Cyberspace*, Jossey-Bass, 2001.

[7] Julian D M Lew, Loukas A Mistelis & Stefan M Kröll, *Comparative International Commercial Arbitration*, Kluwer Law International, 2003.

[8] Pieter Sanders, *Quo Vadis Arbitration? —Sixty Years of Arbitration Practice—A Comparative Study*, Kluwer Law International, 1999.

[9] Julia Hörnle, *Cross-border Internet Dispute Resolution*, Cambridge University Press, 2009.

[10] Faye Fangfei Wang, *Online Dispute Resolution: Technology, Management and Legal Practice from an International Perspective*, Chandos Publishing, 2009.

[11] Howard Rheingold, *The Virtual Community: Homesteading on the Electronic Frontier*, Addison Wesley, 1993.

（二）论文

[1] Ethan Katsh, *Online Dispute Resolution: Some Implications for the Emergence of Law in Cyberspace*, 21 International Review of Law Computers and Technology 97 (2007).

[2] Ethan Katsh, *ODR: A Look at History—A Few Thoughts About the Present and Some Speculation About the Future*, *in* ONLINE DISPUTE RESOLUTION: THEORY AND PRACTICE (edit. by Mohamed S. Abdel Wahab, Ethan Katsh & Daniel Rainey), Eleven International Publishing, 2012.

[3] Colin Rule & Harpreet Singh, *ODR and Online Reputation Systems—Maintaining Trust and Accuracy Through Effective Redress*, *in* ONLINE DISPUTE RESOLUTION: THEORY AND PRACTICE (edit. by Mohamed S. Abdel Wahab, Ethan Katsh &

Daniel Rainey), Eleven International Publishing, 2012.

[4] AR Lodder, *Yeah, I think Cybersettle is out of the ODR game*, available at http://jurel.nl/2013/05/22/yeah-i-think-cybersettle-is-out-of-the-odr-game/, visited on April 22, 2015.

[5] Vikki Rogers, *Managing Disputes in the Online Global Marketplace: Reviewing the Progress of UNCITRAL's Working Group III on ODR*, available at http://conferences.law.stanford.edu/codr2013/wp-content/uploads/sites/14/2013/03/Dispute-Resolution-Magazine-Final-Draft.pdf, visited on January 25, 2015.

[6] Axel Hellinger, *Cybersettle, the 'Automatic' Arbitration Court*, available at http://hellinger.eu/en/cybersettle-automatic-arbitration/, visited on April 25, 2015.

[7] Ernest Thiessen, Paul Miniato & Bruce Hiebert, *ODR and eNegotiation*, *in* ONLINE DISPUTE RESOLUTION: THEORY AND PRACTICE (edit. by Mohamed S. Abdel Wahab, Ethan Katsh & Daniel Rainey), Eleven International Publishing, 2012.

[8] James Melamed, *What is Mediation*, available at http://www.mediate.com/articles/whatismediation.cfm, visited on August 26, 2014.

[9] Thomas Schultz, Gabrielle Kaufmann-Kohler, Dirk Langer, and Vincent Bonnet, *Online Dispute Resolution: The State of the Art and the Issues*, E-Com Research Project of the University of Geneva, Geneva, 2001, available at http://www.online-adr.org, visited on July 19, 2008.

[10] N. R. Jennings, P. Faratin, A. R. Lomuscio, S. Parsons, M. Wooldridge & C. Sierra, *Automated Negotiation: Prospects, Methods and Challenges*, 10 Group Decision and Negotiation 199 (2001).

[11] Orna Rabinovich-Einy, *Technology's Impact: The Quest for a New Paradigm for Accountability in Mediation*, 11 Harv. Negotiation L. Rev. 253 (2006).

[12] Ethan Katsh, Janet Rifkin and Alan Gaitenby, *E-Commerce, E-Disputes, and E-Dispute Resolution: In the Shadow of "eBay Law"*, 15 Ohio St. J. on Disp. Resol. 705 (2000).

[13] Noam Ebner, *e-Mediation*, *in* ONLINE DISPUTE RESOLUTION: THEORY AND PRACTICE (edit. by Mohamed S. Abdel Wahab, Ethan Katsh & Daniel Rainey), Eleven International Publishing, 2012.

[14] Pablo Cortés, *Online Dispute Resolution for Consumers—Online Dispute Resolution Methods for Settling Business to Consumer Conflicts*, *in* ONLINE DISPUTE RESOLUTION: THEORY AND PRACTICE (edit. by Mohamed S. Abdel Wahab, Ethan Katsh & Daniel Rainey), Eleven International Publishing, 2012.

[15] Noam Ebner, *ODR and Interpersonal Trust*, *in* ONLINE DISPUTE RESOLUTION:

THEORY AND PRACTICE (edit. by Mohamed S. Abdel Wahab, Ethan Katsh & Daniel Rainey), Eleven International Publishing, 2012.

[16] Llewellyn Joseph Gibbons, Robin Molyneaux Kennedy & Jon Michael Gibbs, *Cyber-Mediation: Computer-Mediated Communications Medium Massaging the Message*, 27 New Mexico Law Review 27 (2002).

[17] Ofir Turel, Yufei Yuan & Joe Rose, *Antecedents of attitude towards online mediation*, 16 Group Decision and Negotiation 539 (2007).

[18] Anita Ramasastry, *Technology, Values, and the Justice System: Government-to-citizen Online Dispute Resolution: a Preliminary Inquiry*, 79 Washington Law Review 159 (2004).

[19] Suzanne McCorkle, *The Murky World of Mediation Ethics: Neutrality, Impartiality, and Conflict of Interest in State Codes of Conduct*, 23 Conflict Resolution Quarterly 165 (2005).

[20] Ethan Katsh, The *Foreword* to *Online Dispute Resolution: Challenges for Contemporary Justice* by Gabrielle Kaufmann-Kohler & Thomas Schultz, Kluwer Law International, 2004.

[21] Mohamed S. Abdel Wahab, *ODR and E-Arbitration: Trends and Challenges, in* ONLINE DISPUTE RESOLUTION: THEORY AND PRACTICE (edit. by Mohamed S. Abdel Wahab, Ethan Katsh & Daniel Rainey), Eleven International Publishing, 2012.

[22] Thomas Schultz, *Online Arbitration: Binding or Non-Binding?*, available at http://www.ombuds.org/center/adr2002-11-schultz.html, visited on June 26, 2014.

[23] Sami Kallel, *Online Arbitration*, 25 Journal of International Arbitration 345 (2008).

[24] Hong-lin Yu & Motassem Nasir, *Can Online Arbitration Exist within the Traditional Arbitration Framework?*, 20 J. Int'l Arb. 455 (2003).

[25] Antonis Patrikios, *The Role of Transnational Online Arbitration in Regulating Cross-border E-business—Part II*, 24 Computer Law & Security Report 129 (2008).

[26] Gabrielle Kaufmann-Kohler, *Online Dispute Resolution and its Significance for International Commercial Arbitration*, available at https://international-arbitration-attorney. com/wp-content/uploads/437online-dispute-resolution-and-its-significance-forinternational-commercial-arbitrationgabri. pdf, visited on February 21, 2009.

[27] Karim Benyekhlef and Nicolas Vermeys, *UNCITRAL's WGIII on Online Dispute Resolution… a Seemingly Perpetual Tug of War*, available at http://www.slaw.ca/2014/12/05/uncitrals-wgiii-on-online-dispute-resolution-a-seemingly-perpetual-tug-

of-war/, visited on April 8, 2015.

[28] Karim Benyekhlef and Nicolas Vermeys, *UNCITRAL's Draft Procedural Rules for Online Dispute Resolution for Cross-Border Electronic Commerce Transactions: Where Are We Now?*, available at http://www.slaw.ca/2013/01/21/uncitrals-draft-procedural-rules-for-online-dispute-resolution-for-cross-border-electronic-commerce-transactions-where-are-we-now/, visited on April 8, 2015.

[29] Karim Benyekhlef and Nicolas Vermeys, *UNCITRAL Adopts Technical Notes on ODR*, available at http://www.slaw.ca/2016/04/18/uncitral-adopts-technical-notes-on-odr/, visited on June 29, 2016.

[30] Lilian Edwards & Caroline Wilson, *Redress & Alternative Dispute Resolution in Cross-Border E-commerce Transactions*, available at http://www.europarl.europa.eu/RegData/etudes/note/join/2007/382179/IPOL-IMCO_NT(2007)382179_EN.pdf, visited on April 28, 2015.

[31] Nicolas W. Vermeys and Karim Benyekhlef, *ODR and the Courts*, *in* ONLINE DISPUTE RESOLUTION: THEORY AND PRACTICE (edit. by Mohamed S. Abdel Wahab, Ethan Katsh and Daniel Rainey), Eleven International Publishing, 2012.

[32] Ada Szczepankowska, Marika Walczak & Lukasz Szyszka, *The European Small Claims Procedure: International Cooperation in Civil Matters*, available at http://www.ejtn.eu/Documents/Themis%202012/THEMIS%202012%20BUCHAREST%20DOCUMENT/Written_paper_Poland_2.pdf, visited on April 15, 2014.

[33] Justice Clifford Einstein, *Technology in the Court Room—2001—[Friend or Foe?]*, available at http://www.lawlink.nsw.gov.au/lawlink/supreme_court/ll_sc.nsf/vwPrint1/SCO_speech_einstein_201101, visited on March 10, 2014.

[34] Kimberly Koscielniak and Brian Wassom, *Cyber Court*, 82 MI Bar Jnl. 48 (2003).

[35] Anthony Garofano, *Avoiding Virtual Justice: Video-Teleconference Testimony In Federal Criminal Trials*, 56 Cath. U. L. Rev. 683 (2007).

[36] Brian A. Pappas, *Online Court: Online Dispute Resolution and the Future of Small Claims*, 2008 UCLA J. L. & Tech. 1.

[37] *Alibaba: The World's Greatest Bazaar*, The Economist, Mar. 23, 2013, available at http://www.economist.com/news/briefing/21573980-alibaba-trailblazing-chinese-internet-giant-will-soon-go-public-worlds-greatest-bazaar, visited on April 10, 2014.

[38] A. H. Maslow, *A Theory of Human Motivation*, available at http://psychclassics.yorku.ca/Maslow/motivation.htm, visited on January 5, 2015.

[39] Anita Blanchard, *Blogs as Virtual Communities: Identifying a Sense of Community in the Julie/Julia Project*, available at http://blog.lib.umn.edu/blogosphere/blogs_

as_virtual_pf. html, visited on August 16, 2014.

（三）文件、报告

[1] Federal Trade Commission and Department of Commerce(U. S.), *Summary of Public Workshop: Alternative Dispute Resolution for Consumer Transactions in the Borderless Online Marketplace* (*June 6-7, 2000*), available at http://www.ftc.gov/bcp/altdisresolution/summary.pdf, visited on October 1, 2010.

[2] Directive 2000/31/EC of the European Parliament and of the Council of 8 June 2000 on certain legal aspects of information society services, in particular electronic commerce, in the Internal Market (Directive on electronic commerce), available at http://eur-lex.europa.eu/LexUriServ/LexUriServ.do? uri = OJ: L: 2000: 178: 0001: 0016: EN: PDF, visited on October 5, 2010.

[3] Directive 2008/52/EC of the European Parliament and of the Council of 21 May 2008 on certain aspects of mediation in civil and commercial matters, available at http://eur-lex.europa.eu/LexUriServ/LexUriServ.do? uri = OJ: L: 2008: 136: 0003: 0008: EN: PDF, visited on October 4, 2010.

[4] Regulation (EU) No. 524/2013 of the European Parliament and of the Council of 21 May 2013 on online dispute resolution for consumer disputes and amending Regulation (EC) No. 2006/2004 and Directive 2009/22/EC (Regulation on consumer ODR), available at http://eur-lex.europa.eu/legal-content/EN/TXT/HTML/? uri = CELEX: 32013R0524&rid=1, visited on January 26, 2015.

[5] Directive 2013/11/Eu of the European Parliament and of the Council of 21 May 2013 on alternative dispute resolution for consumer disputes and amending Regulation (EC) No 2006/2004 and Directive 2009/22/EC (Directive on consumer ADR), available at http://eur-lex.europa.eu/legal-content/EN/TXT/HTML/? uri = CELEX: 32013L0011&rid=2, visited on January 29, 2015.

[6] WIPO Expedited Arbitration Rules (Effective from June 1, 2014), available at http://www.wipo.int/amc/en/arbitration/expedited-rules/newrules.html, visited on August 25, 2014.

[7] WIPO Expedited Arbitration Rules (Effective from October 1, 2002), available at http://www.wipo.int/amc/en/arbitration/expedited-rules/, visited on August 25, 2014.

[8] WIPO Electronic Case Facility (ECAF), available at http://www.wipo.int/amc/en/ecaf/, visited on August 25, 2014.

[9] EU, Council Directive on Unfair Terms in Consumer Contracts, available at http://eur-lex.europa.eu/legal-content/EN/ALL/; ELX _ SESSIONID = DKs7TpdDjn3n

Y3v9twL5y3P6DwfqSx1D8LJRJpxrlySKpkstrPJb！2134420862？uri = CELEX：31993L0013, visited on August 25, 2014.

[10] EU, Commission Recommendation on the Principles Applicable to the Bodies Responsible for Out-of-Court Settlement of Consumer Disputes, available at http：//eur-lex. europa. eu/legal-content/EN/ALL/？uri = CELEX：31998H0257, visited on August 25, 2014.

[11] WIPO Arbitration Rules (Effective from June 1, 2014), available at http：//www. wipo. int/amc/en/arbitration/rules/newrules. html, visited on August 25, 2014.

[12] AAA International Arbitration Rules, available at http：//en. arblawyer. com/_d271291518. htm, visited on August 25, 2014.

[13] National Conference of Commissioners on Uniform State Laws, Uniform Arbitration Act (Last Revisions Completed Year 2000), available at http：//www. uniformlaws. org/shared/docs/arbitration/arbitration_final_00. pdf, visited on August 25, 2014.

[14] European Code of Conduct for Mediators, available at http：//ec. europa. eu/civiljustice/adr/adr_ec_code_conduct_en. pdf, visited on August 27, 2014.

[15] ABTA, *The ABTA Arbitration Scheme Introduction*, available at http：//67d8396e010decf37f33-5facf23e658215b1771a91c2df 41e9fe. r14. cf3. rackcdn. com/publications/ABTA_Corporate_Arbitration_website_-_July_2012. pdf, visited on August 25, 2014.

[16] American Bar Association's Task Force on Electronic Commerce and Alternative Dispute Resolution, *Addressing Disputes in Electronic Commerce：Final Report and Recommendations* (*2002*), available at http：//www. americanbar. org/content/dam/aba/migrated/dispute/documents/FinalReport102802. authcheckdam. pdf, visited on August 28, 2014.

[17] ICANN, Uniform Domain Name Dispute Resolution Policy, available at https：//www. icann. org/resources/pages/policy-2012-02-25-en, visited on August 12, 2014.

三、主要互联网网址

[1] http：//www. uncitral. org/

[2] http：//www. mediate. com/

[3] http：//www. onlinemediators. com/

[4] http：//odr. info

[5]http：//www. modria. com/

[6]http：//www. 315online. com. cn/

[7]http：//www. zipcourt. com/

[8]http：//www. net-arb. com/

[9]http：//adr. org

[10]http：//abta. com/go-travel/travel-clinic/arbitration-and-mediation

[11]http：//www. truste. com/

[12]http：//www. ebay. com/

[13]http：//www. icann. org

[14]http：//www. cnnic. cn/

[15]http：//www. wipo. int

[16]http：//www. cietac. org/

[17]http：//dndrc. cietac. org/

[18]http：//www. adndrc. org/

[19]http：//www. smartsettle. com

[20]http：//zh. wikipedia. org/wiki/Wikipedia：%E9%A6%96%E9%A1%B5

[21]http：//en. wikipedia. org/wiki/Main_Page

[22]http：//domains. adrforum. com/

[23]http：//www. acrnet. org

[24]http：//www. moneyclaim. gov. uk

[25]http：//www. fedcourt. gov. au/online-services

[26]http：//www. courts. ie/courts. ie/library3. nsf/PageCurrentWebLookUpTopNav/Home

[27]https：//www. possessionclaim. gov. uk/

[28]https：//e-justice. europa. eu/content_small_claims-42-en. do

[29] http：//europa. eu/legislation _ summaries/consumers/protection _ of _ consumers/l16028_en. htm#

[30]http：//www. a-court. gov. cn/platformData/infoplat/pub/no1court_2802/homepage_13602/ssjwIndex. jsp#

[31]http：//www. hshfy. sh. cn/

[32]http：//www. tj2zy. com/class/ssfwpt/

[33]http：//www. bjcourt. gov. cn/ssfw/index. htm

[34]http：//www. tj-court. gov. cn/indexsfpt. jsp

[35]http：//www. iwebchoice. com/

[36] http：//wiki. mbalib. com
[37] http：//help. baidu. com/
[38] http：//baike. sogou. com/
[39] http：//tieba. baidu. com
[40] http：//baike. baidu. com
[41] http：//tousu. baidu. com
[42] http：//service. baidu. com/
[43] http：//bbs. 163. com
[44] http：//service. account. weibo. com/
[45] http：//www. newsmth. net/nForum/
[46] http：//bbs. tianya. cn/
[47] http：//club. sohu. com/
[48] http：//help. renren. com/